国家自然科学基金面上项目成果（批准号：71772126）

品牌幸福感研究

周志民　简予繁　战歌　陈瑞霞◎著

BRAND WELL-BEING

中国经济出版社
CHINA ECONOMIC PUBLISHING HOUSE
·北京·

图书在版编目（CIP）数据

品牌幸福感研究 / 周志民等著 . -- 北京 ：中国经济出版社，2024. 7. -- ISBN 978-7-5136-7833-9

Ⅰ. F273. 2

中国国家版本馆 CIP 数据核字第 2024NK1312 号

策划编辑 姜 静
责任编辑 姜 静 王西琨
助理编辑 马伊宁
责任印制 马小宾
封面设计 任燕飞工作室

出版发行 中国经济出版社
印 刷 者 北京富泰印刷有限责任公司
经 销 者 各地新华书店
开 本 710mm×1000mm 1/16
印 张 20. 75
字 数 454 千字
版 次 2024 年 7 月第 1 版
印 次 2024 年 7 月第 1 次
定 价 98. 00 元
广告经营许可证 京西工商广字第 8179 号

中国经济出版社 **网址** http://epc. sinopec. com/epc/ **社址** 北京市东城区安定门外大街 58 号 **邮编** 100011

序言

在学术丛林中，品牌研究是年轻的领域。自20世纪80年代初以来，品牌研究由单一方向走向多元方向，从狭隘地追求品牌资产的附加价值，逐步建立起更宏大的视野和追求，由品牌的经济价值延伸到品牌的社会价值。

在这一大转变中，有两位学术大咖起了关键性的引领作用。① 一位是美国的C. W. 帕克（C. W. Park，1944—）教授，他于2016年出版的《品牌崇拜》（*Brand Admiration*）② 一书，本质上将品牌价值区分为三大维度：可信、可尊和可爱。“可信”并不容易，“可尊”价更高，“可爱”不可多得。显然，帕克特别强调品牌价值的情感贡献，而不仅是功能贡献。另一位是现代营销之父科特勒（Kotler，1935—），他与合作者于2018年提出了“品牌向善”（brand activism）的思想和战略，将品牌的企业功能提升到社会功能，强调应赋予品牌让人类更加美好的社会使命。

品牌幸福感（Brand Well-Being，BWB）研究正是此学术思潮的反映。进行该研究与志民曾在帕克教授手下做访问学者不无关系，志民还将帕克的 *Brand Admiration* 译成中文版《品牌崇拜》出版。用实证方法研究品牌幸福感这种主观色彩甚浓的对象，当然是一种学术挑战。本书的出版表明志民为开拓这个新领域迈出了先行者的一步。

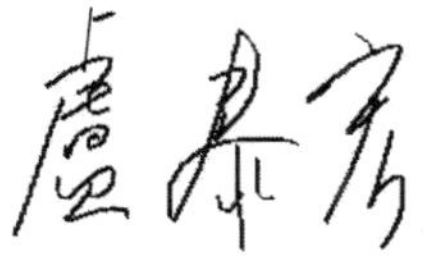

中山大学教授、科特勒国际营销理论贡献奖大中华区首位获奖者

2023年11月9日

---

① 请参见《品牌思想简史》（2020年）。

② 帕克教授与美国南加州大学同事黛博拉·麦金尼斯（Deborah MacInnis）教授和英国帝国理工大学的安德烈亚斯·艾森格里奇（Andreas Eisingerich）教授于2016年合著的 *Brand Admiration* 一书已由周志民译成中文版《品牌崇拜》，由华夏出版社于2019年出版发行。

前言

亚里士多德曾说，幸福是人类一切行为的终极目标。从这个意义上讲，品牌消费行为的最终目的也是获得幸福感。基于此，大概在10年前，我便萌发了将品牌与幸福感相结合的想法。2014年，在美国南加州大学（University of Southern California）跟随《消费者心理学杂志》（*Journal of Consumer Psychology*）前主编帕克教授做访问学者时，向他报告了我的这个想法，得到他的首肯。我后来才读到，无论是帕克教授在《品牌崇拜》一书中，还是菲利普·科特勒（Philip Kotler）教授在《世界皆营销》（*My Adventures in Marketing*）[①] 一书中，都提及了“产品或服务（品牌）应该为消费者带去幸福”的观点。

为了探究品牌幸福感的概念内涵与形成机制，我一直在阅读积极心理学方面的文献，不曾想瑞士巴塞尔大学（University of Basel）的Stefanie Schnebelen博士和Manfred Bruhn教授与我“英雄所见略同”，几乎同时开始研究品牌快乐（brand happiness）问题。他们于2016年在一本论文集中发表了有关品牌快乐量表开发的论文长摘要[②]，2018年在营销学领域的重要期刊《心理学与营销》（*Psychology & Marketing*）上正式发表关于品牌快乐前因与后果的论文[③]。尽管如此，我不想就此放弃。经过查阅文献和深入思考，我找到了品牌幸福感（Brand Well-Being，BWB）和品牌快乐的重要区别[④]，于2017年申请了有关品牌幸福感的国家自然科学基金面上项目，并成功获批（批准号：71772126）。在该基金项目的资助下，近几年我带领团队完成了十余篇有关品牌幸福感、消费者幸福感、

---

① 菲利普·科特勒教授的自传 *My Adventures in Marketing* 已被译为中文版《世界皆营销》，由机械工业出版社于2019年出版发行。

② Schnebelen S，Bruhn M. Brands can make consumers happy! Development of a scale to measure brand happiness [A]. M W Obal，et al.（eds.），Let's get engaged! Crossing the threshold of marketing's engagement era [C]. Developments in Marketing Science：Proceedings of the Academy of Marketing Science，2016：341-342.

③ Schnebelen S，Bruhn M. An appraisal framework of the determinants and consequences of brand happiness [J]. Psychology & Marketing，2018，35（2）：101-119.

④ Happiness 意为“快乐”，但通常也被译为“幸福”。为体现幸福与快乐的差异，我将 well-being 译为幸福，happiness 译为快乐。哈佛大学《幸福学》课程主讲老师泰勒·本-沙哈尔博士在《幸福的方法》一书中指出，幸福是快乐与意义的结合。这是目前对二者区别最好的注解。

互联网幸福感、旅游幸福感、体验幸福感方面的论文，从多个视角对营销当中的幸福感问题进行了较为深入的研究。其中，论文《品牌幸福感：概念、测量与前因》荣获2018年JMS中国营销科学学术年会优秀论文奖。同时，受海南大学、暨南大学、广东外语外贸大学、福建理工大学等高校邀请，我做了多场《品牌幸福感》的主题报告。特别是2020年5月，受教育部工商管理教学指导委员会、中国高校市场学会、清华大学出版社邀请，我参加"市场营销战疫公益讲座"，在线面向全国观众做《品牌幸福感》的直播报告，相关讲座已被上传到B站（https：//www.bilibili.com/video/av838078017/）。

为了初步构建品牌幸福感理论体系，同时呈现相关研究成果，我和三个合作者基于上述研究，完成了本书的撰稿。该书也是我主持的国家自然科学基金面上项目"品牌幸福感研究：维度、形成及对粉丝消费行为的影响"的结项成果。本书依据主题分为四篇，分别从品牌与广告、社群与网络、旅游与体验、营销实务四个方面来探讨品牌幸福感问题。

第一篇为品牌、广告与幸福感，包括六章。第一章基于哲学和心理学当中的幸福感理论，提出了品牌幸福感的原创概念，之后采用扎根理论方法探究了品牌幸福感的形成与作用机制；第二章旨在开发品牌幸福感的维度和量表，以便为后续的实证研究提供测量的工具；第三章从品牌文化的角度，探讨了文化象征性对品牌幸福感的影响机制；第四章关注绿色品牌问题，提出绿色品牌知识对预期幸福感及购买意愿的影响机制模型；第五章研究了幸福广告问题，探索处于不同的情绪效价当中的消费者是如何受到两种幸福广告影响的；第六章仍然关注幸福广告问题，但研究视角调整为不同产品创新程度下享乐幸福和实现幸福广告诉求的不同效果。

第二篇为社群、网络与幸福感，包括五章。第七章从多维度角度，探讨了在线品牌社群当中四个社会资本维度是如何影响社群成员幸福感的；第八章研究了在线品牌社群当中的支持性氛围和控制性氛围如何影响主观幸福感、心理幸福感和社会幸福感；第九章从自我决定理论出发，研究两种在线品牌社群价值共创的形成及其对幸福感的影响；第十章采用结构方程模型方法和实验法，研究负面品牌体验分享是如何通过影响网络社会支持和网络社会排斥影响幸福感的；第十一章探讨了移动互联网的使用频繁性和使用多样性对网民幸福感的非线性影响，同时验证了任务型风险和隐私型风险的调节作用。

第三篇为旅游、体验与幸福感，包括三章。第十二章关注四种旅游目的地品牌真实性是如何给旅游者带来幸福感的；第十三章独辟蹊径，研究逃避体验是如何通过增强沉浸和自尊带给消费者幸福感的；第十四章研究发现DIY体验会增强消费者的自尊感，最后提升消费者幸福感。

第四篇为品牌幸福感营销实务，包括两章。第十五章提出了品牌幸福感营销策略，涉及品牌幸福感营销价值、营销误区和培育之道；第十六章研究了几个品牌幸福感案例，包括红帽子饼干、特斯拉、左右沙发等，展现了品牌幸福感理论的实践运用。

本书是在我与团队成员通力合作下完成的。我指导的十几位博士后、博士生、硕士生参与了本书初稿的撰写。他们是：陈瑞霞、简予繁（第一章）；简予繁、王凛（第二章）；简予繁（第三章）；郑付成、林嘉玲（第四章）；宋爱玲（第五章）；丁一（第六章）；汪日香、战歌（第七章）；张良波、郑付成（第八章）；战歌（第九章、第十章、第十一章）；汪日香（第十二章）；郑玲、陈瑞霞（第十三章）；龚倩文（第十四章）；丁一、张良波（第十六章）。特别是本书的三位合作者——简予繁、战歌、陈瑞霞，不仅参与了大部分初稿撰写工作，而且在后期的书稿修改过程中，发挥了非常重要的作用。其中，简予繁曾是我指导的博士后，目前在深圳大学传播学院任职助理教授，在其博士后期间完成了几项品牌幸福感研究成果；战歌也曾是我指导的博士后，目前在南方科技大学担任副教授，其博士后基金项目就是有关在线品牌社群幸福感的选题；陈瑞霞曾是我指导的博士生，目前在河南财政金融学院担任副教授，其博士毕业论文是围绕旅游幸福感展开的。他们的加入不仅加快了书稿撰写速度，也保障了质量。

非常感谢我的博士生导师——中山大学卢泰宏教授撰写推荐序。1998—2003年，我跟随卢老师进行了五年硕士直博的学习，从此走上了品牌研究的学术道路。近些年我的一些科研成绩与卢老师当年的悉心指导密不可分。也非常感谢国内营销学界知名学者香港城市大学周南教授、浙江工商大学王永贵教授、浙江大学周欣悦教授、复旦大学金立印教授、华东师范大学何佳讯教授、清华大学郑毓煌教授在百忙当中抽空为本书撰写推荐语。有这些学界大牛的加持，我在品牌理论研究的道路上会走得更远。

非常感谢中国经济出版社编辑姜静老师和王西琨老师的包容心和责任感，使本书得以顺利出版。因为预计书稿撰写工作很快完成，所以很早我就跟二位编辑老师联系书稿出版事宜，但由于平时的教学、科研、社会服务工作繁忙，书稿撰写工作经常被打断，导致进展有些迟缓，在此向二位编辑老师表示歉意。同时，也对她们专业的编辑水准表示谢意和敬意。

在书稿撰写的最后阶段，有 14 位博士生、硕士生和本科生参与了参考文献的校对与格式调整工作，他们是娜迪莱·艾斯哈尔、谢育锋、吴宇鸿、张绍杰、张夏、朱健菲、洪晓雯、洪发辉、麦睿颖、吴珏、邹欣彤、周欣、付杰、高欣。他们的认真态度使书稿格式更加规范，他们的高效作风加快了书稿的出版，在此向他们表示感谢。

人民幸福是“中国梦”的一个重要组成部分，“为中国人民谋幸福”是中国共产党人的初心和使命。因此，“把论文写在祖国大地上”，从营销的视角关注幸福感问题，也体现了中国营销学者的责任和使命。据我所知，国内营销界的几位知名学者都在开展幸福感研究，比如暨南大学卫海英教授在品牌福祉、复旦大学范秀成教授在消费者幸福感、南开大学白长虹教授在旅游幸福感、清华大学李飞教授在幸福营销方面都取得了不少研究成果，为幸福感营销理论体系的建构做出了贡献。本书聚焦品牌幸福感，虽然还只是初步的探索，但也期待能抛砖引玉，吸引更多的学者进入该研究领域，最终形成中国学者在品牌幸福感领域的研究势能。

让我们为中国品牌建设事业一起努力！

周志民

深圳大学教授、博导

2024年2月24日甲辰龙年元宵节

目录

第一篇

品牌、广告与幸福感

第二篇

社群、网络与幸福感

第四篇

品牌幸福感营销实务

第一篇

品牌、广告与幸福感

第一章

品牌幸福感的概念化、形成与作用机制[①]

品牌能为消费者带来幸福感吗？如何带来幸福感？品牌幸福感对品牌消费行为有何影响？这些品牌前沿问题有待深入研究。本章首先追溯了幸福感有关概念和理论基础，从三种幸福感视角出发，通过深度访谈法与扎根理论分析法，提出了“品牌幸福感”的原创概念，并建构了“品牌利益感知—消费者心理需要满足—品牌幸福感—品牌粉丝消费行为”理论框架，以探索品牌幸福感的形成及作用机制。

第一节　品牌幸福感的研究背景

亚里士多德曾说，幸福是人类一切行为的终极目标。从联合国的全球幸福指数，到不丹王国的国民幸福总值，到阿联酋政府的“幸福部”，再到“人民幸福”的中国梦，无不体现世界各国政府对幸福的重视和人民对幸福的向往。正因如此，哲学、心理学、生理学、经济学等多个领域的学者都对幸福展开了研究。已有研究指出，幸福感主要受到人口统计变量（Diener，1984）、人际关系（Bethmann 和 Rudolf，2018）和财富（Easterlin，1995）等因素的影响。近年来，消费对个人幸福感的影响得到证实（胡荣华和孙计领，2015）。特别是在营销领域，学者们从消费类型（Bhattacharjee 和 Mogilner，2014）、消费过程（Sirgy 和 Lee，2008）、消费预期（Aaker、Rudd 和 Mogilner，2011；Cornil 和 Chandon，2015）、消费多样性（Etkin 和 Mogilner，2016）、消费的社会比较（Hsee 等，2009）等方面入手，研究消费对幸福感的影响。然而，作为消费的重要对象，品牌能否给消费者带来幸福感？或者说，品牌幸福感（Brand Well-Being，BWB）是否存在？2013 年，英国《卫报》（*Guardian*）对 2141 位英国成年人的调查显示，67%的消费者相信至少有一个品牌可以令他们感到幸福；同年，法国第二大广告集团哈瓦斯媒体集团（Havas Media Group）在调查了来自 23 个国家的 134000 名消费者对品牌的态度后发现，受访者认为有 20%的品牌对幸福感具有积极影响；2014 年，英国《营销周刊》（*Marketing Week*）联合伦敦 Isobel 广告公司调查了 1250 名英国成年人，评选出带给消费者幸福感的 100 个品牌。

事实上，近些年在商业实践领域，可口可乐等众多企业正在摸索着创造品牌幸

---

① 本章初稿发表情况如下：周志民，陈瑞霞，简予繁．品牌幸福感的维度、形成及作用机制——一项基于扎根理论的研究［J］．现代财经，2020（3）：19-34．本书有删改。

福感。国内外很多企业都在营销当中付诸实践，如：万科地产的社区养老中心命名为“万科·幸福家”；中信银行的家庭理财品牌叫作“幸福财富”；中国一家产业新城运营商品牌名称为“华夏幸福基业”；“幸福西饼”是中国O2O知名蛋糕品牌；日本销量第一的“红帽子”饼干公司声称包装上“戴红帽子的少女”图案就是“幸福的象征”；香港幸福药业生产的一款感冒药叫作“幸福伤风素”；可口可乐全球宣传主题曲标题为“Open Happiness”（畅爽开怀）；宝马汽车的品牌口号是“Sheer Driving Pleasure”（纯粹驾驶乐趣）；美国本杰瑞冰激凌（Ben & Jerry's）广告口号是“舀出一勺快乐”；旅游行业巨头长隆集团的广告语是“世界欢乐，汇聚长隆”；左右沙发请杨澜担任品牌幸福大使，广告语是“幸福不远，就在左右”；台湾四云奶盖贡茶将其员工“摇制奶茶”的过程称为“摇一杯微幸福”……由于品牌幸福感研究刚刚开始，尚缺乏相关理论指导企业更系统、更有效地创造品牌幸福感。

在消费者行为学领域，消费者幸福感（consumer well-being）的研究已非常丰富，但将品牌与消费者幸福感相结合开展研究，还是近几年的事。2018年，Schnebelen和Bruhn依据“快乐是短期情感状态”的观点，提出了一个与品牌幸福感相关的概念——品牌快乐（brand happiness），并提出了喜悦（joy）、欢快（vigor）、自豪（pride）和安宁（serenity）四个维度。Bettingen和Luedicke（2009）的提法是“与品牌有关的快乐”（brand-related happiness），但他们没有对其直接下定义，而是从心理学、经济学、神经生物学等学科角度全面回顾了快乐的定义，然后指出“与品牌有关的快乐”是由品牌体验所带来的快乐。不过，品牌快乐仅基于主观幸福感（subjective well-being）的视角，关注的是品牌带给消费者短暂性的积极情感。事实上，幸福感的研究视角除了主观幸福感，还包括心理幸福感（psychological well-being）和社会幸福感（social well-being）（俞国良，2022）。所以，品牌快乐并不能全面反映品牌带给消费者的幸福感。为此，需要结合主观幸福感、心理幸福感和社会幸福感三个视角来更深入地提炼品牌幸福感的维度。在前因研究方面，Bettingen和Luedicke（2009）提出品牌体验会影响品牌快乐，而Park、Maclnnis和Eisingerich（2016）提出品牌利益是品牌快乐的来源，但均缺乏实证检验。此外，中间机制不清楚，如品牌体验或品牌利益究竟如何影响品牌幸福感、是否还存在其他影响因素（前因、中介、调节变量）等问题有待深入研究。在结果研究方面，Schnebelen和Bruhn（2018）发现，品牌快乐会正向影响品牌重购意愿、品牌溢价购买、正面口碑行为、品牌布道和品牌谅解，这说明品牌快乐对品牌成功有重要贡献。不过，这些品牌消费行为属于普通的品牌忠诚行为，并未涉及一些超常品牌消费行为，比如品牌粉丝消费行为。品牌粉丝消费行为是如何产生的？品牌幸福感是不是品牌粉丝消费行为产生的重要原因？这些问题值得探讨。

鉴于以上背景，本章拟回答三个核心问题：①品牌幸福感的概念该如何定义？以积极心理学为理论基础，主观幸福感、心理幸福感与社会幸福感三大幸福感理论对品牌幸福感的概念内涵以及维度有何贡献？②品牌幸福感的形成机制是什么？由于品牌消费与普通产品或服务消费存在差异，影响消费者幸福感的因素并不完全影响品牌幸福感，比如消费阶段、消费方式可能与品牌幸福感没有太多联系。那么，品牌幸福感从何而来？③品牌幸福感如何影响到粉丝消费行为？作为人类终极追求的幸福感，理论上应产生超常规性的品牌行为或消费行为（如品牌粉丝消费行为），因此需要进一步探索品牌幸福感对粉丝消费行为的影响。鉴于品牌幸福感尚处于探索阶段，本章将采用扎根理论的方法，遵循规范的探索性研究程序（汪涛等，2011），尝试构建一个理论模型，以描述品牌幸福感的概念、维度、影响前因和作用机制。本书将拓宽消费者幸福感研究的视角，并为后续的品牌幸福感实证研究提出支持。

第二节　品牌幸福感的理论基础

长期以来，幸福感研究都是哲学、心理学、经济学乃至生理学等多学科关注的热点。由于品牌幸福感是消费者幸福感的理论分支，而消费者幸福感又以积极心理学为理论依据，因此本节论述主要基于积极心理学视角来展开。

一、积极心理学中的幸福感研究

在积极心理学研究中，幸福感分为以下三种类型：主观幸福感、心理幸福感与社会幸福感。主观幸福感基于阿里斯底波的快乐论，强调幸福是一种快乐的体验，是指人们对生活质量的全面评价，是一种积极情感相对消极情感占优的心理状态（Diener，1984）。无论是生活满意度还是积极或消极情绪，反映的都是阿里斯底波的快乐论哲学观，强调消费者的愉快、开心、快乐感。心理幸福感基于亚里士多德的实现论，认为幸福是一种心理机能状态，通过发挥自我潜能达到自我完善和自我实现（Ryff 和 Keyes，1995）。由此可见，心理幸福感不只是指快乐的体验，还包括人的自我实现和完善。实际上，当品牌帮助消费者实现自我之后，消费者会感觉到一种自我的完善和成就。Keyes（1998）则开创性地提出了社会幸福感，认为幸福的实现取决于个人对社会的积极意义和社会机能。主观幸福感和心理幸福感强调的都是来自个体表现的感受，而社会幸福感强调个体对社会的贡献和跟社会的关系。

由此可见，幸福感是多维度、多层次结构的理论概念。主观幸福感注重人的感性，强调个体的幸福就是快乐，心理幸福感侧重人的理性，认为幸福是个人潜能的自我实现，但这两种幸福感均过于强调个人的自我感受，而忽视了个人可能对社会规范的违背或对社会环境的负面影响。社会幸福感从人的社会存在的视角做了很好的补充。尽管三种幸福感理论视角不同，但现有研究证明了它们之间的相关性（Ryff，1989）。Waterman 等（2010）提出了实现幸福感（eudaimonic well-being）①，对主观幸福感和心理幸福感进行了整合；Keyes（2007）构建了包括积极情绪（主观

① eudaimonic well-being 通常被译成实现幸福感、完善幸福感、意义幸福感、终极幸福感、心盛幸福感。为了不造成混淆，同时根据 eudaimonic 的单词本义，本书统一译为“实现幸福感”。

幸福感)、积极心理功能(心理幸福感)和积极社会功能(社会幸福感)的积极心理健康模型;陈浩彬和苗元江(2012)通过实证研究发现,幸福感是一个包括主观幸福感、心理幸福感和社会幸福感三个维度的多层次理论概念。这些结论为本章整合三种幸福感视角来界定品牌幸福感的概念指明了方向。

二、消费者幸福感与品牌快乐的相关研究

自20世纪80年代起,市场营销学者从行为科学的角度提出消费者幸福感,用以分析消费对幸福感的影响。多数研究者基于主观幸福感的视角,将生活满意度评价沿用至消费者幸福感。比如,Desmeules(2002)认为消费者幸福感是人们对其消费活动的一种总体满意度评价和积极或消极的情感反映;Sirgy、Lee和Kressmann(2006)将消费者幸福感界定为人们在消费生活领域的满意状况。消费者幸福感的驱动因素主要有消费阶段(Hedhli、Chebat和Sirgy,2013;Sirgy和Lee,2008)、消费对象(胡荣华和孙计领,2015;Van、Stijn和Chris,2012)、消费方式(Aaker、Rudd和Mogilner,2011;Cornil和Chandon,2015;沈鹏熠、万德敏和许基南,2021)、消费选择多样性(Etkin和Mogilner,2016;Desmeules,2002;Markus和Schwartz,2010)、消费目的(Devezer和Sprott等,2014)、消费者价值观与个性(Burroughs和Rindfleisch,2002)、消费者人口统计特征(Aaker、Rudd和Mogilner,2011)等;而对于消费者幸福感作用机制的研究成果较少,学者们主要提出了消费者幸福感对享乐消费(Zhong和Mitchell,2012)、忠诚度和口碑(Hedhli、Chebat和Sirgy,2013)、购买意向(Bruhn,2016)以及冲动购买(Šeinauskienė等,2016)的显著影响。

通过以上文献梳理发现,现有的消费者幸福感研究存在以下问题:第一,消费者幸福感主要基于主观幸福感的理论视角,笼统地将主观幸福感当中的生活满意度评价套用至消费领域,较少文献将心理幸福感与社会幸福感纳入消费者幸福感的研究。然而,幸福感并非只有短暂的愉悦体验,还包括长远而深刻的意义,且是一个包含了多维度与多层次结构的理论概念。第二,对于消费者幸福感形成与作用机制,现有研究呈现出较为零散的状态,尚缺乏整体和系统的研究。因此,消费者幸福感研究领域仍存在较大的拓展空间。

近年来,有研究者意识到品牌在消费者幸福感形成过程中的重要作用,提出了"品牌快乐"的概念(Schnebelen和Bruhn,2018;Mansoor和Paul,2022)。品牌快乐立足于主观幸福感,产生于品牌体验(Bettingen和Luedicke,2009),强调消费者与品牌接触过程中被激发出的短暂性的愉悦情绪,由喜悦、欢快、自豪和安宁四个维度构成。Schnebelen和Bruhn(2018)进一步指出,品牌快乐的前因包括品牌评价前因(如品牌与自我相关性)和情境评价前因(如情境的愉悦性),而品牌快乐会正向影响聚焦于问题的应对行为(如重复购买意愿)和聚焦于情感的应对行为(如正面口碑)。Mansoor和Paul(2022)研究发现,品牌大众声誉(mass prestige)、品牌感知(brand perception)和溢价支付倾向(propensity to pay the premium)会提升品牌

快乐，进而促进品牌布道（brand evangelism）。Williams、Escalas 和 Morningstar（2022）提出了“品牌初心”（brand purpose）的全新概念，指出品牌初心是品牌身份、意义、战略当中长期的、核心的组成部分，它超越了品牌自身追求的利益，强调为世界做出贡献。他们认为品牌初心能够让消费者感受到实现幸福感。

第三节　品牌幸福感的概念化

一、品牌幸福感的定义

当前，消费者幸福感的定义普遍采用主观幸福感的理论视角，强调生活满意度与积极情绪。Seligman（2012）指出生活满意度基本上只测量了快乐情绪，并没有包含人们的所有终极（长期）追求，为此他提出持续的幸福应该包含五个元素：积极情绪（positive emotion）、身心投入（engagement）、意义（meaning）、成就（accomplishment）、人际关系（relationships）。基于此，我们认为品牌幸福感不应只是品牌为消费者带来生活满意度的提升和短暂的愉悦情绪，而应当充分考虑心理幸福感和社会幸福感两个视角的幸福。本质上，心理幸福感强调自我完善与实现，而社会幸福感强调个人对社会的意义和价值，二者都对应了意义的精神价值。实际上，意义正是品牌的核心。有研究指出，品牌能够为消费者带来多重意义，例如，文化意义（McCracken，1986；Monga 和 Lau-Gesk，2007；Torelli、Keh 和 Chiu，2010）、象征意义（Tsai，2005）等。不同于品牌功能利益带来的短期愉悦心情，品牌意义带来的是长期精神满足。比如，苹果的粉丝消费者们不仅会因为苹果手机融入创新精神的产品而爱不释手，更会因为拥有苹果手机而提升自身的创新形象。这种品牌带来的幸福感是持久的。因此，本书将品牌幸福感定义为“消费者通过与品牌接触所感知到的短期愉悦体验与长期精神满足”。

二、品牌幸福感与相关概念的区别

本质上，品牌幸福感是一种情感，而这种情感来自认知。为了说明品牌幸福感这一概念的独特性，我们将其与品牌认知领域的核心概念“品牌满意度”以及品牌情感领域的核心概念“品牌快乐”进行对比。总体上，这些概念都属于消费者品牌关系（Fournier，1998）的范畴。

品牌满意度是顾客通过对一个品牌产品或服务的可感知效果与预期进行比较后，所形成的愉悦或失望的状态（Cronin、Brady 和 Hult，2000）。由此可见，品牌满意度是一种基于品牌预期的实现程度而产生的评价，并未涉及品牌为消费者带来的情感和意义。品牌幸福感既包括这种评价带来的愉悦状态，也包括品牌使自我得以完善的成就感，以及个人为社会创造价值的充实感。虽然品牌满意度与品牌幸福感当中的主观幸福感紧密相关，但品牌幸福感还涉及了品牌为消费者带来的意义感，这是品牌满意度所不具备的。

品牌快乐与品牌幸福感在内涵上很接近，都是消费者在与品牌接触中感受到的最美好的情感满足。然而，二者在产生时机和理论视角上有所不同。品牌快乐产生于与品牌接触的各个瞬间，因此属于一种短暂的情感（Schnebelen 和 Bruhn，2018）；而品牌幸福感除了产生于与品牌接触的各个瞬间，还产生于一段时间的积累，所以除了短暂的情感满足，还包括长期的精神满足。另外，品牌快乐立足于主观幸福感的角度，强调品牌所带来的生活满意感和积极情绪；而品牌幸福感则综合了主观幸福感、心理幸福感和社会幸福感三方面的观点，不仅强调品牌带来的生活满意感和积极情绪，还考虑了品牌帮助消费者自我完善与实现，以及帮助消费者融入社会。所以，品牌幸福感比品牌快乐更为综合和全面。

此外，虽然品牌幸福感本身还是属于消费者幸福感的范畴，但二者存在着消费对象的差异。消费者幸福感关注的是消费为消费者带来的幸福感，其消费对象范围较为宽泛，包括产品、服务、体验和品牌等；而品牌幸福感专指品牌为消费者带来的幸福感。可见，品牌幸福感属于消费者幸福感的理论分支。然而，当前消费者幸福感的研究主要涉及消费本身的一些特征带来的幸福感，如消费的类型、消费的过程、消费的预期、消费的多样性、消费的社会比较等，很少有研究涉及品牌带来的幸福感。与一般意义上的消费者幸福感相比，品牌幸福感突出了品牌的功能和意义，因此体现了不同的内涵。

第四节　深度访谈法与扎根理论分析法

一、研究方法

本章旨在开发“品牌幸福感”的新概念并搭建一个理论框架，因此适合采用扎根理论来进行探索性研究。具体而言，本章以源自品牌的消费者幸福感为现象基础，以消费者深度访谈作为数据来源，以网络论坛帖子为数据补充，通过开放式编码、主轴性编码及选择性编码三个步骤（Corbin 和 Strauss，2008），遵循扎根理论的步骤来探索品牌幸福感的维度构成、形成与作用机制。

二、数据收集

鉴于多源数据的三角验证能提供更准确的信息和更稳健的理论结果（Eisenhardt，1989；田志龙等，2014），本章将消费者深度访谈与品牌观察作为核心的数据收集方式，并以公开网络论坛资料进行补充，由此增加数据的科学性与可信性。

（一）一手数据收集

由于品牌为消费者带来幸福感并非个案或特例的现象，因此本次以公开招募受访者的方式确定深度访谈样本。我们在微博、微信、知乎、贴吧等社交媒体网站上发布广告，有偿招募品牌幸福感的受访者。一周内，共有 37 位志愿者报名参与本次的深度访谈。为了减少研究误差，按照以下三点原则选择深度访谈样本：第一，受访者的人口统计特征需具有差异性（性别、年龄、收入、学历）；第二，受访者所提及的品牌，其产品所属行业类别尽量与其他受访者所提及的品牌有所差异；第三，受访者能够顺利、流畅地与研究人员进行交流。经验表明，深入访谈的人数应在 15~25 人（靳代平、王新新和姚鹏，2016）。经过仔细甄别，研究团队在 37 位志愿者中选择了 17 位目标受访者，具体信息如表 1-1 与表 1-2 所示。若经过扎根理论研究并未达到理论饱和度，将在余下的 20 位志愿者中继续选取受访者进行新一轮的深度访谈和数据分析，直到达到理论饱和。深度访谈采用一对一电话访谈的形式，每位受访者的访谈时长为 30~90 分钟。以半结构化的开放式访谈为主，根据受访者回答进行进一步追问与挖掘。深度访谈提纲主要由以下四个问题构成：①您提及的品牌给您带来了哪些幸福感？请您具体描述这样的感受。②您认为这些品牌为什么会给您带来幸福感？③相对于同类型的品牌，为何这些品牌给您带来了幸福感，而别的品牌没有让您产生幸福感？④对于给您带来幸福感的品牌，您会产生或曾经产生过哪些品牌行为？

表 1-1　深度访谈样本信息

性别	男性：7 人；女性：10 人
年龄	18~27 岁：5 人；28~37 岁：4 人；38~47 岁：5 人；48~57 岁：3 人
收入	2000 元及以下：5 人；2001~5000 元：4 人；5001~9000 元：5 人；9001 元及以上：3 人
学历	专科及以下：3 人；本科：8 人；硕士：5 人；博士：1 人

表 1-2　深度访谈品牌信息

序号	品牌产品所属行业	品牌名称
1	服装与日用品	优衣库、耐克、无印良品
2	烟酒	万宝路
3	奢侈品	Gucci、Chanel、Prada
4	数码产品	苹果、飞利浦、小米、华为
5	汽车	奥迪、Jeep
6	家居	宜家
7	珠宝	Pandora、施华洛世奇
8	化妆品	YSL、Nars
9	饮食	星巴克、农夫山泉

（二）二手数据收集

网络文本作为一种数据来源，在学术研究中已有较多的应用（靳代平、王新新和姚鹏，2016），因而收集相关网络文本作为本书的二手数据。在二手数据来源上，首先，选择用户人数较多、资料公开的两大社交媒体平台（微博、知乎），采用关键词搜索进行数据收集，关键词设置为"品牌+幸福""品牌+开心""品牌+快乐""品牌+小确幸"等与品牌幸福感相关的关键词；其次，由于两大社交媒体平台中的资料有限，而品牌粉丝更可能感受到品牌为其带来的幸福感，故选择粉丝数量较大的三个品牌社群，即小米（MIUI 论坛）、苹果（威锋网）与耐克粉丝社区等在线社群中的资料作为数据补充，在这些论坛中搜索与品牌幸福感相关的帖子与评论。

根据研究目的，从网络论坛中筛选出因品牌而幸福的数据资料，筛选标准如下：第一，帖子内容需是基于品牌的幸福感，如果并非特定品牌给其带来的幸福感，则予以删除；第二，能够比较全面地描述品牌是如何带来幸福感的，如果帖子只包含了较少信息以及内容较为模糊，则予以删除。

（三）数据编码方法

在扎根理论的数据编码方式中，应用最广泛的是逐句编码，本章亦采用此方式。对于深度访谈获取的一手资料，首先将通话录音资料转为文本，再通过 Nvivo8.0 软件进行逐句编码；对于网络论坛资料，直接采用 Nvivo8.0 软件进行逐句编码。样本数据逐句编码的具体处理程序如下：资料类型编号—资料编号—句子编号，例如编码 1-2-3，表示深度访谈样本（类型编号为 1）中第 2 位受访者的第 3 句话；又如 2-3-4，表示二手资料（类型编号为 2）中来自小米论坛（二级编号为 3）的第 4 句话。在完成初步逐句编码后，研究团队的所有成员按照三个主要研究问题，即品牌幸福感的构成维度、形成机制与作用机制，对所有编码后的语句进行反复讨论，合并相同内容的句子，将与研究问题无关的句子删除。最终得到 936 条原始语句，其中通过深度访谈所得原始语句共 715 条，通过网络二手资料收集所得原始语句共 221 条。

第五节　扎根理论分析过程

一、开放式编码

我们将基于深度访谈所获得的前 15 份一手数据（共 536 条原始语句）以及基于网络论坛收集的 120 条原始语句进行理论建构，余下的 2 份一手数据（179 条原始语句）以及 101 条二手资料收集所得原始语句用于理论饱和度检验；若未能通过理论饱和度检验，将再一次选择样本并继续编码研究。遵循扎根理论的编码步骤，首先进行开放式编码，即将所有用于理论建构的数据资料打散，由研究团队的所有成员分别对其进行概念与范畴提炼（概念的进一步归纳），在此过程中要求团队成员将概念频次进行总结并列出概念出现频次、概念与范畴提炼的理论依据与典型语句。在每位成员编码结束后，由研究团队的负责人对所有团队成员的编码结果进行统筹与总结，将未能达成一致的概念与范畴提出来讨论，直至意见统一。删除出现频次少于4次（包含4次）的概念，删除的概念另存文档进行保留；若在理论饱和度检验过程中任何概念出现的次数超过5次（包含5次），则将其作为新概念重新进行理论建构。最终，该研究的开放式编码得到了34个初始概念与17个范畴，理论依据与典型语句援引如表1-3所示。

表1-3　开放式编码的范畴、概念与频次、理论依据与典型语句援引

序号	范畴	概念与频次	理论依据与典型语句援引
1	基于品牌的生活愉悦感	基于品牌产生的生活愉悦（57）； 基于品牌产生的生活满意度提升感（50）	Ahuvia和Friedman（1998）提出，主观幸福感是对生活的积极情感与生活满意度的主观评价。牛津幸福感量表以及抑郁—幸福量表均包含了生活愉悦感、生活满意度评价。 1-8-9：飞利浦电动牙刷很大程度上提升了我的生活质量，不仅刷牙的效率提高了，刷牙也变成了一种享受……其实飞利浦的电子锁也能给我这种感觉
2	基于品牌的自我实现感	基于品牌的个人成就感（35）； 基于品牌的理想实现感（22）； 基于品牌的能力证明感（34）	Ryff和Keyes（1995）提出，心理幸福感是获得自我完善、自我实现感与成就感。 1-1-17：我买Gucci的包包给我的幸福感源自我能够证明我依靠自己的实力买到了我向往的品牌，并且这个品牌能够向别人证明我有经济实力
3	基于品牌的社会贡献感	基于品牌的利他贡献感（11）； 基于品牌的集体维护感（19）； 基于品牌的公益投入感（12）	Keyes（1998）提出，社会幸福感的实质是个人对他人、集体以及社会关系的评估。 1-3-22：能够帮助贫困山区的孩子，那我买这个品牌（农夫山泉）会让我感觉更满足也更快乐； 1-2-19：我买了它（华为）很开心不仅因为性价比高，而且支持了国货
4	感知品牌功能利益	感知产品质量（28）； 感知产品功能（34）	Park、Maclnnis和Eisingerich（2016）将品牌功能利益界定为消费者感知品牌能为消费者提供高质量的产品以及解决消费者现实问题；将品牌体验利益界定为品牌能够为消费者提供感官愉悦与温暖心灵的价值。 1-12-7：我认为苹果的手机、电脑、手表等产品比别的品牌产品要优秀； 1-4-6：无印良品的东西外观上给人感觉很舒服
5	感知品牌体验利益	感知产品感官愉悦（31）； 感知产品体验价值（17）	

续表

序号	范畴	概念与频次	理论依据与典型语句援引
6	感知品牌象征利益	感知品牌声望价值（29）； 感知品牌自我表达价值（32）； 感知品牌享乐价值（9）	Vigneron 和 Johnson（1999）认为，一个有声望的品牌能够为消费者提供五种象征价值，分别是炫耀性价值、独特性价值、社会价值、享乐价值和质量价值。 2-2-10：苹果的产品能让我在别人面前有面子； 2-5-22：穿耐克让我觉得自己很潮
7	满足自主需要	满足自主选择产品功能期望需要（28）； 满足自主选择产品外观期望需要（20）	Ryan 和 Deci（2001）基于自我决定理论（self determination theory）提出人类普适性的三种心理需要。其中自主需要指个体期望进行自主选择的行动。 1-12-8：以前因为经济能力原因不能买能够达到我要求（顺畅地玩手游）的手机，现在达到了就觉得很幸福； 1-4-10：我想象家里都是无印良品的东西，就会觉得很温馨和满足
8	满足关系需要	满足维系与发展和他人关系或社交关系需要（23）； 满足发展与实现个人—社会关系需要（28）	1-4-28：每当在同学聚会场合，尤其是有很多妹子的场合，我掏出万宝路的时候就会觉得自己很自信，有一种纯爷们儿的感觉； 2-1-2：给老婆买了她向往已久的潘多拉首饰，看到她这么开心我真的很幸福； 1-17-25：我最鄙视那种买洋品牌还口口声声说爱国的人，我就只买小米，它是国人的骄傲
9	满足胜任需要	满足目标实现需要（28）； 满足能力证明需要（32）； 满足地位证明需要（17）	1-5-24：16 岁时就觉得人生能开上奥迪就是成功的象征，所以那天提车的时候感觉是人生最幸福的时刻； 1-7-11：因为这个品牌（Chanel）更多的是能够证明我的经济能力和社会地位
10	品牌—自我一致性	品牌与自我一致性（51）	1-6-9：首先这个品牌（优衣库）做的广告，给我的感觉一定是跟我的内心的期望是一样的
11	物质主义	物质主义（11）	1-3-31：我不是那种追求物质的人，我更注重一个品牌的精神还有价值观是否能让我触动
12	社会比较	消费者上行社会比较（14）； 消费者下行社会比较（13）	1-12-29：王思聪也跟你用同一款手机，那能证明什么？ 1-1-21：我买得起这个包包（Gucci）而我身边的同事都买不起，我当然会觉得很自豪、很满足
13	自我控制	自我控制（17）	1-14-26：我是一个很理性的人，不需要就不买； 1-4-36：我确实有很多冲动消费的时候，看到喜欢的品牌我很难控制自己的消费欲望

续表

序号	范畴	概念与频次	理论依据与典型语句援引
14	品牌收集行为	品牌信息收集（8）； 品牌产品收集（6）	1-12-14：对，苹果每一次新品发布会我都会守着看而且会把它最新公布的新产品信息记录下来； 1-7-16：基本上星巴克出的杯子我能买到都会买
15	品牌保护行为	品牌维护（5）	1-11-21：我会在网上反驳那些攻击小米的人
16	品牌社群行为	品牌社群参与（6）； 品牌社群贡献（12）	1-15-19：只要买了新款（耐克）我一定会在社群里分享； 2-4-18：以下长篇使用感受贡献给大家
17	品牌推荐行为	品牌积极口碑传播（29）； 品牌购买推荐（22）	1-13-30：是的，我会在我的各种社交媒体上晒它（YSL）的美丽； 2-2-14：飞利浦的电动牙刷绝对是增加我幸福感的好物，从此爱上刷牙

二、主轴编码

主轴编码是对开放编码形成的范畴进行聚类分析，目的是在开放编码之后以新的方式重新排列范畴并提出更高一级的范畴（Corbin 和 Strauss，2008）。研究团队所有成员根据主轴编码要旨，对开放式编码所得范畴进行聚类分析，形成更大的类属，并探索类属形成的理论及现实依据。经过团队成员的分别编码与负责人统筹分析，将开放式编码所得的 17 个关系类别归纳为 8 个主范畴，即品牌利益感知、品牌—自我一致性、基本心理需要满足、物质主义、社会比较、品牌幸福感、自我控制及品牌粉丝消费行为。具体主范畴、主范畴对应的副范畴及关系内涵如表 1-4 所示。

表 1-4　主轴编码主范畴与副范畴的对应关系及关系内涵

序号	主范畴	副范畴	关系内涵
1	品牌利益感知	感知品牌功能利益 感知品牌体验利益 感知品牌象征利益	品牌利益感知指消费者所感知品牌能够为其提供的价值或利益，其中包括功能利益、体验利益与象征利益（Park、Jaworski 和 Maclnnis，1986）
2	品牌—自我一致性	品牌—自我一致性	品牌—自我一致性指消费者对品牌与消费者自我一致性的感知（Bagozzi 和 Dholakia，2006）
3	基本心理需要满足	满足自主需要 满足胜任需要 满足关系需要	Ryan 与 Deci（2001）提出人类普适性的基本心理需要包括自主需要、胜任需要与关系需要

续表

序号	主范畴	副范畴	关系内涵
4	物质主义	物质主义	物质主义是一种消费者价值观，强调物质拥有与社会声望的重要性（Masoom、Rehan 和 Sarker，2017）
5	社会比较	社会比较	社会比较是人们通过与他人的比较来评价自身观点与能力（Festinger，1954）。社会比较包括了上行社会比较（与比自身能力强者进行比较）及下行社会比较（与比自身能力弱者进行比较）
6	品牌幸福感	基于品牌的生活愉悦感 基于品牌的自我实现感 基于品牌的社会贡献感	消费者基于品牌所产生的生活满意度提高以及生活中的积极情绪，消费者基于品牌所产生的自我提升、理想实现与自我目标实现感以及消费者基于品牌所产生的对他人、集体以及社会的贡献感，分别对应于积极心理学中主观幸福感（Ahuvia 和 Friedman，1998）、心理幸福感（Ryff 和 Keyes，1995）与社会幸福感（Keyes，1998）中对于“幸福感”的界定
7	自我控制	自我控制	Hofmann、Friese 和 Strack（2009）提出自我控制是个体特征差异，即对于冲动行为的控制能力
8	品牌粉丝消费行为	品牌收集行为 品牌保护行为 品牌社群行为 品牌推荐行为	根据一手与二手数据，将消费者所热衷的品牌收集行为、品牌保护行为、品牌高频率的社群行为与品牌推荐行为归纳为区别于常规品牌行为（品牌忠诚、品牌认同）的超常规的品牌粉丝消费行为

三、选择性编码

选择性编码是通过构建一个能够统领所有范畴的“故事线”，将开放式编码与主轴编码所得范畴及主范畴归纳为一个完整的理论框架，即回答“哪些因素在哪里、如何、为什么以及产生了何种结果”（Creswell 和 Poth，2018）。通过分析原始录音资料与网络资料，并反复对比每一份资料，结合拟解决的三个研究问题，发现“利益提供—需要满足—幸福形成—行为达成”的故事线，可准确地解释品牌幸福感的形成及作用机制。具体而言，品牌幸福感的形成机制可解释为：消费者认为特定品牌可以给其提供利益，如功能利益、体验利益及象征利益，从而满足了消费者基本的自主需要、胜任需要及关系需要，进而形成了基于品牌的消费者幸福感，即基于品牌的生活愉悦感、自我实现感和社会贡献感。品牌幸福感的作用机制是，品牌幸福感能够带来超常规的品牌消费行为，如品牌收集、品牌保护、品牌社群参与及品牌推荐行为。关系数量及典型语句援引见表 1-5。品牌—自我一致性、物质主义、社会比较及自我控制对不同的路径分别起调节作用，具体如图 1-1 所示。

表 1-5　选择性编码核心范畴及典型关系

核心范畴	典型关系结构与频次	典型语句援引
品牌幸福感形成机制	品牌利益感知→基本心理需要满足（19）	1-4-（9-10）：无印良品的东西，哪怕是简单到一条毛巾，外观上都是很令人赏心悦目的。我想象家里都是无印良品的东西，就会觉得很温馨和满足。 1-8-（19-20）：牧马人象征着年轻人的活力、开放与不羁。拥有它让我倍儿有范儿
	品牌—自我一致性的调节作用（14）	1-9-（14-15）：不是所有奢侈品品牌都能让我幸福满足的哦，得看是什么品牌。比如路易威登，我就不喜欢，总觉得自己跟这个品牌不太搭。 1-6-（10-11）：如果这个品牌外观、代言人还有价值观什么的跟我期望的都一样，我才会认为它能满足我。否则它质量再好，我都不感兴趣
	基本心理需要满足→品牌幸福感（20）	2-3-（25-27）：感觉好幸福，换了小米 6 手机速度飞快！充电飞快！系统顺畅不卡，几乎达到了我理想中的手机配置。 1-5-（24-25）：提车的时候感觉那天是人生最幸福的时刻。奥迪是我前半生的目标和追求
	物质主义的调节作用（5）	1-1-（20-22）：以前在学校的时候能买一个快时尚品牌的包包我都觉得很开心，但现在很难有这种感觉了。可能是因为现在经济能力提高了吧，需要更能证明我品位和能力的品牌。我是不会选择那种周围人都能买得起、买得到的品牌的。 1-3-（31-32）：我不是那种追求物质的人，我更注重一个品牌的精神还有价值观是否能让我触动。能给我带来快乐和满足的品牌都不贵，但它们都有别的品牌没法超越的地方
	社会比较的调节作用（11）	1-12-（28-31）：这个东西很难给人带来自我实现感或者成就感吧。王思聪也跟你用同一款手机，那能证明什么？能证明你跟他一样有钱有地位吗？如果说他有的豪车豪宅你也有，那可能会有成就感吧。 2-4-（27-28）：我抢到了！真幸福！大家还都不能买到但我买到了的感觉太棒了
品牌幸福感作用路径	品牌幸福感→品牌粉丝消费行为（14）	1-13-（27-29）：它的新款、经典款我都会买。很多 YSL 的口红其实我买了也没有用到，但放在那里看着就开心呀。 1-10-（31-33）：这个品牌（宜家）切切实实给我的生活带来了很多温馨和快乐。在网上看到那些说宜家质量不好的人，我觉得可能是竞争品牌请来的网络喷子吧，因为宜家的东西确实好用，质量也好啊。我也会很自豪地告诉别人这个是在宜家买的，多便宜、质量多好什么的
	自我控制的调节作用（5）	1-14-（25-27）：那我不会说一出新款就买，或者是像其粉丝那样每天都上论坛交流。我是一个很理性的人，不需要就不买。上论坛也是，碰到问题才会上去寻求解决吧，否则哪有那么多时间？ 1-13-（34-35）：我需要有人看着我，否则我每次一进店就出不来了。有一次我把一个月的生活费基本全花光了，后面都吃土度日了

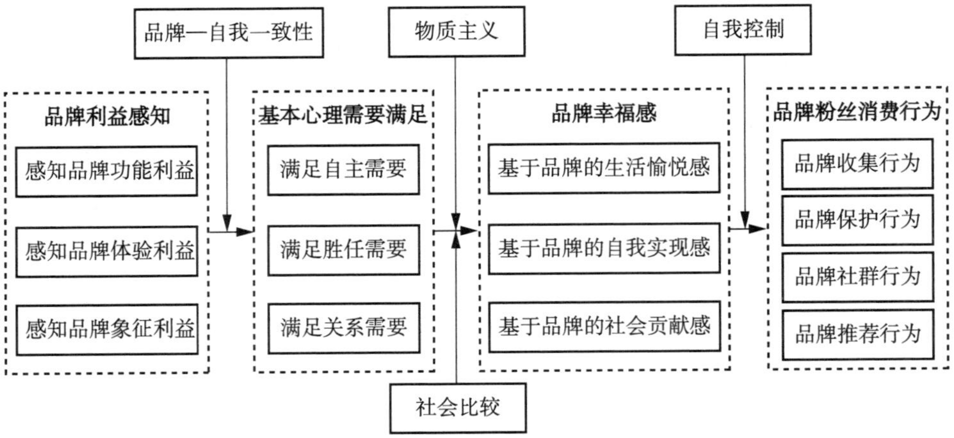

图 1-1　品牌幸福感的形成与作用机制

四、理论饱和度检验

为了探索有无出现新的概念、范畴、主范畴、核心范畴及关系路径，接下来，将余下的两份一手数据（179 条原始语句）以及 101 条二手资料收集所得原始语句用于理论饱和度检验。操作流程是按照扎根理论程序进行开放式编码、主轴编码与选择性编码，并与理论建构过程中所得概念、范畴及关系路径进行对比（包括先前所删除的出现频次少于 4 次的概念）。经过数据编码与分析，并未出现新的概念、范畴及关系路径，通过了理论饱和度检验，达到了理论的收敛。表 1-6 列举了部分具有代表性的原始语句作为举证。

表 1-6　理论饱和度检验的原始语句举证

原始语句代码	主范畴	副范畴	原始语句
1-16-9	品牌幸福感	基于品牌的自我实现感	它（施华洛世奇）肯定不能提升我生活满意度的，而是给我一种心灵上的慰藉感和满足感，就是过上了我想要的生活那种感觉
1-16-36	品牌粉丝消费行为	品牌推荐行为	周围的人要买这个品牌或者想买来送人都会来问我意见的，因为我知道什么时候有折扣，哪个款比较独特，具有收藏价值
1-17-14	品牌利益感知	感知品牌象征利益	它（苹果）的设计、系统还有一贯的广告风格都是极简风，一直都是手机领域的开创者
1-17-28	品牌—自我一致性	品牌—自我一致性	从外形、功能到公司倡导绿色环保的行为，我都觉得很厉害，其他公司领导人的眼界都不及它（苹果）的十分之一
2-5-2	品牌幸福感	基于品牌的生活愉悦感	这款产品（耐克跑步系列运动鞋）在减震上堪称完美，穿上它跑步真的太幸福了
2-5-30	基本心理需要满足	满足关系需要	母亲节送给妈妈的礼物，妈妈收到很开心，马上穿着它去旅游了

第六节　品牌幸福感的形成与作用机制

通过扎根理论分析，归纳出品牌幸福感是一个多层次、多维度结构的理论概念，并建构了品牌利益感知—消费者心理需要满足—品牌幸福感—品牌粉丝消费行为理论框架。

一、品牌幸福感的维度

质性材料分析结果显示，品牌不仅能够让消费者提升生活愉悦感，还能实现自我以及带来社会贡献感。

（一）基于品牌的生活愉悦感

基于品牌的生活愉悦感，是指消费者通过与品牌的接触，给其生活带来了愉悦与快乐的感受。这是一种主观的、短暂性的积极情绪。特别是在体验经济时代，消费不只是依靠产品或服务来解决生活当中的问题，还要通过品牌体验增加生活的品位和情趣，以提高生活愉悦感，虽然这种愉悦感可能是短暂的。如 1-6-（12-13）："每次能在优衣库买到合适的又便宜的衣服裤子确实能让我很开心满足，尤其是打折季。不过这种情绪不会维持太长时间，很多时候有个什么其他的事情打击，你一会儿就不那么开心了。"又如 1-12-19："刚收到那阵子我真的会超级开心的，但用了一段时间以后也就那样了吧，就是你得到之后就没什么大不了了。"因此，基于品牌的生活愉悦感强调消费者短暂性愉悦的情感，符合主观幸福感研究中强调幸福感的"快乐的体验、积极的情绪、生活满意度提升"等内涵（Ahuvia 和 Friedman，1998），而并未涉及消费者更深层次的心理特征。

（二）基于品牌的自我实现感

基于品牌的自我实现感，指消费者拥有某个品牌而产生的理想实现感、自我成就感或目标达成感（Purohit 和 Radia，2022）。这是一种相对于生活愉悦感更深层的、持续性更长的积极情感。有些品牌可以强化一种内在价值观，体现品牌对消费者个人潜能的激发和自我实现，从而提高消费者的自我认同。在消费者购买此品牌时，通过对特定关联的体验，唤起特定的情绪和情感，这种心理内涵可以帮助他们创造、维持或重塑自我。例如 1-5-（26-27）："不是因为我有钱了，能买奥迪所以幸福，而是这是以前的理想。理想实现的感觉跟花钱买什么商品的快乐是不一样的，你会认为你之前的奋斗、你的努力是值得的，对未来生活的态度也会更加积极。"又如 1-7-（14-15）："穿 Prada 的衣服、用着 Chanel 的香水、背 LV 的包包，这应该是每个女孩子的梦想吧，那当你有能力实现梦想的时候幸不幸福呢？所以我每一次穿着 Prada 衣服，走路都带风。"因此，基于品牌的自我实现感，对应了心理幸福感，即获得了自我完善、自我成就、理想实现等积极的心理机能状态（Ryff 和 Keyes，

1995)，这样的幸福感不只是短暂的愉悦感，还包括个体对未来的积极心态与情绪。

（三）基于品牌的社会贡献感

社会幸福感认为，幸福的实现取决于个人对社会产生的意义和价值，以及个人在社会生活中展现的积极社会机能（Keyes，1998）。许多消费者在购买产品时不仅考虑到自身需求的满足，还会考虑自身消费对整个社会的影响。通过以上的质性材料分析，发现品牌能够给消费者带来社会幸福感，具体表现在能够帮助他人（如贫困山区儿童）、利于群体（如国家）、利于社会（如环境保护）时，消费者产生了社会贡献感和满足感。比如 1-3-22："能够帮助贫困山区的孩子，那我买这个品牌（农夫山泉）会让我感觉更满足也更快乐。"又如 2-2-30："下图是我成为米粉以来收集的小米产品，每买一件都很自豪，小米是国人的骄傲!"基于品牌的社会贡献感，立足于人的社会性视角，强调和谐、社会发展与稳定。

二、品牌幸福感的形成机制

自我决定理论认为，自主、胜任与关系三种心理需要的满足能给人们带来幸福感（Ryan 和 Deci，2001)。Prentice、Loureiro 和 Guerreiro（2023）在研究智能语音助手（Intelligent Voice Assistants，IVA）时，提出 IVA 带来的自主、胜任与关系会影响人们对 IVA 的沉浸感，接着影响他们的幸福感。自主需要指个体能够自主地进行选择，而非受他人控制；胜任需要指个体能够胜任某项活动或工作等需要；关系需要指个体与他人、群体或社会维持或发展关系的需要。就品牌而言，品牌带来的自主需要满足是品牌赋予了消费者自由选择权利，如 1-12-8："以前因为经济能力原因不能买能够达到我要求（顺畅地玩手游）的手机，现在达到了就觉得很幸福。"品牌带来的胜任需要满足是品牌帮助消费者满足了目标实现的需要，如 1-5-24："16 岁时就觉得人生能开上奥迪就是成功的象征，所以提车的时候感觉那天是人生最幸福的时刻。"品牌带来的关系需要满足是品牌促进了消费者与他人的关系，如 2-1-2："给老婆买了她向往已久的潘多拉首饰，看到她这么开心我真的很幸福。"通过扎根理论分析，证实了品牌幸福感形成的关键机制是消费者心理需要得以满足，这一结果对应了自我决定理论中个体三种类型的心理需要。研究还发现，在消费者心理需要满足影响品牌幸福感的过程机制中，物质主义具有负向调节作用，如 1-3-31："我不是那种追求物质的人，我更注重一个品牌的精神还有价值观是否能让我触动。"上行社会比较具有减弱型调节作用，如 1-12-（28-31)："这个东西很难给人带来自我实现感或者成就感吧。王思聪也跟你用同一款手机，那能证明什么？能证明你跟他一样有钱有地位吗？如果说他有的豪车豪宅你也有，那可能会有成就感吧。"下行社会比较具有增强型调节作用，如 2-4-（27-28)："我抢到了！真幸福！大家还都不能买到但我买到了的感觉太棒了。"已有研究证明了物质主义对幸福感的负向影响（Burroughs 和 Rindfleisch，2002）、上行社会比较对幸福感的负向影响和下行社会比较对幸福感的正向影响（Wheeler 和 Miyake，1992)，以及下行社会比较在独居状态对幸福感负向影响关系的减弱性调节作用（Cheng、Fung 和 Chan，2008）。这些在理论上支持了物质主义和社会比较对品牌幸福感的影响。

心理需要的满足是通过何种手段实现的？Gengler 和 Reynolds（1995）所提出的“手段—目的链”理论认为，需要满足的前提是利益感知。通过扎根理论研究发现，在消费者认为品牌具有功能利益、体验利益和象征利益时，能产生心理需要的满足感，如 1-4-（9-10）：“无印良品的东西，哪怕是简单到一条毛巾，外观上都是很令人赏心悦目的。我想象家里都是无印良品的东西，就会觉得很温馨和满足。”我们还发现，在品牌利益作用于消费者心理需要的过程中，品牌—自我一致性起到正向调节作用，如 1-9-（14-15）：“不是所有奢侈品品牌都能让我幸福满足的哦，得看是什么品牌。比如路易威登，我就不喜欢，总觉得自己跟这个品牌不太搭。”Grzeskowiak 和 Sirgy（2007）证实了品牌—自我一致性在品牌忠诚影响消费者幸福感中的调节作用，支持了品牌—自我一致性对品牌幸福感的影响。综上所述，我们提出了品牌幸福感的形成机制，即品牌利益感知—消费者心理需要满足—品牌幸福感。

三、品牌幸福感的作用机制

通过扎根理论分析发现，品牌粉丝消费行为包括品牌收集行为、品牌保护行为、品牌社群行为与品牌推荐行为。研究还发现，如果品牌为消费者带来了幸福感，则会产生粉丝消费行为，如 1-13-（27-29）：“它的新款、经典款我都会买。很多 YSL 的口红其实我买了也没有用到，但放在那里看着就开心呀！”近年来，学者们已经开始研究品牌粉丝消费行为。例如，刘伟和王新新（2011）提出品牌粉丝消费行为包括收藏行为、信息搜集行为、参加社群活动；Holbrook（1986）发现，爵士乐粉丝会表现出收藏行为、推荐行为、分享行为；靳代平、王新新和姚鹏（2016）提出品牌皈依来描述粉丝与品牌的新型关系。我们进一步将这些品牌行为综合为四类，探索了品牌幸福感与品牌粉丝消费行为之间可能存在的关系。Honkanen 等（2012）指出，在消费者态度对消费行为的影响上，自我控制起着调节作用。研究发现，在品牌幸福感对品牌粉丝消费行为的作用路径中，自我控制起着调节作用，不同程度的自我控制会影响品牌粉丝消费行为，如 1-13-（34-35）：“我需要有人看着我，否则我每次一进店就出不来了。有一次我把一个月的生活费基本全花光了，后面都吃土度日了。”

第七节　品牌幸福感的研究结论与启示

一、研究结论

本章在积极心理学和消费者幸福感的基础之上，结合一手与二手数据资料，采用扎根理论分析，提出了品牌幸福感的理论概念及完整的理论框架，拓展了消费者幸福感研究。总的来说，本章的发现主要有以下三个方面：

（一）提出了生活愉悦感、自我实现感、社会贡献感等三个品牌幸福感维度

已有研究证明了消费是幸福感的重要来源，而品牌作为重要的消费对象，也可以为消费者带来幸福感。Schnebelen 和 Bruhn（2018）提出了“品牌快乐”的概念，认为消费者在与品牌接触过程中能产生愉悦、快乐等积极情感。但“品牌快乐”从主观幸福感出发，认为幸福就是愉悦、快乐、生活满意度的提升等，并未挖掘自我实现、理想实现、利于他人与利于社会等更深层次与多层面的幸福感。而我们通过规范的扎根理论分析，发现了品牌能够带给消费者的幸福感不只是生活愉悦感的提升，还能使消费者感受到品牌给其带来的自我实现感与社会贡献感。这一结论再次验证了积极心理学中幸福感的多层次、多维度。因此，我们所提出的品牌幸福感理论概念，与现有的消费者幸福感和品牌快乐理论相比，能够更为深入和全面地挖掘品牌为消费者所带来的多维度幸福感，拓展了消费者幸福感研究。

（二）揭示了品牌幸福感的形成机制

我们通过扎根理论分析，揭示了品牌幸福感的形成前因是消费者心理需要的满足，而其前提是品牌利益的提供。具体言之，消费者感知品牌能够为其带来特定的利益，满足了其心理需要，进而产生生活愉悦感、自我实现感及社会贡献感。相比消费者幸福感的来源，本章提出的品牌幸福感形成机制更完整、更科学地解释了基于品牌带来的消费者幸福感机制。在品牌幸福感形成路径当中，本章还发现了品牌—自我一致性、物质主义价值观、社会比较的调节作用。在已有的消费者幸福感研究中，品牌—自我一致性（Sirgy 和 Lee，2008）、物质主义（Burroughs 和 Rindfleisch，2002）以及社会比较（Wheeler 和 Miyake，1992）被证明是影响消费者幸福感的因素。而本章发现，以上变量是幸福感形成的调节因素，这在以往研究中鲜有涉及。

（三）揭示了品牌幸福感对品牌粉丝消费行为的影响

在品牌关系研究中，品牌粉丝消费行为成为近些年的关注点。但现有关于品牌粉丝消费行为的研究，还处于探索阶段。对于品牌粉丝消费行为的类别、维度及形成机制，学术界仍无统一定论。本章基于扎根理论将品牌粉丝消费行为进一步归纳为品牌收集行为、品牌保护行为、品牌社群行为与品牌推荐行为，能够更准确地描述品牌粉丝消费行为。另外，已有研究提出自我认同是品牌粉丝消费行为的关键因素，如靳代平、王新新和姚鹏（2016）提出品牌皈依的关键形成机制是自我认同与超自我认同，而我们的研究发现，品牌幸福感能带来品牌粉丝消费行为。具体而言，消费者感受到品牌为其带来的幸福感，会进一步促进消费者与品牌的紧密关系，进而产生超常规的品牌行为。并且，在此作用路径中，自我控制起着负向调节作用。

二、启示

本章的研究结论对于营销管理具有以下三点启示：

（一）可以将品牌幸福感的培育目标分解为三个分目标

目前，虽然部分企业已经意识到品牌幸福感对于品牌建设的重要作用，但由于并不清楚品牌幸福感的构成及其形成机制，企业还停留在品牌或产品名称使用“幸福”“小确幸”，或者采用幸福诉求广告等营销策略方面。本章通过扎根理论方法，厘清了品牌幸福感的维度，明确提出品牌幸福感包括消费者因为品牌而产生的生活愉悦感、自我实现感与社会贡献感。因此，企业可以将品牌幸福感的培育目标分解为培育基于品牌的生活愉悦感、基于品牌的自我实现感和基于品牌的社会贡献感。针对这三个分目标来构建品牌营销策略，才能真正有效地培育品牌幸福感。比如，改善产品设计、功能以增加消费者愉悦体验，塑造消费者心目中品牌的象征价值加强消费者自我实现，投入社会公益以增加消费者心目中品牌的社会责任感等。

（二）提供满足消费者心理需要的品牌利益

品牌幸福感形成的前因是消费者心理需要满足，而这些心理需要满足的前提是消费者品牌利益感知。因此，企业应明确目标顾客，通过改善品牌功能利益、品牌体验利益和品牌象征利益，并加强品牌与消费者的自我一致性，来满足消费者心理需要，进而使之产生品牌幸福感，并最终发展为更稳定及更深层次的品牌忠诚——品牌粉丝消费行为。此外，由于物质主义和社会比较在心理需要满足对品牌幸福感影响上存在调节作用，企业必须注意到消费者自身对物质财富的态度和社会比较对品牌营销效果的影响。

（三）重视品牌粉丝消费行为的培育

由于品牌粉丝消费行为是一种更高层次的品牌忠诚，目前所有企业都在致力于品牌粉丝的培育。许多品牌通过建设品牌社群、加强品牌精神建设、品牌体验多样化来培育自身的品牌粉丝。本章发现，品牌若能使消费者感受到幸福，则消费者会报以更强烈的态度与行为支持品牌发展，即产生一系列品牌粉丝消费行为，如品牌收集行为、品牌保护行为、品牌社群行为和品牌推荐行为。因此，本章为培育品牌粉丝提供了新的视角，如通过品牌体验营销来提高消费者生活愉悦感、通过品牌个性营销来提高消费者自我实现感、通过品牌社会营销来提高消费者社会贡献感，进而使消费者产生粉丝消费行为。

本章参考文献

[1] Aaker J, Rudd M, Mogilner C. If money doesn't make you happy, consider time [J]. Journal of Consumer Psychology, 2011, 21(2): 126-133.

[2] Ahuvia A C, Friedman D C. Income, consumption, and subjective well-being: Toward a composite macromarketing model[J]. Journal of Macromarketing, 1998, 18(2): 153-168.

[3] Bagozzi R P, Dholakia U M. Antecedents and purchase consequences of customer participation in small group brand communities[J]. International Journal of Research in Marketing, 2006, 23(1): 45-61.

[4] Bethmann D, Rudolf R. Happily ever after? Intrahousehold bargaining and the distribution of utility within marriage[J]. Review of Economics of the Household, 2018, 16(2): 347-376.

[5] Bettingen J, Luedicke M K. Can brands make us happy? A research framework for the study of brands and their effects on happiness[J]. Advances in Consumer Research, 2009(36): 308-315.

[6] Bhattacharjee A, Mogilner C. Happiness from ordinary and extraordinary experiences [J]. Journal of Consumer Research, 2014, 41(6): 1-17.

[7] Burroughs J E, Rindfleisch A. Materialism and well-being: A conflicting values perspective[J]. Journal of Consumer Research, 2002, 29(3): 348-370.

[8] Cheng S T, Fung H H, Chan A C M. Living status and psychological well-being: Social comparison as a moderator in later life[J]. Aging & Mental Health, 2008, 12(5): 654-661.

[9] Corbin J, Strauss A. Basics of qualitative research: Techniques and procedures for developing grounded theory(3rd ed.)[M]. Thousand Oaks, CA: Sage, 2008.

[10] Cornil Y, Chandon P. Pleasure as a substitute for size: How multisensory imagery can make people happier with smaller food portions[J]. Journal of Marketing Research, 2015, 53(5): 847-864.

[11] Creswell J W, Poth C N. Qualitative inquiry and research design: Choosing among five approaches(4th ed.) [M]. Thousand Oaks, CA: Sage, 2018.

[12] Cronin Jr J J, Brady M K, Hult G T M. Assessing the effects of quality, value, and customer satisfaction on consumer behavioral intentions in service environments [J]. Journal of Retailing, 2000, 76(2): 193-218.

[13] Desmeules R. The impact of variety on consumer happiness: Marketing and the tyranny of freedom[J]. Academy of Marketing Science Review, 2002, 12(1): 1-17.

[14] Devezer B, Sprott D E, Spangenberg E R, Czellar S. Consumer well-being: Effects

of subgoal failures and goal importance[J]. Journal of Marketing, 2014, 78(2): 118-134.

[15] Diener E. Subjective well-being[J]. Psychological Bulletin, 1984, 95(3): 542-575.

[16] Easterlin R A. Will raising the incomes of all increase the happiness of all? [J]. Journal of Economic Behavior & Organization, 1995, 27(1): 35-47.

[17] Eisenhardt K M. Building theories from case study research[J]. Academy of Management Review, 1989, 14(4): 532-550.

[18] Etkin J, Mogilner C. Does variety among activities increase happiness? [J]. Journal of Consumer Research, 2016, 43(2): 210-229.

[19] Festinger L. A theory of social comparison processes[J]. Hum Relat, 1954, 7(7): 117-140.

[20] Fournier S. Consumers and their brands: Develope relationship theory in consumer research[J]. Journal of Consumer Research, 1998, 24(4): 343-373.

[21] Gengler C E, Reynolds T J. Consumer understanding and advertising strategy: Analysis and strategic translation of laddering data[J]. Journal of Advertising Research, 1995, 35(4): 19-33.

[22] Grzeskowiak S, Sirgy M J. Consumer Well-Being(CWB): The effects of self-image congruence, brand - community belongingness, brand loyalty, and consumption recency[J]. Applied Research in Quality of Life, 2007, 2(4): 289-304.

[23] Hedhli K E, Chebat J C, Sirgy M J. Shopping well-being at the mall: Construct, antecedents, and consequences[J]. Journal of Business Research, 2013, 66(7): 856-863.

[24] Hofmann W, Friese M, Strack F. Impulse and self-control from a dual-systems perspective[J]. Perspectives on Psychological Science, 2009, 4(2): 162-176.

[25] Holbrook M B. An audiovisual inventory of some fanatic consumer behavior: The 25-cent tour of a jazz collector's home[J]. Advances in Consumer Research, 1986, 7(1): 144-149.

[26] Honkanen P, Olsen S O, Verplanken B, et al. Reflective and impulsive influences on unhealthy snacking, the moderating effects of food related self-control[J]. Appetite, 2012, 58(2): 616-622.

[27] Hsee C K, Yang Y, Li N, et al. Wealth, warmth, and well-being: Whether happiness is relative or absolute depends on whether it is about money, acquisition, or consumption[J]. Journal of Marketing Research, 2009, 46(3): 396-409.

[28] Keyes C L M. Promoting and protecting mental health as flourishing: A complementary strategy for improving national mental health[J]. American Psychologist, 2007, 62(2): 95-108.

[29] Keyes C L M. Social well-being[J]. Social Psychology Quarterly, 1998, 61(2): 121-140.

[30] Mansoor M, Paul J. Mass prestige, brand happiness and brand evangelism among consumers[J]. Journal of Business Research, 2022, 144(5): 484-496.

[31] Markus H R, Schwartz B. Does choice mean freedom and well-being? [J]. Journal of Consumer Research, 2010, 37(2): 344-355.

[32] Masoom M R, Rehan M, Sarker M. Rising materialism in the developing economy: Assessing materialistic value orientation in contemporary bangladesh[J]. Business & Management, 2017, 4(1): 1-12.

[33] McCracken G. Culture and consumption: A theoretical account of the structure and movement of the cultural meaning of consumer goods[J]. Journal of Consumer Research, 1986, 13(1): 71-84.

[34] Monga A B, Lau-Gesk L. Blending cobrand personalities: An examination of the complex self[J]. Journal of Marketing Research, 2007, 44(3): 389-400.

[35] Park C W, Jaworski B J, Maclnnis D J. Strategic brand concept-image management[J]. Journal of Marketing, 1986, 50(4): 135-146.

[36] Park C W, Maclnnis D J, Eisingerich A B. Brand admiration: Building a business people love[M]. John Wiley & Sons, 2016.

[37] Prentice C, Loureiro S M C, Guerreiro J. Engaging with intelligent voice assistants for wellbeing and brand attachment[J]. Journal of Brand Management, 2023(30): 449-460.

[38] Purohit S, Radia K N. Conceptualizing masstige buying behavior: A mixed-method approach[J]. Journal of Business Research, 2022, 142(3): 886-898.

[39] Ryan R M, Deci E L. On happiness and human potentials: A review of research on hedonic and eudaimonic well-being[J]. Annual Review of Psychology, 2001, 52(1): 141-166.

[40] Ryff C D, Keyes C L M. The structure of psychological well-being revisited[J]. Journal of Personality and Social Psychology, 1995, 69(4): 719-727.

[41] Ryff C D. Happiness is everything, or is it? Explorations on the meaning of psychological well-being[J]. Journal of Personality and Social Psychology, 1989, 57(6): 1069-1081.

[42] Seligman M E P. Flourish: A visionary new understanding of happiness and well-being[M]. New York: Free Press, 2012.

[43] Schnebelen S, Bruhn M. Brands can make consumers happy! Development of a scale to measure brand happiness [A]. M W Obal, et al. (eds.), Let's get engaged! Crossing the threshold of marketing's engagement era [C]. Developments in Marketing Science: Proceedings of the Academy of Marketing Science, 2016: 341-342.

[44] Schnebelen S, Bruhn M. An appraisal framework of the determinants and consequences of brand happiness[J]. Psychology & Marketing, 2018, 35(2): 101-119.

[45] Šeinauskienė B, Maščinskienė J, Petrikė I, et al. Materialism as the mediator of the association between subjective well-being and impulsive buying tendency[J]. Engineering Economics, 2016, 27(5): 594-606.

[46] Sirgy M J, Lee D J, Kressmann F. A need-based measure of Consumer Well Being (CWB) in relation to personal transportation: Nomological validation [J]. Social

Indicators Research, 2006, 79(2): 337-367.

[47] Sirgy M J, Lee D J. Well-being marketing: An ethical business philosophy for consumer goods firms[J]. Journal of Business Ethics, 2008, 77(4): 377-403.

[48] Torelli C J, Keh H T, Chiu C Y. Cultural symbolism of brands[A]. B Loken, R Ahluwalia & M J Houston (Eds.), Brands and brand management: Contemporary Research Perspectives[M]. New York: Routledge, 2010.

[49] Tsai S. Impact of personal orientation on luxury-brand purchase value: An international investigation [J]. International Journal of Market Research, 2005, 47 (4): 427-452.

[50] Van O, Stijn M J, Chris J. A goal-based model of product evaluation and choice [J]. Journal of Consumer Research, 2012, 39(2): 2-34.

[51] Vigneron F, Johnson L. A review and a conceptual framework of prestige-seeking consumer behaviour[J]. Academy of Marketing Science Review, 1999, 3(1): 1-17.

[52] Waterman A S, Schwartz S J, Zamboanga B L, et al. The questionnaire for eudaimonic well-being: Psychometric properties, demographic comparisons, and evidence of validity[J]. Journal of Positive Psychology, 2010, 5(1): 41-61.

[53] Wheeler L, Miyake K. Social comparison in everyday life[J]. Journal of Personality and Social Psychology, 1992, 62(5): 760-773.

[54] Williams P, Escalas J E, Morningstar A. Conceptualizing brand purpose and considering its implications for consumer eudaimonic well-being[J]. Journal of Consumer Psychology, 2022(32): 699-723.

[55] Zhong J Y, Mitchell V W. Does consumer well-being affect hedonic consumption? [J]. Psychology & Marketing, 2012, 29(8): 583-594.

[56] 陈浩彬，苗元江．主观幸福感、心理幸福感与社会幸福感的关系研究[J]．心理研究，2012，5(4)：46-52.

[57] 胡荣华，孙计领．消费能使我们幸福吗[J]．统计研究，2015(12)：69-75.

[58] 靳代平，王新新，姚鹏．品牌粉丝因何而狂热？——基于内部人视角的扎根研究[J]．管理世界，2016(9)：102-119.

[59] 刘伟，王新新．粉丝作为超常消费者的消费行为、社群文化与心理特征研究前沿探析[J]．外国经济与管理，2011，33(7)：41-48.

[60] 沈鹏熠，万德敏，许基南．在线零售情境下人机交互感知如何影响消费者幸福感——基于自主性的视角[J]．南开管理评论，2021，24(6)：26-38.

[61] 田志龙，程鹏璠，杨文，等．企业社区参与过程中的合法性形成与演化：百步亭与万科案例[J]．管理世界，2014(12)：134-188.

[62] 汪涛，周玲，彭传新，等．讲故事塑品牌：建构和传播故事的品牌叙事理论——基于达芙妮品牌的案例研究[J]．管理世界，2011(3)：112-123.

[63] 俞国良．心理健康的新诠释：幸福感视角[J]．北京师范大学学报(社会科学版)，2022(1)：72-81.

第二章

品牌幸福感的维度及其驱动因素①

在第一章中，我们提出了品牌幸福感的原创概念，同时构建了一个品牌幸福感的形成与作用机制模型。然而，从量化研究的角度来看，品牌幸福感的测量是一项基础工作，是后续开展实证研究的必备环节。为此，本章首先通过回顾以往幸福感文献，提出了品牌幸福感维度的分析框架；其次，提出了品牌幸福感的三个维度，并根据规范性的程序，经过 5 个定性和定量研究步骤开发和检验了量表；最后，通过实证研究验证了这些品牌幸福感维度的驱动因素。

第一节　品牌幸福感测量的研究现状

作为消费者幸福感研究的分支，品牌幸福感还是一个非常新的概念，直到 2018 年才有学者（Schnebelen 和 Bruhn，2018）正式提出类似的概念——品牌快乐，因此相关的理论研究还处于初级阶段。为推进品牌幸福感定量研究，首先必须提出品牌幸福感的维度及其测量工具。Bettingen 和 Luedicke（2009）认为，可以从生理反应、情绪反应和主观幸福感评价三个层面来测量与品牌体验相关的快乐。其中，生理反应是测量被试大脑特定区域在获得品牌快乐时的反应，可以弥补自我报告式测量的不精准问题；情绪反应是采用积极情绪与消极情绪量表（Positive and Negative Affect Schedule，PANAS）（Watson、Clark 和 Tellegen，1988）对品牌带来的快乐进行测量，不过要求现场就测量，否则回忆的快乐不是当时体验产生的；主观幸福感评价是用生活满意度来测量品牌带来的快乐，但品牌与生活满意度之间的关系强度多大不得而知。Schnebelen 和 Bruhn（2018）提出品牌快乐的四个维度分别是喜悦（joy）、欢快（vigor）、自豪（pride）和安宁（serenity）。其中，喜悦是指消费者对品牌所洋溢的热情；欢快是一种激活和活力程度很高的状态；自豪是品牌带来的自我提升的感觉；安宁是与品牌有关的感情上的和谐与平静。针对这四个维度，他们提出了 12 个测项的量表（见表 2-1）。Chaudhuri 和 Holbrook（2001）曾用了 3 个测项来测量品牌

① 本章初稿发表情况如下：周志民，简予繁，王凛．品牌幸福感：概念、测量与前因［A］. 2018JMS 中国营销科学学术年会论文集［C］. 深圳：深圳大学，2018. 该文获得了 2018 中国营销科学学术年会（JMS 年会）优秀论文奖。本书有删改。

情绪（brand affect）："当我使用该品牌时，我感觉良好"；"该品牌让我快乐"；"该品牌给我愉悦感"。可以看出，这 3 个测项跟品牌快乐的内涵非常接近。在英国《营销周刊》与 Isobel 广告公司（2014）联合开展的幸福品牌调查中，采用了乐观、好玩、开心、值得信任和慷慨等 5 个词来作为指标。以上提及的 4 个研究，都只是基于主观幸福感的视角，而未综合考虑心理幸福感、社会幸福感的研究视角，这使得品牌快乐只能刻画短暂而局部的情绪，而不是品牌幸福感所描述的深长而全面的感受。Schmitt、Brakus 和 Zarantonello（2015）的观点结合了主观幸福感和心理幸福感的视角，把品牌体验带来的消费者快乐分为愉悦型快乐（pleasure happiness）和意义型快乐（meaning happiness）两种。不过，他们并未提出测量量表。舒丽芳、卫海英和冉雅璇（2018）从企业、社会和国家的角度提出了"品牌福祉"的术语，认为品牌福祉包括个人福祉、社交福祉和国家福祉三个维度，并提出了一个量表（见表 2-2）。对于纯粹的商业企业以及一些外国品牌来说，用国家视角的品牌福祉来描述它们未必合适。杨爽和郭昭宇（2018）在做品牌幸福感对顾客忠诚行为影响的实证研究中，开发了一个包含三个维度的品牌幸福感量表（见表 2-3）。其中，积极情绪体验表明品牌带来的情绪方面感受，独特意义感知表明消费者赋予品牌独特的个性化体验，自我价值实现表明品牌帮助消费者实现价值意义。这三个维度综合了主观幸福感和心理幸福感的视角，但没有涉及社会幸福感视角。总而言之，目前还缺乏全面的品牌幸福感维度及其量表，不利于相关量化研究的开展。

表 2-1　品牌快乐量表

维度	测项
喜悦	×品牌让我感到很高兴
	×品牌让我感到很开心
	×品牌让我感到很喜悦
欢快	×品牌让我感到欢欣雀跃
	×品牌让我感到精力充沛
	×品牌让我感到充满活力
自豪	×品牌让我感到很自豪
	×品牌让我感觉有优越感
	×品牌让我感觉自己受到尊重
安宁	×品牌让我感到很放松
	×品牌让我感到很自在
	×品牌让我感到很安逸

资料来源：Schnebelen S，Bruhn M. An appraisal framework of the determinants and consequences of brand happiness［J］. Psychology and Marketing，2018，35（2）：101-119.

表 2-2　品牌福祉量表

维度	测项
个体福祉	此品牌能满足我的功能需要
	此品牌给我带来了便利
	使用此品牌，我觉得开心
	此品牌提升了我的生活满意度
社交福祉	此品牌使我能更好地融入朋友/家人中
	此品牌增添了我和朋友/家人相处时的乐趣
	通过讨论此品牌，我增进了与朋友/家人之间的关系
国家福祉	此品牌提高了本国品牌的国际形象
	此品牌令我有民族自豪感
	此品牌是有社会责任感、有担当的
	此品牌对社会的贡献程度，令我觉得赞赏

资料来源：舒丽芳，卫海英，冉雅璇．品牌福泽百姓——品牌福祉的构念、维度及量表开发［J］．营销科学学报，2018，14（3-4）：115-135.

表 2-3　品牌幸福感量表

维度	测项
积极情绪体验	购买该品牌时，我感到快乐
	购买该品牌时，我感到欣喜
	购买该品牌时，我感到激动
	购买该品牌时，我感到满足
独特意义感知	我使用该品牌有特殊的仪式感
	我赋予了该品牌独特意义
	该品牌带给我的感觉是独一无二的
	我能发掘该品牌独有的内涵
自我价值实现	该品牌帮助我实现理想中的自我
	使用该品牌是我所追求的生活方式的一部分
	该品牌让我接近完美的自己
	该品牌提升了自我的形象
	消费该品牌，体现了我更高的消费能力

资料来源：杨爽，郭昭宇．品牌幸福感对顾客忠诚行为的影响研究［J］．消费经济，2018，34（6）：68-74.

在积极心理学当中，幸福感研究已形成了主观幸福感、心理幸福感与社会幸福感等三大理论视角（Diener，1984；Keyes，1998；Ryff 和 Keyes，1995）。由于这三者之间存在一定的相关性，有心理学者建议整合这三个视角进行幸福感的研究

（Keyes，2007；Ryff，1989）。本章将整合这三个视角，同时结合品牌的特点，对品牌幸福感的维度以及量表进行探讨；之后，本章还将从品牌利益的角度出发，研究品牌幸福感各个维度的影响前因，以揭示品牌幸福感的基本成因。

第二节 品牌幸福感维度的理论基础

在哲学领域，幸福感理论被分成两种类型——享乐论（hedonic）和实现论（eudaimonic）。享乐论强调积极、快乐情感，追求将这种体验的数量和时间最大化，同时避免消极、不快情感，追求将这种体验的数量和时间最小化等；而实现论强调自我实现和发展，追求个人天赋和潜能的实现、人格的成熟、社会功能的健全等（Hersch 和 Weltman，2023）。尽管享乐论和实现论有着明显的区别，但有学者建议将二者结合起来，同时包括享乐和完善（Henderson 和 Knight，2012）的丰盛（flourishing）的生活才是最幸福的生活。

积极心理学学者根据享乐论和实现论，发展出了两种类型的幸福感：主观幸福感（Diener，1984）和心理幸福感（Ryff 和 Keyes，1995）。其中，主观幸福感对应享乐论，而心理幸福感对应实现论。不过，Keyes（1998）提出主观幸福感和心理幸福感都是个人层面的幸福感，甚至可能危害到社会的利益。为此，他提出了“社会幸福感”的概念，强调个人对社会的贡献和意义。本质上，社会幸福感和心理幸福感都属于实现论，只不过前者强调社会贡献，而后者强调自我实现，二者都体现了自我的价值。由于三种幸福感理论视角不同，彼此之间具有互补性，一些学者提出可将三个视角进行整合（Keyes，2007；Waterman、Schwartz 和 Zamboanga，2010），从而提出更为全面的模型。

基于以上分析，我们认为，品牌幸福感的维度也可以从主观幸福感、心理幸福感与社会幸福感三方面来综合考虑。

首先，主观幸福感的两个维度分别是认知上对生活满意度的主观评价和情感上的积极情绪或消极情绪（Ahuvia 和 Friedman，1998）。对于消费者而言，品牌也能带来生活满意度以及高积极情绪与低消极情绪，因为品牌蕴含着功能性价值和体验性价值，不仅能够解决消费者的问题和提高消费者的生活质量，而且能够带来感官和心理的愉悦。

其次，Ryan 和 Deci（2001）提出的心理幸福感六个维度包括自我接纳、积极人际关系、机能自主、环境掌控、生活目标和个人成长。这些维度的核心是自我完善与实现。品牌的符号象征意义带给消费者象征型价值，消费者通过拥有理想品牌来实现理想自我。在品牌的辅助下，消费者建立了理想身份和社会认同，从而获得幸福感。

最后，Keyes（1998）提出了社会幸福感的五个维度，包括社会整合、社会贡献、社会和谐、社会认同和社会实现。这些维度集中体现了个体对社会的价值与意义。品牌对社会也有贡献，直接体现是该品牌承担的企业社会责任以及采取的善因营销。一旦消费者认可了品牌的善举，他们就会通过品牌消费而拉近自己与社会贡献的距离，从而产生幸福感。

由于品牌幸福感具有品牌的特点，以上三种幸福感通用的维度并不完全适用于品牌幸福感。因此，我们需要以三种幸福感作为分析框架，来提出品牌幸福感特有的维度。接下来，本章将提出品牌幸福感的三个维度，并通过 5 个步骤，对品牌幸福感的量表（步骤 1~4）以及品牌幸福感量表的预测效度（步骤 5）展开详尽的研究。

第三节　品牌幸福感维度的提出

在消费者的实际认知中，品牌幸福感的维度是否跟以上三个幸福感的框架对应？品牌幸福感的维度具体是什么？为了回答以上问题，我们在社交媒体网站（微博、微信、知乎、贴吧）发布了有偿招募品牌幸福感受访者的广告信息，在 37 位志愿者中选择 17 位进行关于品牌幸福感的深度访谈。深度访谈提纲主要由以下两个问题构成：①您认为哪些品牌可以给您带来幸福感？②提及的品牌给您带来了哪些幸福感？请您具体描述这样的感受。具体研究过程在第一章第四节当中已有说明，此处不再赘述。

本部分属于探索性研究，且研究所得的深度访谈信息多为文本资料，因此我们通过扎根理论对深度访谈信息进行编码及分析。通过扎根理论的开放式编码、主轴编码及选择性编码三个步骤，我们发现，品牌为消费者带来的幸福感表现在三个层面：基于品牌的生活愉悦感、基于品牌的自我实现感与基于品牌的社会贡献感。这三种幸福感分别对应了主观幸福感、心理幸福感与社会幸福感的内涵。

基于品牌的生活愉悦感，是指消费者由于消费或体验了特定的品牌，给其生活带来了积极与快乐的感受，即消费者认为因为拥有了该品牌的产品，生活质量得到了提升，生活满意度得到显著提高，生活更加快乐和愉悦。因此，基于品牌的生活愉悦感更强调产品给消费者带来的短暂性愉悦的情感，符合主观幸福感研究中强调幸福感的“快乐的体验、积极的情绪、生活满意度提升”等内涵（Ahuvia 和 Friedman，1998），而并未涉及消费者更深层次的心理特征。

基于品牌的自我实现感主要指消费者因拥有某个品牌而产生的理想实现感、自我成就感或目标达成感。相对于生活愉悦感而言，自我实现感是一种更深层的、持续性更长的积极情感。因此，基于品牌的自我实现感，对应了心理幸福感的界定，即获得了自我完善、自我成就、理想实现等积极的心理机能状态（Ryff 和 Keyes，1995），这样的幸福感不只是短暂的愉悦感，还包括了个体对未来的积极心态与情绪。

基于品牌的社会贡献感，是品牌带来的区别于生活满意感及自我成就感的一种利他的积极社会机能，是一种基于人的社会性视角、“别人快乐我也快乐”的情感，更强调社会和谐、发展与稳定。具体表现为，如果消费者购买特定品牌，能够帮助他人（如贫困山区儿童）、利于群体（如国家）、利于社会（如环境保护），就会产生贡献感，并且这样的社会贡献感使消费者在对他人、对群体或社会积极奉献后产生满足感。

综上所述，我们认为品牌幸福感可以分为三个维度：①基于品牌的生活愉悦感，即拥有某品牌让我对自己的生活感到更愉悦；②基于品牌的自我实现感，即拥有某品牌让我更加接近理想的自我；③基于品牌的社会贡献感，即拥有某品牌让我感觉到自己对社会有所贡献。部分被访者对幸福品牌的描述见表 2-4。

表 2-4　消费者对于幸福品牌的描述（部分）

基于品牌的生活愉悦感	
Uniqlo • 优衣库的衣服穿起来很舒适而且不容易过时，它能给我幸福感	MIUI • 感觉好幸福，换了小米 6 手机速度飞快！充电飞快！系统顺畅不卡，几乎达到了我理想中的手机配置
Apple • 我认为苹果的手机、电脑、手表等产品比别的品牌产品要优秀	Philips • 飞利浦的电动牙刷绝对是增加我幸福感的好物，从此爱上刷牙
IKEA • 这个品牌（宜家）切切实实给我的生活带来了很多温馨和快乐	Swarovski • 它（Swarovski）很美丽，人们拥有美丽的事物就会感受到幸福
MUJI • 我想象家里都是无印良品的东西，就会觉得很温馨和满足	
基于品牌的自我实现感	
Gucci • 我买 Gucci 的包包给我的幸福感源自我能够证明我依靠自己的实力买到了我向往的品牌	Chanel • 这个品牌（Chanel）更多的是能够证明我的经济能力和社会地位
Prada • 穿上 Prada 我也感觉自己像女王，它让我自信满满	Marlboro • 我掏出万宝路的时候就会觉得自己很自信，有一种纯爷们儿的感觉
Nike • 它（耐克）的精神是我所追求的，因此我非常喜爱这个品牌，它能让我感受到积极与乐观的生活态度	Jeep • 牧马人象征着年轻人的活力、开放与不羁。拥有它让我倍儿有范儿
Audi • 16 岁时就觉得人生能开上奥迪就是成功的象征，所以那天提车的时候感觉是人生最幸福的时刻	Pandora • 给老婆买了她向往已久的潘多拉首饰，看到她这么开心我真的很幸福

续表

基于品牌的社会贡献感	
Starbucks • 我很欣赏星巴克对于环保事业所做的一切贡献和努力，我很尊敬它，它也能给我带来满足感	MIUI • 选择小米是支持国货，推动国产品牌的发展，我认为我们大家都应该有支持与帮助国产品牌发展的责任
Nars • Nars 坚持从不用动物做实验，受到了跟我一样的动物保护主义者的热爱和尊重，我对动物保护能做的不多，但支持 Nars 的发展是我对这份事业贡献的一分力量	Uniqlo • 优衣库前些日子联合其他品牌推出了慈善系列的手袋和 T 恤，我很喜欢这系列产品，对社会有益和有贡献

第四节　品牌幸福感量表的开发

上一节通过文献研究、扎根理论方法提出了品牌幸福感的三个维度，本节将遵循 Brakus、Schmitt 和 Zarantonello（2009）以及 Homburg、Schwemmle 和 Kuehnl（2015）的量表开发流程，对维度进行检验，同时开发相应的量表。

一、步骤 1：品牌幸福感初始测项的生成

我们通过文献回顾和消费者调研生成初始测项。

首先，我们围绕品牌幸福感的三大维度做了文献回顾。具体而言，针对基于品牌的生活愉悦感，回顾了主观幸福感和生活满意度领域的文献（如 Diener，1984；Ahuvia 和 Friedman，1998；Argyle、Martin 和 Crossland，1989；Schnebelen 和 Bruhn，2018）；针对基于品牌的自我实现感，回顾了心理幸福感和自我实现领域的文献（如 Keyes，1998；Schmutte 和 Ryff，1997；Robert，2004；Waterman，1993）；针对基于品牌的社会贡献感，回顾了社会幸福感和社会贡献、社会价值领域的文献（如 Keyes，1998，2007；Abbott 和 Monsen，1979；Turker，2009）。

之后，为了确保测项的完备性及适用性，我们围绕品牌幸福感进行了第二次开放式调研。问卷通过腾讯问卷调研平台（wj. qq. com）收集。具体做法是让消费者按先后顺序回答 3 个填空题：①生活中接触的哪个品牌能够带给您幸福感？②请用 3~5 个词语或者句子描述题①所填品牌带给您的幸福感；③为什么题①所填品牌能够带给您这些幸福感？在此之后收集了答题者的性别和年龄信息。经过 3 天的调研，我们共回收问卷 118 份，排除 2 份无效问卷后（第①题的答案分别为“无”“没有”），有效样本为 116 份，有效样本率为 98. 31%。

通过对“品牌幸福感”答案的逐一梳理，并排除与文献回顾中答案一致的测项后，得到了 7 个测项；加上基于文献得到的 79 个测项，最终得到了 86 个品牌幸福感的初始测项。其中，基于品牌的生活愉悦感的测项有 31 个，基于品牌的自我实现感

的测项有 29 个，基于品牌的社会贡献感的测项有 26 个。

二、步骤 2：品牌幸福感测项的缩减

为了进一步保证问卷备选测项的内容效度（即测项内容上没有缺失）以及表面效度（即字面上没有晦涩难懂、意思模糊的地方），我们对上述的 86 个测项先后进行了消费者评审和专家评审。消费者评审的具体做法是：研究者设计好问题形式，并运用李克特（Likert）7 级量表（1 表示完全不赞同，4 表示中立，7 表示完全赞同）进行测试。我们邀请了周围的 10 名普通消费者进行评审，请他们选出语义晦涩难懂的测项，并测试每一测项能否很好地描述品牌给其带来的幸福感。结合消费者调研的数据结果，将超过半数消费者选出的语义晦涩的测项删除；接着分析剩下测项的均值，将均值低于 4 的测项删除；最后经过反复讨论，保留了 32 个测项。然后，我们将修改后的问卷提交给品牌研究领域的 10 位学者（来自不同高校，均获得博士学位）进行评审，请他们检查测项是否能够反映品牌幸福感、是否能覆盖测量范围以及语言表述方面的问题，并告知他们可以对测项进行补充、删除或修改。最终，10 位学者均反馈了意见。综合考虑各位学者的意见，我们删除了 8 条测项，增加了 2 条测项，并微调了 6 条测项的语言表述。综上所述，本阶段初步生成了包含 26 个测项的品牌幸福感量表，其中：有 8 个测项测量了基于品牌的生活愉悦感，有 10 个测项测量了基于品牌的自我实现感，有 8 个测项测量了基于品牌的社会贡献感。

三、步骤 3：品牌幸福感维度的探索性因子分析

为确认品牌幸福感的维度结构，同时进一步缩减测项，我们对所得测项进行了探索性因子分析。将 26 个测项顺序打乱，均采用李克特 7 级量表进行测量（1 代表完全不同意，4 代表中立，7 代表完全同意）。问卷通过网络问卷调查平台问卷星（www. wjx. cn）来发放及回收。由于调查对象为拥有品牌幸福感的品牌消费者，既不限定品牌名称也不限定地理区域，因此通过问卷星来收集答案能够使样本人口统计特征覆盖更全面。发出问卷 3 天之后，我们共回收问卷 450 份，通过人工筛选所填品牌是否合理（如所填答案为“书店”、无意义字母等）、所填答案是否有明显异常（如 26 个测项题目的答案完全相同）后，最终得到有效样本 420 份，有效样本比例为 93. 33%。其中，男性占总数的 42. 4%，女性占总数的 57. 6%；20 岁及以下的占总数的 13. 4%，21~30 岁的占总数的 49. 1%，31~40 岁的占总数的 28. 7%，41~50 岁的占总数的 4. 2%，50 岁以上的占总数的 4. 6%；大专学历及以下的受访者占总数的 13. 8%，本科学历的受访者占总数的 72. 1%，研究生学历及以上的受访者占总数的 14. 1%；在所有受访者中，在校学生占总数的 20. 8%，在职人员占总数的 71. 9%，其他占总数的 7. 3%；受访者的收入水平情况为：3000 元及以下的占总数的 14. 5%，3000~5999 元的占总数的 22. 6%，6000~8999 元的占总数的 31. 4%，9000~11999 元的占总数的 17. 4%，12000 元及以上的占总数的 14. 1%。我们利用统计软件 SPSS 对

数据进行分析。为了减少不必要的测项，将答案均值小于4（意味着大部分消费者没有这种幸福感受）的测项进行了删除（Brakus、Schmitt 和 Zarantonello，2009；Thomson、Maclnnis 和 Park，2005），共删除2个测项，剩下24个测项。

通过SPSS对数据进行可靠性分析，结果显示品牌幸福感初始量表的 Cronbach's α 值为0.919>0.90，说明初始量表的整体信度很好（Nunnally，1978）；24个测项中，每项删除后的 Cronbach's α 值均小于0.92，说明测项无须删除，信度良好（Churchill，1979）。可见，数据质量良好，适合做进一步分析。数据处理结果显示，KMO 值为0.934（>0.80），表明品牌幸福感初始量表适合进行因子分析；Bartlett 球形检验的近似卡方分布为5588.489，自由度为325，显著性概率 $p=0.000<0.05$，达到显著水平，表明品牌幸福感量表的24个测项之间存在共同因子。研究采用主成分分析法，根据 Kaiser 标准，即因子的特征值（eigen value）大于1，结果有3个因子满足要求，同时，陡坡图也显示应该在抽取完3个因子后停止，因为再多提取一个因子，对解释变量的总方差的帮助已经开始明显减少。提取的这3个因子总共解释了55.17%的总方差，具有良好的解释力度。采用方差最大正交旋转（varimax rotated）可获得24个测项的因子载荷。经过数轮数据处理，我们删除了因子载荷低于0.70或交叉载荷大于0.40的15个测项，最终保留9个测项，得到具备良好区分性的因子结构。表2-5列出了通过主成分法和方差最大正交旋转（旋转在5次迭代后收敛），最终获得的因子载荷矩阵。

表2-5　品牌幸福感量表的旋转因子矩阵

编号	测项	因子		
		F1	F2	F3
SR1	拥有×品牌，让我对自己更加自信	0.75		
SR2	拥有×品牌，让我更加认可自己	0.72		
SR3	拥有×品牌，让我觉得自己更有成就感	0.70		
LP1	拥有×品牌，让我感觉自己的生活更加快乐		0.79	
LP2	拥有×品牌，让我感觉自己的生活质量得到提升		0.76	
LP3	拥有×品牌，让我觉得自己的生活更加精彩		0.74	
SC1	拥有×品牌，让我觉得自己承担了社会责任			0.80
SC2	拥有×品牌，让我觉得自己为社会做出了贡献			0.78
SC3	拥有×品牌，让我觉得自己支持了社会的发展			0.74
	Cronbach's α	0.76	0.79	0.81

如表2-5所示，因子F1包含3个测项，分别为“拥有X品牌，让我对自己更加自信”“拥有X品牌，让我更加认可自己”“拥有X品牌，让我觉得自己更有成就感”。这3个测项反映了消费者基于品牌而产生的自信感、成就感等，因此称为“基于品牌的自我实现感”；因子F2包含3个测项，分别为“拥有X品牌，让我感觉自

己的生活更加快乐”“拥有 X 品牌，让我觉得自己的生活更加精彩”“拥有 X 品牌，让我感觉自己的生活质量得到提升”。这 3 个测项表达了消费者通过拥有品牌而获得的生活满意、快乐等感受的含义，因此命名为“基于品牌的生活愉悦感”；因子 F3 包含 3 个测项，分别为“拥有 X 品牌，让我觉得自己支持了社会的发展”“拥有 X 品牌，让我觉得自己为社会做出了贡献”“拥有 X 品牌，让我觉得自己承担了社会责任”。这 3 个测项表达了消费者通过拥有品牌而感受到自身支持了社会的发展、做出了社会贡献等含义，因此命名为“基于品牌的社会贡献感”。

四、步骤 4：品牌幸福感维度的验证性因子分析

接下来，我们采用了另一组新样本对探索性因子分析的结果进行验证性因子分析，以进一步检验品牌幸福感的维度结构，以及量表的信度和效度。同样采用网络问卷调查的方式，通过问卷星平台收集数据。问卷包括探索性因子所得的 9 个测项，采用李克特 7 级量表作为答题形式。

本阶段共回收有效问卷 420 份，其中：男性占样本总数的 42. 3%，女性占总数的 57. 7%；20 岁及以下的占总数的 7. 6%，21~30 岁的占总数的 47. 3%，31~40 岁的占总数的 37. 1%，41~50 岁的占总数的 6. 4%，50 岁以上的占总数的 1. 7%；11. 9%为大专或以下，77. 7% 为本科，10. 5% 为硕士及以上；3000 元及以下的占总数的 18. 3%，3000~5999 元的占总数的 19. 5%，6000~8999 元的占总数的 25. 7%，9000~11999 元的占总数的 21. 4%，12000 元及以上的占总数的 15. 2%；18. 1%为在校学生，80. 3%为在职人员，1. 7%为其他。

我们采用了 LISREL 软件对新样本数据进行验证性因子分析：首先，对一阶模型结构和量表的信度效度进行检验；其次，进行二阶验证性因子分析，探索三个维度是否能够反映品牌幸福感的单一概念。

为了进行一阶验证性因子分析，我们设定了四个竞争模型。模型 1（M1）是一个单因子模型，假设 9 个测项拥有共同的潜变量——品牌幸福感；模型 2（M2）是一个双因子模型，由于主观幸福感和心理幸福感都属于个体层面，而社会幸福感属于社会层面，因此假设基于品牌的生活愉悦感和基于品牌的自我实现感下的 6 个测项拥有共同的潜变量——基于品牌的个人来源幸福感，假设基于品牌的社会贡献感下的 3 个测项拥有共同的潜变量——基于品牌的社会来源幸福感；模型 3（M3）也是一个双因子模型，根据哲学上享乐幸福和完善幸福的划分，假设基于品牌的生活愉悦感下的 3 个测项拥有共同的潜变量——基于品牌的享乐幸福感，假设基于品牌的自我实现感和基于品牌的社会贡献感下的 6 个测项拥有共同的潜变量——基于品牌的实现幸福感；模型 4（M4）是一个三因子模型，假设基于品牌的生活愉悦感、基于品牌的自我实现感、基于品牌的社会贡献感为 3 个因子。验证性因子分析的结果如表 2-6 所示。从 4 个模型的各个拟合度指标来看，模型 4 的拟合度是最高的，说明三因子模型是最佳选择。

表 2-6　竞争模型

模型	χ^2	df	χ^2/df	GFI	AGFI	NFI	CFI	IFI	RMSEA
M1：单因子模型	664.89	27	24.63	0.74	0.54	0.71	0.72	0.72	0.237
M2：双因子模型 1	118.25	26	4.55	0.94	0.90	0.94	0.95	0.95	0.092
M3：双因子模型 2	579.92	26	22.30	0.77	0.59	0.77	0.78	0.78	0.225
M4：三因子模型	38.73	24	1.61	0.98	0.96	0.98	0.99	0.99	0.038

注：χ^2（卡方）越小越好；GFI（拟合优度指数）>0.9；AGFI（修正拟合优度指数）>0.9；RMSEA（近似误差均方根）<0.05。相对指标及相关临界值为：NFI（规范拟合指数）>0.9；CFI（比较拟合指数）>0.9；IFI（增值拟合指数）>0.9。df 表示自由度。

在量表的信度方面，分别采用潜变量的 Cronbach's α 值和组合信度来检验。品牌幸福感量表的整体 Cronbach's α 值为 0.864，基于品牌的生活愉悦感、基于品牌的自我实现感和基于品牌的社会贡献感这三个维度的 Cronbach's α 值分别为 0.704、0.841、0.879，说明各潜变量的内部一致性良好；组合信度值分别为 0.79、0.84、0.89，均超过 0.7 的临界值，因此量表通过信度检验。在量表的效度方面，检验结果如下：第一，所有测项对于相应维度的因子载荷都远大于 0.40 的标准，同时，三因子模型的拟合程度良好，说明各变量的收敛效度较高；第二，如表 2-7 与表 2-8 所示，各潜变量的平均萃取方差（AVE）都大于 0.50 的最低标准（Fornell 和 Larker，1981），并且每个维度的 AVE 平方根大于维度间的相关系数，说明各变量的判别效度较高。

表 2-7　品牌幸福感信度结果

维度	测项	载荷	CR	AVE	Cronbach's α
基于品牌的生活愉悦感	LP1	0.833	0.79	0.56	0.704
	LP2	0.669			
	LP3	0.738			
基于品牌的自我实现感	SR1	0.807	0.84	0.64	0.841
	SR2	0.809			
	SR3	0.784			
基于品牌的社会贡献感	SC1	0.827	0.89	0.73	0.879
	SC2	0.885			
	SC3	0.863			

表 2-8　品牌幸福感维度之间的判别效度

	基于品牌的生活愉悦感	基于品牌的自我实现感	基于品牌的社会贡献感
基于品牌的生活愉悦感	0.75		
基于品牌的自我实现感	0.38***	0.80	
基于品牌的社会贡献感	0.27***	0.68***	0.85

注：***代表 $p<0.001$，$n=420$，对角线上的数值为品牌幸福感维度的 AVE 平方根；其余数值为品牌幸福感各维度的皮尔森相关系数（双尾检验）。

基于品牌的生活愉悦感、基于品牌的自我实现感和基于品牌的社会贡献感，是否能够反映一个一阶的概念，即品牌幸福感？当一阶模型中的几个维度之间相关系数高于 0.60 时，就可以进行二阶验证性因子分析了。通过数据分析发现，基于品牌的自我实现感和基于品牌的社会贡献感的相关系数为 0.68，说明品牌幸福感的三个维度可以再进行二阶验证性因子分析。我们采用同组数据进行二阶验证性因子分析，结果显示，二阶模型的拟合指数分别为：$\chi^2(24)=38.73$、$\chi^2/df=1.61$、GFI = 0.98、NFI = 0.98、CFI = 0.99、IFI = 0.99、RMSEA = 0.038，$p<0.05$。从数据结果可以看出，各项模型拟合指数与一阶验证性因子分析的模型拟合指数完全相同，说明二阶模型与一阶模型等价（见图 2-1）。换言之，两个模型都可取。

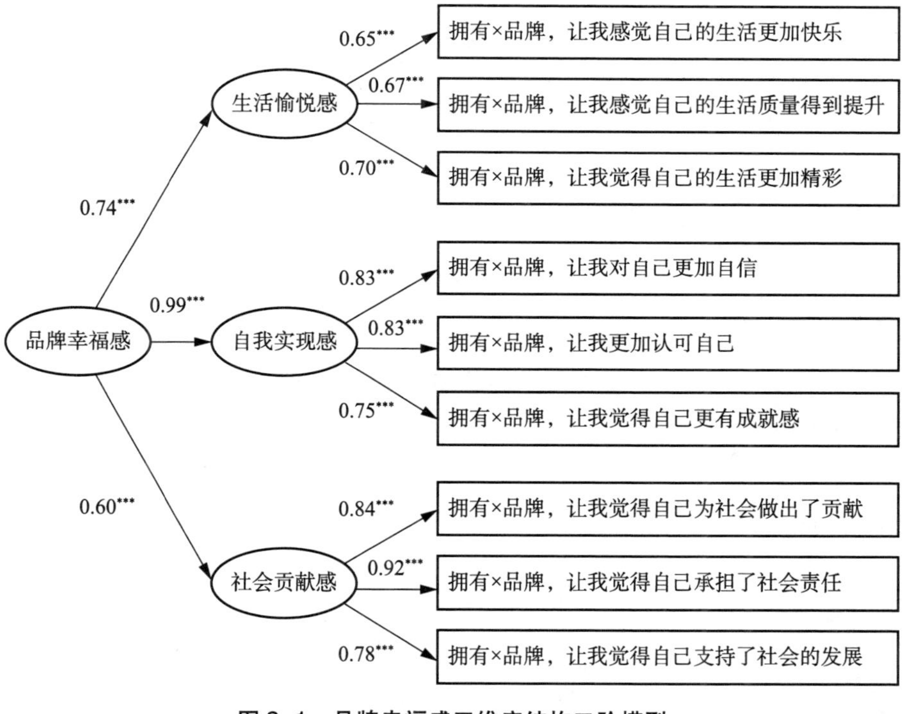

图 2-1　品牌幸福感三维度结构二阶模型

注：*** 代表 $p<0.001$。

五、步骤 5：品牌幸福感量表的判别效度

由于品牌幸福感与品牌快乐、品牌满意度、品牌挚爱和品牌依恋这四个概念均是品牌为消费者带来的积极情感，具有一定的相似性，因此我们对品牌幸福感、品牌快乐、品牌满意度、品牌挚爱与品牌依恋这五个概念的判别效度进行检验，以探索品牌幸福感与这些品牌理论概念有无区分度。我们采用了探索性因子分析来检验以上五个概念的区分度。

问卷除了 9 个测项的品牌幸福感量表，还包括 12 个测项的品牌快乐量表

（Schnebelen 和 Bruhn，2018）、5 个测项的品牌满意度量表（Oliver，1980）、7 个测项的品牌挚爱量表（Bagozzi、Batra 和 Ahuvia，2017）及 4 个测项的品牌依恋量表（Park 等，2010）。本阶段的数据收集依托上一步骤来展开，共回收有效问卷 420 份。

我们采用了以下步骤来分析数据：首先，我们采用合成测量（composite measure）的方式（Brakus、Schmitt 和 Zarantonello，2009）对每个测项的数据进行了处理，即计算每个维度的均值，作为测量每个构念的潜变量，从而获得了五个概念的得分。其次，对五个概念的数据进行探索性因子分析。在设置旋转因子数量前，探索性因子分析结果转出了一个因子，这是因为这五个概念均为与品牌关系相关的概念，彼此之间存在较大相关性；之后，我们设置了 2 个因子，结果显示，品牌幸福感与品牌快乐、品牌依恋落在了一个因子上，而品牌满意度和品牌挚爱落在另一个因子上，可见相对而言，品牌幸福感与品牌满意度的区分度比较大，而与品牌快乐紧密相关。为了更精确地挖掘品牌幸福感与品牌快乐、品牌依恋这两个概念的区分度，我们再次设置了转出 3 个因子，结果品牌满意度和品牌挚爱分别落在一个因子上，而品牌幸福感和品牌快乐、品牌依恋落在一个因子上。最后，再设置转出 4 个因子，通过旋转后的成分矩阵表，可以发现品牌幸福感落在了因子 2 中，品牌满意度落在了因子 3 当中，品牌挚爱落在因子 4 当中，品牌快乐与品牌依恋落在了因子 1 当中（如表 2-9 所示），这说明了品牌幸福感这一新概念与现有的品牌快乐、品牌满意度、品牌挚爱和品牌依恋等概念有一定的区分度。

表 2-9 品牌幸福感的判别效度

概念	因子 1
品牌幸福感	0.822
品牌快乐	0.906
品牌满意度	0.640
品牌挚爱	0.840
品牌依恋	0.872

概念	因子 1	因子 2
品牌幸福感	**0.891**	0.129
品牌快乐	**0.847**	0.357
品牌满意度	0.159	**0.947**
品牌挚爱	0.589	**0.640**
品牌依恋	**0.867**	0.261

概念	因子 1	因子 2	因子 3
品牌幸福感	**0.926**	0.135	0.155
品牌快乐	**0.761**	0.455	0.241

续表

概念	因子 1	因子 2	因子 3
品牌满意度	0.177	0.245	**0.951**
品牌挚爱	0.336	**0.853**	0.329
品牌依恋	**0.758**	0.485	0.119

概念	因子 1	因子 2	因子 3	因子 4
品牌幸福感	0.366	**0.893**	0.119	0.203
品牌快乐	**0.648**	0.497	0.244	0.353
品牌满意度	0.164	0.120	**0.951**	0.232
品牌挚爱	0.325	0.237	0.302	**0.862**
品牌依恋	**0.873**	0.324	0.153	0.257

注：加粗的数字为大于 0.5 的因子载荷值，以区分所属因子。

第五节　品牌幸福感量表的预测效度

本节对品牌幸福感量表的预测效度进行评估。品牌幸福感是一种强度很高的源自品牌的积极情感，它的形成将深化消费者与品牌的关系，并最终带来品牌的消费行为。为此，我们在品牌关系和品牌消费行为领域分别选择了品牌依恋与品牌承诺两个概念，将其用作检验品牌幸福感预测效度的因变量。此外，鉴于品牌满意度是与品牌幸福感相类似的概念，我们将其作为品牌依恋和品牌承诺的另一前因变量，检验在品牌承诺的形成过程中，品牌幸福感和品牌满意度，哪一个的影响程度更大。

一、研究假设

依恋是人们与特定事物之间的情感联结（Bowlby，1979）。当人们彼此靠近且产生了情感的时候，依恋就产生了（Thomson、Maclnnis 和 Park，2005）。在市场营销领域，品牌依恋被界定为消费者自我与品牌联结的强度（Park 等，2010）。本质上这个联结是一种消费者品牌关系，来源于消费者对品牌美好的认知与感觉。由于品牌幸福感是源于品牌的消费者愉悦情感和精神满足，所以品牌带给消费者的幸福感越高，消费者与品牌的联结强度就越大，关系就越紧密。

H1a：品牌幸福感正向影响品牌依恋。

研究表明，消费者幸福感对忠诚度和口碑（Hedhli、Chebat 和 Sirgy，2013）有显著影响。而 Schnebelen 和 Bruhn（2018）的研究也发现，品牌快乐会正向影响重复购买意愿、溢价购买意愿、正面口碑、品牌布道和品牌原谅。可见，消费者愿意与能够带来幸福感或快乐感的事物保持长期的积极的关系。类似地，品牌幸福感是由品牌带来的最美好的愉悦情感和精神满足，为了保有这种美好的感觉，消费者愿意与品牌维系长期关系，即承诺于品牌（Ahluwalia、Burnkrant 和 Unnava，2000）。

H1b：品牌幸福感正向影响品牌承诺。

品牌满意度是顾客通过对一个品牌产品或服务的可感知效果与预期进行比较后，所形成的愉悦或失望的状态（Cronin Jr、Brady 和 Hult，2000）。可见，品牌满意度是一种感受，来源于消费者对品牌的总体评价。当品牌赋予消费者解决问题的能力时，消费者会对品牌产生高度评价，从而形成对品牌的依恋（Park 和 Maclnnis，2006）。

H2a：品牌满意度正向影响品牌依恋。

许多研究表明，品牌满意度会促进品牌承诺的形成（Oliver，1997）。品牌满意度意味着品牌能够很好地帮助消费者解决问题。当消费者通过品牌消费获得一种赋能感时，他们就倾向于与品牌之间保持一种长期的关系（Ahluwalia、Burnkrant 和 Unnava，2000）。

H2b：品牌满意度正向影响品牌承诺。

心理学研究表明，一个人若对他人产生了依恋，就会表现出忠于他人、抵制竞争者，甚至为维系关系而做出一定牺牲的行为（Thomson、Maclnnis 和 Park，2005）。在市场营销领域，这一结论也得以证实。Thomson、Maclnnis 和 Park（2005）指出品牌依恋会强烈影响持续的消费者品牌关系和行为。

H3：品牌依恋正向影响品牌承诺。

品牌幸福感与品牌满意度有相似性也有差异性。从相似性来看，二者都涉及对品牌的正面态度；而从差异性来看，品牌满意度属于认知和评价的范畴（Oliver，1997），品牌幸福感属于情感（Schnebelen 和 Bruhn，2018）甚至精神的范畴。一般而言，对品牌的正面评价可能会促进对品牌的积极情感，但也可能不会影响到品牌积极情感；反之，消费者对品牌产生了积极情感，必然会对品牌产生正面评价。换言之，品牌满意度是品牌幸福感的充分而不必要条件。确实，品牌幸福感除了包括生活愉悦感，还有自我实现感和社会贡献感，而生活愉悦感跟品牌满意度紧密相关。在影响品牌承诺方面，品牌幸福感当中的生活愉悦感会发挥作用，自我实现感和社会贡献感也会发挥作用。所以，相比品牌满意度而言，品牌幸福感有更大的可能去影响品牌承诺。

H4：与品牌满意度相比，品牌幸福感对品牌承诺的总体影响程度更强。

二、程序与测量

我们采用了一套新的数据来检验上述假设。问卷的第一题由消费者填写能够为之带来幸福感的品牌，其他测项与步骤 5 当中的品牌幸福感、品牌满意度、品牌依恋量表一样，只是多增加了品牌承诺的 3 个测项（Ahluwalia、Burnkrant 和 Unnava，2000）。问卷采用李克特 7 级量表进行测量。同样采用网络问卷调查的方式，通过问卷星平台收集数据。最后共回收 415 份有效问卷，其中：男性占样本总数的 30.8%，女性占总数的 69.2%；20 岁及以下的占总数的 13.7%，21~30 岁的占总数的 55.5%，

31~40 岁的占总数的 24.8%，41~50 岁的占总数的 4.6%，50 岁以上的占总数的 1.4%；20.7%为大专或以下，68.2%为本科，11.1%为硕士及以上；3000 元及以下的占总数的 26.5%，3000~5999 元的占总数的 28.2%，6000~8999 元的占总数的 24.8%，9000~11999 元的占总数的 10.4%，12000 元及以上的占总数的 10.1%；25.3%为在校学生，65.5%为在职人员，9.2%为其他。

三、数据结果

我们对问卷数据进行处理与分析，检验以上所提出的研究假设。由于品牌幸福感的三个维度可以合成一个二阶因子“品牌幸福感”，因此在数据的处理上，我们对品牌幸福感三个维度的数据处理采用了合成测量的方式，即计算每个维度的均值，作为测量品牌幸福感的潜变量。我们采用了 LISREL 软件进行结构方程模型分析。如图 2-2 所示，该模型各项拟合指数较优，品牌幸福感对于品牌依恋有着显著正向影响（$\beta=0.76$，$t=4.83$，$p<0.001$），H1a 成立；品牌满意度则对品牌依恋没有显著影响（$\beta=-0.16$，$t=1.29$，$p>0.05$），H2a 不成立；品牌幸福感对于品牌承诺没有显著影响（$\beta=-0.08$，$t=0.53$，$p>0.05$），H1b 不成立，品牌满意度对品牌承诺有显著正向影响（$\beta=0.24$，$t=2.18$，$p<0.05$），H2b 成立；品牌依恋显著正向影响品牌承诺（$\beta=0.57$，$t=5.37$，$p<0.001$），支持 H3。尽管品牌幸福感不能直接影响品牌承诺，但可以通过影响品牌依恋间接影响品牌承诺；而品牌满意度则可直接影响品牌承诺，但不直接影响品牌依恋。这说明品牌幸福感和品牌满意度影响品牌承诺的机制不同。LISREL 统计软件计算结果显示，品牌幸福感对品牌承诺影响的总效应系数为 0.35，而品牌满意度对品牌承诺影响的总效应系数为 0.14。为了对比品牌幸福感和品牌满意度哪一个对品牌承诺的影响系数更大，我们对两个效应系数（即 0.35 和 0.14）进行了 t 检验。结果显示，$t=2.557>1.96$（$p<0.05$），说明品牌幸福感对品牌承诺的影响要显著大于品牌满意度对品牌承诺的影响，H4 成立。由此可见，在品牌承诺这一描述品牌行为意向的重要概念上，品牌幸福感具有比品牌满意度更大的预测效度。

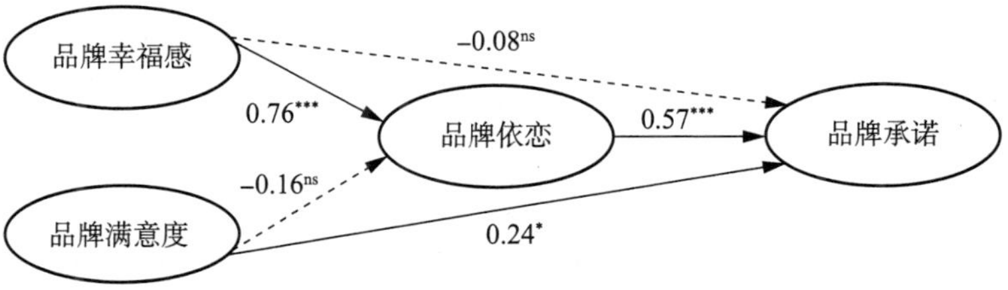

图 2-2　品牌幸福感的预测效度模型

注：* 代表 $p<0.05$，*** 代表 $p<0.001$，ns 代表不显著，$n=415$，所有出现在关联路径之上的系数值都是经过标准化的。$\chi^2(84)=385.13$，$\chi^2/df=4.585$，GFI = 0.89，CFI = 0.84，IFI = 0.84，RMSEA = 0.093，$p<0.001$。图中实线表示关系显著，虚线表示关系不显著。

第六节 品牌幸福感的驱动因素研究

品牌幸福感是如何形成的？在心理学研究领域，研究者多基于自我决定理论，检验三种基本心理需求对个体幸福感形成的作用（Ryan 和 Deci，2001）。而具体到品牌幸福感，是品牌的什么特性满足了消费者的基本心理需求？Schmitt、Brakus 和 Zarantonello（2015）将品牌体验细分为五种体验：感官（sensory）、情感（affective）、智力（intellectual）、身体（bodily）和社交（social）体验，并假设这些体验带来愉悦型快乐和意义快乐。Sirgy、Lee 和 Kressmann（2006）指出，某个产品或是品牌对消费者各个生活领域的高感知利益意味着较高的消费者幸福感水平；Park、Maclnnis 和 Eisingerich（2016）的观点也强调品牌利益对品牌幸福感的影响。他们指出，品牌能够为消费者提供赋能利益（enabling benefit）、赋情利益（enticing benefit）、赋意利益（enriching benefit），从而使消费者产生了相应的品牌信任、品牌挚爱和品牌尊重，最终让消费者感到快乐。由此可见，品牌利益是品牌幸福感的重要来源。前人研究指出，品牌具有多重利益，如品牌功能利益、品牌象征利益、品牌体验利益等。我们认为，不同的品牌利益带给消费者不同的品牌幸福感。

一、研究假设

功能型品牌利益是产品或服务的功能和品质带来的利益，品牌在当中的作用是使消费者记住并相信产品或服务的功能和品质，即提高感知质量（Das、Jebarajakirthy 和 Sivapalan，2022）。感知质量也是著名品牌学者 Aaker 和 Keller（1990）提出的“品牌资产五星模型”当中的一个重要组成部分，而较高的感知质量对于提升消费者生活质量与生活水平具有显著影响。综上，我们提出：

H5a：品牌功能利益显著正向影响基于品牌的生活愉悦感。

体验型品牌利益包括感官、情感、智力、身体、社交利益（Schmitt、Brakus 和 Zarantonello，2015），这些品牌体验利益能够促进消费者对于品牌的产品质量和功能保障的信心（如消费者一般会相信，包装精美的饼干味道会更好，装修豪华的酒店服务也会更好等），从而促进消费者产生生活愉悦感。综上，我们提出：

H5b：品牌体验利益显著正向影响基于品牌的生活愉悦感。

象征型品牌利益是指消费者常常借助品牌来表达他们的个性和身份，也即自我品牌联结（Escalas 和 Bettman，2003，2005，2017）。自我品牌联结（self-brand connection）是指消费者使用一定的品牌构建、强化和表达自我的程度（Escalas 和 Bettman，2003，2005；Fournier，1998；Park 等，2010）。具有较高程度象征利益的品牌，对消费者来说不仅意味着拥有卓越的品质与服务，还具有展现与实现消费者真实或理想的自我的品牌意义（Sheth 和 Jagdish，1991；Tsai，2005；Wilcox、Kim 和 Sen，2009）。品牌拥有卓越的品质，就促进了消费者产生生活愉悦感；品牌能够代表消费者真实或理想的自我，从而促进了消费者产生自我实现感及社会贡献感（如 Nars 致力于动物保护事业，它对于热衷动物保护的消费者来说是一种动物保护运动的象征，购买了它能产生对动物保护事业的贡献感）。由此可见，较高程度象征利益的品牌，可以促进三种类型的品牌幸福感。

H6a：品牌象征利益显著正向影响基于品牌的生活愉悦感；

H6b：品牌象征利益显著正向影响基于品牌的自我实现感；

H6c：品牌象征利益显著正向影响基于品牌的社会贡献感。

前人研究表明，消费者能够从品牌中感受到品牌的社会责任感与社会贡献感（Grohmann 和 Bodur，2015），品牌的社会责任与社会贡献对于消费者而言是具有价值的，它们能使消费者产生自身对社会的责任感与社会贡献感，而消费者所感知到品牌的社会责任会显著影响消费者对于品牌的态度与品牌行为（Madrigal 和 Boush，2008；Wilcox、Kim 和 Sen，2009）。因此我们认为，品牌具有社会责任利益，这样的社会责任利益会显著正向影响消费者基于品牌的社会贡献感。

H7：品牌社会利益显著正向影响基于品牌的社会贡献感。

二、测量与样本

本部分采用一组新的数据来检验品牌幸福感的驱动因素。问卷采用了李克特 7 级量表进行测量，其中 1 表示完全不赞同，4 表示中立，7 表示完全赞同。问卷由一个填空题（即消费者填写给其带来幸福感的品牌）和品牌幸福感的 9 个测项、品牌功能利益的 3 个测项、品牌体验利益的 3 个测项（1 个反向测项）、品牌象征利益的 4 个测项与品牌社会利益的 6 个测项构成。除了品牌幸福感的测量之外，其余概念的测量均采用成熟的量表进行。具体来说，品牌功能利益采用了 Huang 等（2016）的量表；品牌体验利益采用了 Brakus、Schmitt 和 Zarantonello（2009）开发的量表；品牌象征利益采用了 Bhat 和 Reddy（1998）的量表；品牌社会利益采用了 Turker（2009）开发的量表。采用网络问卷调查的方式，借助问卷星平台搜集问卷数据。剔除无效答卷后，共收回 438 份问卷。其中，男性占总数的 33.3%，女性占总数的 66.7%；20 岁及以下的占总数的 11.9%，21~30 岁的占总数的 54.5%，31~40 岁的占总数的 27.2%，41~50 岁的占总数的 5%，50 岁以上的占总数的 1.4%；大专学历及以下的受访者占总数的 16.9%，本科学历的受访者占总数的 74%，研究生学历及以上的受访者占总数的 9.1%；在所有受访者中，在校学生占总数的 20.8%，在职人员占总数的 71.9%，其他占总数的 7.3%；受访者的收入水平情况为：3000 元及以下的占总数的 23.5%，3000~5999 元的占总数的 28.1%，6000~8999 元的占总数的 25.6%，9000~11999 元的占总数的 12.3%，12000 元及以上的占总数的 10.5%。

三、数据结果

我们采用统计软件 LISREL 进行了结构方程模型分析。如图 2-3 所示，该模型各项拟合指数较优。其中，$\chi^2(257)=697.87$，$\chi^2/df=2.715$，GFI=0.89，CFI=0.90，NFI=0.88，IFI=0.90，RMSEA=0.063，$p<0.001$。数据分析结果显示，品牌功能利

益显著正向影响基于品牌的生活愉悦感（$\beta=0.48$，$t=5.06$，$p<0.001$），H5a 成立；品牌体验利益显著正向影响基于品牌的生活愉悦感（$\beta=0.19$，$t=2.43$，$p<0.05$），H5b 成立；品牌象征利益显著正向影响基于品牌的生活愉悦感（$\beta=0.40$，$t=5.66$，$p<0.001$）、基于品牌的自我实现感（$\beta=0.83$，$t=9.78$，$p<0.001$）以及基于品牌的社会贡献感（$\beta=0.35$，$t=5.15$，$p<0.001$），H6a、H6b、H6c 均成立；品牌社会利益显著影响基于品牌的社会贡献感（$\beta=0.56$，$t=7.79$，$p<0.001$），H7 成立。除了检验所提出的假设，我们还对其他关系路径进行了检验，结果发现：品牌功能利益对基于品牌自我实现感的影响不显著（$\beta=0.06$，$t=0.78$，$p>0.05$），对基于品牌的社会贡献感的影响也不显著（$\beta=-0.01$，$t=0.08$，$p>0.05$）；品牌体验利益对基于品牌的自我实现感不显著（$\beta=-0.11$，$t=1.48$，$p>0.05$），而对基于品牌的社会贡献感有显著负向影响（$\beta=-0.26$，$t=3.20$，$p<0.01$），这是由于许多品牌在过分强调消费者体验之时，可能会对社会环境产生一定的破坏（如产品的精美包装提供了消费者体验，但可能会产生资源浪费）；品牌社会利益对基于品牌的生活愉悦感的影响不显著（$\beta=0.00$，$t=0.06$，$p>0.05$），对基于品牌的自我实现感的影响也不显著（$\beta=0.04$，$t=0.70$，$p>0.05$）。由此，数据支持了研究假设，即品牌功能利益、品牌体验利益与品牌象征利益是基于品牌的生活愉悦感的驱动因素；品牌象征利益是基于品牌的自我实现感的驱动因素；品牌象征利益和品牌社会利益是基于品牌的社会贡献感的驱动因素。

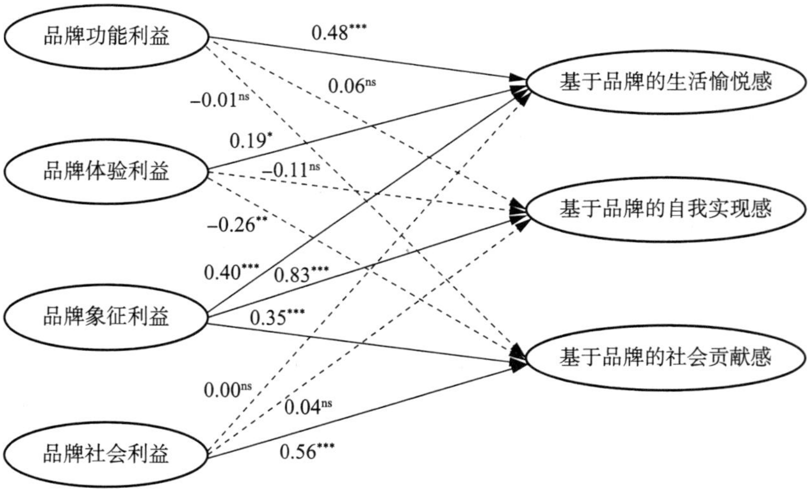

图 2-3 品牌幸福感的驱动因素模型

注：* 代表 $p<0.05$，** 代表 $p<0.01$，*** 代表 $p<0.001$，ns 代表不显著，$n=438$，所有出现在关联路径之上的系数值都是经过标准化的。χ^2（257）= 697.87，χ^2/df = 2.715，GFI = 0.89，CFI = 0.90，NFI = 0.88，IFI = 0.90，RMSEA = 0.063，$p<0.001$. 模型图中的实线表示变量之间的关系是显著的；虚线表示变量之间的关系是不显著的。

第七节 品牌幸福感维度研究的理论贡献与启示

一、理论贡献

本章在第一章开创的“品牌幸福感”新概念的基础上，提出了品牌幸福感的维度和量表，为学术界开展相关研究奠定了基础。具体而言，本章主要有三个理论贡献：首先，提出了品牌幸福感的维度。在积极心理学当中，幸福感是一个多维度概念，品牌幸福感也是如此。结合主观幸福感、心理幸福感、社会幸福感三种视角，本章提出了品牌幸福感由基于品牌的生活愉悦感、基于品牌的自我实现感、基于品牌的社会贡献感等三个维度构成。其中，生活愉悦感对应于主观幸福感的视角，自我实现感对应于心理幸福感的视角，社会贡献感对应于社会幸福感的视角，而主观幸福感又对应享乐论，心理幸福感和社会幸福感又对应实现论（见图 2-4）。其次，开发了品牌幸福感量表。在三个维度的基础上，我们根据规范的量表开发流程，开发了一个由 9 个测项构成的量表，用以测量品牌幸福感。该量表具有良好的判别效度和预测效度。品牌幸福感的维度及量表为后续的实证研究奠定了良好基础。最后，探讨了品牌幸福感的驱动因素。本章从品牌利益的视角，提出了影响品牌幸福感三个维度的前因。具体而言，品牌功能利益和品牌体验利益促进了基于品牌的生活愉悦感，品牌象征利益促进了基于品牌的生活愉悦感、自我实现感和社会贡献感，品牌社会利益促进了基于品牌的社会贡献感。前因研究解释了品牌幸福感的形成路径，丰富了品牌幸福感的理论体系。

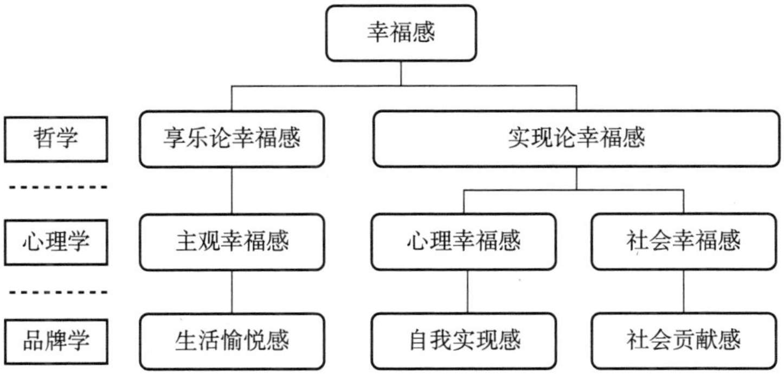

图 2-4 品牌幸福感维度的理论演绎

二、启示

在消费升级的市场背景下，众多企业将提升品牌幸福感作为品牌建设的目标。本章提出的品牌幸福感三个维度，帮助企业明确了品牌幸福感的具体内涵；此外，探讨了品牌幸福感的影响前因，从而指明了品牌幸福感的培育路径。具体来说，有以下三点营销建议：第一，提高价值体验，传递生活愉悦感。生活愉悦感来自品牌的功能利益，即解决问题的能力。这需要品牌深入研究消费者遇到的问题，然后有针对性地创新产品功能，以更好地解决问题。此外，品牌的感官体验利益也能够提高生活愉悦感。企业可以采取感官营销的策略，提高消费者的视觉、听觉、嗅觉、味觉、触觉五种感官体验，以营造美妙的产品使用情境或服务消费氛围。第二，彰显象征意义，传递自我实现感。象征意义是品牌的内涵之所在，消费者选择一个品牌的重要原因是认同品牌的理念，用品牌个性来彰显自己的个性。因此，企业可以赋予品牌象征意义，塑造独特的品牌个性，深化品牌的文化内涵，来帮助消费者实现理想的自我形象。第三，承担社会责任，传递社会贡献感。注重履行企业社会责任的企业为合作伙伴和消费者所尊重，其品牌形象更为完美。一方面，企业可以关注公益事业和可持续发展事业，做承担社会责任的领头者，为品牌塑造良好的公众形象；另一方面，企业可以采取措施让消费者参与到公益活动中，使消费者在品牌消费的同时献出自己的爱心，为社会做出贡献，综合提升自我的幸福感。

本章参考文献

[1] Aaker D A, Keller K L. Consumer evaluations of brand extensions[J]. Journal of Marketing, 1990, 54(1): 27-41.

[2] Abbott W F, Monsen R J. On the measurement of corporate social responsibility: Self-reported disclosures as a method of measuring corporate social involvement[J]. Academy of Management Journal, 1979, 22(3): 501-515.

[3] Ahluwalia R, Burnkrant R E, Unnava H R. Consumer response to negative publicity: The moderating role of commitment[J]. Journal of Marketing Research, 2000, 37(2): 203-214.

[4] Ahuvia A C, Friedman D C. Income, consumption, and subjective well-being: Toward a composite macromarketing model[J]. Journal of Macromarketing, 1998, 18(2): 153-168.

[5] Argyle M, Martin M, Crossland J. Happiness as a function of personality and social encounters[C]. Recent Advances in Social Psychology: An International Perspective, Elsevier, 1989: 189-203.

[6] Bagozzi R P, Batra R, Ahuvia A. Brand love: Development and validation of a practical scale[J]. Marketing Letters, 2017(28): 1-14.

[7] Bettingen J, Luedicke M K. Can brands make us happy? A research framework for the study of brands and their effects on happiness[J]. Advances in Consumer Research, 2009(36): 308-315.

[8] Bhat S, Reddy S K. Symbolic and functional positioning of brands[J]. Journal of Consumer Marketing, 1998, 15(1): 32-43.

[9] Bowlby J. The bowlby-ainsworth attachment theory[J]. Behavioral & Brain Sciences, 1979, 2(4): 637-638.

[10] Brakus J J, Schmitt B H, Zarantonello L. Brand experience: What is it? How is it measured? Does it affect loyalty? [J]. Journal of Marketing, 2009, 73(3): 52-68.

[11] Chaudhuri A, Holbrook M B. The chain of effects from brand trust and brand affect to brand performance: The role of brand loyalty[J]. Journal of Marketing, 2001, 65(2): 81-93.

[12] Churchill G A. A paradigm for developing better measures of marketing constructs[J]. Journal of Marketing, 1979, 16(1): 64-73.

[13] Cronin Jr J J, Brady M K, Hult G T M. Assessing the effects of quality, value,

and customer satisfaction on consumer behavioral intentions in service environments[J]. Journal of Retailing, 2000, 76(2): 193-218.

[14] Das M, Jebarajakirthy C, Sivapalan A. How consumption values and perceived brand authenticity inspire fashion masstige purchase? An investigation[J]. Journal of Retailing and Consumer Services, 2022(68): 103-123.

[15] Diener E. Subjective well-being[J]. Psychological Bulletin, 1984, 95(3): 542-575.

[16] Escalas J E, Bettman J R. Connecting with celebrities: How consumers appropriate celebrity meanings for a sense of belonging[J]. Journal of Advertising, 2017, 46(2): 297-308.

[17] Escalas J E, Bettman J R. Self-construal, reference groups, and brand meaning[J]. Journal of Consumer Research, 2005, 32(3): 378-389.

[18] Escalas J E, Bettman J R. You are what they eat: The influence of reference groups on consumers & rsquo; connections to brands[J]. Journal of Consumer Psychology, 2003, 13(3): 339-348.

[19] Fornell C, Larcker D. Evaluating structured equation eodels with unobservable and measurement errors[J]. Journal of Marketing Research, 1981, 18(6): 39-50.

[20] Fournier S. Consumers and their brands: Developing relationship theory in consumer research[J]. Journal of Consumer Research, 1998, 24(4): 343-373.

[21] Grohmann B, Bodur H O. Brand social responsibility: Conceptualization, measurement, and outcomes[J]. Journal of Business Ethics, 2015, 131(2): 375-399.

[22] Hedhli K E, Chebat J C, Sirgy M J. Shopping well-being at the mall: Construct, antecedents and consequences[J]. Journal of Business Research, 2013, 66(7): 856-863.

[23] Henderson L W, Knight T. Integrating the hedonic and eudaimonic perspectives to more comprehensively understand wellbeing and pathways to wellbeing[J]. International Journal of Wellbeing, 2012, 2(3): 196-221.

[24] Hersch G, Weltman D. A new well-being atomism[J]. Philosophy and Phenomenological Research, 2023, 107(1): 3-23.

[25] Homburg C, Schwemmle M, Kuehnl C. New product design: Concept, measurement, and consequences[J]. Journal of Marketing, 2015, 79(3): 41-56.

[26] Huang S M, Fang S R, Fang S C, et al. The influences of brand benefits on brand loyalty: Intermediate mechanisms[J]. Australian Journal of Management, 2016, 41(1): 141-160.

[27] Keyes C L M. Promoting and protecting mental health as flourishing: A complementary strategy for improving national mental health[J]. American Psychologist, 2007, 62(2): 95-108.

[28] Keyes C L M. Social well-being[J]. Social Psychology Quarterly, 1998(61): 121-140.

[29] Madrigal R, Boush D M. Social responsibility as a unique dimension of brand personality and consumers' willingness to reward[J]. Psychology & Marketing, 2008, 25(6): 538-564.

[30] Nunnally J C. Psychometric theory[J]. American Educational Research Journal, 1978, 5(3): 83.

[31] Oliver R L. Satisfaction: A behavioral perspective on the consumer[M]. New York: Irwin/McGraw-Hill, 1997.

[32] Oliver J P J, Huxley P J, Priebe S, et al. Measuring the quality of life of severely mentally ill people using the lancashire quality of life profile[J]. Social Psychiatry and Psychiatric Epidemiology, 1997(32): 76-83.

[33] Oliver R L. A cognitive model of the antecedents and consequences of satisfaction decisions[J]. Journal of Marketing Research, 1980, 17(4): 460-469.

[34] Park C W, Maclnnis D J. What's in and what's out: Questions on the boundaries of the attitude construct[J]. Journal of Consumer Research, 2006, 33(1): 16-18.

[35] Park C W, Maclnnis D J, Eisingerich A B. Brand admiration: Building a business people love[M]. John Wiley & Sons, 2016.

[36] Park C W, Maclnnis D J, Priester J, et al. Brand attachment and brand attitude strength: Conceptual and empirical differentiation of two critical brand equity drivers[J]. Journal of Marketing, 2010, 74(6): 1-17.

[37] Robert W L. Toward a unifying theoretical and practical perspective on well-being and psychosocial adjustment [J]. Journal of Counseling Psychology, 2004, 51 (4): 482-509.

[38] Ryan R M, Deci E L. On happiness and human potentials: A review of research on hedonic and eudaimonic well-being[J]. Annual Review of Psychology, 2001, 52(1): 141-166.

[39] Ryff C D. Happiness is everything, or is it? Explorations on the meaning of psychological well-being[J]. Journal of Personality and Social Psychology, 1989, 57(6): 1069-1081.

[40] Ryff C D, Keyes C L M. The structure of psychological well-being revisited[J]. Journal of Personality and Social Psychology, 1995, 69(4): 719-727.

[41] Schmitt B, Brakus J J, Zarantonello L. From experiential psychology to consumer experience[J]. Journal of Consumer Psychology, 2015, 25(1): 166-171.

[42] Schmutte P S, Ryff C D. Personality and well-being: Reexamining methods and meanings[J]. Journal of Personality and Social Psychology, 1997, 73(3): 549-559.

[43] Schnebelen S, Bruhn M. An appraisal framework of the determinants and consequences of brand happiness[J]. Psychology & Marketing, 2018, 35(2): 101-119.

[44] Shen P, Wan D, Li J. How human-computer interaction perception affects consumer well-being in the context of online retail: From the perspective of autonomy[J]. Nankai Business Review International, 2023, 14(1): 102-127.

[45] Sheth, Jagdish N. Consumption values and market choices: Theory and applications[J]. South-Western Pub, 1991, 29(4): 487-489.

[46] Sirgy M J, Lee D J, Kressmann F. A need-based measure of Consumer Well-Being(CWB) in relation to personal transportation: Nomological validation[J]. Social Indicators Research, 2006, 79(2): 337-367.

[47] Thomson M, Maclnnis D J, Park C W. The ties that bind: Measuring the strength of consumers' emotional attachments to brands[J]. Journal of Consumer Psychology, 2005, 15(1): 77-91.

[48] Torelli C J, Keh H T, Chiu C Y. Cultural symbolism of brands[A]. Brands and brand management[M]. Psychology Press, 2023: 113-132.

[49] Tsai S. Impact of personal orientation on luxury-brand purchase value: An international investigation [J]. International Journal of Market Research, 2005, 47(4): 427-452.

[50] Turker D. Measuring corporate social responsibility: A scale development study [J]. Journal of Business Ethics, 2009, 85(4): 411-427.

[51] Waterman A S. Two conceptions of happiness: Contrasts of personal expressiveness (eudaimonia) and hedonic enjoyment [J]. Journal of Personality and Social Psychology, 1993, 64(4): 678-691.

[52] Waterman A S, Schwartz S J, Zamboanga B L. The questionnaire for eudaimonic well-being: Psychometric properties, demographic comparisons, and evidence of validity [J]. Journal of Positive Psychology, 2010, 5(1): 41-61.

[53] Watson D, Clark L A, Tellegen A. Development and validation of brief measures of positive and negative affect: The PANAS scales[J]. Journal of Personality and Social Psychology, 1988, 54(6): 1063-1070.

[54] Wilcox K, Kim H M, Sen S. Why do consumers buy counterfeit luxury brands? [J]. Journal of Marketing Research, 2009, 46(2): 247-259.

[55] 舒丽芳，卫海英，冉雅璇．品牌福泽百姓——品牌福祉的构念、维度及量表开发[J]．营销科学学报，2018，14(3-4)：115-135.

[56] 杨爽，郭昭宇．品牌幸福感对顾客忠诚行为的影响研究[J]．消费经济，2018，34(6)：68-74.

第三章

品牌文化象征性与品牌幸福感[①]

品牌不仅具有担保产品功能的价值，还具有助力消费者表达自我的象征价值。这是品牌与产品的本质区别。为了提升品牌的象征价值，越来越多的企业在着力培育品牌文化。比如，万宝路的牛仔文化、江小白的年轻人文化、星巴克的小资文化、耐克的体育文化，都大大强化了品牌的象征价值。一旦消费者从品牌文化当中获得了身份象征，他们就能够得到他人的认可和尊重，从而产生幸福感。不过，这当中的机制还不甚清晰。本章从象征性的角度出发，研究品牌文化对品牌幸福感的影响机制，尤其是检验品牌真实性的中介效应。

第一节　文化象征性对品牌幸福感的作用

随着消费者幸福感研究的深入，营销学者开始关注品牌与消费者幸福感的关系。研究表明，品牌体验（Bettingen 和 Luedicke，2009；Brakus 等，2009）、品牌关系质量与品牌—自我一致性（Schnebelen 和 Bruhn，2018）会促进消费者幸福感，而消费者幸福感会影响消费者的品牌选择、品牌忠诚度、享乐消费和口碑行为（Mogilner、Aaker 和 Kamvar，2012；Šeinauskiene、Mašcinskiene 和 Petrike，2016；Schnebelen 和 Bruhn，2016）。然而，很少有文献涉及品牌文化对品牌幸福感的影响机制。

品牌文化理论属于消费者文化理论（Consumer Culture Theory，CCT）的范畴，而消费者文化的核心是消费的文化象征意义（Arnould 和 Thompson，2005；靳代平、王新新和刘伟，2014），因此主流观点也是从品牌的文化内涵和象征意义视角来理解品牌文化。根据 McCracken（1986）的意义迁移理论，管理者能将文化象征意义迁移到品牌当中，形成品牌文化象征性（brand cultural symbolism）。综上，本书认为品牌文化是指消费者所感知的品牌当中文化元素的象征意义。品牌文化象征性是品牌文化的本质特性，也是品牌文化产生价值的成因。Allen（2002）认为，一个品牌可以象征人类的文化价值观。Torelli、Keh 和 Chiu（2010）以及 Kubat 和 Swaminathan

---

① 本章初稿发表情况如下：Jian Y，Zhou Z，Zhou N. Brand cultural symbolism，brand authenticity，and consumer well-being：The moderating role of cultural involvement［J］. Journal of Product & Brand Management，2019，28（4）：529-539. 本书有删改。

(2015) 将品牌文化象征性定义为对一个品牌在多大程度上象征着某一文化群体的价值观和道德规范的集体感知。Holt (2004) 声称，顾客认为一个品牌是一种文化或亚文化的象征时，他们就会倾向于崇拜它。

品牌代表了一种文化象征意义，从而具有了很强的品牌真实性。有研究指出，品牌的文化意义与品牌真实性密切相关 (Handler，1986；Fritz 和 Schoenmueller，2017)。Napoli 等 (2014) 认为，品牌文化象征性对品牌真实性的影响可能会受到消费者对特定文化偏好的影响。当品牌具有强的真实性时，消费者与品牌的关系质量得以提高 (Fritz 和 Schoenmueller，2017)，继而会带来消费者幸福感。

有鉴于此，本章从文化象征性理论出发，构建了一个以品牌文化象征性、品牌真实性和消费者幸福感为核心变量的概念模型。其中，品牌真实性起到了中介作用。另外，我们还引入了消费者持久文化参与，来探讨其在上述变量关系中的调节作用。

第二节　品牌文化象征性对幸福感影响的研究假设

一、概念模型

从认知心理学理论来看，"线索—认知—情感"是一条基本的逻辑线。结合本书来看，品牌文化象征性从文化的角度为品牌增添了线索，消费者可以根据品牌文化线索来更加深入地理解品牌独特的、固化的内涵，从而形成对品牌真实性的认知。在这一过程中，消费者越是对文化拥有持久的参与度，就越能够提升品牌文化象征性对品牌真实性的贡献。一个坚守承诺、不造作、纯粹的品牌能够给消费者带来愉悦的心情，同时会带来独特的意义价值。综上，我们提出一个概念模型，用以描述品牌文化象征性对消费者品牌幸福感的影响机制 (见图 3-1)。

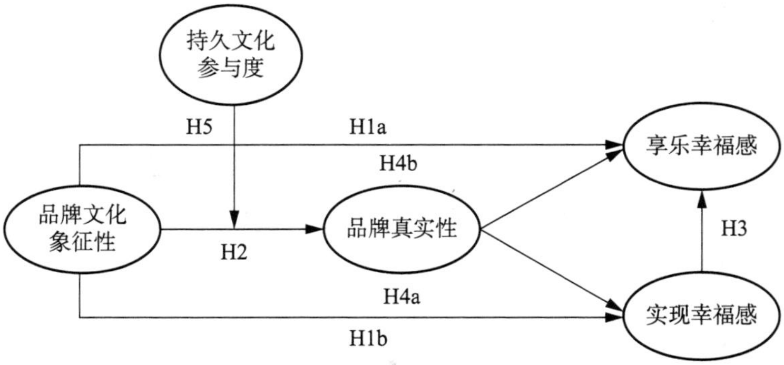

图 3-1　概念模型

二、研究假设

（一）品牌文化象征性和消费者幸福感

文化资源可以促进品牌形象的建立（Steenkamp、Batra 和 Alden，2003；Shaw 和 Sudhaman，2005；Gammoh、Koh 和 Okoroafo，2011），为品牌发展提供潜力（Holt，2002，2004；Leibig，2005）。Holt（2002，2004）使用了丰富的品牌案例（如耐克、李维斯、星巴克、万宝路等品牌）来解释一个品牌可以携带和传达主流文化或亚文化的价值观，也可以利用这种主流文化或亚文化成功地塑造其独特的品牌个性和形象。Steenkamp、Batra 和 Alden（2003）讨论了将品牌定位为文化象征的可能性，并将消费者对品牌形象的认知分为基于文化视角的消费者对品牌的全球性感知和本地性感知。

积极心理学领域的研究表明，至少有两种类型的幸福感，即主观幸福感和心理幸福感。主观幸福感也被称为享乐幸福感，指的是一个人对生活质量的综合评价。这个概念关注快乐体验，两个重要维度是生活满意度评价和积极情绪①（Ahuvia 和 Friedman，1998）。心理幸福感是根据一个人可以在多大程度上充分运用和实现他/她的真正潜力来定义“幸福感”的（Bhullar 等，2013）。Ryff（1989）认为心理幸福感包括自我接纳、积极人际关系、机能自主、环境掌控、生活目标和个人成长等六个维度。研究指出，一个人的文化认同与他/她的主观幸福感和心理幸福感之间存在显著的正相关关系（Usborne 和 Taylor，2010；Berry，2005）。当消费者越是认同品牌文化象征性，就越是能够接受品牌的意义。一个拥有正向意义的品牌，能够带给消费者更多的心情愉悦感和生活惬意感，从而提高享乐幸福感。另外，品牌意义会迁移到消费者身上，帮助消费者在精神和形象上自我实现和自我完善。基于此，提出以下假设：

H1a：品牌文化象征性对消费者的享乐幸福感有积极的影响。

H1b：品牌文化象征性对消费者的实现幸福感有积极的影响。

（二）品牌真实性

真实性在哲学、社会学、心理学和人类学等领域有不同的定义（Beverland 和 Farrelly，2010）。市场营销领域的真实性主要借鉴社会学和心理学对真实性的定义。在社会学研究中，所谓的“客观对象的真实性”（authenticity of objective objects）不是真正的真实，而是对象是否能满足评判者对真实性的期望（Carroll 和 Wheaton，2009）。在心理学中，真实性与个人的经验、知识、认知系统和行为有关（Sheldon 等，1997；Kernis 和 Goldman，2006）。换句话说，具有更高真实性的个体是由他们来自内部而不是来自外部的行为所驱动的；因此，他们不太可能因为外部的压力或影

① 也有很多学者提到三个维度：生活满意度、积极情绪、消极情绪。这里之所以提两个维度，是因为笔者认为积极情绪和消极情绪是同一个维度的两个极端值。

响而改变自己的行为。基于以上两个观点，市场营销研究中对品牌真实性的感知也分为两类：索引（indexical）真实性和符号（iconic）真实性（Grayson 和 Martinec，2004；Napoli 等，2014；Morhart 等，2015；Fritz 和 Schoenmueller，2017）。

一个品牌的索引真实性是基于心理学的真实性理论（Peirce，1998），该理论认为一个品牌的真实性取决于消费者对该品牌的相关真实体验，这与品牌行为有关（如能否长时间兑现承诺、不改变初衷、不追赶市场趋势等）。同时，一个品牌的符号真实性是基于社会学理论的，即一个品牌的真实性是符合消费者的认知和期望的。这种真实性可以通过符合消费者的感觉期待或对某物的情感印象来实现（Grayson 和 Martinec，2004；Beverland、Farrelly 和 Quester，2008；Fritz 和 Schoenmueller，2017）。Schallehn、Burmann 和 Riley（2014）的研究表明，品牌真实性的程度取决于品牌认同和消费者所感知的品牌形象。本章借鉴社会学和心理学方法，将品牌真实性定义为消费者通过品牌行为和品牌形象感知的品牌真实的、独特的、信守承诺的、不受影响的能力。

营销研究者基于索引真实性和符号真实性，探索了品牌真实性的多种来源。在品牌索引型线索方面，相关研究指出，品牌的持续性、品牌历史和实际行为（如遵守承诺、不纯粹追求商业利益、承担社会责任和不过度追赶市场趋势）是确保品牌真实性的重要驱动因素（Carsana 和 Jolibert，2018；Fritz 和 Schoenmueller，2017）；相比之下，对于品牌符号型线索而言，品牌所声称的历史、传统、遗产和与文化的联系是决定品牌真实性的重要符号线索（Beverland、Farrelly 和 Quester，2008）。

（三）品牌文化象征性和品牌真实性

从符号真实性的角度来看，一个品牌的独特形象可以显著促进消费者对品牌真实性的感知，而该品牌的文化象征意义可以帮助其塑造独特的形象，使后者成为品牌真实性重要的驱动因素（Bai，2022）。Kates（2004）认为，随着时间的推移，品牌获得了某种文化价值象征的身份和意义，这有助于消费者认可品牌的合法性和真实性。Napoli 等（2014）本想将品牌文化象征性视为品牌真实性的一个维度，但结果发现情况并非如此，因此强调在未来研究中，需要检验品牌文化象征性是不是品牌真实性的驱动因素。Fritz 和 Schoenmueller（2017）认为，品牌与文化之间的密切联系可以促进消费者对品牌真实性的感知。他们将品牌合法性的概念（即品牌文化价值与消费者文化价值的一致性）作为与文化相关的品牌概念，考察品牌合法性与品牌真实性之间的显著相关性。基于以上文献和推论，假设如下：

H2：品牌的文化象征性对品牌真实性有正面影响。

（四）消费者的实现幸福感和享乐幸福感

在目前的文献中，研究者对实现幸福感与享乐幸福感之间是否有关系存在分歧。当一个人感受到积极的情绪时，并不表明他有一种有意义的生活（McGregor 和 Little，1998）。Sirgy（2012）也认为享乐幸福感和实现幸福感之间没有内在的联系。然而，

Taylor 等（2014）持不同观点。事实上，他们的实证研究证实了二者存在显著相关性。因此，快乐的生活和有意义的生活之间是否存在关系应视情况而定。

在品牌文化象征性理论中，一个品牌可以代表某一文化群体的价值观、概念、生活方式和道德规范（Torelli、Keh 和 Chiu，2010）。一个具有文化象征意义的品牌会向消费者传达一种文化价值观、想法或规范（Kubat 和 Swaminathan，2015）。换句话说，具有文化象征意义的品牌向消费者传达意义，帮助他们建立群体身份，表达自己的身份或获得他人的认可（Holt，2004），导致消费者有自我实现或自我完善的感觉（Usborne 和 Taylor，2012），这将促使他们产生积极的情绪和更满意生活。在本书中，我们认为消费者通过体验和消费具有文化符号的品牌而产生了一种自我实现或自我提升感，最终形成了积极情绪。由此，假设如下：

H3：消费者实现幸福感对享乐幸福感有正面的影响。

（五）品牌真实性的中介作用

品牌的文化象征性也可能通过提高品牌的真实性来影响消费者的幸福感，因为品牌文化象征性是品牌真实性的符号性线索，而真实性也被证实是人类幸福感的重要因素之一（Bosch 和 Taris，2014；Ménard 和 Brunet，2011）。从自我决定理论的角度来看，基本心理需求的满足是人类幸福感的来源（Deci 和 Ryan，2000）。真实性是一种长期以来被追求的美德，它可以产生一种自我实现感（Turner 和 Manning，1988），人们通过各种行为完成自我实现，例如，与真实的人互动、观看真实的艺术、购买真实的品牌等。在现实中，消费者会青睐真实性高的品牌。就品牌真实性而言，品牌反映并实现了消费者实际的自我一致性（Fritz 和 Schoenmueller，2017）。

以往的研究表明，当消费者购买到质量和服务优越、功能强大、价格实惠的产品时，他们的满意度会显著提高（Hedhli 等，2013）。一个高度真实的品牌被认为包含独特的、值得信赖的和高质量的保证，消费者会充分信任该品牌的承诺（Fritz 和 Schoenmueller，2017），从而提高生活满意度，引发积极的情绪。

先前的研究已经检验了品牌真实性在品牌信任、感知质量、品牌关系质量和购买意图之间的中介效应（Bruhn 等，2012；Schallehn、Burmann 和 Riley，2014；Moulard、Raggio 和 Folse，2016；Fritz 和 Schoenmueller，2017），然而，目前还没有文献检验品牌真实性在消费者幸福感形成过程中的中介作用。Fritz 和 Schoenmueller（2017）研究了与文化相关的品牌概念（即品牌合法性）与品牌真实性之间的显著相关性，还考察了品牌真实性与品牌关系质量之间的显著相关性。一个品牌与其消费者之间的关系质量越高，意味着一个品牌越可以促进消费者产生积极情绪（如自尊和自我完善感）（Kressmann 等，2006）。有理由相信，品牌文化象征性与消费者幸福感的关系当中也存在这种中介作用，即品牌文化象征性通过品牌真实性促进消费者幸福感。因此，提出以下假设：

H4a：品牌真实性对品牌文化象征性与实现幸福感的关系起到中介作用。

H4b：品牌真实性对品牌文化象征性与享乐幸福感的关系起到中介作用。

（六）消费者持久文化参与度的调节作用

Napoli 等（2014）认为品牌文化象征性是指特定文化价值的品牌象征。然而，当品牌不是消费者渴望、相信和追逐的价值象征时，品牌文化象征性和品牌真实性之间的关系就变得微不足道（Napoli 等，2014）。以往的研究已经证明，消费者对具有文化象征性的品牌的态度受到了他们对这些品牌所象征的文化的认知、兴趣和态度的影响（Alden、Steenkamp 和 Batra，2006；Steenkamp 和 de Jong，2010；Strizhakova、Coulter 和 Price，2012）。如果消费者对某种文化有更积极的态度，他们就更有可能对与该文化相关的品牌产生偏好（Riefler，2012；Strizhakova、Coulter 和 Price，2012）。换句话说，品牌文化象征性与品牌真实性之间的关系受到消费者对文化的态度和情感的影响。具体来说，消费者越喜欢和关注一个品牌所蕴含的文化，该品牌的文化象征性与其真实性之间的关系就越强。

一个品牌不仅是国家或地区文化的象征，也是亚文化和流行文化的象征（Holt，2002，2004；Torelli、Keh 和 Chiu，2010）。然而，广泛使用的衡量文化认同（即个人对特定文化的态度和情感）的量表主要是针对国家文化的，其中国家认同和文化遗产认同被作为文化认同的衡量标准（Ryder、Alden 和 Paulhus，2000；Schwartz、Zamboanga 和 Weisskirch，2008）。这个标准不适合衡量个人对一种亚文化或流行文化的态度和情绪。Whang、Yong 和 Ko（2016）在参与（involvement）理论的基础上提出了“消费者流行文化参与”的概念，认为消费者对某种特定的流行文化参与的兴趣和觉醒可分为情境参与和持久参与两种类型。前者是指消费者对流行文化以及与流行文化相关的某些产品的暂时性认知和态度，只取决于某些特定情境；后者是指消费者对流行文化持续的、长期的热爱。因此，持久的文化参与概念涉及文化认同，比如对文化的热爱和成为某种文化的粉丝。与持久的文化参与相比，情境参与是短暂的，受到特定文化背景的影响，不能反映消费者对特定文化持久而稳定的认知、兴趣和态度。因此，消费者持久的文化参与可以更全面地反映他们的文化态度和情感。基于以上文献，我们将消费者的持久文化参与定义为消费者对某一品牌所代表的特定文化的持久兴趣和唤醒。因此，我们提出并检验了以下假设：

H5：消费者持久文化参与度对品牌文化象征性和品牌真实性之间的关系有调节作用，即持久文化参与度越高，品牌文化象征性和品牌真实性之间的关系越强。

第三节　样本与测量

一、样本和研究过程

为探讨品牌文化象征性对消费者幸福感的影响，我们以具有显著文化象征意义的品牌作为测量对象。为此，我们在 14 个行业中选择了 31 个品牌，在以往的研究中，这些行业都是被消费者视为文化象征的行业（Holt，2004；Kubat 和 Swaminathan，2015）。由于31个品牌过多，我们希望能够继续精简，因此设计了一份包含31个品牌的问卷，要求消费者从31个品牌的名单中选择6个最具文化象征意义的品牌。从180名消费者（包括92名女性）的调查结果中，我们选择了6个频率最高的品牌：茅台（14%）、同仁堂（12%）、星巴克（11%）、路易威登（9%）、万宝路（7%）和佰草集（6%）。这些产品都是中国、美国和法国的品牌，涉及白酒、中草药、咖啡、箱包、烟草和护肤品等行业。

数据通过专业问卷调查网站问卷星来收集。问卷中，要求被访者在6个最具文化意义或文化特征的品牌中选择1个，然后围绕这个品牌来回答问题。如果被访者认为问卷中提供的品牌均没有文化意义，我们就建议他们停止回答这些问题。为了更准确地衡量消费者持久文化参与度，问卷促使受访者根据特定品牌所象征的文化来回答与持久文化参与相关的问题。

最后收集到有效样本533个，其中男性占总数的54.22%，女性占总数的45.78%。年龄分布为：18～27岁（27.95%）、28～37岁（44.47%）、38～47岁（19.51%）和48岁及以上（8.07%）。在所有被访者中，74.67%的人有工作，12.38%的人是学生，其他人（12.95%）是自由职业者、退休者或失业人员。受教育程度分布为：高中及以下（10.69%）、大学生（78.61%）和研究生（10.69%）。

二、测量方法

所有构念的测量方法都改编自之前的研究。品牌文化象征性是由品牌作为特定文化标志的指标来衡量的（Steenkamp、Batra 和 Alden，2003）。品牌真实性的测量是采用了 Bruhn 等（2012）的四个维度15个测项，包括连续性（4项）、原创性（4项）、可靠性（4项）和自然性（3项）。持久文化参与度采用了 Whang、Yong 和 Ko（2016）的5个测项来测量。消费者的享乐幸福感是用4个测项来衡量的（Pavot 和 Ed Diener，1993；Argyle 和 Jill，1989），消费者的实现幸福感也用4个测项来衡量（Ryff，1989；Waterman，1993）。所有测项都采用李克特7级量表来测量，其中1=完全不同意，4=中立，7=完全同意。

第四节　数据分析与实证结果

一、主效应的实验结果

我们采用多元统计软件 Amos22.0 进行结构方程模型的检验。根据 Hair 等（1998）提出的结构方程模型分析的两步法，我们首先检查了所有的测项是否显著，以及因子载荷是否超过0.5。模型中，品牌真实性是一个高阶因子，下有四个维度共

15个测项。我们采用了合成测量法（composite measure），即将各维度的平均值作为品牌真实性的一阶因子得分，再汇总计算（Bruhn等，2012；Fritz和Schoenmueller，2017）。我们建立了一个测量模型，目的是检验所有量表的信度和效度。该模型表现出可接受的拟合度［$\chi^2(160)=337.547$；$\chi^2/df=2.110$；$p=0.000$；CFI＝0.973；GFI＝0.937；NFI＝0.950；IFI＝0.973；RMR＝0.063；RMSEA＝0.046］（Hair等，1998）。模型中的所有测项因子载荷都大于0.5，Cronbach's α都大于0.8，组合信度（CR）都大于0.8，说明信度很高（见表3-1）。量表测项的相关矩阵如表3-2所示，所有构念之间的相关系数都小于该构念平均萃取方差（AVE）的平方根，且AVE都大于0.5，说明判别效度较好。

在第二步，我们用概念模型（见图3-1）检验了H1、H2和H3。该模型表现出可接受的拟合度［$\chi^2(77)=124.337$；$\chi^2/df=1.615$；$p=0.001$；CFI＝0.991；GFI＝0.969；NFI＝0.976；IFI＝0.991；RMR＝0.047；RMSEA＝0.034］。根据结果，品牌文化象征性会显著正向影响消费者实现幸福感（$\beta=0.47$，$t=7.809$，$p<0.001$）和消费者享乐幸福感（$\beta=0.17$，$t=3.694$，$p<0.001$），说明H1成立。H2预测了品牌文化象征性与品牌真实性之间的关系。结果表明，品牌文化象征性对品牌真实性有积极影响（$\beta=0.64$，$t=11.857$，$p<0.001$），因此H2得到支持。H3预测消费者实现幸福感会促进消费者享乐幸福感，路径分析结果支持这一假设（$\beta=0.69$，$t=14.759$，$p<0.001$）。

接下来，本章探讨了品牌真实性在品牌文化象征性与消费者实现幸福感（H4a）和消费者享乐幸福感（H4b）之间的中介作用。为了检验彼此之间的变量关系，我们采用了Preacher和Hayes（2004）提出的自举法（bootstrapping），即放回式抽样统计法。根据该方法，我们选择了5000个样本量，并在95%的置信区间（CI）下进行模型估计。结果显示，品牌真实性在品牌文化象征性和消费者实现幸福感之间起到中介作用（LLCI＝0.019，ULCI＝0.20，区间不包括0），中介大小为0.01（$p=0.00$）。品牌文化象征性对消费者实现幸福感的直接影响也很显著（LLCI＝0.32，ULCI＝0.51，$p=0.00$，区间不包括0），从而表明品牌真实性在品牌文化象征性与消费者完善幸福感之间起到部分中介作用。此外，品牌真实性在品牌文化象征性与消费者享乐幸福感之间发挥中介作用（LLCI＝0.08，ULCI＝0.24，区间不包括0），中介大小为0.15（$p=0.00$）。品牌文化象征性对消费者享乐幸福感的直接影响也很显著（LLCI＝0.33，ULCI＝0.49，$p=0.00$，区间不包括0），从而证明了品牌真实性在品牌文化象征性和消费者享乐幸福感之间起到部分中介作用。因此，H4a和H4b都得到了支持。由此可见，品牌文化象征性会促进消费者对品牌真实性的看法，最终会转化为幸福感。

表 3-1 评估构念信度的测量模型结果（$n=533$）

构念	测项	标准因子载荷	组合信度	平均萃取方差	Cronbach's α
品牌文化象征性	我将 A 品牌与 B 文化中的事物联系起来	0.78	0.83	0.61	0.83
	对我来说，A 品牌代表了 B 文化的全部意义	0.77			
	对我来说，A 品牌是 B 文化的一个很好的象征	0.80			
持久文化参与度	我热爱并享受 B 文化	0.75	0.86	0.55	0.85
	我是 B 文化爱好者	0.74			
	我更关注 B 文化	0.76			
	我对 B 文化感兴趣	0.78			
	我与 B 文化关系密切	0.66			
品牌真实性	连续性	0.88	0.91	0.72	0.91
	独创性	0.83			
	可靠性	0.87			
	自然性	0.82			
享乐幸福感	拥有 A 品牌让我的生活更美好	0.79	0.87	0.62	0.87
	拥有 A 品牌让我的生活更充实	0.77			
	拥有 A 品牌让我的生活更快乐	0.81			
	拥有 A 品牌让我的生活更乐观	0.77			
实现幸福感	拥有 A 品牌让我觉得自己与众不同	0.81	0.88	0.65	0.88
	拥有 A 品牌让我更有信心	0.84			
	拥有 A 品牌让我对自己更加积极	0.83			
	拥有 A 品牌让我到达了理想的自我	0.73			

表 3-2 均值、标准差和相关矩阵

	BCS	ECI	BA	HWB	EWB
BCS	0.78				
ECI	0.647**	0.74			
BA	0.562**	0.532**	0.85		
HWB	0.565**	0.499**	0.500**	0.78	
EWB	0.484**	0.426**	0.382**	0.760**	0.81
均值	5.23	5.07	525	4.89	4.77
标准差	1.19	1.08	1.04	1.19	1.25

注：$n=533$；BCS＝品牌文化象征性；ECI＝持久文化参与度；BA＝品牌真实性；HWB＝享乐幸福感；EWB＝实现幸福感；**表示 $p<0.01$（双尾）；对角线上的值是每个构念 AVE 的平方根。

二、调节效应的实证研究结果

我们采用层次回归分析法对 H5 进行了检验。第一，对品牌文化象征性和消费者持久文化参与度的数据进行了中心化处理；第二，将品牌文化象征性和消费者持久文化参与度这两个变量的主效应加入模型中，对品牌真实性的解释作用明显增强（$\Delta R^2=0.365$，$\beta=0.374$，$t=8.244$，$p=0.00$）；第三，我们将品牌文化象征性和消费者持久文化参与度的交互项引入模型，结果与我们的预期相反，消费者持久文化参与度对品牌文化象征性和品牌真实性之间的关系有明显的负向调节作用（$\Delta R^2=0.015$，$\beta=-0.144$，$t=-3.623$，$p=0.00$）。如图 3-2 所示，低水平的消费者持久文化参与度（$M=3.9915$）的斜率高于高水平的消费者持久文化参与度（$M=6.1481$）。因此，这些结果并不支持 H5（见表 3-3）。这一结果表明，当消费者具有高度的持久文化参与度时，品牌文化象征性与品牌真实性之间的关系将会减弱。

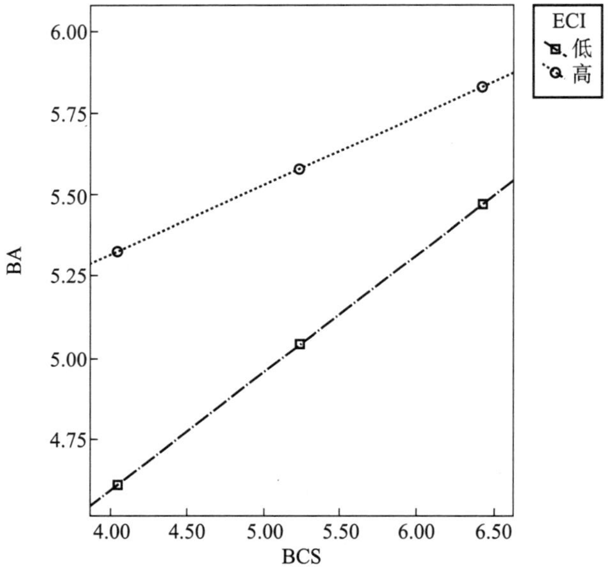

图 3-2　文化持久参与度的调节作用

注：$n=533$；BCS=品牌文化象征性；BA=品牌真实性；ECI=持久文化参与度。

表 3-3　假设检验结果

假设	是否支持
H1a：品牌文化象征性→消费者享乐幸福感	√
H1b：品牌文化象征性→消费者实现幸福感	√
H2：品牌文化象征性→品牌真实性	√
H3：消费者实现幸福感→消费者享乐幸福感	√

续表

假设	是否支持
H4a：品牌文化象征性→品牌真实性→消费者实现幸福感	√
H4b：品牌文化象征性→品牌真实性→消费者享乐幸福感	√
H5：消费者持久文化参与度在品牌文化象征性与品牌真实性关系中的正向调节作用	×

第五节 品牌文化象征性与幸福感的研究结论与启示

一、研究结论

本章研究的主要目的是探讨品牌文化象征性是如何影响消费者实现幸福感和享乐幸福感的，其中涉及消费者持久文化参与度、品牌真实性的作用机制。总的来说，从研究结果中可以得出两个关键的结论。

首先，基于自我决定理论和真实性理论，结合相关研究（Handler，1986；Kates，2004；Napoli 等，2014；Moulard、Raggio 和 Folse，2016；Fritz 和 Schoenmueller，2017）我们建立并检验了一个概念模型，用以解释品牌文化象征性、品牌真实性与消费者实现幸福感和享乐幸福感之间的关系。具体来说，品牌文化象征性能够提升消费者实现幸福感和享乐幸福感，而品牌真实性在其中起到部分中介作用。可见，丰富品牌的文化内涵和文化符号形象可以被认为是提升品牌真实性和消费者幸福感的有效途径之一。

其次，我们推翻了 H5，发现消费者持久文化参与度竟然减弱了品牌文化象征性与品牌真实性之间的关系。这一结果可以用精细加工模型来解释。精细加工模型意味着个体对客观事物的信息处理路径（中心路径或边缘路径）决定了他/她对客观事物和相关事物的评价（Petty 和 Cacioppo，1986）。当一个人高度参与客观事物时，这意味着他/她有很强的处理信息的动机和能力。此时，个人会尽可能多地整合他/她的知识和经验来评估事物（Zaichkowsky，1985）。相反，当个体参与程度较低时，个体会使用启发式线索（如发言人、名人、形象等）来简单地处理这些事物的信息。Ewing 等（2012）通过实验验证了产品参与真实性线索对品牌态度影响的调节作用。具体来说，与高参与度的产品相比，真实性线索对低参与度的产品品牌态度的影响更为显著。就本章的研究而言，当消费者高度参与某一特定文化时，对与该文化相关的品牌的评估更有可能基于他们自己的知识、经验或其他线索（如品牌特有的行为），而不是基于符号型线索（如文化象征性），从而削弱了品牌文化象征性对品牌真实性的影响。换言之，消费者文化参与度越高，就越会根据文化本身来形成品牌真实性感知，而不要求品牌本身有更多的文化象征性；反之，如果消费者文化参与度低，就无法通过文化自身来形成品牌真实性感知，因此要求品牌本身拥有更多的文化象征性。

二、启示

本书从文化象征性角度探讨了品牌真实性和品牌幸福感的形成机制。研究表明，文化元素（如价值观、信仰、神话、道德规范和生活方式）与真实性密切相关，并可能是影响个人对物体真实性感知的重要驱动因素（Mirzaei、Wilkie 和 Siuki，2022）。此外，那些被广泛认为是高“真实性”的品牌，如哈雷和李维斯，具有较高认可度的文化价值，象征着一个特定文化群体的生活方式。本书发现，品牌文化象征性与品牌真实性之间存在积极和紧密的关系，说明品牌文化象征性是品牌真实性的重要前提之一。然而，消费者持久文化参与度减弱了品牌文化象征性对品牌真实性的影响，说明品牌文化象征性只是品牌真实性的线索之一。当消费者有高度的文化参与时，他们会从文化本身来判断品牌真实性。这也说明如果品牌的文化象征性不强，应该更多地考虑消费者对文化的持久参与度。

在品牌真实性的后果方面，本章通过实证研究，探讨了品牌真实性对消费者实现幸福感和享乐幸福感的促进作用。Guignon（2004）从社会心理学理论的角度将真实性的本质概括为自我实现，由此品牌真实性应促进消费者产生积极的情绪。

公司管理者想要提升一个品牌为消费者带来幸福感的能力，可以实施两种策略。一方面，他们可以加强品牌的文化意义。例如，他们可以找到适当的文化价值观作为营销传播的核心，由此可以塑造一个品牌所象征的文化群体的独特的文化意义和象征性形象。基于此，他们不仅促进了消费者的幸福感，而且促进了品牌的真实性。另一方面，管理者可以促进消费者对品牌真实性的感知。在这个过程中，企业必须注重构建真实的符号型线索，如独特的形象、传统和资产，加强索引型线索，如减弱品牌的商业意图、遵守品牌承诺、不追赶市场趋势、坚持一定的核心原则等。

本章参考文献

[1] Aaker J, Rudd M, Mogilner C. If money doesn't make you happy, consider time [J]. Journal of Consumer Psychology, 2011, 21(2): 126-133.

[2] Ahuvia A C, Friedman D C. Income, consumption, and subjective well-being: Toward a composite macromarketing model[J]. Journal of Macromarketing, 1998, 18(2): 153-168.

[3] Alden D L, Steenkamp J B E, Batra R. Brand positioning through advertising in Asia, North America, and Europe: The role of global consumer culture[J]. Journal of Marketing, 1999, 63(1): 75-87.

[4] Alden D L, Steenkamp J B E M, Batra R. Consumer attitudes toward marketing globalization: Antecedent, consequent and structural factors[J]. International Journal of Research in Marketing, 2006, 23(3): 227-239.

[5] Allen D E. Toward a theory of consumer choice as socio-historically shaped practical experience: The fits-like-a glove(flag) framework[J]. Journal of Consumer Research, 2002, 28(4): 515-532.

[6] Arnould E J, Thompson C J. Consumer Culture Theory(CCT): Twenty years of research[J]. Journal of Consumer Research, 2005, 31(4): 868-882.

[7] Argyle M M, Jill C. Happiness as a function of personality and social encounters [A]. Joseph, P F and Michael, I. (Eds). Recent advances in social psychology: An international perspective[M]. Elsevier Science Publishers, Amsterdam, 1989.

[8] Bai Y. Projecting authenticity with cultural heritage: Chinoiserie of contemporary Chinese fashion designer brands[A]. Bai, Y and Zhang, Y. (Eds). Fashion in 21st Century China[M]. Singapore: Springer, 2022.

[9] Belk R W. Three scales to measure constructs related to materialism: Reliability, validity, and relationship to measure of happiness[J]. Journal of Consumer Research, 1984, 12(3): 265-280.

[10] Berry J W. Acculturation: living successfully in two cultures[J]. International Journal of Intercultural Relations, 2005, 29(6): 697-712.

[11] Bettingen J, Luedicke M K. Can brands make us happy? A research framework for the study of brands and their effects on happiness[J]. Advances in Consumer Research, 2009(36): 308-315.

[12] Beverland M B, Farrelly F J. The quest for authenticity in consumption: Consumers'

purposive choice of authentic cues to shape experienced outcomes[J]. Journal of Consumer Research, 2010, 36(5): 838-856.

[13] Beverland M B, Lindgreen A, Vink M W. Projecting authenticity through advertising: Consumer judgments of advertisers' claims[J]. Journal of Advertising, 2008, 37(1): 5-15.

[14] Bhattacharjee A, Mogilner C. Happiness from ordinary and extraordinary experiences[J]. Journal of Consumer Research, 2014, 41(1): 1-17.

[15] Bhullar N, Schutte N S, Malouff J M. The nature of well-being: The roles of hedonic and eudaimonic processes and trait emotional intelligence[J]. The Journal of Psychology, 2013, 147(1): 1-16.

[16] Bosch R V D, Taris T W. The authentic worker's well-being and performance: The relationship between authenticity at work, well-being, and work outcomes[J]. Journal of Psychology, 2014, 148(6): 659-681.

[17] Brakus J J, Schmitt B, Zarantonello L. Brand experience: What is it? How is it measured? Does it affect loyalty? [J]. Journal of Marketing, 2009, 73(3): 52-68.

[18] Bruhn M, Schoenmüller V, Schäfer D, et al. Brand authenticity: Towards a deeper understanding of its conceptualization and measurement[J]. Advances of Consumer Research, 2012(40): 567-576.

[19] Carroll G R, Wheaton D R. The organizational construction of authenticity: An examination of contemporary food and dining in the US[J]. Research in Organizational Behavior, 2009, 29(2): 255-282.

[20] Carsana L, Jolibert A. Influence of iconic, indexical cues, and brand schematicity on perceived authenticity dimensions of private-label brands[J]. Journal of Retailing and Consumer Services, 2018, 40(2): 213-220.

[21] Deci E L, Ryan M R. The "what" and "why" of goal pursuits: Human needs and the self-determination of behavior[J]. Psychological Inquiry, 2000, 11(4): 227-268.

[22] Diener E, Seligman E P. Very happy people[J]. Psychological Science, 2002, 13(1): 81-84.

[23] Ewing D R, Allen C T, Ewing R L. Authenticity as meaning validation: An empirical investigation of iconic and indexical cues in a context of "green" products[J]. Journal of Consumer Behaviour, 2012, 11(5): 381-390.

[24] Fritz K, Schoenmueller V. Authenticity in branding-exploring antecedents and consequences of brand authenticity[J]. European Journal of Marketing, 2017, 2(51): 323-349.

[25] Gammoh B S, Koh A C, Okoroafo S C. Consumer culture brand positioning strat-

egies: An experimental investigation[J]. Journal of Product & Brand Management, 2011, 20(1): 48-57.

[26] Grayson K, Martinec R. Consumer perceptions of iconicity and indexicality and their influence on assessments of authentic market offerings[J]. Journal of Consumer Research, 2004, 31(2): 296-312.

[27] Guignon C B. On being authentic, routledge[M]. London, 2004.

[28] Hair J F, Anderson R E, Tatham R L, et al. Multivariate Data Analysis (5th ed.)[M]. NJ: Prentice Hall, 998.

[29] Handler R. Authenticity[J]. Anthropology Today, 1986, 2(1): 2-4.

[30] Hedhli K E, Chebat J C, Sirgy M J. Shopping well-being at the mall: Construct, antecedents, and consequences[J]. Journal of Business Research, 2013(66): 856-863.

[31] Holt D B. How brands become icons: The principles of cultural branding[M]. MA: Harvard Business School Press, 2004.

[32] Holt D B. Brand and brand building[M]. Boston: Harvard School Publications, 2004.

[33] Kates S M. The dynamics of brand legitimacy: An interpretive study in the gay men's community[J]. Journal of Consumer Research, 2004, 31(2): 455-464.

[34] Kernis M H, Goldman B M. A multicomponent conceptualization of authenticity: Theory and research [J]. Advances in Experimental Social Psychology, 2006 (38): 283-357.

[35] Kovács B, Caroll G R, Lehman D W. Authenticity and consumer value ratings: Empirical tests from the restaurant domain [J]. Organization Science, 2014, 25 (2): 458-478.

[36] Kressmann F M, Sirgy J, Herrmann A, et al. Direct and indirect effects of self-image congruence on brand loyalty [J]. Journal of Business Research, 2006, 59 (9): 955-964.

[37] Kubat U, Swaminathan V. Crossing the cultural divide through bilingual advertising: The moderating role of brand cultural symbolism[J]. International Journal of Research in Marketing, 2015, 32(4): 354-362.

[38] Leibig N K. Changing landscape for iconic brands[J]. Brandweek, 2005, 46 (19): 22-23.

[39] McGregor I, Little B R. Personal projects, happiness, and meaning: On doing well and being yourself[J]. Journal of Personality and Social Psychology, 1998 (74): 494-512.

[40] Ménard J, Brunet L. Authenticity and well-being in the workplace: A mediation model[J]. Journal of Managerial Psychology, 2011, 26(4): 331-346.

[41] Mirzaei A, Wilkie D C, Siuki H. Woke brand activism authenticity or the lack of

it[J]. Journal of Business Research, 2022(139): 1-12.

[42] Mogilner C, Aaker J, Kamvar S D. How happiness affects choice[J]. Journal of Consumer Research, 2012, 39(2): 429-443.

[43] Morhart F, Malär L, Guèvremont A, et al. Brand authenticity: An integrative framework and measurement scale[J]. Journal of Consumer Psychology, 2015, 25(2): 200-218.

[44] Moulard J G, Raggi R D, Folse J A G. Brand authenticity: Testing the antecedents and outcomes of brand management's passion for its products[J]. Psychology & Marketing, 2016, 33(6): 421-436.

[45] McCracken G. Culture and consumption: A theoretical account of the structure and movement of the cultural meaning of consumer goods[J]. Journal of Consumer Research, 1986, 13(1): 71-84.

[46] Napoli J, Dickinson S J, Beverland M B, et al. Measuring consumer-based brand authenticity[J]. Journal of Business Research, 2014, 67(6): 1090-1098.

[47] Özsomer A. The interplay between global and local brands: A closer look at perceived brand globalness and local iconness[J]. Journal of International Marketing, 2012, 20(2): 72-95.

[48] Pavot W, Ed Diener. The affective and cognitive context of self-reported measures of subjective well-being[J]. Social Indicators Research, 1993, 28(1): 1-20.

[49] Petty R E, Cacioppo T T. The elaboration likelihood model of persuasion[J]. Advances in Experimental Social Psychology, 1986(19): 123-205.

[50] Preacher K J, Hayes A F. SPSS and SAS procedures for estimating indirect effects in simple mediation models[J]. Behavior Research Methods, Instruments & Computers, 2004, 36(4): 717-731.

[51] Riefler P. Why consumers do(not) like global brands: The role of globalization attitude, GCO and global brand origin[J]. International Journal of Research in Marketing, 2012, 29(1): 25-34.

[52] Ryder A G, Alden L E, Paulhus D Y. Is acculturation unidimensional or bidimensional? Head-to-head comparison in the prediction of personality, self-identity, and adjustment[J]. Journal of Personality and Social Psychology, 2000, 79(1): 49-65.

[53] Ryff C D. Happiness is everything, or is it? Explorations on the meaning of psychological well-being[J]. Journal of Personality and Social Psychology, 1989, 57(6): 1069-1081.

[54] Schnebelen S, Bruhn M. Brands can make consumers happy! Development of a scale to measure brand happiness[A]. M W Obal, et al. (eds.), Let's get engaged! Crossing the threshold of marketing's engagement era[C]. Developments in Marketing Sci-

ence: Proceedings of the Academy of Marketing Science, 2016: 341-342.

[55] Schnebelen S, Bruhn M. An appraisal framework of the determinants and consequences of brand happiness[J]. Psychology & Marketing, 2018, 35(2): 101-119.

[56] Schallehn M, Burmann C, Riley N. Brand authenticity: Model development and empirical testing[J]. Journal of Product & Brand Management, 2014, 23(3): 192-199.

[57] Schwartz S J, Zamboanga B L, Weisskirch R S. Broadening the study of the self: Integrating the study of personal identity and cultural identity[J]. Social and Personality Psychology Compass, 2008(2): 635-651.

[58] Šeinauskiene B, Mašcˇinskiene J, Petrike I. Materialism as the mediator of the association between subjective well-being and impulsive buying tendency[J]. Engineering Economics, 2016, 27(5): 594-606.

[59] Shaw S D, Sudhaman A. Iconic brand scoops ultimate cannes win[N]. Media: Asia's Media and Marketing Newspaper, 2005(4).

[60] Sheldon K M, Ryan R M, Rawsthorne L J, et al. Trait self and true self: Cross-role variation in the big-five personality traits and its relations with psycho-logical authenticity and subjective well-being[J]. Journal of Personality and Social Psychology, 1997, 73(6): 1380-1393.

[61] Sirgy M J. The psychology of quality of life: Hedonic well-being, life satisfaction, and eudaimonia(2nd ed.)[M]. NY: Springer, 2012.

[62] Steenkamp J B E, Batra R, Alden D L. How perceived brand globalness creates brand value[J]. Journal of International Business Studies, 2003, 34(1): 53-65.

[63] Steenkamp J B E, de Jong M G. A global investigation into the constellation of consumer attitudes toward global and local products[J]. Journal of Marketing, 2010, 74(6): 18-40.

[64] Strizhakova Y, Coulter R A, Price L L. The young adult cohort in emerging markets: Assessing their glocal cultural identity in a global marketplace[J]. International Journal of Research in Marketing, 2012, 29(1): 43-54.

[65] Taylor S A, Black H G, Donovan L A N, Ishida C, Judson K. The relationship between eudaimonic well-being and social well-being[J]. Journal of Consumer Satisfaction, Dissatisfaction & Complaining Behavior, 2014(27): 102-117.

[66] Torelli C J, Keh H T, Chiu C Y. Cultural symbolism of brands[A]. Loken B, Ahluwalia R, Houston M J. (Eds), Brands and brand management: Contemporary research perspectives[M]. New York: Routledge, 2010: 113-132.

[67] Turner C, Manning P. Placing authenticity-on being a tourist: A reply to pearce and moscardo[J]. Australia and New Zealand Journal of Sociology, 1988, 24(1): 136-139.

[68] Usborne E, Taylor D M. The role of cultural identity clarity for self-concept clari-

ty, self - esteem, and subjective well - being [J]. Personality and Social Psychology Bulletin, 2010, 36(7): 883-897.

[69] Usborne E, Taylor D M. Using computer-mediated communication as a tool for exploring the impact of cultural identity clarity on psychological well-being[J]. Basic & Applied Social Psychology, 2012(34): 183-191.

[70] Waterman A S. Two conceptions of happiness: Contrasts of personal expressiveness (eudaimonia) and hedonic enjoyment [J]. Journal of Personality and Social Psychology, 1993, 64(4): 678-691.

[71] Weinberger D. Authenticity: Is it real or is it marketing? [J]. Harvard Business Review, 2008, 3(3): 33-43.

[72] Whang H, Yong S H, Ko E. Pop culture, destination images, and visit intentions: Theory and research on travel motivations of Chinese and Russian tourists[J]. Journal of Business Research, 2016, 69(2): 631-641.

[73] Zaichkowsky J L. Measuring the involvement construct[J]. Journal of Consumer Research, 1985, 12(3): 341-352.

[74] 靳代平，王新新，刘伟. 消费者文化理论的产生背景、理论框架及研究进展述评[J]. 外国经济与管理，2014，36(1)：29-37.

第四章

绿色品牌与预期幸福感①

人们为什么购买绿色品牌？之前的文献强调绿色品牌带给消费者的利益和价值，但很少有文献从消费者幸福感视角研究绿色品牌的购买意愿。本章指出，购买绿色品牌实际上是一件幸福的事，因为它能够凸显消费者优良的价值观，从而使其更容易产生对自己的认可，以及创造对社会的贡献。后二者属于幸福感的范畴。在充分了解绿色品牌知识后，消费者会预期获得这些幸福感，进而产生绿色品牌购买意愿。为此，本章开展一项实证研究，从绿色品牌知识视角出发，研究了消费者预期幸福感的形成及对品牌购买意愿的影响。

第一节　绿色品牌对幸福感的作用

随着人们环保意识的增强，越来越多企业运用绿色品牌化策略来塑造良好形象（Schiffman 和 Kanuk，2014）和提升自身竞争优势（Chen 和 Chang，2012；Guo 等，2017）。常见的绿色品牌化策略包括绿色包装（Min 和 Galle，1997；Rokka 和 Usitalo，2008）、绿色认证（Walter 和 Chang，2017）、绿色广告（Tariq，2014）、绿色善因营销（Albayrak、Aksoy 和 Caber，2013）等。当消费者接触到这些绿色品牌信息，他们会在心智中形成绿色品牌知识（green brand knowledge）。绿色品牌知识是指与环保承诺、环境关注有关的各种绿色品牌记忆节点（Huang、Yang 和 Wang，2014）。由 Keller（1993）的基于顾客的品牌资产（Customer Based Brand Equity，CBBE）定义可知，绿色品牌知识是绿色品牌资产的重要来源。在购买绿色产品之前，消费者往往会搜索与绿色产品所含成分相关的知识（Laroche、Bergeron 和 Barbaroforleo，2001），甚至消费者之间会互相分享这些绿色产品信息（Chin 等，2019）。有鉴于此，如何利用绿色品牌知识来提升消费者对绿色品牌的购买意愿，是一个具有理论和现实意义的问题。

现有文献探讨了绿色品牌购买意愿的影响因素，包括绿色品牌定位（Chin 等，2019）、绿色品牌形象（Chen 等，2020）、绿色营销策略（Juwaheer、Pudaruth 和

---

① 本章初稿发表情况如下：Zhou Z，Zheng F，Lin J，et al. The interplay among green brand knowledge, expected eudaimonic well-being and environmental consciousness on green brand purchase intention ［J］. Corporate Social Responsibility and Environmental Management，2021，28（2）：630-639. 本书有删改。

Marie，2012）、绿色品牌资产（Akturan，2018）、环境关注（Albayrak、Aksoy 和 Caber，2013）、环境承诺（Hojnik、Ruzzier 和 Manolova，2020）、生态知识（Rahmi 等，2017）、社交媒体的使用（Bedard 和 Tolmie，2018）、对后果的关心（Zahid 等，2018）、绿色广告（Tariq，2014）、绿色品牌态度（Huang、Yang 和 Wang，2014）、绿色品牌关系（Esch 等，2006）、消费价值观（Ha 和 Janda，2012；Khare，2014）、主观幸福感（Suki，2016；Xiao 和 Li，2011）等。少数几项研究指出，绿色品牌知识会促进消费者的绿色品牌购买意愿（Huang、Yang 和 Wang，2014；Okur 和 Saricam，2019；Suki，2016）；但也有文献认为，绿色品牌知识不会促进绿色品牌购买意愿（Rahmi 等，2017）。究竟绿色品牌知识是否影响绿色品牌购买意愿？更进一步，当中的中介和调节机制是怎样的？现有文献并未涉及。不清楚二者的关系以及中间机制，企业就无法更好地通过提供绿色品牌知识来促进消费者购买绿色品牌。

为探讨绿色品牌知识对绿色品牌购买意愿的影响机制，本章选取了预期实现幸福感（anticipated eudaimonic well-being）作为中介变量。已有研究指出，亲社会消费会促进消费者的幸福感（Aknin、Dunn 和 Norton，2012；Yamaguchi 等，2016），而主观幸福感会促进消费者的绿色产品购买意向（Suki，2016；Xiao 和 Li，2011），由此可以推测，幸福感可能在绿色品牌知识与绿色品牌购买意愿之间起到中介作用。不过，本章提出的预期实现幸福感不同于以往的主观幸福感，后者只是生活满意度和积极情绪，而前者强调的是意义对于自我形象和自我价值的贡献。绿色品牌意味着品牌被赋予环保意义，根据 McCracken（1986，1989）提出的意义迁移模型可知，这些意义将通过消费转移到消费者身上。因此，预期实现幸福感的引入更有利于解释绿色品牌知识与购买意愿的关系。

尽管企业努力推行绿色品牌化策略，但并非每位消费者对绿色品牌的接受程度都相同。一个重要的原因是消费者自身特征存在差异。在绿色营销研究当中，环保意识是一个非常重要的消费者特征变量，指的是一个人对环境问题的关注程度（Dunlap 和 Jones，2002；Zheng，2010）。环保意识会调节消费者处理绿色信息的方式（Chang，2012；Zheng，2010）。由于绿色品牌知识涉及绿色信息的处理，因此本章将环保意识作为调节变量。

综上所述，本书以意义迁移模型为分析框架，将预期实现幸福感作为中介变量，同时将环保意识作为调节变量，探讨绿色品牌知识对绿色品牌购买意愿的作用机制及边界条件，从而丰富了绿色品牌理论文献。特别是，本书将实现幸福感与绿色品牌结合，从而拓宽了绿色品牌的研究视角。在实践上，本书将更好地指导管理者利用绿色品牌知识提升消费者的绿色品牌购买意愿，从而建设更强势的绿色品牌。

第二节　绿色品牌知识、预期幸福感、环保意识与绿色品牌购买意愿的相关文献

一、绿色品牌知识

品牌知识是基于顾客的品牌资产的来源，指的是与品牌相关的各种联想的记忆节点（Keller，1993）。绿色营销研究学者将这一概念结合绿色品牌的特点，提出了绿色品牌知识，意指与环保承诺、环境关注有关的各种绿色品牌记忆节点（Huang、Yang 和 Wang，2014）。与绿色品牌知识相近的概念是绿色知识。绿色知识分为抽象知识和具体知识两大类（Schahn 和 Holzer，1990）。前者涉及人们对相关环境问题认识的主观知识，后者涉及人们对产品利用以及企业在环境问题上的行为方面的客观知识（Lin、Lobo 和 Leckie，2019）。从定义来看，绿色知识不是关于哪个具体绿色品牌的知识，而是关于绿色环保方面的知识，因此与绿色品牌知识有本质区别。

Keller（1993）将品牌知识划分为两个维度：品牌知名度和品牌形象。这两个维度在绿色品牌研究中也得到了证实（Aulina 和 Yuliati，2017；Esch 等，2006；Huang、Yang 和 Wang，2014）。其中，绿色品牌知名度被定义为绿色品牌节点的记忆强度，如消费者回想起绿色品牌的难易程度（Esch 等，2006）；绿色品牌形象是指消费者心智中与环境承诺、环境问题相关的一系列品牌认知（Chen，2010；Cretu 和 Brodie，2007；Padgett 和 Allen，1997）。相应地，一般绿色品牌知识就是通过这两个维度来测量，但也有文献将绿色品牌知识作为一个整体测量（Suki，2016；Chin 等，2019）。从测量项目的内容来看，后一种方法跟品牌知识的原意（Keller，1993）不符，因此本章采纳了两个维度进行测量。

研究表明，绿色品牌知识会影响消费者对绿色产品的选择和决策（Aulina 和 Yuliati，2017；Boshoff、Schlechter 和 Ward，2011；Huang、Yang 和 Wang，2014；Rahmi 等，2017）。消费者希望获得绿色品牌关于环保方面的可靠信息，从而决定其是否购买绿色产品（Ganapathy 等，2014；Allely 和 Farah，2003）。实证研究结果也显示，环境知识确实对消费者的绿色产品态度和购买意愿有积极影响（Akturan，2018；Albayrak、Aksoy 和 Caber，2013；Chen 和 Chang，2012；Haws、Winterich 和 Naylor，2014）。Esch 等（2006）将绿色品牌的购买分成当前和未来两个阶段。他们指出，当前绿色品牌的购买主要受到绿色品牌形象的直接影响和绿色品牌知名度的间接影响；相比之下，未来绿色品牌的购买并未受到绿色品牌知识任何一个维度的直接影响，这些维度通过品牌关系的中介作用影响未来购买（Esch 等，2006）。其他学者则挖掘了绿色品牌知识的中介和调节作用（Aulina 和 Yuliati，2017；Huang、Yang 和 Wang，2014；Lin、Lobo 和 Leckie，2019；Pagiaslis 和 Krontalis，2014；Suki，2016）。然而，

有关绿色品牌知识对绿色品牌购买意愿影响的机制和边界方面的探讨还很匮乏。

二、预期幸福感

在哲学领域，幸福感分为享乐论和实现论两种类型。享乐论认为幸福（well-being）是一种快乐（happiness）的体验，强调消费者的愉快、开心、快乐感；而实现论认为幸福是通过有意义的生活来达到人的自我实现和完善（Deci 和 Ryan，2008；Waterman，1993）。对应地，心理学界提出了三种视角的幸福感：主观幸福感、心理幸福感和社会幸福感。其中，主观幸福感采用的是享乐论的视角，而心理幸福感和社会幸福感采用的是实现论的视角。主观幸福感是对人们生活质量的全面评价，是一种积极情感相对消极情感占优的心理状态（Diener，1984）；心理幸福感是一种机能状态，通过发挥自我潜能，获得自我完善、自我实现和自我成就（Ryff 和 Keyes，1995）；社会幸福感取决于一个人对社会产生的意义和价值（Keyes，1998）。

绿色营销领域有一些关于幸福感的研究，如亲社会消费和幸福感（Aknin、Dunn 和 Norton，2012；Yamaguchi 等，2016）、幸福感和绿色产品购买意愿（Suki，2016；Xiao 和 Li，2011）等，但这些研究都探讨了绿色消费与主观幸福感之间的关系，而较少关注心理幸福感、社会幸福感与绿色消费行为之间的关系。事实上，不同于一般的品牌消费，绿色品牌消费牵涉环保问题，因此是一种具有意义的消费。可见，还需要采用实现论的视角，从心理幸福感和社会幸福感层面探讨绿色品牌消费问题。

Ryan 和 Deci（2001）提出了心理幸福感的六个维度：自我接纳、与他人的积极关系、机能自主、环境掌控、生活目标和个人成长。这些维度并非全部适用于绿色品牌消费。由于绿色品牌内隐的环保意义有利于增强消费者自我形象，因此本章选取自我接纳来代表心理幸福感。依据 Ryff（1989）的研究，期望自我接纳被认为是对心理健康预期的核心特征，也是对自我实现、最佳功能和成熟预期的特征。更确切地说，自我接纳意味着人们会对自我和自我价值持积极态度（Kim 和 Gal，2014）。

社会幸福感包括五个维度：社会整合、社会贡献、社会和谐、社会认同和社会实现（Keyes，1998）。消费者选择绿色产品而非其他产品，本身就是对环保事业的支持，体现了社会贡献。相对而言，其他维度与绿色品牌关系不大。因此，本章选取社会贡献来代表社会幸福感。消费者可以从绿色消费的社会贡献中受益，从而促进幸福感（Xiao 和 Li，2011）。社会贡献被定义为对一个人的社会价值的评价（Keyes，1998）。它反映了人们是否以及在多大程度上感到自己在这个世界上所做的一切都是社会所珍视的，都是对公益事业的贡献（Keyes，1998）。

三、环保意识

环保意识，即环境知识、态度要素和行为，是绿色购买行为的预测因素（Kautish 和 Sharma，2018；Roberts 和 Bacon，1997）。环保意识是一种复杂的价值取向（Balderjahn，1988），是社会意识的组成部分（Zabkar 和 Hosta，2013）。Nguyen、

Lobo 和 Greenland（2017）提出了消费者利他价值观正面影响他们的环境态度。人们的环保意识水平因社会人口特征而异（Diamantopoulos 等，2003），因此成为一种人格特征和态度话语（Roberts 和 Bacon，1997）。环保意识通常被作为调节变量，它可能影响消费者处理绿色信息的方式（Chang，2012；Zheng，2010）。对于环保主义者来说，消费者的绿色产品购买决策往往基于他们的环保态度（Gupta 和 Ogden，2009）。

四、绿色品牌购买意愿

绿色品牌购买意愿被定义为消费者因其环境需求购买绿色品牌产品的可能性（Chen 和 Chang，2012；Morrison，1979；Netemeyer、Maxham Ⅲ和 Pullig，2005）。很多文献研究了消费者绿色品牌购买意愿的影响因素，涉及的前因包括四类：第一类前因是营销策略，比如绿色营销策略（Juwaheer、Pudaruth 和 Marie，2012）、绿色广告（Tariq，2014）、绿色包装（Rokka 和 Usitalo，2008）、绿色认证（Walter 和 Chang，2017）等；第二类前因是关系资产，比如绿色品牌关系（Esch 等，2006）、绿色品牌资产（Akturan，2018）、绿色品牌态度（Huang、Yang 和 Wang，2014）等；第三类前因是价值观，比如消费价值观（Boeve－de Pauw 和 Van Petegem，2013；Cheah 和 Phau，2011；Ha 和 Janda，2012；Khare，2014）、消费者传承力和自我提升价值观（Urien 和 Kilbourne，2011）、集体主义价值观（Wang，2014）、可持续发展价值观（Vermeir 和 Verbeke，2008）；第四类前因是环保知识，比如环境关注（Albayrak、Aksoy 和 Caber，2013）、生态知识（Rahmi 等，2017）、绿色品牌知识（Chin 等，2019；Suki，2016）。尽管已有几篇文献提到绿色品牌知识会影响绿色品牌购买意愿，但绿色品牌知识的测量并未采用 Keller（1993）有关品牌知识的两个维度，因此跟品牌知识原有的定义不符。也有文献采用了这两个维度，但其实证结果是绿色品牌知识与购买意愿之间没有显著关系（Rahmi 等，2017）。此外，即使二者之间存在关系，其中间机制也不清楚。

第三节　绿色品牌与预期幸福感的关系假设

一旦消费者对某个品牌具备了绿色品牌知识，这些品牌就会被赋予环境保护与可持续发展的意义。根据 McCracken（1986）提出的意义迁移模型可知，个体可以通过占有具有意义的商品，来对自我概念进行界定。这意味着，绿色品牌被赋予的环保意义，可以通过购买或消费而迁移到消费者身上。这种环保意义会带来消费者对自我形象的认同，从而形成更高的自我接纳度，也会让消费者感觉到参与了环保事业，从而增强了社会贡献感。在实现幸福感当中，自我接纳和社会贡献分别是心理幸福感和社会幸福感的核心维度，所以，本章认为绿色品牌知识会正向影响预期实现幸福感。如果购买绿色品牌可以获得预期的实现幸福感，那么消费者就会更愿意购买该绿色品牌。据此可以认为，预期自我接纳和预期社会贡献这两种预期实现幸福感在绿色品牌知识与绿色品牌购买意愿之间起到中介作用。此外，环保意识的强弱，决定了消费者是否更加重视绿色品牌的意义迁移，因此在绿色品牌知识和预期实现幸福感之间起到调节作用。具体概念模型见图 4-1。

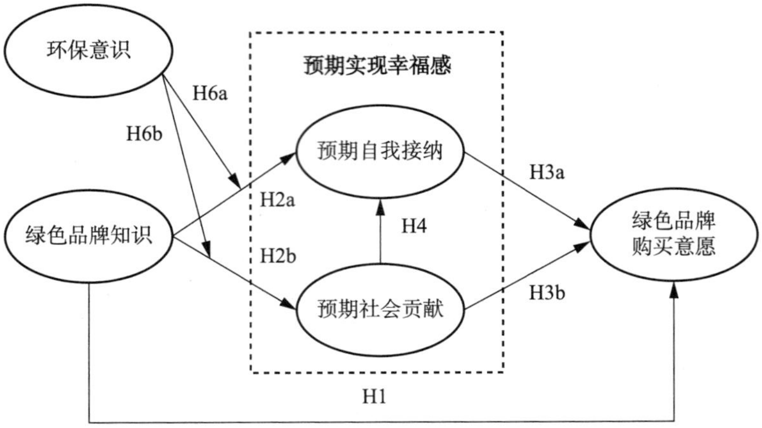

图 4-1 概念模型

一、绿色品牌知识对绿色品牌购买意愿的影响

消费者倾向于购买绿色品牌而非其他品牌，原因在于绿色品牌具备不同于其他品牌的环境保护和可持续发展的特点（Montoro-Rios、Luque-Martínez 和 Rodriguez-Molina，2008）。企业将这些信息传递给消费者，从而在消费者心智中形成了绿色品牌知识。Aulina 和 Yuliati（2017）以及 Huang 等（2014）的研究表明，绿色品牌知识可以通过绿色品牌态度影响购买意愿。从总体效应而言，绿色品牌知识能够很好地预测消费者的购买行为（Chin 等，2019）。因此，提出以下假设：

H1：绿色品牌知识会正向影响绿色品牌购买意愿。

二、绿色品牌知识对预期实现幸福感的影响

人们认为绿色品牌比传统品牌更温暖，因为它们与良好意愿有关联（Chernev 和 Blair，2015；Kong 和 Zhang，2013；Schuhwerk 和 Lefkoff-Hagius，1995）。这种良好意愿来源于绿色品牌所带有的与大自然共生的文化意义。根据 McCracken（1986）的意义迁移模型可知，绿色品牌知识赋予绿色品牌环保意义，如果购买了绿色品牌，这种意义就会转移到消费者身上，形成消费者的意义感知。Belk（1988）指出，拥有物是延展的自我。环保主义者通过消费环境友好型产品来增强其绿色价值观和身份认可（García-de-Frutos、Ortega-Egea 和 Martínez-del-Río，2018；Onel 等，2018；Shaw 和 Clarke，1999）。消费者如果拥有绿色品牌，他们将更好地表达自我形象（Klabi 和 Binzafrah，2022）。因此，绿色品牌知识越多，消费者感知的品牌环保意义就越大，也越容易使得消费者对自我形象接纳与认同；同时，消费者感知的绿色品

牌环保意义越大，就意味着如果购买了绿色品牌，他们就是以实际行动支持环保事业，从而为社会做出贡献。因此，提出以下两个假设：

H2a：绿色品牌知识正向影响预期自我接纳；

H2b：绿色品牌知识正向影响预期社会贡献。

三、预期实现幸福感对绿色品牌购买意愿的影响

Xiao 和 Li（2011）发现，在控制性别、年龄、教育程度和家庭收入后，有绿色购买行为的消费者会获得更高的生活满意度。也就是说，绿色消费可以带来更高的生活满意度，进而带来幸福感。反向关系也有相关文献支撑。Aknin 等（2012）指出，亲社会支出会增加幸福感，幸福感也会反过来促进亲社会支出，更高水平的幸福感增加了参与亲社会支出的可能性。Suki（2016）的研究支持这样的结论，即人们购买绿色产品的意愿可能是由于对幸福的预期。不过，上述文献当中的幸福感皆为主观幸福感。从实现幸福感的角度来看，上述观点也可成立。因为预期自我接纳意味着如果购买了绿色品牌，消费者将获得更大的自我认同，这种自我形象的提升会带来正面情绪，从而促使消费者购买绿色品牌；此外，预期社会贡献意味着如果购买了绿色品牌，消费者将感知到自己做出了社会贡献，从而也会带来正面情绪，以至于提升绿色品牌的购买意愿。因此，做出以下假设：

H3a：预期自我接纳会正面影响绿色品牌购买意愿；

H3b：预期社会贡献会正面影响绿色品牌购买意愿。

四、预期实现幸福感在绿色品牌知识和绿色品牌购买意愿之间的中介作用

根据上述的文献推理，绿色品牌知识当中蕴含的环保意义带来了预期实现幸福感，这些预期实现幸福感来源于想象中对绿色品牌的拥有，因此会促进绿色品牌购买意愿。由此，结合 H2a 和 H3a、H2b 和 H3b 可以推测，预期实现幸福感在绿色品牌知识和购买意愿之间起到中介作用。具体如下：

H3c：预期自我接纳在绿色品牌知识和绿色品牌购买意愿之间起到中介作用；

H3d：预期社会贡献在绿色品牌知识和绿色品牌购买意愿之间起到中介作用。

五、预期社会贡献与预期自我接纳的关系

社会贡献是对一个人社会价值的评价（Keyes，1998）。社会贡献反映了人们是否以及在多大程度上感到自己在这个世界上所做的一切是对公益事业的贡献，是社会所珍视的。一定程度上，社会贡献既体现为个人与社会的互动，也体现为个人对外部环境的影响。Ryff 和 Keyes（1995）指出，环境控制与自我接纳之间高度相关。这说明对环境掌控程度越高的个体，更容易接纳自己。结合绿色品牌消费来说，当消费者感觉自己为环保事业做出贡献之后，他们会感到他人对自己的正面反馈，进

而内化为对自我的认同与接纳。因此，做出以下假设：

H4：预期社会贡献会正面影响预期自我接纳。

六、预期社会贡献和预期自我接纳在绿色品牌知识和绿色品牌购买意愿之间的链式中介作用

根据意义迁移理论，一个消费者对一个品牌的绿色知识了解越多，就越能感受到这个绿色品牌的环保意义，从而认为如果购买了绿色品牌就是为社会做贡献，进而提升对自我的肯定，最后产生实际的购买意愿。结合以上的 H2b、H4、H3a，可以提出以下假设：

H5：预期社会贡献和预期自我接纳在绿色品牌知识和绿色品牌购买意愿之间发挥链式中介作用。

七、环保意识的调节作用

环保意识体现了人们对环境问题的重视。Zelezny 和 Schultz（2000）认为，环境关注的态度植根于个人的自我概念，即个人认为自己是自然环境不可分割的一部分。Chang（2012）和 Zheng（2010）指出，环保意识可以作为调节变量，因为它可能影响消费者处理绿色信息的方式。越是有环保意识的人，越会关注企业是否采用了绿色品牌化策略，而且会对绿色公司及其品牌产生好感（Swenson 和 Wells，1997）。在环保人士看来，一个品牌的绿色知识越丰富，这个品牌就越符合他们的环保价值观。如果购买了这些绿色品牌，他们的环保价值观会得到进一步增强，从而越能形成预期的自我接纳感。此外，环保人士更乐于投入环保事业当中，而一个品牌的绿色知识越丰富，说明该品牌与环保事业越接近，购买了该品牌，就相当于支持了环保事业，从而产生了更高的预期社会贡献感（Majeed、Azumah 和 Asare，2022）。综合以上，提出了以下两个假设：

H6a：环保意识正向调节绿色品牌知识对预期自我接纳的影响；

H6b：环保意识正向调节绿色品牌知识对预期社会贡献的影响。

第四节　样本与测量

一、样本

本书采用问卷调查的方式收集数据。我们确定的目标绿色品牌是比亚迪新能源汽车。汽车尾气排放对环境的影响很大，而目前新能源汽车是全球汽车工业领域的发展方向。在中国，比亚迪的新能源汽车技术处于领先地位，这也使得它成为中国新能源汽车行业排名第一的品牌。本书的问卷通过问卷星在线发放。问卷星是目前中国领先的在线问卷调查平台。我们采用了付费服务，以便更快回收更高质量的有

效问卷。由于模型当中含有预期幸福感，所以此次调查要求所有被试都是没有购买过比亚迪新能源汽车的人。问卷星发出问卷填写邀请后，共有1135人回答了问卷，但剔除无效数据后（包括比亚迪车主、未完整回答问卷者、回答时间过短者），得到有效问卷529份，有效率为46.6%。样本的人口统计学特征见表4-1。

表4-1　样本特征

人口特征	%	人口特征	%
性别		收入（元）	
• 男性 • 女性	45.2 54.8	• 少于2000 • 2000~4000 • 4000~6000 • 6000~8000 • 8000~10000 • 超过10000	5.7 15.3 22.3 24.4 19.3 13.0
年龄（岁）		教育程度	
• 不到20 • 20~30 • 31~40 • 41~50 • 51及以上	2.8 35.5 43.5 12.1 6.1	• 高中以下 • 大专 • 大学本科 • 硕士以上	6.1 16.6 70.5 6.8
职业			
• 学生 • 企业 • 老师 • 其他	4.9 84.5 5.7 4.9		

注：样本来自问卷星调查平台，样本量为529。

二、变量测量

本章涉及的变量均由成熟量表改编后的量表进行测量。其中，绿色品牌知识分成绿色品牌知名度和绿色品牌形象两个维度测量，绿色品牌知名度的量表改编自Keller（1993）、Yoo和Donthu（2001）的研究，绿色品牌形象的量表改编自Chen（2010）、Cretu和Brodie（2007）、Padgett和Allen（1997）的研究；预期自我接纳的量表来自Ryff（1989）的研究；预期社会贡献的量表改编自Keyes（1998）的研究；环保意识的量表来自Huang等（2014）、Kim和Chung（2011）、Robert和Bacon（1997）、Straughan和Roberts（1999）的研究；绿色品牌购买意愿的量表改编自Chen和Chang（2012）的研究。除此之外，我们还将性价比和品牌档次作为控制变量。这两个变量是品牌购买意愿最常见的前因，所以控制之后，能够更好地知道绿色品牌购买意愿的前因。其中，性价比的测量项目为“我认为比亚迪新能源汽车的性价比高”，品牌档次的测量项目为“我认为比亚迪的品牌档次低”（反向提问）。所有变量均采用 Likert 7 级量表，“1”代表“完全不同意”，“4”代表中立，“7”代表“完全同意”。

第五节　实证研究结果

一、测量模型

所有构念 Cronbach's α 系数介于 0.776~0.905，信度良好。各测项（EC1、EC6 已删除）的标准化因子载荷均高于 0.50，对应 t 值也高于 1.96，各构念的组合信度均大于 0.80，说明测项和其对应构念之间的建构效度和收敛效度良好。各构念的 AVE 平方根都高于该构念与其他构念之间的相关系数，说明其区分效度良好。具体结果见表 4-2 和表 4-3。

表 4-2　各构念的载荷和测项的 Cronbach's α 系数

项目	因子载荷
绿色品牌知名度（GBA）（α=0.905）	
GBA1：由于绿色品牌 A 的环保承诺，我可以在各竞争品牌中识别它	0.796
GBA2：我了解绿色品牌 A 是因为它的环保声誉	0.830
GBA3：绿色品牌 A 的一些环保特性使其很快成为我首要考虑的品牌	0.816
GBA4：我可以快速回忆绿色品牌 A 的绿色形象	0.821
GBA5：因为绿色品牌 A 对环境的关注，我可以轻松说出其特征	0.776
绿色品牌形象（GBI）（α=0.883）	
GBI1：绿色品牌 A 被视为环保承诺的标杆	0.784
GBI2：绿色品牌 A 在环保声誉方面很专业	0.829
GBI3：绿色品牌 A 在环保表现方面取得成功	0.825
GBI4：绿色品牌 A 在环境问题上已经确立了良好的地位	0.742
GBI5：绿色品牌 A 在环保承诺方面值得信赖	0.760
预期自我接纳（ESA）（α=0.861）	
ESA1：如果我购买了绿色品牌 A，我将对自己有更积极的态度	0.891
ESA2：如果我购买了绿色品牌 A，我将更会全面接受自己的方方面面，无论是好的还是不好的品质	0.879
ESA3：如果我购买了绿色品牌 A，我将对过去的生活有更积极评价	0.883
预期社会贡献（ESC）（α=0.776）	
ESC1：如果我购买了绿色品牌 A，我感觉自己将带给世界一些有价值的东西	0.840

续表

项目	因子载荷
ESC2：即使我购买了绿色品牌 A，我也感觉我的日常活动对所在的社区没有任何价值（*R*）	0.791
ESC3：即使我购买了绿色品牌 A，我也感觉我对社会没有什么重要的贡献（*R*）	0.833
环保意识（EC）（α=0.839）	
EC2：当两种产品相似时，我倾向于选择对环境危害较小的一种，即使它更贵	0.706
EC3：如果企业销售的产品对环境造成严重破坏，我将拒绝购买	0.721
EC4：购买产品时，我总是选择有环保认证的，即使它们更贵	0.738
EC5：我按照回收的重点，对家里的垃圾进行分类	0.687
EC7：我很注重我改善环境的行动	0.789
EC8：我经常关注和获取环保知识和信息	0.819
绿色品牌购买意向（GBPI）（α=0.901）	
GBPI1：出于环保考虑，我打算购买绿色品牌 A	0.916
GBPI2：由于其环保性能，我希望在未来购买绿色品牌 A	0.916
GBPI3：总体而言，我很乐意购买绿色品牌 A，因为它是环保的	0.909

注：环保意识的两个测项 EC1 和 EC6 因为因子载荷未达标而被删除；（*R*）表示反向提问。

表 4-3　各构念的均值、标准差和相关性

构念	GBK	ESA	ESC	EC	GBPI
绿色品牌知识（GBK）	0.798				
预期自我接纳（ESA）	0.687	0.884			
预期社会贡献（ESC）	0.566	0.622	0.822		
环保意识（EC）	0.566	0.584	0.561	0.745	
绿色品牌购买意愿（GBPI）	0.757	0.730	0.576	0.583	0.914
均值（Mean）	5.212	5.154	4.991	5.596	5.357
标准差（SD）	0.952	1.010	1.067	0.772	1.060
组合信度（CR）	0.946	0.915	0.862	0.882	0.938
平均萃取方差（AVE）	0.638	0.782	0.675	0.555	0.835

注：对角线上的数字为构念的 AVE 平方根。

二、共同方法偏差检验

我们首先采用 Harman 单因素法检验了共同方法偏差（Podsakoff 等，2003）。在对所有构念测项做未旋转主成分分析后，共析出 6 个因子，第一个因子的方差解释率为 44.9%，低于 50%，说明数据受共同方法偏差的影响较小。此外，所有维度之间的相关系数均小于 0.9，也说明共同方法偏差不大。

三、假设检验

本书使用 SmartPLS 3.0 软件，通过结构方程模型验证研究假设。测量模型的拟合指数结果显示：NFI＝0.842，SRMR＝0.053，都在可接受范围内，说明收敛效度较好；Cohen（1992）认为，当 $0.02 \leqslant R^2 < 0.13$ 时，表示路径关系弱；当 $0.13 \leqslant R^2 < 0.26$ 时，表示路径关系中等；当 $R^2 \geqslant 0.26$ 时，表示路径关系强。在本书中，三个因变量预期自我接纳、预期社会贡献以及绿色品牌的购买意愿的 R^2 分别为 0.529、0.326 和 0.696，说明模型的拟合度总体较好。

假设检验的结果表明（见表 4-4），绿色品牌知识正向影响绿色品牌购买意愿（$\beta=0.357$，$t=6.305$，$p<0.001$），H1 得到证实；绿色品牌知识与预期自我接纳（$\beta=0.420$，$t=10.608$，$p<0.001$）、预期社会贡献（$\beta=0.363$，$t=7.556$，$p<0.001$）存在显著正向关系，H2a 和 H2b 得到验证；预期自我接纳与绿色品牌购买意愿（$\beta=0.289$，$t=6.164$，$p<0.001$）、预期社会贡献与预期自我接纳（$\beta=0.287$，$t=7.401$，$p<0.001$）均存在显著正向关系，而预期社会贡献对绿色品牌购买意愿无显著影响（$\beta=0.031$，$t=0.830$，$p>0.05$），因此 H3a 和 H4 得到证实，H3b 未得到验证；对于环保意识不同的消费者，绿色品牌知识对预期自我接纳无显著影响（$\beta=-0.028$，$t=1.128$，$p>0.05$），H6a 未得到验证；绿色品牌知识对预期社会贡献有正向促进作用（$\beta=0.092$，$t=3.548$，$p<0.001$），H6b 得到证实。另外，控制变量性价比、品牌档次以及人口统计特征变量对绿色品牌购买意愿均无显著影响。

表 4-4　结构模型结果

假设	路径系数（β）	t 值	结果
H1：GBK→GBPI	0.357***	6.305	支持
H2a：GBK→ESA	0.420***	10.608	支持
H2b：GBK→ESC	0.363***	7.556	支持
H3a：ESA→GBPI	0.289***	6.164	支持
H3b：ESC→GBPI	0.031^{ns}	0.830	不支持
H4：ESC→ESA	0.287***	7.401	支持
H6a：GBK×EC→ESA	−0.028^{ns}	1.128	不支持
H6b：GBK×EC→ESC	0.092***	3.548	支持

注：*** 代表 $p<0.001$，^{ns} 代表 $p>0.05$。

四、中介效应检验

本书按照中介效应分析程序（Zhao、Lynch 和 Chen，2010），参照多步中介检验方法（Hayes，2013；Hayes、Preacher 和 Myers，2011），使用 SmartPLS 3.0 软件的 Bootstrapping 检验中介效应。Bootstrapping 样本量为 5000，置信区间方法为偏正偏倚和加速法（Bias-corrected and accelerated bootstrap）。在 95%置信区间下，结果显示（见表 4-5）："GBK→ESA→GBPI" 的中介路径显著（CI：0.089，0.195），作用大小为 0.140，H3c 成立；"GBK→ESC→GBPI" 的中介路径不显著（CI：-0.021，0.066），区间包含 0，H3d 不成立；"GBK→ESC→ESA→GBPI" 的中介路径显著（CI：0.037，0.084），作用大小为 0.058，H5 成立。由假设检验的结果可知，绿色品牌知识对绿色品牌购买意愿的主效应显著，因此预期自我接纳和预期社会贡献均起到部分中介作用。

表 4-5　ESC 和 ESA 的具体间接影响

路径	间接影响	t 值	置信区间
GBK→ESA→GBPI	0.140^{***}	5.090	[0.089，0.195]
GBK→ESC→GBPI	0.018^{ns}	0.892	[-0.021，0.066]
GBK→ESC→ESA→GBPI	0.058^{***}	4.505	[0.037，0.084]
GBK→GBPI	0.216^{***}	5.580	[0.140，0.292]

注：***代表 $p<0.001$，^{ns}代表 $p>0.05$，置信区间：95%。

五、调节效应检验

为检验环保意识的调节效应，我们采用最小二乘法（OLS）回归模型进行数据分析。具体来说，我们使用了 SPSS 22.0 的 process 程序中的"模型 8"进行检验，结果见表 4-6。数据表明，环保意识对绿色品牌知识和预期自我接纳关系的调节作用不显著（$\beta=-0.062$，$t=1.948$，$p>0.05$），95%置信区间为［-0.124，0.001］，包括 0，H6a 未得到验证；环保意识对绿色品牌知识和预期社会贡献的关系起到正向调节的作用（$\beta=0.197$，$t=5.170$，$p<0.01$），95%置信区间为［0.122，0.272］，不包括 0，H6b 获得了验证。

表 4-6　环保意识的调节作用

变量	回归系数	估计标准误	t 值	p 值	置信区间	
					LLCI	ULCI
结果：ESC（$R^2=0.376$，$p<0.001$）						
constant	4.921	0.039	125.847	0.000	4.845	4.998
GBK	0.324	0.045	7.187	0.000	0.235	0.412
EC	0.658	0.0626	10.521	0.000	0.535	0.781
GBK×EC	0.197	0.038	5.170	0.000	0.122	0.272

续表

变量	回归系数	估计标准误	t 值	p 值	置信区间	
					LLCI	ULCI
结果：ESA（$R^2=0.544$，$p<0.001$）						
constant	4.160	0.177	23.521	0.000	3.813	4.507
ESC	0.204	0.035	5.755	0.000	0.134	0.273
GBK	0.505	0.038	13.203	0.000	0.430	0.580
EC	0.238	0.056	4.271	0.000	0.129	0.348
GBK×EC	−0.062	0.032	1.948	0.052	−0.124	0.001

注：$n=529$，Bootstrapping 抽样=5000。

第六节　绿色品牌和预期幸福感的研究结论、理论贡献与启示

一、研究结论

本章基于意义迁移理论，将预期自我接纳和预期社会贡献作为中介变量，同时将环保意识作为调节变量，探讨绿色品牌知识对绿色品牌购买意愿的作用机制和边界条件。实证结果表明：①消费者的绿色品牌知识会直接正向影响他们的绿色品牌购买意愿。在控制了性价比和品牌档次的前提下，二者之间关系依然成立，这与一些文献（Chin 等，2019；Suki，2016）的观点相吻合。②预期自我接纳在绿色品牌知识与绿色品牌购买意愿之间起到部分中介作用，而预期社会贡献则不能直接中介绿色品牌知识与绿色品牌购买意愿的关系，但会通过影响预期自我接纳而间接影响绿色品牌购买意愿。可能的解释是，预期社会贡献是对社会有利的一种感知，对于自身而言并非收益最大化，因此对其购买意愿的直接推动作用并不大。相比之下，预期自我接纳则是对自我形象的认可，可能来源于预期社会贡献，且直接作用于自身的收益；为了保持自我形象的一致性，消费者更可能会购买绿色品牌。③环保意识在绿色品牌知识与预期社会贡献之间起到正向调节作用，但不能调节绿色品牌知识与预期自我接纳的关系。可能的解释是，环保意识越强的消费者越倾向于关注绿色品牌消费，当他们对某个品牌的绿色知识了解越多，就越容易产生支持这个绿色品牌的想法，从而表现为预期社会贡献越高；然而，无论是对于环保意识强还是弱的消费者而言，绿色品牌知识越多都意味着越理解绿色品牌的环保意义，一旦购买这些绿色品牌，意义将直接迁移到消费者身上，形成越高的预期自我接纳。

二、理论贡献

本书具有以下理论贡献：①揭示了绿色品牌知识对绿色品牌购买意愿的影响机制。尽管绿色品牌知识是绿色品牌资产的重要来源，但学术界还较少对其进行实证研究。仅有的几项研究探讨了绿色品牌知识与绿色品牌购买意愿的关系，但未达成一致意见（Chin 等，2019；Suki，2016；Rahmi 等，2017）。并且，即使二者存在关系，其中间机制也并不清楚。②将实现幸福感理论纳入绿色品牌研究当中。现有的绿色品牌文献在谈到幸福感时，都是采用了主观幸福感的研究视角。而事实上，自我接纳和社会贡献这两种实现幸福感更能体现绿色品牌消费不同于普通品牌消费的意义和特点，因此使得本模型更具有说服力。③验证了环保意识在实现幸福感产生过程中的调节作用。尽管现有文献提及环保意识会调节绿色信息处理方式，但还没有将环保意识与幸福感建立关联。本书将二者进行了结合，对环保意识的调节作用进行了深化。

三、启示

本书的结果可为企业实践提供一些建议：①企业应当在增加消费者的绿色品牌知识方面投入更多的资源，通过强化绿色品牌知名度和绿色品牌形象，来促进其对绿色品牌的购买；②企业应当通过品牌传播策略来提升消费者的预期实现幸福感，使其感受到消费绿色品牌是一件对社会和自己都有意义的决策，这些预期实现幸福感将提升消费者对绿色品牌的购买意愿；③企业应该提升消费者对环境问题的关注程度，同时强化自身品牌与环保事业的关系，通过增强消费者的环保意识来促进自身绿色品牌的销售。

本章参考文献

[1] Aknin L, Dunn E, Norton M. Happiness runs in a circular motion: Evidence for a positive feedback loop between prosocial spending and happiness[J]. Journal of Happiness Studies, 2012, 13(2): 347-355.

[2] Akturan U. How does greenwashing affect green branding equity and purchase intention? An empirical research[J]. Marketing Intelligence & Planning, 2018, 36(7): 809-824.

[3] Albayrak T, Aksoy Ş, Caber M. The effect of environmental concern and scepticism on green purchase behaviour[J]. Marketing Intelligence & Planning, 2013, 31(1): 27-39.

[4] Aulina L, Yuliati E. The effects of green brand positioning, green brand knowledge, and attitude towards green brand on green products purchase intention[A]. International Conference on Business and Management Research[M]. Atlantis Press, 2017.

[5] Bedard S A N, Tolmie C R. Millennials' green consumption behavior: Exploring the role of social media[J]. Corporate Social Responsibility and Environmental Management, 2018, 25(6): 1388-1396.

[6] Balderjahn I. Personality variables and environmental attitudes as predictors of ecologically responsible consumption patterns[J]. Journal of Business Research, 1988, 17(1): 51-56.

[7] Belk R W. Possessions and the extended self[J]. Journal of Consumer Research, 1988, 15(2): 139-168.

[8] Boshoff C, Schlechter C, Ward S J. Consumers' perceived risks associated with purchasing on a branded web site: The mediating effect of brand knowledge[J]. South African Journal of Business Management, 2011, 42(1): 45-54.

[9] Boeve-de Pauw J, Van Petegem P. A cross-cultural study of environmental values and their effect on the environmental behavior of children[J]. Environment & Behavior, 2013, 45(5): 551-583.

[10] Chang C T. Are guilt appeals a panacea in green advertising? The right formula of issue proximity and environmental consciousness[J]. International Journal of Advertising, 2012, 31(4): 741-771.

[11] Cheah I, Phau I. Attitudes towards environmentally friendly products: The influence of ecoliteracy, interpersonal influence and value orientation[J]. Marketing Intelli-

gence & Planning, 2011, 29(5): 452-472.

[12] Chen Y S. The drivers of green brand equity: Green brand image, green satisfaction and green trust[J]. Journal of Business Ethics, 2010, 93(2): 307-319.

[13] Chen Y S, Chang C H. Enhance green purchase intentions: The roles of green perceived value, green perceived risk, and green trust[J]. Management Decision, 2012, 50(3): 502-520.

[14] Chen Y S, Huang A F, Wang T Y, et al. Greenwash and green purchase behavior: The mediation of green brand image and green brand loyalty[J]. Total Quality Management & Business Excellence, 2020, 31(1/2): 194-209.

[15] Chernev A, Blair S. Doing well by doing good: The benevolent halo of corporate social responsibility[J]. Journal of Consumer Research, 2015, 41(6): 1412-1425.

[16] Chin T A, Sulaiman Z, Mas'od A, et al. Effect of green brand positioning, knowledge, and attitude of customers on green purchase intention[J]. Journal of Arts & Social Sciences, 2019, 3(1): 23-33.

[17] Cohen J. Statistical power analysis[J]. Current Directions in Psychological Science, 1992, 1(3): 98-101.

[18] Cretu A E, Brodie R J. The influence of brand image and company reputation where manufacturers market to small firms: A customer value perspective[J]. Industrial Marketing Management, 2007, 36(2): 230-240.

[19] Deci E L, Ryan R M. Hedonia, eudaimonia, and well-being: An introduction [J]. Journal of Happiness Studies, 2008, 9(1) : 1-11.

[20] DeviJuwaheer T, Pudaruth S, Marie M E N. Analysing the impact of green marketing strategies on consumer purchasing patterns in Mauritius[J]. World Journal of Entrepreneurship Management & Sustainable Development, 2012, 8(1): 36-59.

[21] Diamantopoulos A, Schlegelmilch B B, Sinkovics R R, et al. Can socio-demographics still play a role in profiling green consumers? A review of the evidence and an empirical investigation[J]. Journal of Business Research, 2003, 56(6): 465-480.

[22] Diener E. Subjective well-being[J]. Psychological Bulletin, 1984, 95(3): 542-575.

[23] Dunlap R E, Jones R E. Environmental concern: Conceptual and measurement issues[M]. Westport, CT: Greenwood Press, 2002.

[24] Esch F R, Langner T, Schmitt B H, et al. Are brands forever? How brand knowledge and relationships affect current and future purchases[J]. Journal of Product and Brand Management, 2006, 15(2): 98-105.

[25] Ganapathy S P, Natarajan J, Gunasekaran A, et al. Influence of eco-innovation on Indian manufacturing sector sustainable performance[J]. International Journal of Sustain-

able Development and World Ecology, 2014, 21(3): 198-209.

[26] García-de-Frutos, N, Ortega-Egea, J M, Martínez-del-Río J. Anti-consumption for environmental sustainability: Conceptualization, review, and multilevel research directions[J]. Journal of Business Ethics, 2018, 148(2): 411-435.

[27] Geyer-Allely E, Zacarias-Farah A. Policies and instruments for promoting sustainable household consumption [J]. Journal of Cleaner Production, 2003, 11 (8): 923-926.

[28] Guo R, Tao L, Li C B, Wang T. A path analysis of greenwashing in a trust crisis among chinese energy companies: The role of brand legitimacy and brand loyalty[J]. Journal of Business Ethics, 2017, 140(3): 523-536.

[29] Gupta S, Ogden D T. To buy or not to buy? A social dilemma perspective on green buying[J]. Journal of Consumer Marketing, 2009, 26(6): 376-391.

[30] Ha H Y, Janda S. Predicting consumer intentions to purchase energy-efficient products[J]. Journal of Consumer Marketing, 2012, 29(7): 461-469.

[31] Haws K L, Winterich K P, Naylor R W. Seeing the world through green-tinted glasses: Green consumption values and responses to environmentally friendly products[J]. Journal of Consumer Psychology, 2014, 24(3): 336-354.

[32] Hayes A F. Introduction to mediation, moderation, and conditional process analysis[J]. Journal of Educational Measurement, 2013, 51(3): 335-337.

[33] Hayes A F, Preacher K J, Myers T A. Mediation and the estimation of indirect effects in political communication research[A]. E P Bucy and R Lance Holbert (Eds), Sourcebook for political communication research: Methods, measures, and analytical techniques[M]. NY: Routledge, 2011.

[34] Huang Y C, Yang M, Wang Y C. Effects of green brand on green purchase intention[J]. Marketing Intelligence & Planning, 2014, 32(3): 250-268.

[35] Hojnik J, Ruzzier M, Manolova T S. Sustainable development: Predictors of green consumerism in Slovenia[J]. Corporate Social Responsibility and Environmental Management, 2020, 27(4): 1695-1708.

[36] Kautish P, Sharma R. Study on relationships among terminal and instrumental values, environmental consciousness and behavioral intentions for green products [J]. Journal of Indian Business Research, 2018, 13(1): 1-29.

[37] Keller K L. Conceptualizing, measuring, and managing customer-based brand equity[J]. Journal of Marketing, 1993, 57(1): 1-22.

[38] Keyes C L M. Social well-being[J]. Social Psychology Quarterly, 1998, 61 (2): 121-140.

[39] Khare A. Consumers' susceptibility to interpersonal influence as a determining

factor of ecologically conscious behavior[J]. Marketing Intelligence & Planning, 2014, 32(1): 2-20.

[40] Kim S, Gal D. From compensatory consumption to adaptive consumption: The role of self-acceptance in resolving self-deficits[J]. Journal of Consumer Research, 2014, 41(2): 526-542.

[41] Kim Y H, Chung J E. Consumer purchase intention for organic personal care products[J]. Journal of Consumer Marketing, 2011, 28(1): 40-47.

[42] Klabi F, Binzafrah F. The mechanisms for influencing green purchase intention by environmental concern: The roles of self-green image congruence and green brand trust[J]. South Asian Journal of Management, 2022, 16(1): 76-101.

[43] Kong Y, Zhang A. Consumer response to green advertising: The influence of product involvement[J]. Asian Journal of Communication, 2013, 23(4): 428-447.

[44] Laroche M, Bergeron J, Barbaroforleo G. Targeting consumers who are willing to pay more for environmentally friendly products[J]. Journal of Consumer Marketing, 2013, 18(6): 503-520.

[45] Lin J L, Lobo A, Leckie C. The influence of green brand innovativeness and value perception on brand loyalty: The moderating role of green knowledge[J]. Journal of Strategic Marketing, 2019, 27(1): 81-95.

[46] Majeed M, Azumah S B, Asare C. Drivers of green brand equity and green purchase intention in emerging markets[A]. Green marketing in emerging economies[M]. Palgrave Macmillan, Cham, 2022: 143-165.

[47] McCracken. Culture and consumption: A theoretical account of the structure and movement of the cultural meaning of consumer goods[J]. Journal of Consumer Research, 1986(13): 71-84.

[48] Mccracken G. Who is the celebrity endorser? Cultural foundations of the endorsement process[J]. Journal of Consumer Research, 1989, 16(3): 310-321.

[49] Min H, Galle W P. Green purchasing strategies: Trends and implications[J]. International Journal of Purchasing and Materials Management, 1997(33): 10-17.

[50] Montoro-Rios F J, Luque-Martínez T, Rodriguez-Molina M A. How green should you be: Can environmental associations enhance brand performance? [J]. Journal of Advertising Research, 2008, 48(4): 547-563.

[51] Morrison D G. Purchase intentions and purchase behavior[J]. The Journal of Marketing, 1979, 43(2): 65-74.

[52] Netemeyer R G, Maxham Ⅲ J G, Pullig C. Conflicts in the work-family interface: Links to job stress, customer service employee performance, and customer purchase intent[J]. Journal of Marketing, 2005, 69(2): 130-143.

[53] Nguyen T N, Lobo A, Greenland S. The influence of vietnamese consumers' altruistic values on their purchase of energy efficient appliances[J]. Asia Pacific Journal of Marketing & Logistics, 2017, 29(4): 759-777.

[54] Okur N, Saricam C. The impact of knowledge on consumer behaviour towards sustainable apparel consumption[C]. In Muthu S. (Eds), Consumer Behaviour and Sustainable Fashion Consumption. Textile Science and Clothing Technology. Singapore: Springer, 2019: 69-96.

[55] Onel N, Mukherjee A, Kreidler N B, et al. Tell me your story and I will tell you who you are: Persona perspective in sustainable consumption[J]. Psychology & Marketing, 2018, 35(10): 752-765.

[56] Padgett D, Allen D. Communicating experiences: A narrative approach to creating service brand image[J]. Journal of Advertising, 1997, 26(4): 49-62.

[57] Pagiaslis A, Krontalis A K. Green consumption behavior antecedents: Environmental concern, knowledge, and beliefs[J]. Psychology & Marketing, 2014, 31(5): 335-348.

[58] Podsakoff P M, MacKenzie S B, Lee J Y, et al. Common method biases in behavioral research: A critical review of the literature and recommended remedies[J]. Journal of Applied Psychology, 2003(88): 879-903.

[59] Rahmi D Y, Rozalia Y, Chan D N, et al. Green brand image relation model, green awareness, green advertisement, and ecological knowledge as competitive advantage in improving green purchase intention and green purchase behavior on creative industry products [J]. Journal of Economics, Business & Accountancy Ventura, 2017, 20(2): 177-186.

[60] Roberts J A, Bacon D R. Exploring the subtle relationships between environmental concern and ecologically conscious consumer behavior[J]. Journal of Business Research, 1997, 40(1): 79-89.

[61] Rokka J, Uusitalo L. Preference for green packaging in consumer product choices-do consumers care? [J]. International Journal of Consumer Studies, 2008, 32(5): 516-525.

[62] Ryan R M, Deci E L. On happiness and human potentials: A review of research on hedonic and eudaimonic well-being[J]. Annual Review of Psychology, 2001, 52(1): 141-166.

[63] Ryff C D. Happiness is everything, or is it? Explorations on the meaning of psychological well-being[J]. Journal of Personality and Social Psychology, 1989, 57(6): 1069-1081.

[64] Ryff C D, Keyes C L M. The structure of psychological well-being revisited[J]. Journal of Personality and Social Psychology, 1995, 69(4): 719-727.

[65] Schahn J, Holzer E. Studies of individual environmental concern: The role of knowledge, gender, and background variables[J]. Environment and Behavior, 1990, 22

(6): 767-786.

[66] Schiffman L, Kanuk L. Consumer behavior (global edition) [M]. London: Pearson Higher Education, 2014.

[67] Schuhwerk M E, Lefkoff-Hagius R. Green or non-green? Does type of appeal matter when advertising a green product? [J]. Journal of Advertising, 1995, 24(2): 45-54.

[68] Shaw D, Clarke I. Belief formation in ethical consumer groups: An exploratory study[J]. Marketing Intelligence & Planning, 1999, 17(2): 109-119.

[69] Straughan R D, Roberts J A. Environmental segmentation alternatives: A look at green consumer behavior in the new millennium[J]. Journal of Consumer Marketing, 1999, 16(6): 558-575.

[70] Suki N M. Green product purchase intention: Impact of green brands, attitude, and knowledge[J]. British Food Journal, 2016, 118(12): 2893-2910.

[71] Swenson M R, Wells W D. Useful correlates of pro-environmental behavior[A]. Goldberg, M E , Fishbein, M and Middlestadt, S E. (Eds), Social marketing, theoretical and practical perspectives[M]. NJ: Lawrence Erlbaum, 1997: 91-109.

[72] Tariq M Z. Impact of green advertisement and green brand awareness on green satisfaction with mediating effect of buying behavior [J]. Journal of Managerial Sciences, 2014, 8(2): 274-289.

[73] Urien B, Kilbourne W. Generativity and self-enhancement values in eco-friendly behavioral intentions and environmentally responsible consumption behavior[J]. Psychology & Marketing, 2010, 28(1): 69-90.

[74] Vermeir I, Verbeke W. Sustainable food consumption among young adults in Belgium: Theory of planned behavior and the role of confidence and values[J]. Ecological Economics, 2008, 64(3): 542-553.

[75] Walter J, Chang Y M. Green certification, heterogeneous producers, and green consumers: A welfare analysis of environmental regulations[J]. Journal of Regulatory Economics, 2017, 52(3): 333-361.

[76] Wang S T. Consumer characteristics and social influence factors on green purchasing intentions[J]. Marketing Intelligence & Planning, 2014, 32(7): 738-753.

[77] Waterman A S. Two conceptions of happiness: Contrasts of personal expressiveness (eudaimonia) and hedonic enjoyment [J]. Journal of Personality and Social Psychology, 1993, 64(4): 678-691.

[78] Xiao J, Li H. Sustainable consumption and life satisfaction[J]. Social Indicators Research, 2011, 104(2): 323-329.

[79] Yamaguchi M, Masuchi A, Nakanishi D, et al. Experiential purchases and pros-

ocial spending promote happiness by enhancing social relationships[J]. Journal of Positive Psychology, 2016, 11(5): 480-488.

[80] Yoo B, Donthub N. Developing and validating a multidimensional consumer-based brand equity scale[J]. Journal of Business Research, 2001, 52(1): 1-14.

[81] Zabkar V, Hosta M. Willingness to act and environmentally conscious consumer behaviour: Can prosocial status perceptions help overcome the gap? [J]. International Journal of Consumer Studies, 2013, 37(3): 257-264.

[82] Zahid M M, Ali B, Ahmad M S, et al. Factors affecting purchase intention and social media publicity of green products: The mediating role of concern for consequences[J]. Corporate Social Responsibility and Environmental Management, 2018, 25(3): 225-236.

[83] Zelezny L C, Schultz P W. Psychology of promoting environmentalism: Promoting environmentalism[J]. Journal of Social Issues, 2000, 56(3): 365-371.

[84] Zhao X, Lynch Jr J G, Chen Q. Reconsidering baron and kenny: Myths and truths about mediation analysis [J]. Journal of Consumer Research, 2010, 37 (2): 197-206.

[85] Zheng Y. Association analysis on pro-environmental behaviors and environmental consciousness in main cities of East Asia[J]. Behaviormetrika, 2010, 37(1): 55-69.

第五章

情绪效价、幸福广告与产品评价[①]

以幸福为诉求点的广告越来越常见，但这些幸福广告的效果如何，却不得而知。在日常生活中，消费者经常处于不同的情绪效价下，由此产生的问题是，在消费者处于积极情绪或消极情绪时，这些幸福广告是否都有效？为解决这一问题，本章设计了两个实验，探索不同情绪效价下幸福导向广告诉求对产品评价的影响机制，以丰富品牌幸福感理论，并帮助企业有效地设计幸福广告。

第一节　不同情绪效价下幸福广告的作用

近年来，国内外一些企业都在通过广告来传递幸福的品牌诉求。譬如，麦咖啡（McCafé）在一则广告中展现了儿子“出柜”得到父亲理解的幸福；美国本杰瑞冰激凌（Ben & Jerry's）的广告口号是“舀出一勺快乐”；可口可乐提出“开启幸福”（open happiness）的口号，并通过过年全家一起吃团圆饭的广告来表现可口可乐带来的幸福；中国台湾信义房屋中介打造的新形象广告中强调了信任带来新幸福……上述广告基于企业对幸福的不同理解，讲述了品牌如何给消费者带来幸福。不过，这些幸福广告是否有效？究竟如何做好幸福广告？目前企业界没有定论，学术界亦缺乏相关的研究。

依照 Green 和 Brock（2000）提出的“叙事传输”说服机制，消费者对幸福主题诉求广告的偏好反映了消费者在广告沉浸中寻找幸福感的过程。满足消费者广告诉求的品牌广告，会使得消费者在脑海中快速进行信息的匹配处理，在此过程中，他们进入叙事传输的沉浸状态。因此，在幸福感诉求的广告中传达品牌幸福理念可以有效地影响受众的品牌幸福感知。幸福感可分为享乐幸福感和实现幸福感，两种幸福感诉求存在本质区别，那么它们在广告当中的作用是否有所不同？对此有必要通过实证研究进行探索。这是本章探讨的首个问题。

人类的行为在很大程度上受到情绪的影响。Choi 等（2016）发现情绪效价、情绪唤醒程度与情绪调节目标（趋近、回避）、产品类型（享乐品、实用品）相关。那么，当人们处于积极情绪或消极情绪时，不同产品类型应当搭配怎样的幸福广告诉求类型，才能达到更好的广告效果？这是本章试图探索的另一个问题。

---

① 本章初稿为周志民教授指导的宋爱玲硕士学位论文《幸福导向广告如何带来产品评价：情绪效价的调节》。本书有大幅删改。

第二节　幸福广告、情绪效价、广告沉浸与产品评价的相关文献

一、幸福广告

广告诉求展现了广告信息的核心内容，对广告说服的效果有着关键影响（Batra 和 Holbrook，1990）。广告诉求是连接消费者心理以及商品的桥梁：立足于顾客的需求，传递产品的信息，影响消费者对于产品和品牌的感知，最终刺激受众去购买该产品。广告诉求主要分为理性诉求（Resnik 和 Stern，1977）和感性诉求（De Pelsmacker 和 Geuens，1997），而在目前广告实践中，情感广告诉求的应用十分广泛。常用的表现情感广告诉求的主题有幽默、激情、怀旧、愤怒、恐惧等。

在各类广告中，以幸福为主题的广告诉求越来越常见。不同于产品的具体信息，幸福感有着强烈的情感属性。根据实现幸福的路径不同，可以将幸福广告诉求分为享乐幸福广告诉求和实现幸福广告诉求。享乐幸福广告诉求是指尝试满足消费者对即时快乐的需要和渴望的广告诉求，受众沉浸在享乐的广告元素中，体会享受此刻美好的幸福方式。实现幸福广告诉求是指尝试满足消费者对实现自我得以成长的需要和渴望的广告诉求，受众为广告中直面困难、勇于挑战的激情所鼓励，体会实现、能力增长的满足与幸福（von Richthofen，2022）。

二、情绪效价

（一）情绪效价的类型

情绪是指个体因客观事物而产生的包含心理、生理等多方位综合性的体验。学者们将情绪效价分为积极情绪与消极情绪，不过二者的关系存在两种不同的研究取向：一维论认为个体的情感结构集于一体，积极情绪与消极情绪只是一体的两极存在（Russell、Peplau 和 Cutrona，1980）；二维论认为积极情绪和消极情绪是独立的两个部分，共同构成了个体的情感结构（Watson、Clark 和 Tellegen，1988）。

（二）情绪调节理论

情绪调节（affect regulation mechanism）指个体有意或无意地使用策略去减少、维持或者增加其积极或者消极情感（Gross，2001），在此过程中包含感受、行为以及诱发情绪的心理回应。情绪调节理论认为个体的目标就是维持积极情绪，调节消极情绪（Zillmann，1988；Andrade，2005）。积极情绪下的个体会尽力维持当下的积极感受并抑制其他可能威胁其积极感受的信息和活动，消极情绪下的个体则更偏爱改变他们当下情绪的活动。

有研究发现，当情绪促进线索存在时，个体会启用情绪调节机制。情绪促进线

索会提醒处于消极情绪下的个体去参与能降低消极感受的活动（Andrade，2005）。在本章中，我们认为幸福导向广告诉求作为一种情绪促进线索，能够唤醒消极情绪下个体的情绪调节机制。

（三）产品类别与情绪

从功能角度来看，产品可分为享乐品和实用品。消费者会为了实用品的功能性、工具性和实用性而购买。享乐品吸引消费者购买的则是产品带来的美感、体验和愉悦的感受（Chitturi、Raghunathan 和 Mahajan，2013）。因此在享乐品的广告中，消费者会关注到广告的故事性，并产生更强烈的叙事传输及广告沉浸（Lu，2015）。享乐品的信息通过感性广告诉求能够得到更好的传达，而实用品在理性广告诉求中能精准传达产品的核心功能（Strahilevitz 和 Myers，1998）。

Choi 等（2016）进一步发现情绪效价与产品类型存在关系。当个体因自我调节目标成功而产生积极情绪时，产品类别不同会产生不同的产品评价，这主要由于情绪唤醒程度不同；当个体因目标失败而产生消极情绪时，产品类别导致不同产品评价，不仅与情绪唤醒程度相关，还与目标类型相关。Murry（1996）通过比较诱发观众不同情绪的电视节目发现：享乐的节目会诱发观众的积极情绪，并使他们产生更好的节目评价；诱发观众消极情绪的节目会影响其评价。进一步，他发现积极情绪下观众会进行简单的信息决策与加工，而消极情绪下观众则有完整系统的信息分析，因此，实用信息更易在消极情绪下被感知。所以消极情绪与实用维度相关，积极情绪与享乐维度相关。

三、广告沉浸

不同于教育沉浸和社交沉浸，广告沉浸发生在新闻或娱乐等广告传播媒介提供的内容中，并由此产生对广告的反应。广告研究基金组织（Advertising Research Foundation，ARF）指出，沉浸（engagement）是指在品牌创意主题的媒介环境围绕下，产生对品牌创意描述内容的期待性体验。Calder 和 Malthouse（2008）研究在线广告媒介时，提出两种沉浸：个人沉浸（刺激与激励；社会辅助；暂时性；自尊和公民意识；内在愉悦感）和社交沉浸（功利主义；参与；社区）。Calder 和 Malthouse 基于 Deci 和 Ryan 的动机理论，添加外在动机和内在动机这一划分体验的维度。内在动机引起的体验强调活动本身，外在动机引起的体验活动只是手段。当趋近偏好且聚焦活动本身时，此类体验为传输状态体验。广告沉浸便是一种传输沉浸体验——消费者借助广告从无聊传输到快乐的状态，或沉浸在参与广告描述的状态中。

基于以上对沉浸的分类解释，本章对广告沉浸的操作性定义为：广告受众达到与广告以及呈现品牌内容的情感上的交互的传输状态。Green 等（2000）提出“叙事传输”的概念，认为叙事传输是一个完全沉浸的状态：进入叙事传输的人，其注意力和想象力完全投入其中，并在广告故事情节的调动下产生相应的情绪。当个体回到现实中时，其强烈的情绪体验以及由此产生的态度与评价依然保留。

四、产品评价

产品评价是指消费者对产品产生的感受。影响产品评价的因素很多。根据情绪评价理论，消费者的情绪可以影响其产品评价。许多客体或事物能激发积极或消极的情感，人们常基于情感做出对客体或者刺激物的评价（Schwarz 和 Clore，1983）。Zanna 和 Rempel（2008）总结了两条通用的评价标准：实用标准和享乐标准。实用标准下消费者更关注刺激物是否能满足其价值观、目标和需求；享乐标准下消费者更关注刺激物带来的感受。而评价是基于认知的，广告与产品体验作为消费者学习产品获得信息的途径，将会影响其认知和产品评价。

广告和产品试用，本质上是消费者了解和学习产品的过程。在此过程中，他们会获得两种经验：直接经验和间接经验。产品试用能使消费者获得有关产品的直接经验；观看产品广告，接收广告中的产品描述信息、产品陈列等则属于间接经验。广告和产品试用产生产品评价的机制各不相同。广告能告知消费者有关产品属性特征等信息，并通过丰富的画面打造、曲折的情节设计以及代言人的推荐与讲述引起消费者的广告沉浸，从而唤醒消费者对产品和品牌的认知，并形成唤醒期待和假设，进而影响产品评价（Smith，1993）。而产品试用则是为了确认客观信息的一种体验。产品试用作为一种直接体验，能使得消费者沉浸在更深层的认知信息处理过程中，从而触发他们的信息决策，并在这个过程中产生更好的信念信心、态度信心（Kamins、Marks 和 Skinner，1991；Smith，1993）、品牌态度和产品态度（Hoch，2002；Kempf 和 Smith，1998）。

Wright 和 Lynch（1995）研究发现：产品试用可以传递产品的体验所带来的直接信息与经验，所以强调体验属性的产品能得到更好产品评价，而广告可以传递产品的间接信息与经验，因此搜索属性能得到更好产品评价。除了体验属性或搜索属性的产品分类方式，Dewi 和 Ang（2001）进一步以产品的享乐或实用属性作为分类方式，研究产品属性和消费者动机对广告或产品试用效果的调节影响机制，发现享乐品更适合用广告传递信息，实用品更适合用产品试用来传递直接信息。

第三节　不同情绪下幸福广告的理论模型与研究假设

一、研究模型

本章旨在探究幸福导向广告诉求对产品评价的影响机制。首先，以幸福导向广告诉求为自变量，同时考虑不同情绪效价的交互作用，研究享乐幸福广告诉求和实现幸福广告诉求对产品评价的不同影响。其中，还特别考虑了实用品和享乐品在机制上的对比。其次，进一步探讨广告诉求对产品评价产生作用的“黑箱机制”，研究广告沉浸的中介作用。模型如图 5-1 所示：

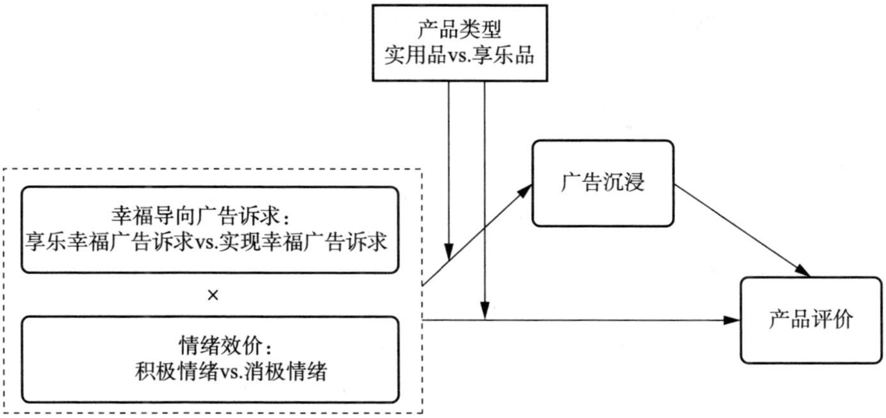

图 5-1　研究模型

二、研究假设

1. 主效应

Keller、Lipkus 和 Rimer（2003）研究发现：当个体处于积极情绪下时，他们会以“失去框架”来进行信息加工，所以他们的关注点会聚焦在维持现有积极情绪上。由此，处于积极情绪下的广告受众会遵循情绪调节理论中的维持调节和增强调节：维持调节强调个体维持自身原有的正能量，增强调节则是强化所需要的情绪。为维持和增强积极情感的体验，处于积极情绪下的广告受众会对两种不同类型的幸福导向广告诉求存在同样的偏爱，因为享乐幸福和实现幸福均传达了积极的情感。

消极情绪通常指一种不愉悦的状态，当个体处于消极情绪下，会立即自动采取办法去缓解或者消除不愉快的感觉（Folkman 和 Lazarus，1988）。不同于积极情绪，消极情绪暗示了一种不安全的环境和潜在威胁，会诱发个体的主动性和警觉性（Pham，1998）。Shen 和 Wyer（2008）认为当个体处于消极情绪时，追求快乐是调节消极情绪的方式之一，他们会将注意力放在一般的小目标上，例如，通过观看幽默电影分散自己精力以缓解消极的感觉。Raghunathan、Pham 和 Corfman（2006）认为个体在处于消极情绪时的应对方式取决于其对这种消极情绪的前因的认知。如果个体对于消极情绪较少地考虑前因，则他们的目的主要是让自己感受更好，所以他们会投入让人愉悦开心的活动中。如果个体考虑得更具体，涉及消极情绪的原因，他们的关注点是如何解决和优化此时处境。有学者研究发现：享乐品的信息通过感性广告诉求能够得到准确的传达（Strahilevitz 和 Myers，1998），因为享乐属性往往与内在动机、满足需求等目标相关，当消费者在选择享乐品时，往往注重产品带来的主观感受，如趣味性、愉悦性等，并通过情绪唤醒来加工产品相关信息（Chitturi、Raghunathan 和 Mahajan，2013）。

因此，针对自带愉悦性、趣味性的享乐品，当消费者处于消极情绪时，他们更多地只是关注到他们的情绪而非情绪产生的原因，所以他们的目标只是“感觉更好”以达到情感的弥补，于是会更偏爱享乐幸福广告诉求，并形成更好的产品评价。基于此，假设如下：

H1：对于享乐品，情绪效价调节消费者感知幸福导向广告诉求对产品评价的影响；

H1a：当消费者处于积极情绪时，无论是享乐幸福广告诉求还是实现幸福广告诉求，消费者由此产生的产品评价并无显著区别；

H1b：当消费者处于消极情绪时，消费者更偏爱享乐幸福广告诉求，并形成更好的产品评价。

对于实用品，消费者对产品的加工则是启发式的：他们会在有限的时间和精力情况下，平衡多方面的信息；他们的思考方式是理性的；他们想到的更多是完成任务和目标，考虑产品的功能是否能满足目标（Chitturi、Raghunathan 和 Mahajan，2013；Kempf，1999）。正因如此，即使消费者处于积极情绪下，这种积极情绪的程度相较于享乐品的消费也是比较温和的。但无论情绪唤醒程度如何，基于情绪调节理论，积极情绪下的消费者会进一步维持和增强积极情绪，同为积极情感的两种不同类型幸福主题广告诉求均能满足其维持和增强的目的。所以我们认为，在积极情绪下，消费者对享乐品和实用品两种广告诉求的偏好没有显著区别。

当强调实用和功能的消费者处于消极情绪时，他们会系统地思考，寻找情绪产生的原因并渴望解决问题以改善当前的情绪处境（Raghunathan、Pham 和 Corfman，2006）。此外，Keller、Lipkus 和 Rimer（2003）从心理学角度发现：个体一旦处于消极情绪下，他们会以“得到框架”来处理信息。依据自我决定理论，持续的心理上的自我成长和幸福感需要通过能力、自我、归属三方面来满足，为此，若基本的需求无法得到满足，个体便会通过其他需求的满足来替代。当个体受挫产生消极情绪后，会倾向追求外在的目标（如物质占有、财富积累等）来达到心理系统的平衡（Choi 等，2016）。实用（功能）消费目标可以作为一种需求替代品或补偿品，帮助他们感觉到意义（自我的价值）（Dweck，1986）。

由此我们认为，针对强调功能属性的实用品，当消费者处于消极情绪时，会更偏爱实现幸福广告诉求，并形成更好的产品评价。假设如下：

H2：对于实用品，情绪效价调节消费者因幸福导向广告诉求产生的产品评价；

H2a：当消费者处于积极情绪时，无论是享乐幸福广告诉求还是实现幸福广告诉求，消费者由此产生的产品评价并无显著区别；

H2b：当消费者处于消极情绪时，消费者更偏爱实现幸福广告诉求，并形成更好的产品评价。

2. 中介机制

广告不仅是商家传递信息的载体，同时也是连接消费者与商品的媒介。消费者消费商品，也消费广告和广告中的内容与情感。消费者对幸福主题诉求的广告的偏好反映了消费者在广告沉浸中寻找幸福感的过程。满足消费者广告诉求的品牌广告，会使得消费者在脑海中快速进行信息的匹配处理：将新的事件信息与脑海中已有的事件进行匹配，并寻找两者之间的相似性以理解新的信息。在此过程中，他们进入叙事传输状态：如同脱离现实世界，体察不到周围发生的事情，被故事情节所感染并伴随强烈的情绪体验（Green 等，2000）。众多学者研究发现：当消费者高度沉浸在广告媒介中时，他们会更加积极地回应广告（Calder、Malthouse 和 Schaedel，2009），由此产生更好的广告效果。据此，我们认为，消费者在感知幸福导向诉求广告时，会沉浸在广告之中并达到传输的状态，而广告沉浸的程度会影响广告效果。为此，做出如下假设：

H3：在不同的情绪效价下，广告沉浸在幸福导向广告诉求和产品评价之间具有中介作用；

H3a：对于享乐品，在不同的情绪效价下，广告沉浸在幸福导向广告诉求和产品评价之间具有中介作用；

H3b：对于实用品，在不同的情绪效价下，广告沉浸在幸福导向广告诉求和产品评价之间具有中介作用。

第四节　不同情绪下幸福广告影响享乐品评价的实验研究

本节拟通过一个实验，来检验不同情绪下幸福广告对享乐品评价的影响，以及广告沉浸的中介作用。

一、研究方法

（一）实验被试

随机招募深圳市某高校的学生共 106 名（年龄主要分布在 20~25 岁）。其中，享乐幸福广告诉求组共 52 人，男性 18 人、女性 34 人；实现幸福广告诉求组共 54 人，男性 16 人、女性 38 人。被试均为自愿参加实验，我们在实验结束后赠送荧光笔作为礼品。

（二）实验设计与量表

本实验采用 2（幸福导向广告诉求类型：享乐幸福广告诉求 vs. 实现幸福广告诉求）×2（情绪效价：积极情绪 vs. 消极情绪）二因素混合实验设计。在本章中采用的量表有：幸福导向广告诉求量表（Waterman，1993）、广告沉浸量表（Escalas，2004；Green，2000）、产品评价量表（Mitra，1995；Maheswaran，1994）、情绪自评量表（Gable 和 Harmonjone，2008；Bradley 和 Lang，1994）。品牌熟悉度和广告熟悉度测量、人口统计采用选择题项。情绪自评量表采用 9 点量表，测量愉悦度（被试在看到图片时感到愉悦的程度：1 代表非常不愉快，9 代表非常愉快）、唤醒度（被试在看到图片场景时的兴奋度：1 代表平静，9 代表非常兴奋）、回避度（被试在看到图片时对图中的物品或者场景的厌恶和回避程度：1 代表不想回避，9 代表非常想回避）。其他量表均采用李克特 7 点计分，问项选择按“完全不同意”“比较不同意”“有点不同意”“中立”“有点同意”“比较同意”“完全同意”，依次计 1~7 分，得分越高表示被试对题项的描述越认同。表 5-1 为各构念的测量量表以及对应的来源：

表 5-1　研究量表来源及题项

构念（来源）	题项
实现幸福广告诉求 Waterman（1993）	这则品牌广告的内容展现了人生的活力
	这则品牌广告的内容展现了真正的自我
	这则品牌广告的内容展现了应投入努力的事情
	这则品牌广告的内容展现了人生应追求的主题
	这则品牌广告的内容展现了生活的完整与意义
	这则品牌广告的内容展现了要做自己适合做的事
享乐幸福广告诉求 Waterman（1993）	这则品牌广告的内容展现了生活的享受
	这则品牌广告的内容展现了生活的愉悦
	这则品牌广告的内容展现了生活的满足
	这则品牌广告的内容展现了很好的感觉
	这则品牌广告的内容展现了生活的温暖
	这则品牌广告的内容展现了生活的开心
广告沉浸 Escalas（2004）；Green（2000）	我沉浸在这个广告中
	当我想到这个广告时，我能轻易描绘其所呈现的事件
	我可以把我自己置身于广告所描述的情境之中
产品评价 Mitra（1995）；Maheswaran（1994）	我觉得广告中的产品口感很好
	我觉得广告中的产品是能吸引我的
	我对广告中的产品印象很好
	我很可能会购买广告中的产品
情绪类型 Gable 和 Harmonjone（2008）；Bradley 和 Lang（1994）	看完刚才的图片，你体验到的愉快感受程度是多少
	刚才所看到的图引起你的情绪强度是多大
	刚才所看到的图引起你渴望得到图片中物品或体验图片中场景的强度是多大
	刚才所看到的图引起你回避的强度是多大

（三）实验准备

1. 实验产品选择

为完成实验一，我们分别设计了一个享乐幸福诉求的广告和一个实现幸福诉求的广告，并为此选择合适的广告产品和广告文案内容。Voss、Spangenberg 和 Grohmann（2013）在测量享乐品和实用品文献中提及了多项产品，这里选取了 3 组产品（共计 6 种产品）。参照姚卿（2012）对产品类型进行操控预测的方法，我们对 60 人进行预测试，结果发现：组 1 中，营养水和时尚服饰具有显著区别 [$M_{水}$ = 1.59，SD = 1.22 vs. $M_{时尚服饰}$ = 4.39，SD = 1.48，$F(1, 118) = 128$，$p<0.01$]；组 2 中，订书机和游戏具有显著区别 [$M_{订书机}$ = 1.85，SD = 1.31 vs. $M_{游戏}$ = 5.97，SD = 1.52，$F(1, 118) = 252.5$，$p<0.01$]；组 3 中，水果和糖果有显著区别 [$M_{水果}$ = 3.08，SD = 1.95 vs. $M_{糖果}$ = 5.17，SD = 1.52，$F(1, 118) = 42.57$，$p<0.01$]。为此，备选享乐品有时尚服饰、游戏和糖果，备选实用品有营养水、订书机、水果。最终选择营养水和糖果作为实用品和享乐品，主要基于以下考虑：①大学生群体对于糖果和营养水比较熟悉，但目前市面上少有糖果的广告，因此选用此产品设计广告能避开受众因熟悉其他产品品牌广告而带来的影响；②本实验加入产品试用环节，糖果和营养水不同于耐用消费品，易于实验操作，且能消除消费者对产品存在的个性差异；③相关研究表明味觉和口感容易受到广告影响，因此选择营养水和糖果与本实验中加入产品试用环节以验证广告效应的目的相匹配；④在实验一选择享乐品时，糖果作为零食，能带给人愉悦感和享受性，具有典型的享乐属性，在产品类型操控中也得到验证。进一步对实验一和实验二中的产品（咖啡糖和营养水）做操控检验发现：咖啡糖和营养水在产品类别上具有显著区别 [$M_{咖啡糖}$ = 5.02，SD = 1.44 vs. $M_{营养水}$ = 3.70，SD = 1.57，$F(1, 118) = 22.94$，$p<0.01$]。

2. 实验情绪图片选择

在本实验中，对情绪的操控采用了图片诱导法。以国际情绪图片库（IAPS）中被标准化的图片为参考，依据图片库中各类主题图片在愉悦度上得分的极端值来体现积极情绪与消极情绪，并在 Google 上选取与图片库中图片类似的 8 张图片。在操控积极情绪时，我们选取了愉悦度最高的四个图片主题：拥抱、猫咪、生日派对、完胜的赛事（见图 5-2）；在操控消极情绪时，我们选取了愉悦度最低的四个图片主题：飞机事故、脸部烧伤、地震受难者、蟒蛇（见图 5-3）。八个图片主题的愉悦度、唤醒度、优势度得分如表 5-2 所示：

图 5-2　积极情绪图片

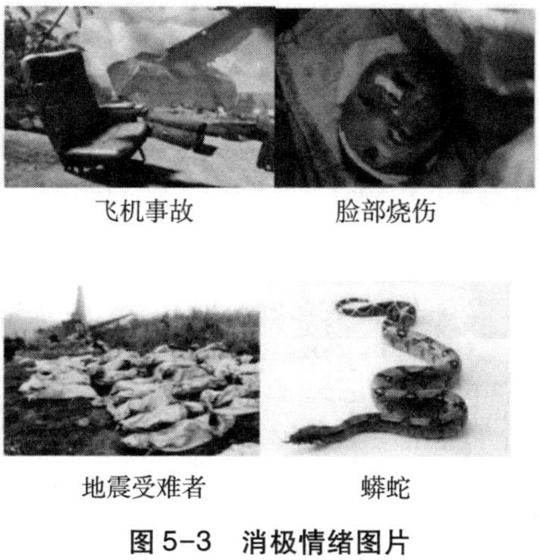

图 5-3　消极情绪图片

表 5-2　极端情绪操控选择

情绪类型	图片主题	愉悦度	唤醒度	优势度
积极情绪	拥抱	7.33	6.90	6.55
	猫咪	7.27	6.18	7.06
	生日派对	7.08	6.28	6.45
	完胜的赛事	7.28	6.99	6.4
消极情绪	飞机事故	1.66	5.21	2.41
	脸部烧伤	1.72	5.25	2.21
	地震受难者	1.42	5.84	1.83
	蟒蛇	2.33	5.36	2.73

注：愉悦度指该图片给你的愉悦感程度；唤醒度指该图片能唤醒你多大程度的相应的情绪；优势度指该图片所带来的情绪占你现在的所有的情绪的比例。

3. 实验广告设计

本实验通过不断调整广告文案内容和图片风格，以达到区分享乐幸福主题和实现幸福主题的目的，最终在保持广告图片、广告音频一致，广告文案存在些许差别的情况下，设计出如下对比广告组（见表 5-3）：

表 5-3　实验一广告文案对比

广告幸福诉求类型	广告一 享乐幸福诉求广告	广告二 实现幸福诉求广告
标题（相同）	“臻记” Coffee Sugar 品牌故事	“臻记” Coffee Sugar 品牌故事
文本（不同）	下班时，刚好 10 点，赶上最后一班公交车	下班时，刚好 10 点，赶上最后一班公交车
	工作再累，生活再忙，也要让小小的满足带给生活欢愉。 回家途中，有“臻享”相伴，便很开心	工作再累，生活再忙，还有诗和远方。回家途中，她反复斟酌着新品“臻梦”，她想做得更好
	臻享的甜慢慢融入全身，激活你的味蕾细胞。 享受糖果的蜜，畅想生活的甜，便是这个冬夜最平凡的快乐与幸福	她是臻记糖果的创始人，天生味盲，但这并没有阻碍她追寻梦想。 她曾说，这才是她想要的人生。 她相信自己能做到，她要挑战自己
	这是一颗有着“巴西式欢愉”的咖啡糖，优选巴西蓝山咖啡豆，搭配上好糖素，造就一颗精致“臻享”	为了实现梦想，她曾无数次徒步巴西寻找最优质蓝山咖啡豆。 最后，她成功入选米其林，成为唯一的女性糖果美食家
	不辜负美食，不辜负生活。 味蕾甜心，臻享生活，你的舌尖爱恋	灵魂唤醒热爱，热爱凝聚专注，专注换取匠心，匠心精雕一颗臻梦。 她是甜品领域的苏格拉底，那你呢

对应的广告背景图片总共有五张。每张广告图片对应一段广告文案。享乐幸福

诉求广告组和实现幸福诉求广告组采用同样的图片（见图 5-4、图 5-5）。图片采用 Google 搜索并设计而成。两组广告音频的录制均由播音主持专业的一位女同学完成，并保持同样的语速和音量。正式实验时将广告文案、广告图片以及音频合成，制作成 1 分钟左右的广告短视频。

图 5-4　“臻记糖果”的享乐幸福广告

二、实验程序

在本实验中，将被试随机分为两个实验组（享乐组/实现组）：一组被试观看享乐幸福诉求广告，另一组被试则观看实现幸福诉求广告。两个实验组分开做实验，分两次完成实验一。每个实验组遵循同样的实验步骤。

首先让被试在观看完情绪诱导图片后填写情绪评定量表，然后播放实验组对应的广告。观看完毕，由各组的实验助理发放视频中出现的广告材料和咖啡糖果（去除包装，放置在一次性盘中）。在被试品尝完产品后，让被试填写测量问卷，测量其对幸福导向诉求广告的感知和产品评价。

三、实验结果

享乐幸福广告诉求组和实现幸福广告诉求组分别招募了 52 名和 54 名被试参与实

图 5-5 “臻记糖果”的实现幸福广告

验。在剔除已经熟悉产品品牌和广告的无效样本 12 份后，两个实验组分别有 46 名和 48 名被试，年龄主要分布在 18~25 岁。其中，享乐幸福广告诉求组中男生 14 人、女生 32 人；实现幸福广告诉求组中男生 13 人、女生 35 人。

（一）实验操控检验

为检验实验的广告诉求类型和情绪的操控是否成功，运用 SPSS 进行单因素方差分析，采取两组测项的平均分作为享乐幸福广告诉求和实现幸福广告诉求的得分。享乐幸福实验组中，观看享乐幸福广告后的享乐得分显著高［$M_{享乐幸福广告}=5.65>M_{实现幸福广告}=4.35$，$F(1, 92)=35.290$，$p<0.001$］；类似地，在实现幸福实验组中，观看实现幸福广告后实现得分显著较高［$M_{实现幸福广告}=4.92>M_{享乐幸福广告}=4.05$，$F(1, 92)=25.051$，$p<0.001$］。由此可见，对享乐幸福和实现幸福这两种不同广告诉求类型的操控是成功的。

实验中对情绪的操控情况，在情绪的唤醒度（刚才所看到的图引起你的情绪的强度是多大?）上，积极情绪与消极情绪无显著区别［$M_{积极情绪唤醒度}=4.79<M_{消极情绪唤醒度}=4.88$，$F(1, 92)=0.046$，$p>0.05$］；在愉悦度（看完刚才的图片，你体验到的愉快感受程度是多少?）和回避度（刚才所看到的图引起你回避的强度是多大?）以及渴望度（刚才所看到的图引起你渴望得到图片中物品或体验图片中场景的强度是多大?）上，积极情绪和消极情绪存在显著区别：积极情绪的愉悦度显著高于消极情绪 [$M_{积极情绪愉悦度} = 6.489 > M_{消极情绪愉悦度} = 2.1333$，$F(1, 92) = 277.784$，$p < 0.001$]，积极情绪的渴望度显著高于消极情绪 [$M_{积极情绪渴望度} = 5.633 > M_{消极情绪渴望度} = 1.07$，$F(1, 92) = 178.408$，$p < 0.001$]，消极情绪的回避度显著高于积极情绪 [$M_{消极情绪回避度} = 6.822 > M_{积极情绪回避度} = 1.898$，$F(1, 92) = 176.155$，$p < 0.001$]。由此表明，实验中对于情绪的操控是成功的。

（二）数据质量检验

本实验问卷中的量表信度指标符合研究需要，幸福导向广告诉求量表（Cronbach's $\alpha = 0.775$）、广告沉浸量表（Cronbach's $\alpha = 0.835$）、产品评价量表（Cronbach's $\alpha = 0.861$）的 Cronbach's α 均达到 0.7 以上，说明内部一致性很好。

（三）调节效应分析

我们选用 SPSS 中 Process 程序验证调节效应。参考 Preacher 和 Hayes（2004）提出的自举法（bootstrapping）进行样本抽取，结果表明：当以情绪类型（积极情绪/消极情绪）为调节变量、广告诉求类型作为自变量、产品评价为因变量时，调节效应显著。广告类型对产品评价的主效应不显著（$t = 1.4380$，$p = 0.1539 > 0.05$），区间包含 0（CI：-0.3750，2.3408）；情绪类型对产品评价的主效应也不显著（$t = 1.8104$，$p = 0.0736 > 0.05$），区间包含 0（CI：-0.1228，2.6459）；但是情绪类型与广告类型的交互效应对产品评价存在显著影响（$t = -2.0028$，$p = 0.00482 < 0.01$），区间不包含 0（CI：-1.3994，-0.1431），说明情绪类型对广告类型与产品评价之间的关系起到调节作用。

不同情绪下不同幸福导向广告导致的享乐品产品评价均值图如图 5-6 所示。

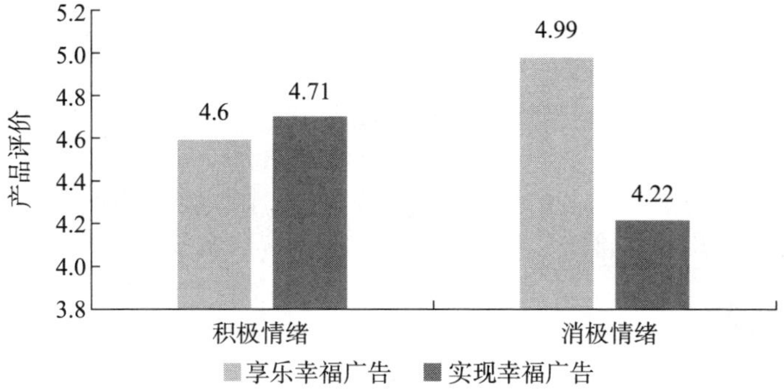

图 5-6　不同情绪下不同幸福导向广告导致的享乐品产品评价均值

更进一步发现：对于积极情绪而言，不同幸福导向主题的广告诉求类型对于产品评价 [$F(1, 47) = 0.128$，$p > 0.05$] 的影响不存在显著差异；对于消极情绪而言，不同幸福导向主题的广告诉求类型对产品评价［$F(1, 43)=5.67$，$p<0.05$］的影响存在显著差异。因此，当消费者处于积极情绪时，无论是享乐幸福广告诉求还是实现幸福广告诉求，消费者由此产生的产品评价并无显著区别，H1a 得到验证；消费者处于消极情绪时，消费者更偏爱享乐幸福广告诉求（$M_{享乐幸福广告诉求}=4.99>M_{实现幸福广告诉求}=4.22$，$p<0.05$），并形成更好的产品评价，H1b 得到验证。

（四）中介效应分析

中介效应选用 SPSS 中 Process 程序进行检验。结果显示：当个体处于积极情绪时，广告沉浸的中介效应区间为 LLCI=-0.3420，ULCI=0.1843，包含 0，说明广告沉浸的中介效应不显著；当个体处于消极情绪时，广告沉浸的中介效应区间为 LLCI=-0.8064，ULCI=-0.1035，不包含 0，说明广告沉浸的中介效应显著。由此可见，广告沉浸在情绪类型与广告诉求的交互效应和产品评价的关系中起中介作用（LLCI=-0.8737，ULCI=-0.0581），H3a 得到验证。

（五）小结

实验一成功地验证了 H1a、H1b 和 H3a，表明消费者在不同情绪效价下，对于不同类型的幸福主题广告诉求的偏好不一样。积极情绪下的消费者，无论是享乐幸福广告诉求还是实现幸福广告诉求，由此产生的产品评价并无显著区别。消极情绪下的消费者会尽力调节消极情绪，但其情绪调节的动机受到产品类型的影响。针对享乐品，消费者调节消极情绪的动机是追求快乐，为此享乐幸福主题广告诉求能带来更好的产品评价。其中原因是，消费者在感知幸福主题广告诉求时，会沉浸在广告中并达到传输的状态，广告沉浸在幸福广告和产品评价中间具有中介作用。

实验一的局限性在于只研究了基于不同情绪效价下幸福导向广告诉求对享乐品的评价，没有考虑实用品。产品类型的不同是否会造成不同的影响还未得到验证。为此，需要在实验二中进一步探究不同情绪效价下幸福导向广告诉求对实用品的评价。

第五节　不同情绪下幸福广告影响实用品评价的实验研究

为了进一步检验本章模型的产品适用性，本节拟通过一个实验，来检验不同情绪下幸福广告对实用品评价的影响，以及再次验证广告沉浸的中介作用。

一、研究方法

（一）实验被试

随机抽取深圳市某高校的学生共 110 名（年龄主要分布在 20~25 岁）。其中享乐幸福广告诉求组共 55 人，男性 14 人、女性 41 人；实现幸福广告诉求组共 55 人，男性 15 人、女性 40 人。被试均为自愿参加实验，我们在实验结束后赠送同等价值的荧光笔作为礼品。

（二）实验设计与量表

本实验采用 2（幸福导向广告诉求类型：享乐幸福广告诉求 vs. 实现幸福广告诉求）×2（情绪效价：积极情绪 vs. 消极情绪）二因素混合实验设计。量表的选择和设计上同实验一。

（三）实验准备

为完成实验二，我们重新设计了一个享乐幸福诉求的广告和一个实现幸福诉求的广告。为此，还选择了合适的广告产品和广告文案内容。在实验二中，广告产品选择了营养水作为测试产品。营养水作为实用性产品，可以进一步验证本章的相关假设。此外，营养水易于实验操作，并属于体验（味觉）类产品，与本实验中加入产品试用环节以验证广告效应的目的相匹配。产品操控检验以及情绪诱发和操控材料同实验一，不再赘述。

同样，本实验通过不断调整广告文案内容和图片风格以达到区分享乐幸福主题和实现幸福主题的目的，最终在保持广告图片、广告音频一致，广告文案存在些许差别的情况下，设计出表 5-4 的对比广告组：

表 5-4　实验二广告文案对比

广告幸福诉求类型	广告一 享乐幸福诉求广告	广告二 实现幸福诉求广告
标题（相同）	“Water”畅饮营养水品牌故事	“Water”畅饮营养水品牌故事
文本（不同）	7：00（AM），新的一天，我喜欢从一杯水开始	7：00（AM），新的一天，我喜欢从一杯水开始
	对于爱生活的我们来说，学会享受是对自己负责。总习惯在清晨、午后、傍晚伸个懒腰，让水分子充盈全身	对于爱运动的我们来说，坚持是最宝贵的资产。总习惯在运动前压腿，活络每个关节，以及必带 Water 运动能量水
	作为一瓶有性格的水，Water 了解你的情绪，陪你享受七彩生活，陪你体验开心幸福，这种魔力水，叫“罗曼式欢愉”	作为一瓶有性格的水，Water 了解你的情绪。运动的痛在所难免，其中的苦心甘情愿。挑战自我，实现目标，收获的喜悦与成就，是他人无法体会的
	享受生活的美好，是人生仪式般的存在。享乐的近义词，不是颓靡，而是丰盈。 畅饮，Just Add Good	无畏者无止境。伟大的反义词不是失败，而是不去拼。 干了这杯 Water，为梦想，为勇敢的你

对应的广告背景图片总共有四张。每张广告图片对应一段广告文案。享乐幸福诉求广告组和实现幸福诉求广告组采用同样的图片（见图 5-7、图 5-8）。图片采用 Google 搜索并设计而成。两组广告音频的录制均由播音主持专业的一位男同学完成（实验一的材料为女同学录制），并保持同样的语速和音量。正式实验时将广告文案、广告图片以及音频合成，制作成 1 分钟左右的广告短视频。

图 5-7 “畅饮营养水”享乐幸福广告

图 5-8 “畅饮营养水”实现幸福广告

二、实验程序

在本实验中，将被试随机分为两个实验组（享乐组/实现组）：一组被试将会观看享乐幸福诉求广告，另一组被试则观看实现幸福诉求广告。两个实验组分开做实验，分两次完成实验二。每个实验组遵循同样的实验步骤。

首先让被试在观看完情绪诱导图片后填写情绪评定量表，然后播放实验组对应的广告。观看完毕后，由各组的实验助理发放视频中出现的广告材料，并让被试填写测量问卷 A 版，A 版问卷主要测量其对幸福导向诉求广告的感知、广告沉浸程度。然后收回 A 版测量问卷后，分发被试水，让其体验后，完成测量问卷 B 版，B 版问卷主要测其产品评价。

三、实验结果

（一）描述性分析

在实验二中，享乐幸福广告诉求组和实现幸福广告诉求组各招募到 55 名被试参与实验。在剔除 7 份已经熟悉产品品牌和广告的无效样本后，两个实验组分别有 51 名和 52 名被试，共计 103 名被试，年龄主要分布在 18 岁到 25 岁。其中，享乐幸福广告诉求组中男生 11 人，女生 40 人；实现幸福广告诉求组中男生 12 人，女生 40 人。

（二）实验操控检验

为检验实验的广告诉求类型和情绪的操控，运用 SPSS 进行单因素方差分析。我们采取两组测项的平均分作为享乐幸福广告诉求和实现幸福广告诉求的得分。在享乐实验组中，观看享乐幸福广告后的享乐得分显著高［$M_{享乐幸福}=5.111>M_{实现幸福}=4.388$，$F(1,\ 101)=16.040$，$p<0.001$］；在实现实验组中，观看实现幸福广告后实现得分显著较高［$M_{实现幸福}=4.522>M_{享乐幸福}=3.637$，$F(1,\ 101)=27.460$，$p<0.001$］。由此可见，对享乐和实现这两种不同广告诉求类型的操控是成功的。

在情绪的唤醒度（刚才所看到的图引起你的情绪的强度是多大?）上，积极情绪与消极情绪无显著区别［$M_{积极情绪唤醒度}=4.37<M_{消极情绪唤醒度}=5.06$，$F(1,\ 101)=2.756$，$p>0.05$］；在愉悦度（看完刚才的图片，你体验到的愉快感受程度是多少?）和回避度（刚才所看到的图引起你回避的强度是多大?）、渴望度（刚才所看到的图引起你渴望得到图片中物品或体验图片中场景的强度是多大?）上，积极情绪和消极情绪存在显著区别：积极情绪的愉悦度显著高于消极情绪［$M_{积极情绪愉悦度}=6.574>M_{消极情绪愉悦度}=2.489$，$F(1,\ 101)=249.536$，$p<0.001$］，积极情绪的渴望度显著高于消极情绪［$M_{积极情绪渴望度}=5.204>M_{消极情绪渴望度}=1.163$，$F(1,\ 101)=183.007$，$p<0.001$］，消极情绪的回避度显著高于积极情绪［$M_{消极情绪回避度}=6.286>M_{积极情绪回避度}=2.018$，$F(1,\ 101)=89.994$，$p<0.001$］。由此可见，实验中对于情绪的操控是成功的。

（三）数据质量检验

实验二实验材料为实用产品营养水。实验问卷中的量表信度指标符合研究需要，幸福导向广告诉求量表（Cronbach's $\alpha=0.833$）、广告沉浸量表（Cronbach's $\alpha=0.841$）、产品评价量表（Cronbach's $\alpha=0.923$）的 Cronbach's α 系数均达到 0.7 以上，说明量表的内部一致性较高。

（四）调节效应分析

与实验一一样，我们选用 SPSS 中 Process 程序验证调节效应。当以情绪类型（积极情绪/消极情绪）为调节变量、广告诉求类型为自变量、产品评价为因变量时，调节效应显著。广告类型对产品评价的主效应显著（$t=2.0351$，$p=0.0445$；CI=［-3.0406，-0.0385］），区间不包含 0；情绪类型对产品评价的主效应也显著（$t=2.7581$，$p=0.0069$；CI=［-3.6481，-0.5953］），区间不包含 0；情绪类型与广告类型的交互效应对产品评价存在显著影响（$t=2.7183$，$p=0.0077$；CI=［0.3564，2.2831］），区间不包含 0，说明情绪类型（积极情绪/消极情绪）对广告诉求类型和产品评价之间的关系具有调节作用。

不同情绪下不同幸福导向广告导致的实用品产品评价均值如图 5-9 所示。

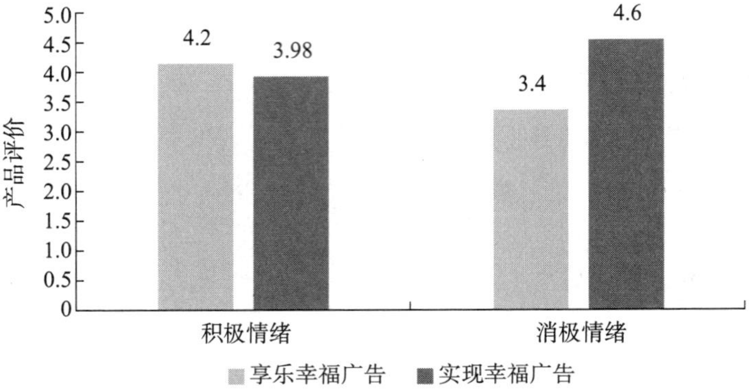

图 5-9　不同情绪下不同幸福导向广告导致的实用品产品评价均值

更近一步可以发现：对于积极情绪而言，不同幸福导向主题的广告诉求类型对于产品评价［$F(1, 52)=0.41$，$p>0.05$］的影响不存在显著差异；对于消极情绪而言，不同幸福导向主题的广告诉求类型对产品评价［$F(1, 47)=10.49$，$p<0.05$］的影响存在显著差异。因此，当消费者处于积极情绪时，无论享乐幸福广告诉求或实现幸福广告诉求，消费者由此产生的产品评价并无显著区别，H2a 得到验证；当消费者处于消极情绪时，消费者更偏爱实现幸福广告诉求（$M_{享乐幸福广告诉求}=3.40<M_{实现幸福广告诉求}=4.60$，$p<0.05$），并形成更好的产品评价，H2b 得到验证。

（五）中介效应分析

当个体处于消极情绪时，广告沉浸的中介效应区间为 LLCI=-0.2285，ULCI=0.0508，区间包含 0，广告沉浸的中介效应不显著；当个体处于积极情绪时，广告沉浸的中介效应区间为 LLCI=0.0053，ULCI=0.5688，区间不包含 0，广告沉浸的中介效应显著。广告沉浸在情绪类型与广告诉求的交互效应和产品评价的关系中起中介作用（LLCI=0.0042，ULCI=0.7424），区间不包含 0，H3b 得到验证。

（六）小结

实验二成功地验证了 H2a、H2b 和 H3b，表明消费者在不同情绪效价下，对于不同类型的幸福主题广告诉求的偏好不一样。积极情绪下的消费者，无论是享乐幸福广告诉求还是实现幸福广告诉求，由此产生的产品评价并无显著区别；消极情绪下的消费者会尽力调节消极情绪，但其情绪调节的动机受到产品类型的影响。针对实用品，消费者调节消极情绪的动机是解决问题缓解情绪，会系统思考问题并力求得到解决问题的方法以改善情绪处境，为此通过解决问题重寻自我价值相比寻求当下的快乐更能让他们得到情绪上的慰藉。而其中作用机制则是消费者在感知幸福主题广告诉求时，会沉浸在广告中并达到传输的状态，广告沉浸在广告和产品评价中间具有中介作用。

第六节　不同情绪效价下幸福广告的研究结论、理论意义与启示

一、研究结论

本章借助广告诉求这一手段，从不同类型的幸福导向广告诉求入手，研究不同情绪效价下幸福导向广告诉求对产品评价的影响机制。研究发现，不同类型幸福导向广告诉求通过广告沉浸对产品评价产生影响，并受到积极情绪和消极情绪的影响。

实验一的结果表明，就享乐品而言，处于积极情绪的消费者无论是面对享乐幸福广告诉求还是面对实现幸福广告诉求，对产品的评价不存在显著差异，这是因为个体一旦处于积极情绪下，他们会以“失去框架”来进行信息加工，所以他们的关注点聚焦在维持现有的积极情绪上（Keller、Lipkus 和 Rimer，2003）。处于积极情绪下的广告受众为维持和增强积极情感的体验，会对两种不同类型的幸福导向广告诉求存在同样的偏爱，因为享乐幸福和实现幸福均传达了积极的情感。然而，对于处于消极情绪下的消费者而言，不同类型幸福导向广告诉求能够对产品评价产生显著的正向影响，享乐幸福广告诉求引起的产品评价优于实现幸福广告诉求，这一点与 Raghunathan、Pham 和 Corfman（2006）提出的追求快乐的消极情绪应对方法相符合：个体在处于消极情绪时的应对方式取决于其对这种消极情绪的前因的认知。如果个体对于其消极情绪较少地考虑前因，则他们的目的主要是让自己感受更好，所以他们会投入让人愉悦开心的活动中。享乐品的消费过程中，消费者往往通过情绪唤醒来加工产品信息，他们更多地只是关注到他们的情绪而非情绪产生的原因，因此追求享乐带来的快乐就能满足其对消极情绪的应对。

实验二的结果表明，就实用品而言，处于积极情绪的消费者无论面对享乐幸福广告诉求还是面对实现幸福广告诉求，对产品的评价不存在显著差异。消费者在消费实用品的时候的思维方式是理性的，所以即使在温和的积极情绪下，他们依然想维持这种积极情感感受（Choi 等，2016）。对于处于消极情绪的消费者而言，不同类型幸福导向广告诉求能够对产品评价产生显著的正向影响。不同于享乐品消费下，拥有消极情绪的消费者更偏爱享乐幸福广告诉求，在实用品消费下，拥有消极情绪的消费者对于实现幸福广告诉求引起的产品评价更好。这是因为消费实用品下的消

费者会系统地思考，寻找情绪产生的原因并渴望得到解决问题的方案以改善当前的情绪处境。所以，他们会考虑更具体涉及消极情绪的原因，其关注点是如何解决和优化此时的处境，而处理消极情绪的方式则是解决问题（problem-focused strategy）。所以，重新找回意义（自我的价值）是其改善消极情感处境的办法（Dweck，1986）。

二、理论意义

幸福已成为营销实践的重要主题，而国内广告营销领域对幸福感方面的研究尚处于起步阶段，目前广告诉求的研究维度主要聚焦在感性广告诉求和理性广告诉求的维度上。本章的相关内容将会补充国内的消费者幸福感，特别是广告幸福感领域的理论。

在积极心理学领域，鲜有学者通过实证研究探索幸福感的两条路径之间的区别和联系，但这十分重要（Kashdan、Biswas-Diener 和 King，2008）。本章借由广告诉求这一形式去探究享乐幸福与实现幸福之间的关系，将会拓展积极心理学中幸福感的相关研究。另外，本章结合情绪展开研究，特别是探索消极情绪与幸福感的关系，发现消极情绪下个体截然不同的幸福选择与产品类型（享乐/实用）存在关系，又进一步充实了产品类型和幸福感之间的研究。同时，本书还提出广告沉浸在上述关系中发挥中介效应，从而更加丰富了广告幸福感理论。

三、启示

对于广告来说，明确精准的广告受众十分重要。本章对于营销的重要启示在于帮助广告营销人员根据受众的情绪类型精准地细分受众。情绪广泛存在于现实世界，对于营销者来说，了解生活中能唤醒消费者情绪的事件，并做好对应的营销策划十分重要。尽管情绪效价能调节消费者因不同类型幸福主题广告诉求导致的产品评价和品牌态度，但本章的核心在于启示企业如何将产品类型与不同类型幸福主题广告诉求相匹配，力求广告效果最大化。对于营销享乐品的企业来说，享乐幸福主题广告诉求能产生更好的产品评价。在不确定消费者的情绪效价情况下，对于积极情绪受众，两种类型幸福广告均可，但消极情绪下的受众更偏爱享乐幸福广告。所以，对于享乐品来说，享乐幸福广告诉求是最佳的选择。对于营销实用品的企业来说，实现幸福主题广告诉求能产生更好的产品评价。因此，在不确定消费者情绪效价的情况下，对于积极情绪受众，两种类型幸福广告均可，但消极情绪下的受众更偏爱实现幸福广告。所以，对于实用品来说，实现幸福广告诉求是最佳的选择。

本章参考文献

[1] Aggarwal P. The effects of brand relationship norms on consumer attitudes and behavior[J]. Journal of Consumer Research, 2004, 31(1): 87-101.

[2] Andrade E B. Behavioral consequences of affect: Combining evaluative and regulatory mechanisms[J]. Journal of Consumer Research, 2005, 32(3): 355-362.

[3] Balzarotti S, Biassoni F, Villani D, et al. Individual differences in cognitive emotion regulation: Implications for subjective and psychological well-being[J]. Journal of Happiness Studies, 2016, 17(1): 125-143.

[4] Ben H. Coping styles and affect[J]. International Journal of Stress Management, 2009, 16(16): 87-101.

[5] Bradley M M, Lang P J. Measuring emotion: The self-assessment manikin and the semantic differential[J]. Journal of Behavior Therapy & Experimental Psychiatry, 1994, 25(1): 49.

[6] Batra R, Holbrook M B. Developing a typology of affective responses to advertising[J]. Psychology & Marketing, 1990, 7(1): 11-25.

[7] Calder B J, Malthouse E C, Schaedel U. An experimental study of the relationship between online engagement and advertising effectiveness[J]. Journal of Interactive Marketing, 2009, 23(4): 321-331.

[8] Calder B J, Malthouse E C. Media engagement and advertising effectiveness[M]. Kellogg on Media and Advertising, 2008: 1-36.

[9] Carver C S, Scheier M F, Weintraub J K. Assessing coping strategies: A theoretically based approach[J]. Journal of Personality & Social Psychology, 1989, 56(2): 267-283.

[10] Chen T. The persuasive effectiveness of mini-films: Narrative transportation and fantasy proneness[J]. Journal of Consumer Behaviour, 2015, 14(1): 21-27.

[11] Chang C. The interplay of product class knowledge and trial experience in attitude formation[J]. Journal of Advertising, 2004, 33(1): 83-92.

[12] Chitturi R, Raghunathan R, Mahajan V. Delight by design: The role of hedonic versus utilitarian benefits[J]. Journal of Marketing, 2013, 72(3): 48-63.

[13] Choi N H, Jung J M, Oyunbileg T, et al. The impact of emotional arousal levels and valence on product evaluations: From regulatory goal perspective[J]. European Journal of Marketing, 2016, 50(1/2): 78-99.

[14] Deci E L, Ryan R M. Hedonia, eudaimonia, and well-being: An introduction [J]. Journal of Happiness Studies, 2008, 9(1): 1-11.

[15] Deighton J. The Interaction of advertising and evidence[J]. Journal of Consumer Research, 1984, 11(3): 763-770.

[16] Dweck C S. Motivational processes affecting learning[J]. American Psychologist, 1986, 41(10): 1040.

[17] Dewi I J, Ang S H. Between imagination and reality: A study on the comparative effectiveness of advertising and product trial[C]. In Tidwell P M, Muller T E. (Eds.), Asia Pacific Advances in Consumer Research(A), Valdosta, GA: Association for Consumer Research, 2001: 74-80.

[18] Elbardai H, Lakhrif K, Yildiz H. Rational and emotional advertising: A bibliometric analysis (1990—2020) [J]. International Journal of Marketing Studies, 2021, 13 (4): 16-30.

[19] Escalas J E. Imagine yourself in the product: Mental simulation, narrative transportation, and persuasion[J]. Journal of Advertising, 2004, 33(2): 37-48.

[20] Escalas J E. Narrative processing: Building consumer connections to brands[J]. Journal of Consumer Psychology, 2004, 14(1-2): 168-180.

[21] Folkman S, Moskowitz J T. Stress, positive emotion, and coping[J]. Current Directions in Psychological Science, 2000, 9(4): 115-118.

[22] Folkman S, Lazarus R S. Coping as a mediator of emotion[J]. Journal of Personality & Social Psychology, 1988, 54(3): 466-475.

[23] Gable P A, Harmonjones E. Approach-motivated positive affect reduces breadth of attention[J]. Psychological Science, 2008, 19(5): 476-482.

[24] Garnefski N, Kraaij V, Spinhoven P. Negative life events, cognitive emotion regulation and emotional problems [J]. Personality & Individual Differences, 2001, 30 (8): 1311-1327.

[25] Green M C, Brock T C. The role of transportation in the persuasiveness of public narratives[J]. Journal of Personality & Social Psychology, 2000, 79(5): 701.

[26] Gross J J. Emotion regulation in adulthood: Timing is everything[J]. Current Directions in Psychological Science, 2001, 10(6): 214-219.

[27] Gross J J, John O P. Individual differences in two emotion regulation processes: Implications for affect, relationships, and well-being[J]. Journal of Personality & Social Psychology, 2003, 85(2): 348.

[28] Henderson L W, Knight T, Richardson B. The hedonic andeudaimonic validity of the orientations to happiness scale [J]. Social Indicators Research, 2014, 115 (3): 1087-1099.

[29] Karademas E C. Positive and negative aspects of well-being: Common and specific predictors[J]. Personality & Individual Differences, 2007, 43(2): 277-287.

[30] Keller P A, Lipkus I M, Rimer B K. Affect, framing, and persuasion[J]. Journal of Marketing Research, 2003, 40(1): 54-64.

[31] Kempf D S, Smith R E. Consumer processing of product trial and the influence of prior advertising: A structural modeling approach[J]. Journal of Marketing Research, 1998, 35(3): 325-338.

[32] Kamins M A, Marks L J, Skinner D. Television commercial evaluation in the context of program induced mood: Congruency versus consistency effects[J]. Journal of Advertising, 1991, 20(2): 1-14.

[33] Kempf D S. Attitude formation from product trial: Distinct roles of cognition and affect for hedonic and functional products[J]. Psychology & Marketing, 1999, 16(1): 35-50.

[34] Kim J E, Lloyd S, Cervellon M C. Narrative-transportation storylines in luxury brand advertising: Motivating consumer engagement[J]. Journal of Business Research, 2016, 69(1): 304-313.

[35] Lu X. Narrative advertising copy with hedonic and utilitarian products: When does narrative persuasion attenuate? [D]. University of Illinois at Urbana-Champaign, 2015.

[36] Mitra A. Price cue utilization in product evaluations: The moderating role of motivation and attribute information[J]. Journal of Business Research, 1995, 33(3): 187-195.

[37] Murry Jr J P. Cognitive moderators of negative-emotion effects: Implications for understanding media context[J]. Journal of Consumer Research, 1996, 22(22): 439-447.

[38] Resnik A, Stern B L. An analysis of information content in television advertising[J]. Journal of Marketing, 1977, 41(1): 50-53.

[39] DePelsmacker P, Geuens M. Emotional appeals and information cues in Belgian magazine advertisements[J]. International Journal of Advertising, 1997, 16(2): 123-147.

[40] Russell D, Peplau L A, Cutrona C E. The revised UCLA loneliness scale: Concurrent and discriminant validity evidence[J]. Journal of Personality and Social Psychology, 1980, 39(3): 472-480.

[41] Pham M T. Representativeness, relevance, and the use of feelings in decision making[J]. Journal of Consumer Research, 1998, 25(2): 144-159.

[42] Preacher K J, Hayes A F. SPSS and SAS procedures for estimating indirect effects in simple mediation models[J]. Behavior Research Methods, 2004, 36(4): 717-731.

[43] Schwarz N, Clore G L. How do I feel about it? Information functions of affective states[M]. Affect, Cognition and Social Behavior, 1988.

[44] Raghunathan R, Pham M T, Corfman K P. Informational properties of anxiety and sadness, and displaced coping[J]. Journal of Consumer Research, 2006, 32(4): 596-601.

[45] Schwarz N, Clore G L. Mood, misattribution, and judgments of well-being: Informative and directive functions of affective states[J]. Journal of Personality and Social Psychology, 1983, 45(3): 513.

[46] Shen H, Wyer Jr R S. The impact of negative affect on responses to affect-regulatory experiences[J]. Journal of Consumer Psychology, 2008, 18(1): 39-48.

[47] Shiota M N. Silver linings and candles in the dark: Differences among positive coping strategies in predicting subjective well-being[J]. Emotion, 2006, 6(2): 335.

[48] Smith R E. Integrating information from advertising and trial: Processes and effects on consumer response to product information[J]. Journal of Marketing Research, 1993, 30(2): 204-219.

[49] Stone-Romero E F, Stone D L, Grewal D. Development of a multidimensional measure of perceived product quality[J]. Journal of Quality Management, 1997, 2(1): 87-111.

[50] Strahilevitz M, Myers J G. Donations to charity as purchase incentives: How well they work may depend on what you are trying to sell[J]. Journal of Consumer Research, 1998, 24(4): 434-446.

[51] Sweeney J C, Soutar G N. Consumer perceived value: The development of a multiple item scale[J]. Journal of Retailing, 2001, 77(2): 203-220.

[52] Taylor S E, Pham L B, Rivkin I D, et al. Harnessing the imagination: Mental simulation, self-regulation, and coping[J]. American Psychologist, 1998, 53(4): 429.

[53] Kamran Q, Siddiqui D A. The impact of emotional advertising on consumer buying behavior for home appliance products in Pakistan[J]. Business and Management Horizons, 2019, 7(1): 23-48.

[54] Kashdan T B, Biswas-Diener R, King L A. Reconsidering happiness: The costs of distinguishing between hedonics and eudaimonia[J]. Journal of Positive Psychology, 2008, 3(4): 219-233.

[55] Totan T, Doğan T, Sapmaz F. Emotional self-efficacy, emotional empathy and emotional approach coping as sources of happiness[J]. Cypriot Journal of Educational Sciences, 2013, 8(2): 247-256.

[56] von Richthofen G. Happy hosts? Hedonic andeudaimonic wellbeing in the sharing economy[J]. Frontiers in Psychology, 2022(13): 802101.

[57] Voss K E, Spangenberg E R, Grohmann B. Measuring the hedonic and utilitarian dimensions of consumer attitude [J]. Journal of Marketing Research, 2013, 40 (3): 310-320.

[58] Waterman A S. Identity development from adolescence to adulthood: An extension of theory and a review of research[J]. Developmental Psychology, 1982, 18(3): 341.

[59] Waterman A S. Two conceptions of happiness: Contrasts of personal expressiveness (eudaimonia) and hedonic enjoyment[J]. Journal of Personality and Social Psychology, 1993, 64(4): 678.

[60] Watson D, Clark L A, Tellegen A. Development and validation of brief measures of positive and negative affect: The PANAS scales[J]. Journal of Personality & Social Psychology, 1988, 54(6): 1063-1070.

[61] Weinberger M G, Gulas C S. The impact of humor in advertising: A review[J]. Journal of Advertising, 1992, 21(4): 35-59.

[62] Werner-Seidler A, Moulds M L. Autobiographical memory characteristics in depression vulnerability: Formerly depressed individuals recall less vivid positive memories[J]. Cognition & Emotion, 2011, 25(6): 1087-1103.

[63] Wright A A, Lynch J G. Communication effects of advertising versus direct experience when both search and experience attributes are present[J]. Journal of Consumer Research, 1995, 21(4): 708-718.

[64] Zanna M P, Rempel J K. Attitudes: A new look at an old concept[C]. in The Social Psychology of Knowledge, eds D. Bar-Tal and A. W. Kruglanski (New York, NY: Cambridge University Press), 2008: 315-334.

[65] Zautra A J, Reich J W, Davis M C, et al. The role of stressful events in the relationship between positive and negative affects: Evidence from field and experimental studies[J]. Journal of Personality, 2000, 68(5): 927-951.

[66] Zhu Z Z, Liu F, Chen H P. Warmth or competence? The influence of advertising appeal and self-construal on consumer-brand identification and purchase intention[J]. Acta Psychologica Sinica, 2020, 52(3): 357.

[67] Zillmann D. Mood management: Using entertainment to full advantage[C]. In Donohew L, Sypher H E, Higgins E T (Eds.), Communication, social cognition, and affect. Hillsdale, NJ: Erlbaum. 1988: 147-171.

[68] Zinkhan G M, Carlson L. Green advertising and the reluctant consumer[J]. Journal of Advertising, 1995, 24(2): 1-6.

[69] Maheswaran D. Country of origin as a stereotype: Effects of consumer expertise and attribute strength on product evaluations[J]. Journal of Consumer Research, 1994, 21 (2): 354-365.

[70] Hoch S J. Product experience is seductive[J]. Journal of Consumer Research, 2002, 29(3): 448-454.

[71] 黄亮，彭璧玉. 工作幸福感对员工创新绩效的影响机制——一个多层次被调节的中介模型[J]. 南开管理评论，2015，18(2)：15-29.

[72] 江红艳，张婧，孙配贞，等. 感性还是理性? 文化衍生的权力感对广告诉求偏好的影响[J]. 心理学报，2022，54(6)：684.

[73] 苗元江，胡亚琳，周堃. 从快乐到实现：完善幸福感概观[J]. 广东社会科学，2011(5)：114-121.

[74] 倪娜. 营销学产品分类研究综述[J]. 外国经济与管理，2006，28(9)：31-37.

[75] 乔建中. 情绪研究：理论与方法[M]. 南京：南京师范大学出版社，2003.

[76] 佟月华. 大学生一般自我效能感、应对方式及主观幸福感的相关研究[J]. 中国学校卫生，2004，25(4)：396-397.

[77] 王怀明，陈毅文. 广告诉求形式与消费者心理加工机制[J]. 心理科学，1999(5)：475-476.

[78] 温忠麟. 调节效应与中介效应的比较和应用[J]. 心理学报，2005，37(2)：268-274.

[79] 严标宾，张兴贵. "幸福"研究何去何从——来自半个世纪"幸福"研究的启示与反思[J]. 华南师范大学学报(社会科学版)，2011(5)：143-148.

[80] 严进，杨珊珊. 叙事传输的说服机制[J]. 心理科学进展，2013(6)：25.

[81] 姚卿. 享乐品和实用品对后续购买行为的影响差异研究[D]. 清华大学，2012.

[82] 于福洋，李颖，刘佳，等. 研究生自我效能感、社会支持与心理幸福感的关系[J]. 中国健康心理学杂志，2009，17(1)：21-23.

[83] 余鹏，宿淑华，李丽. 大学生归因方式、自我效能感与主观幸福感的关系研究[J]. 中国临床心理学杂志，2005，13(1)：43-44.

[84] 余鹏. 情绪对冲突管理策略选择及谈判行为的影响[D]. 华东师范大学，2014.

[85] 张天问，吴明远. 基于扎根理论的旅游幸福感构成——以互联网旅游博客文本为例[J]. 旅游学刊，2014，29(10)：51-60.

[86] 张晓明. 中西心理学传统中"乐"的比较研究[J]. 吉林师范大学学报(人文社会科学版)，2009，37(1)：79-82.

[87] 朱翠英，付在汉，刘飞. 幸福感及其测评研究述评[J]. 湖南农业大学学报(社会科学版)，2009，10(5)：100-103.

第六章

产品创新、幸福广告与品牌态度[①]

在推广新产品时，越来越多的企业推出了以幸福为诉求的广告。这些幸福广告是否真的有效？目前尚无文献展开研究。由于新产品的创新程度不同，而幸福广告又有不同的类型，那么针对不同程度的创新产品，企业推出怎样的幸福广告才能产生更好的品牌态度？在回顾产品创新类型、幸福广告、广告共情等相关理论文献的基础上，本章试图通过两个实验探究不同产品创新下的幸福广告与品牌态度间的关系。其中，实验一研究了广告幸福诉求和产品创新类型的交互作用对品牌态度产生的影响，实验二引入广告共情作为中介，进一步解释了广告幸福诉求和产品创新类型的交互作用对品牌态度产生影响的中间机制。

第一节　不同产品创新下幸福广告的作用

从左右沙发“幸福不远，就在左右”的广告语，到支付宝发起的“52 件幸福小事”广告活动，可以发现，越来越多的企业利用幸福广告来推广产品和打造品牌。消费者看到广告中的内容后会自动与脑海中的相关影像进行匹配，进入叙事情景（Green 和 Brock，2000）。特定的广告信息，通过吸引消费者的注意力从而影响他们对产品或品牌的态度（Belch 和 Belch，1998）。而幸福诉求的广告，通过将消费者代入相应的幸福情境中，唤起情感共鸣，进而促进消费者对于广告和产品的积极评价。广告幸福诉求的研究在广告诉求理论研究领域尚处于发展阶段，现有文献主要基于广告幸福诉求的积极效应进行分析，但未讨论其应用边界。就幸福诉求广告与产品的关系而言，一方面，现有文献主要基于不同类型的幸福诉求开展研究，得出的结论是广告幸福诉求能够对与诉求内容联想匹配度较高的产品产生积极影响，比如享乐型幸福诉求可用于宣传休闲体验和娱乐产品（Hirschman 和 Stern，1999；Kim、Park 和 Schwarz，2010；Mogilner、Aaker 和 Kamvar，2012）。另一方面，广告幸福诉求也影响着对产品类型的选择。Mogilner 等（2012）发现，当广告诉求是平静的幸福时，消费者更加有意愿去选择瑜伽、茶、海边旅游等让人内心平静的消费内容；而当广告诉求是激情的幸福时，消费者更有可能去选择咖啡、跑步、探险等产品体验。

---

① 本章初稿为周志民教授指导的丁一硕士学位论文《不同产品创新程度下广告幸福诉求对品牌态度的影响研究：共情的中介作用》。本书有大幅删改。

以上研究主要探讨了幸福诉求广告与产品类别之间的关系，而实际上，大量广告是用来推广新产品的。在不同创新程度产品的宣传效果问题上，现有研究主要讨论如何提高消费者对产品的接受度。例如，主要探讨了新奇性的感知、与以往产品的差异、学习成本感知、易用性感知等因素的影响，但并未深入（Rindova 和 Petkova，2007；Moreau、Lehmann 和 Markman，2001）。本章选择了产品创新程度这一全新的研究视角，探索不同的幸福诉求如何与不同创新程度的产品相匹配，从而提升品牌态度。具体而言，本章的研究目标如下：

（1）探究享乐和实现两种广告中的幸福诉求与产品创新类型的交互作用是否会对消费者的品牌态度产生影响，进而讨论渐进性创新和突破性创新的产品应该选择享乐幸福诉求广告还是实现幸福诉求广告；

（2）探究共情在广告幸福诉求与产品创新类型交互作用对品牌态度影响过程中的中介效应，进一步解释对于不同创新类型的产品，消费者在观看不同幸福广告时心理如何动态变化，并进一步影响品牌评价。

第二节　产品创新类型、幸福广告与广告共情的相关文献

本节对产品创新类型、幸福广告和广告共情等相关理论进行文献综述，从而为下一步的研究奠定基础。

一、产品创新类型

产品创新是指利用创新的技术对产品进行创造和制作，这一过程既可以是基于现有产品的已有能力进行优化升级，也可以是通过新的技术创造现有产品所没有的能力与品质（Dewar 和 Dutton，1986）。大部分学者（Tushman 和 Anderson，2002；Sorescu、Chandy 和 Prabhu，2003；Song 和 Benedetto，2008；Zhou，2006）将产品根据创新类型分为突破性创新产品（Radical Novation Production，RNP）和渐进性创新产品（Incremental Novation Production，INP）。具体而言，渐进性创新是基于产品已有功能不断增强产品创新能力，这种创新是一种在产品研发和市场运营角度上成本最小化的稳健提升。具有这种能力的公司所生产的产品被客户视为可以不断提升消费体验的产品，优势在于这种产品在研发和使用上和之前的产品有比较明显的关联，不会破坏或背离消费者已有的产品知识，有效地降低了消费者的学习成本（Zhang，2022）。比如手机系统版本的迭代，会一定程度上优化某些现有功能的使用感，但不会造成太高昂的学习成本。相反，在研发上极具产品创新能力的公司能够提供全球市场上的突破性创新产品，这类产品采用了突破性的技术，从而极大地改变了产品的使用和体验方式，进而为消费者带来了前所未有的功能价值，并对原有产品市场带来了颠覆性的提升。但与此同时，这种创新与之前的产品在使用方式和理解方式上都有着断层式的差异，因此需要消费者付出更多学习成本来努力认知并重新理解

如何使用产品（Chandy 和 Tellis，1998）。比如，电动能源汽车相较于传统汽车，需要培养车主定时充电的习惯以及完全不同的改装方式；航拍机相较于传统相机，在使用功能上更加复杂，需要同时掌握远程遥控和动态图像后期处理能力。Blythe（1999）从产品的创新位置出发，提出了不一样的分类方式，认为创新性产品可以根据创新位置的不同分为外观形态上的创新以及内在性能的创新。外观形态上的创新强调产品在外观上与之前的产品有较大的不同，比如三星的折叠屏手机，使用上和传统直屏手机有较大不同，外观上有鲜明的创新辨识度；内在性能的创新则主要是产品内部材料、软硬件的升级，这种变化不易从产品外观上呈现，但在使用上会有提升感知，比如，传统办公电脑使用的是英特尔 i5 处理器，升级为英特尔 i7 处理器后电脑的计算性能可以达到美术行业专用电脑的级别。

二、幸福广告

幸福感作为一种积极情感，会刺激消费者信息处理能力，增强其认知能力，从而影响其对产品的评价和消费选择（Hirschman 和 Stern，1999；Kim、Park 和 Schwarz，2010；Mogilner、Aaker 和 Kamvar，2012）。因此，一些广告基于不同的幸福类型设计特定的场景唤起消费者的愉悦感。享乐诉求带来的积极效价并不是幸福诉求在广告中运用的唯一形式，随着心理幸福感的理论发展，有研究发现复合了一定消极情绪的实现幸福诉求也能通过唤起消费者的自我实现欲望带来较高的个人价值满足（Kashdan、Diener 和 King，2008）。享乐与实现这两种幸福诉求在广告中已广为应用，广告既可以通过描述自由时光享受愉悦生活来传递积极的情感，进而正向影响消费者对产品的评价，也可以通过描述奋斗努力的不易和自我提升的渴望来鼓励敢于探索、勇往直前的精神，这种复合了消极过程的意义诉求，能够刺激消费者内心的激情，进而提升品牌好感。

三、广告共情

Titchener（1909）首次在演讲中提出了共情（empathy）的概念，认为共情是把自己代入其他客体内部的过程。共情是对情感的镜像转移，因此覆盖整个情感频谱，无论是负价情感还是正价情感，受众都能够结合自身的经历和认知理解并复制内容中的角色情感（Preston 和 de Waal，2002；Telle 和 Pfister，2015；陈晶、史占彪和张建新，2007）。

基于共情的行为特质，Wells（1989）发现了共情与广告情节的联系，并指出戏剧性的内容可以将观众吸引到广告中。结合叙事传输经典认知说服模型，消费者在观看广告的过程中，会通过想象将广告情节与自己之前的认知结合起来，并通过想象理解和投入广告情境里，最终完全沉浸在广告的内容中（Green 和 Brock，2000）。而广告共情正是在广告叙事传输过程中，消费者通过自我认知对广告内容进行深层次的理解，激发与广告内容对应的情绪，最终迁移到自身产生相似的情感并影响自己对产品品牌的评价。这种启发式—系统式的思考模型解释了广告心理学中消费认知行为变化的过程。

广告共情能够让消费者更好地理解广告角色的处境，并引导消费者观看广告后的消费行为，其中情感的激发取决于广告的内容与受众自身之前的认知。已有研究发现这种情绪主要分为消极情绪和积极情绪的共情。积极情绪的共情能够让受众回忆起和自身相关的快乐、感动、愉悦等感受，而消极情绪的共情则可以帮助受众理解他人所经历的苦难和悲伤（Yen 和 Yang，2018；Batson 和 Powell，2003；Light 等，2009；Bartsch 和 Kloß，2019）。

对于消极情绪的共情，Batson 和 Powell（2003）提出共情—利他假说，即在消极情绪共情的过程中，个体能够体会他人的诉求点，让渡自身利益为他人创造价值。当消费者认知并理解广告中求助者的处境时，内心会激发一种假设并积极预期此时施助于他人会带来正向收益，因此共情能够激发广告观众对他人的善意。在慈善广告中，当观众把自己代入求助者角色时，更能体会到被救助的渴望，并在内心说服自己预测救助他人带来的积极效果，进而增强施助意愿（丁凤琴和陆朝晖，2016；Yen 和 Yang，2018）。

Sallquist 等（2009）提出积极共情的定义，即理解他人的积极情绪或状况，进而产生幸福或喜悦感。当消费者观看并理解广告内容中的幸福情境时，联想到如果将情节代入自身，自己也会体会到同样积极的感受，进而更能够理解这种情境发生的原因和带来的正向结果。比如同样是亲社会行为广告，当广告内容展示的是受助者受助后快乐幸福的场景时，消费者产生共情后能够理解这种被帮助的喜悦感，进而有更强的意愿去施助（李倩倩和范雅雯，2018；岳童和黄希庭，2016）。基于多种积极情绪共情的研究，学者们进一步提出幸福共情，认为幸福共情是对于他人的积极情绪表现出愉悦的幸福倾向（Light 等，2009；Bartsch 和 Kloß，2019）。在广告实践中，营销人员通过设定温暖、励志、享乐等幸福情节让消费者与之产生共情体验，进而增强其消费意愿。

第三节　不同产品创新下幸福广告的理论模型与研究假设

在回顾了广告幸福诉求、产品创新类型、广告共情等相关理论文献后，本章通过假设推导构建研究模型：首先，以广告幸福诉求为自变量，产品创新类型为调节变量，品牌态度为因变量，根据幸福诉求类型将广告幸福诉求分为享乐幸福诉求和实现幸福诉求，将产品创新类型根据创新程度分为渐进性创新和突破性创新，研究广告幸福诉求和产品创新类型的交互作用对品牌态度产生的影响；其次，为探究广告幸福诉求和产品创新类型的交互作用对品牌态度产生影响的中间机制，引入广告共情作为中介变量，解释这一影响过程。具体模型见图 6-1：

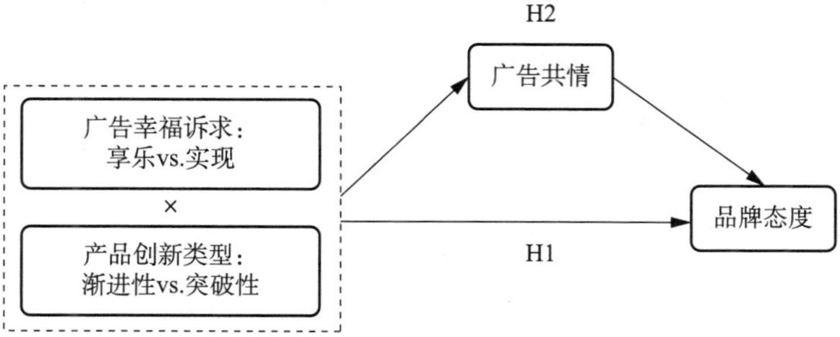

图 6-1 研究模型

一、广告幸福诉求和产品创新类型的交互作用

产品的购买决策伴随着消费者复杂的心理过程，这其中包括从需求侧评价自己对产品价值的肯定与需要，以及从风险侧判别购买产品可能要承担的风险，权衡之下消费者做出满意的消费决策（王大海、姚唐和姚飞，2015；陈洁和王方华，2012）。

当产品的创新类型为突破性创新时，决定消费者是否购买的关键在于感知学习成本是否能够换来有效的价值回报（Davis，1989；Chandy 和 Tellis，1998）。相较于享乐幸福广告，实现幸福广告更多地强调了主人公努力奋斗的过程，消费者在观看过程中更易被唤起对自我提升的需求（Baumeister 等，2013）。而根据自我决定理论和身份信号理论，为了改善自我形象，消费者会通过购买具有更高独特性和创新性的产品来进行自我展示，当购买和使用这类产品时，消费者将自己与这些产品的形象进行关联，区分与其他人不同的身份形象（Berger 和 Heath，2007；Elliott，1997；Mowle 和 Merrilees，2005）。相反，当广告诉求为享乐幸福诉求时，享乐幸福所营造的情境是简单纯粹的愉悦感，是通过描述身体与心灵的享受激发消费者内心的积极情绪。而突破性创新的产品往往有更复杂的能力介绍，并且需要消费者花更高昂的学习成本去理解并缩小新产品与传统产品的认知隔阂，这种努力在风险考虑上会带来情绪的负向体验（Chandy 和 Tellis，1998）。此外，由于对突破创新产品的感知风险更高，消费者需要收集更多的信息去进行自我说服，需要给自己建立更加明确的购买产品的意义价值（Bauer，1960；康子轶和陈涛，2012），而享乐是一种心理浅层的愉悦感知，尚未上升到意义的高度。

当产品的创新类型为渐进性创新时，消费者可以明显地感觉到无须付出高昂的认知成本就可以感受到产品效能的提升，并唤起消费者的积极情绪（Venkatesh 等，2003）。因此，渐进性创新产品能够让消费者快速理解并感受到更优质的产品价值，这与享乐幸福诉求广告中所推崇的即刻的快乐相匹配，让使用者通过产品能马上享受到更加愉悦的生活体验；反之，在实现幸福诉求的场景下，渐进性创新的产品并不能像突破性创新产品那样带来自我形象上的显著提升，或是通过产品使用能迅速展现与其他人的差异，反而缺乏购买说服力。因此，基于以上推演，提出以下假设：

H1：广告幸福诉求和产品创新类型的交互作用会对消费者的品牌态度产生影响。

H1a：当产品创新类型为渐进性创新时，广告中的享乐幸福诉求相较于实现幸福诉求更能够带来积极的品牌态度。

H1b：当产品创新类型为突破性创新时，广告中的实现幸福诉求相较于享乐幸福诉求更能够带来积极的品牌态度。

二、广告共情的中介作用

当产品创新类型为突破性创新时，实现幸福广告中所描述的克服困难实现自我的场景激发了消费者对自我提升的意愿（Berger 和 Heath，2007；Elliott，1997；Kumar 等，2013），而突破性创新产品让人联想到独特、高质、卓越的形象符合自我提升的诉求（Zhen、Tripat 和 Ying，2015；Escrig-Tena、Segarra-Ciprés 和 García-Juan，2021），肯定了自我提升的可能，进而让消费者更能够理解自我提升的情境并且激发其与主人公类似的向上拼搏的情感。而对于享乐幸福诉求来说，当消费者看到关于突破性创新产品的介绍时，这种轻松愉悦的情境容易被突破性创新产品的认知负担所影响（Moreau、Lehmann 和 Markman，2001；Alexander、Lynch 和 Wang，2008），消费者更不容易集中于广告中的快乐情绪。因此，对突破性创新产品而言，实现幸福诉求较享乐幸福诉求更能够提升消费者对广告情节的共情，进而提升品牌态度。

当产品创新类型为渐进性创新时，消费者看到实现幸福诉求广告后内心被激发自我提升动机，而渐进性创新产品这种外观和性能上只发生初阶改变的程度（Joshi，2016），并不具备足够的说服力让消费者相信可以通过使用这种产品实现自我与他人的差异，进而减弱了自我提升的广告共情。反之，当消费者看到享乐幸福诉求广告时，渐进性创新的产品让消费者联想到对之前版本产品的认知，并且快速接受这种进阶的优化，无须像突破性创新产品一样分出精力去理解产品（孟陆等，2018；Chandy 和 Tellis，1998）。消费者能够立即感受到产品优化为生活质量带来的提升，进而更能够理解享乐幸福这种即刻愉悦的情境氛围，并将这种积极情绪迁移到自我角色中。基于上述推理，提出以下假设：

H2：广告共情在广告幸福诉求和产品创新类型的交互作用对品牌态度产生影响的过程中发挥中介作用。

H2a：当产品创新类型为渐进性创新时，广告中的享乐幸福诉求相较于实现幸福诉求更易使消费者对广告内容产生共情，进而带来更加积极的品牌态度。

H2b：当产品创新类型为突破性创新时，广告中的实现幸福诉求相较于享乐幸福诉求更易使消费者对广告内容产生共情，进而带来更加积极的品牌态度。

第四节　不同产品创新下幸福广告影响品牌态度的实验研究

本章设计两个 2（广告幸福诉求：享乐幸福诉求 vs. 实现幸福诉求）×2（产品创新类型：突破性创新 vs. 渐进性创新）组间实验分阶段检验假设。两次实验选用了不同创新程度的产品作为实验材料，并分别设计享乐幸福诉求与实现幸福诉求的广告，要求被试通过观看广告材料进行评价打分。其中，实验一的目的是检验广告幸福诉求与产品创新类型的交互作用对消费者品牌态度的影响，探讨对于突破性创新产品和渐进性创新产品来说，哪一种幸福诉求的广告能带来更好的品牌态度；实验二进一步对其中广告共情的中介效应进行验证，解释广告幸福诉求与产品创新类型的交互作用如何对消费者品牌态度产生影响。

一、预实验

为选出用于正式实验的两个产品，本章进行了预实验。产品选择主要考虑了产品类别的多元化和两种创新类型的可操控性。首先，由于研究主体是不同创新类型的产品，消费者对于产品的创新程度的感知会受到不同产品类型的刻板印象影响。比如，同样是增加创新的蓝牙功能，对于手机等高科技产品来说，这一能力属于渐进性创新，而对于水杯等低科技的日用品来说，这一能力属于突破性创新。为了保证实验结论在不同类型产品中应用的稳健性，本章选择了科技类产品和非科技类产品分别进行实验（见图 6-2）。其次，备选产品品类需要包含突破性创新和渐进性创新两种产品。

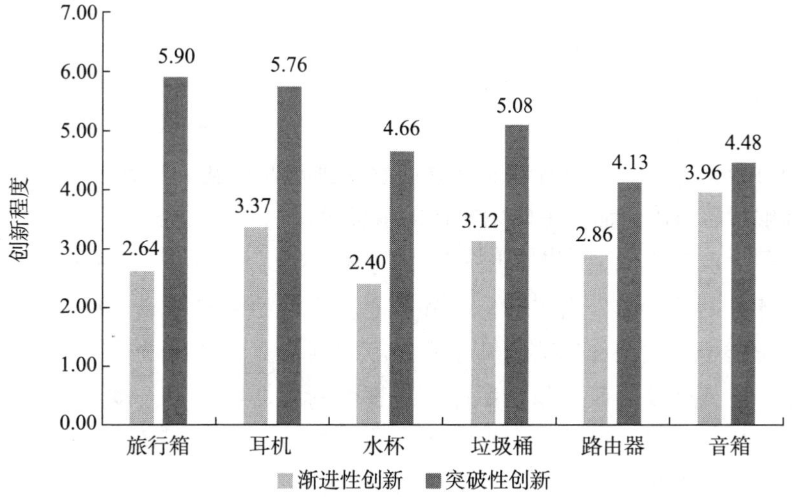

图 6-2　预实验结果

为避免被试对市场已有品牌的偏好影响实验结果，本章在优概念网站（http：//www. ugainian. com/）上选择了12个未上市的概念产品作为实验备选产品，分别属于耳机、路由器、音箱、旅行箱、垃圾桶、水杯等6个品类。每个品类有突破性创新和渐进性创新两个产品。预实验一共征集了42名被试，分为A、B两组进行线上实验。A组分到6个突破性创新产品的广告，B组分到6个渐进性创新产品的广告。广告包含图片和文字，对产品创新能力进行描述，被试被要求阅读完广告后对产品创新程度进行打分，“1”代表“完全渐进性创新”，“7”代表“完全突破性创新”。根据被试打分结果，旅行箱（$M_{突破性创新}=5.90$，$M_{渐进性创新}=2.64$，$p<0.05$）和耳机（$M_{突破性创新}=5.76$，$M_{渐进性创新}=3.37$，$p<0.05$）这两个品类的两种创新产品在创新程度上得分最高，且具有显著区别，被选为实验材料。

二、实验一

（一）实验目的

实验一的目的是检验广告幸福诉求与产品创新类型的交互作用对消费者品牌态度的影响，验证H1，即对于突破性创新产品和渐进性创新产品来说，哪一种幸福诉求的广告能带来更好的品牌态度。

（二）实验设计与步骤

本实验采用2（广告幸福诉求：享乐幸福诉求 vs. 实现幸福诉求）×2（产品创新类型：突破性创新 vs. 渐进性创新）组间实验设计。为了保证被试能够认真阅读广告材料，排除外界干扰因素，实验一选择在国内广泛使用的问卷星平台（https：//www. wjx. com/），通过线上问卷完成。本次实验共征集到234名被试参与实验。问卷设置了一道条件判别题，针对材料中的产品性能进行提问。剔除不认真阅读实验材料的被试，最终共得到217份有效问卷，筛除率低于20%，符合实验有效性要求。参与者中男性占总数的51.6%，女性占总数的48.4%，年龄集中在19~45岁，平均年龄30岁，参与者包括在校学生、上班族以及自由职业者。实验产品及广告不带有特别的性别年龄职业偏好，样本符合基本的实验要求。

实验一的产品是两款创新程度不同的蓝牙耳机，品牌为AURA PEAL。为减少已有产品印象的干扰，本次实验采用的两款耳机均为未在市场进行销售的概念产品。实验过程中，被试首先被随机分配到不同创新类型产品的图文介绍，并被要求在一定时间内仔细阅读产品介绍。渐进性创新组的产品是一款基于上一代产品进行性能升级的耳机，该耳机相对于上一代耳机升级了蓝牙芯片，蓝牙芯片由蓝牙4.0升级为最新的蓝牙5.0，耗能更低，传输更稳定。此外，该耳机相对于上一代耳机进行了电池扩容，单次充电使用时长由4小时延长至6小时（见图6-3）。突破性创新组的产品是品牌首创的一款可在外耳佩戴的蓝牙耳机，该耳机采用了品牌首创的外耳吸附设计，耳机温和吸附在外耳，即可穿透输入音频。对比传统入耳式耳机，减少声音对听力的损伤，同时减少音质折损。此外，该耳机可连接各种移动 AI、AR 和 VR 设备，在耳边模拟空间立体环境，专为未来虚拟现实设计（见图 6-4）。阅读完产品图文介绍后，被试需要根据上述介绍回答产品能力相关的判别问题，即“以下哪项为上述产品所具有的特征”，回答正确的被试被判别为已认真阅读材料，可以继续测试。而后，问卷简要解释了突破性创新和渐进性创新的含义，要求被试对产品的创新程度进行评价，“1”代表“完全渐进性创新”，“7”代表“完全突破性创新”。

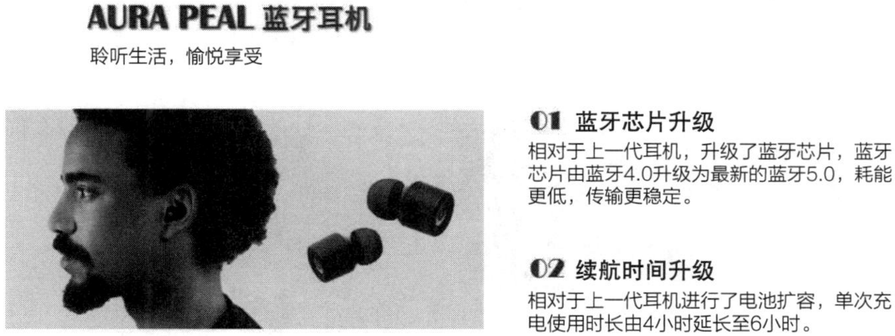

图 6-3 渐进创新性 AURA PEAL 蓝牙耳机

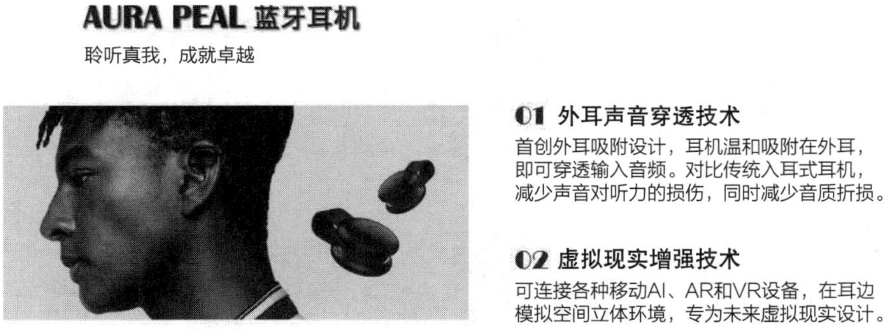

图 6-4 突破创新性 AURA PEAL 蓝牙耳机

接下来，被试被再次随机分为两组，分别分到享乐幸福诉求的图文广告和实现幸福诉求的图文广告（见表 6-1）。享乐幸福组的广告内容描述了戴上耳机在山野间漫步，聆听自然的声音，享受生活的场景（见图 6-5）；实现幸福组的广告内容描述戴上耳机徒步爬山，挑战自我登上顶峰的场景（见图 6-6）。

表 6-1　实验一材料

广告幸福诉求类型	享乐幸福诉求广告	实现幸福诉求广告
标题	聆听幸福	聆听幸福
文本	戴上耳机，隔绝都市的喧嚣。换一种背景旋律，享受生活的欢愉	我们习惯了都市的喧嚣，但从未忘记源自内心真我的声音
	跟随音乐融入自然，想象自己在山野间漫步	它时刻指引着我们选择自己渴望的路，面对未知，我们从未退缩
	聆听风拂田野的余音袅袅，感受身与心的净化	我们向着心中所想，每一步努力都是沿途的风景
	AURA PEAL，带你享受自由的节奏。生活的幸福如此简单	聆听内心真我，追求顶峰视野。AURA PEAL，见证成就的幸福

图 6-5　享乐幸福诉求广告

图 6-6　实现幸福诉求广告

看完图文广告后，要求被试根据观看广告的感受对广告中的幸福诉求导向进行评分。幸福诉求导向分为享乐幸福感和实现幸福感两种类型，测量量表来自 Waterman（1993），采用李克特 7 级量表。之后，被试需要结合以上材料对 AURA PEAL 的品牌态度进行评价，测量量表来自 Puzakova 和 Aggarwal（2018）（见表 6-2）。为保证实验结果不受非必要因素影响，被试需要在问卷中对品牌熟悉度以及广告喜好程度进行评价，保证被试的品牌评价客观有效，不受到品牌已有印象和个人广告偏好的影响。最后，被试报告了性别、年龄、职业等人口统计信息。

表 6-2 幸福广告诉求与品牌态度的测量量表

实现幸福广告诉求
1. 该广告展现了人生的活力
2. 该广告展现了真实的自我
3. 该广告展现了努力投入奋斗的感觉
4. 该广告展现了应该为自己想要的而努力奋斗
5. 该广告展现了努力奋斗过程中的满足感
6. 该广告展现了奋斗追求与自我的融合
享乐幸福广告诉求
1. 该广告展现了生活的享受
2. 该广告展现了生活的愉悦
3. 该广告展现了对生活的满意
4. 该广告展现了很好的感觉
5. 该广告展现了生活的温暖
6. 该广告展现了生活的开心
品牌态度
1. 我喜欢 AURA PEAL 这个品牌
2. 我认为 AURA PEAL 是一个好品牌
3. 我认为 AURA PEAL 品牌是令人满意的
4. 我对 AURA PEAL 品牌持有好感

（三）实验结果

1. 操控检验

实验结果表明，渐进性创新组的耳机产品创新类型为渐进性创新，突破性创新组的耳机产品创新类型为突破性创新，说明产品创新类别操控成功（$M_{渐进性创新} = 2.18$，SD = 0.81，$M_{突破性创新} = 5.66$，SD = 1.08，$F(1, 216) = 13.39$，$p = 0.000 <$

0.001）。在广告幸福诉求的操控上，享乐组广告的享乐幸福诉求显著高于实现幸福诉求（$M_{享乐幸福诉求}=5.90$，SD=0.53，$M_{实现幸福诉求}=4.47$，SD=0.61，$p=0.000<0.001$），实现组广告的实现幸福诉求显著高于享乐幸福诉求（$M_{享乐幸福诉求}=4.55$，SD=0.53，$M_{实现幸福诉求}=5.78$，SD=0.59，$p=0.000<0.001$），说明广告情境操控幸福诉求成功。同时，实验一排除了品牌已有影响和被试广告偏好的影响。结果表明被试对 AURA PEAL 品牌并不熟悉（$M_{品牌熟悉度}=2.65$，SD=1.42），不会因为已有品牌印象影响品牌评价结果。不同组的被试对广告评价没有显著差异（$M_{享乐幸福诉求}=5.97$，SD=0.79，$M_{实现幸福诉求}=5.83$，SD=0.96，$F(1, 216)=1.53$，$p=0.25>0.05$），说明被试品牌评价的差异并不是因为受到广告偏好的干扰。

2. 数据质量

我们对广告幸福诉求和品牌态度量表进行了信度检验。其中，广告享乐幸福诉求 6 个测项的 Cronbach's $\alpha=0.874>0.7$，广告实现幸福诉求 6 个测项的 Cronbach's $\alpha=0.853>0.7$，品牌态度 4 个测项的 Cronbach's $\alpha=0.825>0.7$，说明广告幸福诉求和品牌评价量表的信度检验良好。

3. 交互效应

方差分析结果表明，产品创新类型和广告幸福诉求的交互作用会显著影响个体对品牌的态度［$F(1, 216)=8.57$，$p=0.004<0.01$］。具体而言，当产品类型为渐进性创新时，享乐幸福诉求的广告相较于实现幸福诉求的广告更能带来积极的品牌态度（$M_{渐进性创新,享乐幸福诉求}=5.75$，SD=0.64，$M_{渐进性创新,实现幸福诉求}=4.97$，SD=0.81，$F(1, 104)=5.18$，$p=0.000<0.001$）；反之，当产品类型为突破性创新时，实现幸福诉求的广告相较于享乐幸福诉求的广告更能带来积极的品牌态度（$M_{突破性创新,享乐幸福诉求}=5.35$，SD=0.63，$M_{突破性创新,实现幸福诉求}=5.59$，SD=0.64，$F(1, 111)=11.55$，$p=0.001<0.01$）（见图 6-7）。

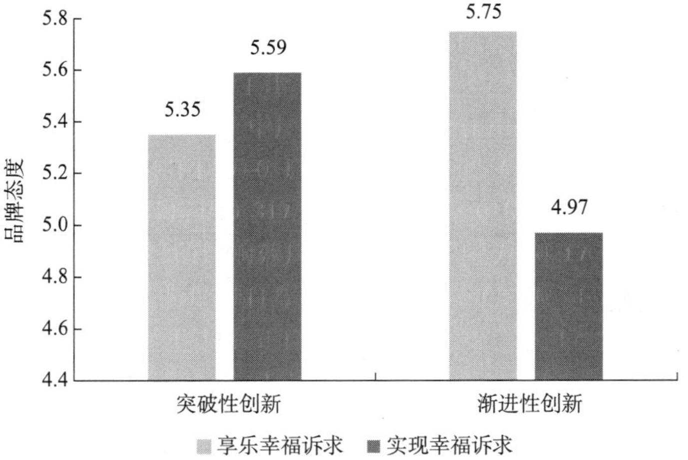

图 6-7 广告幸福诉求与产品创新程度的交互作用对消费者品牌态度的影响

4. 实验结果讨论

实验一结果表明，对于不同创新程度的产品而言，不同广告幸福诉求会对消费者品牌态度产生不同的影响。当产品为渐进性创新产品时，观看享乐幸福诉求广告的被试较观看实现幸福诉求广告的被试对品牌有更高的评价，验证了 H1a；当产品为突破性创新产品时，得出了相反的结论，观看实现幸福诉求广告能够带来更好的品牌态度，验证了 H1b。

实验一采用科技类的耳机产品作为实验材料，而消费者对科技类与非科技类产品的创新程度评价标准不同。为保证实验结论的稳健性，实验二引入旅行箱这一非科技类产品进行测试。此外，实验一仅验证了不同广告幸福诉求对不同创新类型产品的评价影响，而并未解释其中的中介机制。为此，实验二引入广告共情作为中介变量，以探究广告幸福诉求和产品创新类型的交互作用是如何影响品牌态度的。

三、实验二

（一）实验目的

实验二的目的是探究在广告幸福诉求与产品创新类型的交互作用对消费者品牌态度影响过程中，广告共情是否起到了中介作用，即检验 H2a、H2b。此外，本次实验采用了非科技型产品旅行箱作为实验材料，排除科技产品创新程度高的固有评判影响，保证研究结果在多种产品类型中的应用稳健性。

（二）实验设计与步骤

本实验采用 2（广告幸福诉求：享乐幸福诉求 vs. 实现幸福诉求）×2（产品创新类型：突破性创新 vs. 渐进性创新）组间实验设计。本次实验产品及广告不带有特别的性别年龄职业偏好，因此实验二同样选择在问卷星平台（https：//www. wjx. com/）发布线上问卷完成。本次实验共征集到 254 名被试参与实验。问卷设置一道条件判别题，针对材料中的产品性能进行提问。剔除不认真阅读实验材料的被试，最终共得到 224 份有效问卷，筛除率低于 20%，符合实验有效性要求。参与者中男性占总数的 44. 2%，女性占总数的 55. 8%，年龄集中在 18~45 岁，平均年龄为 29 岁，参与者包括在校学生、上班族以及自由职业者，样本符合基本的实验要求。

实验二的产品为两款创新程度不同的旅行箱，品牌为 Quadra。为减少已有产品印象的干扰，本次实验采用的两款旅行箱均为未在市场进行销售的概念产品。实验过程中，被试首先被随机分配到不同创新类型产品的图文介绍，并被要求在一定时间内仔细阅读产品介绍。渐进性创新组的产品是一款基于上一代产品实现材料升级的旅行箱，该产品对箱体表层 PC 材料升级，使箱体更有韧性，提升冲撞承受能力。另外，该款旅行箱对镁铝合金框架材料进行升级，箱体更加轻盈，重量减少 1 千克（见图 6-8）。突破性创新组的产品是一款可骑行旅行箱，该产品是 Quadra 品牌首款可骑行的旅行箱，具有全球市场中的前卫设计。除了传统旅行箱的承装能力，它的独特之处在于具备骑行模式，旅行箱变形后可以进行电动骑行，支持四挡控速和倒车。在不骑行的状态下，消费者可通过手机蓝牙智能连接旅行箱，旅行箱将跟随主人行走速度自动前行，解放双手（见图 6-9）。阅读完产品图文介绍后，被试需要根据上述介绍回答产品能力相关的判别问题，回答正确的被试被判别为已认真阅读材料，可以继续测试。而后，问卷简要解释了渐进性创新和突破性创新的含义，要求被试对产品的创新程度进行评价，“1”代表“完全渐进性创新”，“7”代表“完全突破性创新”。

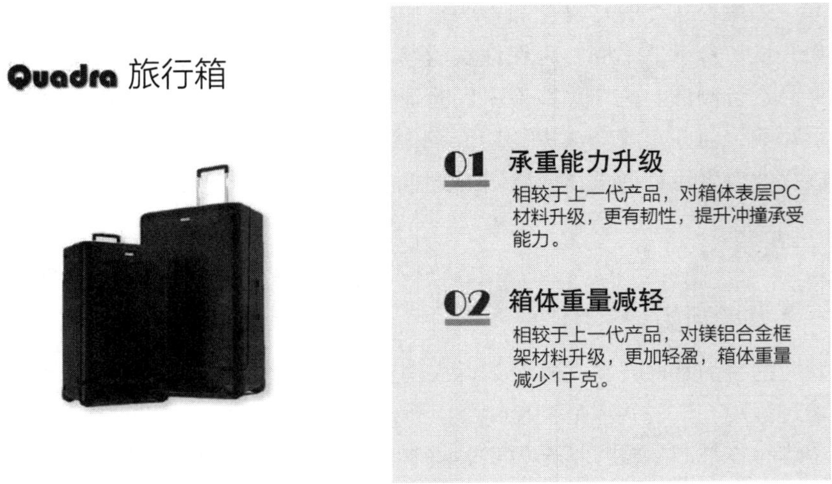

图 6-8　渐进创新型 Quadra 旅行箱

图 6-9　突破创新型 Quadra 旅行箱

接下来，被试被再次随机分为两组，分别分到享乐幸福诉求的图文广告和实现幸福诉求的图文广告（见表 6-3）。享乐幸福组广告描述的内容是，主人公辛苦工作了一周，终于到了周五下班的时间，约上三五好友一起外出旅行，Quadra 旅行箱陪伴他享受自由的周末时光（见图 6-10）；实现幸福组广告则描述的是，经常出差的生活节奏让主人公感觉身心疲乏，但梦想支撑着他继续前行，最终在工作中实现了自己的价值，Quadra 旅行箱见证他每一个坚持的脚步（见图 6-11）。

表 6-3　实验二材料

广告幸福诉求类型	享乐幸福诉求广告	实现幸福诉求广告
标题	享受欢愉的幸福	见证成就的幸福
文本	生活不只有工作的疲惫，更应该懂得点滴享受	当出差成为生活的常态，倦意袭来，我们也未曾停歇
	周五，下班了，去迎接最自由的周末时光	为了心中所想，我们一次又一次拿起行囊
	有朋友常伴左右，来一场说走就走的旅行	因为我们相信，时间终会回答成长，世界终会认可我们的价值
	Quadra，陪你纵情享受周末的欢愉。 生活的幸福如此简单	每一个前行的步伐，都平凡而伟大，Quadra，见证成就的幸福

图 6-10　享乐幸福诉求广告

图 6-11　实现幸福诉求广告

被试看完图文广告后，要根据观看广告的感受对广告中的幸福诉求导向进行评分，并对 Quadra 品牌进行评价。为保证实验结果不受到非必要因素影响，被试需要在问卷中对品牌熟悉度以及广告喜好程度进行评价，保证被试的品牌评价客观有效，不受到品牌已有印象和个人广告偏好的影响。为检验中介效应，我们测量了中介变量广告共情（Escalas 和 Stern，2003），具体量表见表 6-4。最后，被试报告了性别、年龄、职业等人口统计信息。

表 6-4　共情的量表

1. 根据广告中发生的事情，我理解了角色的感受
2. 根据广告中发生的事情，我理解什么在困扰着角色
3. 当我看广告时，我会试着理解事件本身
4. 当我看广告时，我能试着理解角色的动机
5. 当我看广告时，我能理解角色所遇到的问题
6. 当我看广告时，我觉得事情好像曾发生在我身上
7. 当我看广告时，我会代入其中的角色中
8. 当我看广告时，我觉得我也经历过这样的事件
9. 当我看广告时，我体会到了角色的感受
10. 当我看广告时，我感觉角色的情感也是我的情感

（三）实验结果

1. 操控检验

实验结果表明，渐进性创新组的旅行箱产品创新类型为渐进性创新，突破性创新组的旅行箱产品创新类型为突破性创新，操控效果显著［$M_{渐进性创新}=2.30$，SD=1.06，$M_{突破性创新}=5.86$，SD=1.49，$F(1, 223)=17.48$，$p=0.000<0.001$］。在广告幸福诉求的操控上，享乐组广告的享乐幸福诉求显著高于实现幸福诉求（$M_{享乐幸福诉求}=5.84$，SD=0.58，$M_{实现幸福诉求}=4.65$，SD=0.75，$p=0.000<0.001$），实现组广告的实现幸福诉求显著高于享乐幸福诉求（$M_{享乐幸福诉求}=4.64$，SD=1.13，$M_{实现幸福诉求}=5.97$，SD=0.55，$p=0.000<0.001$），说明广告情境操控幸福诉求成功。同时，实验二检验了品牌已有印象和被试广告偏好的影响。结果表明被试对 Quadra 品牌并不熟悉（$M_{品牌熟悉度}=2.36$，SD=1.22），不会因为已有品牌印象影响品牌评价结果。不同组的被试对广告评价没有显著差异［$M_{享乐幸福诉求}=5.6$，SD=0.89，$M_{实现幸福诉求}=5.76$，SD=0.85，$F(1, 223)=0.16$，$p=0.69>0.05$］，说明被试品牌评价的差异的主要原因并不是受到广告偏好的干扰。

2. 数据质量

我们对交互效应中广告幸福诉求、品牌态度和共情量表进行了信度检验。其中，广告享乐幸福诉求6个测项的Cronbach's $\alpha=0.877>0.7$，广告实现幸福诉求6个测项的Cronbach's $\alpha=0.823>0.7$，共情10个测项的Cronbach's $\alpha=0.860>0.7$，品牌态度4个测项的Cronbach's $\alpha=0.769>0.7$，说明广告幸福诉求、共情以及品牌态度量表的信度检验良好。

3. 交互效应

方差分析结果表示，产品创新类型和广告幸福诉求的交互作用会显著影响个体对品牌的态度［$F(1, 223)=17.28$，$p=0.000<0.01$］。具体而言，当产品类型为渐进性创新时，享乐幸福诉求的广告相较于实现幸福诉求的广告更能带来积极的品牌态度［$M_{渐进性创新,享乐幸福诉求}=5.36$，$SD=0.84$，$M_{渐进性创新,实现幸福诉求}=4.95$，$SD=0.81$，$F(1, 109)=0.40$，$p=0.01<0.05$］；反之，当产品类型为突破性创新时，实现幸福诉求的广告相较于享乐幸福诉求的广告更能带来积极的品牌态度［$M_{突破性创新,享乐幸福诉求}=5.21$，$SD=0.92$，$M_{突破性创新,实现幸福诉求}=5.74$，$SD=0.10$，$F(1, 103)=3.02$，$p=0.001<0.01$］（见图6-12）。

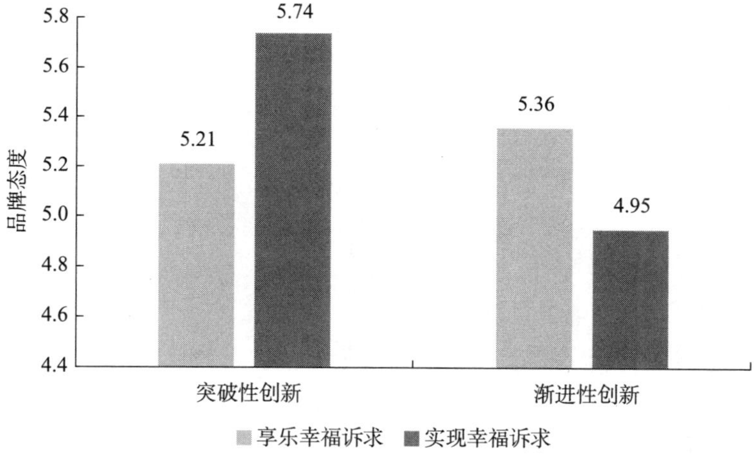

图6-12　广告幸福诉求与产品创新程度的交互作用对消费者品牌态度的影响

4. 中介效应

我们检验广告共情是否发挥中介作用。将样本按产品创新类型不同分为两组进行对比分析，以广告幸福诉求类型为自变量，共情为中介变量，品牌态度为因变量，将样本数据通过自举法（bootstrapping）程序Model 4进行中介效应分析，分析条件为5000次抽样，95%置信区间。具体而言，我们将渐进性创新产品编码为1，突破性创新产品编码为2，广告享乐幸福诉求编码为1，广告实现幸福诉求编码为2。当产品类型为突破性创新产品时，广告共情对该影响过程具有显著正向的中介影响（$\beta=0.42$，$SE=0.11$，95% bootstrap CI=［0.23，0.64］，区间不包含0）。该结果说明，当产品类型为突破性创新产品时，实现幸福诉求的广告相较于享乐幸福诉求的广告能带来更高的广告共情进而带来更加积极的品牌评价。当产品类型为渐进性创新产品时，广告共情对该影响过程具有显著负向的中介影响（$\beta=-0.20$，SE=0.08，95% bootstrap CI=[−0.37，−0.06]，区间不包含0），说明实现幸福诉求的广告相较于享乐幸福诉求的广告能带来更低的广告共情进而带来更加消极的品牌评价（见图6-13）。

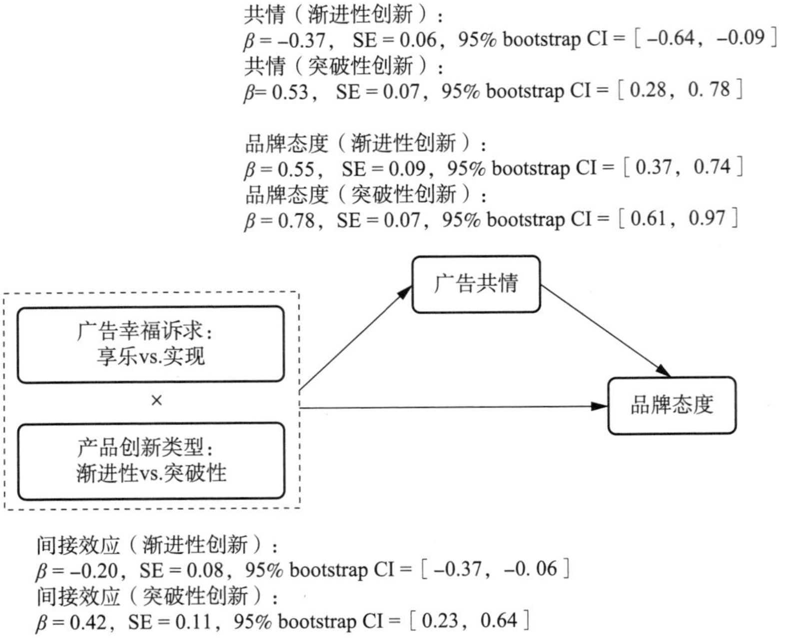

图6-13 中介效应检验

5. 实验结果讨论

实验二通过非科技类产品的实验对象再次印证了实验一的结果，从而验证了研究结论的稳定性，扩大了研究结论的适用面。另外，实验二检验了广告共情的中介作用，从而解释了主效应的机制。

第五节 不同产品创新下幸福广告的研究结论与启示

一、研究结论

本章探讨在不同产品创新类型的条件下，广告幸福诉求是如何影响品牌态度的，尤其是检验了广告共情在其中的中介机制。通过两个线上实验，本章模拟了消费者观看图文广告的场景，检验了两个假设。其中，实验一和实验二都验证了产品创新类型与广告幸福诉求的交互作用对品牌态度的影响，保证了实验结果的稳健性；实验二进一步揭示了广告共情在这一机制中的中介作用。

（一）广告幸福诉求和产品创新类型的交互作用会对品牌态度产生影响

本书发现，当产品创新类型为渐进性创新时，选择享乐幸福诉求作为广告诉求较实现幸福诉求带来的品牌态度效果更佳；反之，当产品创新类型为突破性创新时，实现幸福诉求较享乐幸福诉求更能带来积极的品牌态度。渐进性创新产品和市场已有产品的相似度较高，因此很容易被人接受，其功能上的改进也与享乐幸福诉求广告的生活愉悦情境相符；而突破性创新产品与市场上已有的产品相近度低，需要消费者耗费更高的认知成本去理解产品的价值提升点，并且接纳更高的感知风险，因此跟实现幸福诉求广告传达的自我追求与完善相符。

（二）广告共情在其中发挥中介作用

广告幸福诉求可以使消费者提升对不同创新类型产品的需求，需求的上升能够增强消费者对广告情节中情感的认知和迁移。具体而言，当产品创新类型是渐进性创新时，享乐幸福诉求广告强调了即刻享受生活的美好，突出了产品升级变化为生活质量带来的价值，因此更容易使消费者与广告共情，让消费者感受到生活愉悦感，进而提升对品牌的态度；当产品创新类型为突破性创新时，实现幸福诉求广告强调消费者的自我提升，突出了一种自我完善与超越的形象身份，因此更容易使消费者将自己代入广告感受成就感和意义价值，进而提升对品牌的态度。

二、启示

本章以不同创新类型产品的营销效果为研究问题，讨论了此类产品幸福诉求广告的运用实战策略，为营销人员制作宣传方案提供了建议。①针对不同创新类型产品，可以设计不同的幸福诉求广告来推广。具体而言，当产品创新类型为渐进性创新时，营销人员可以通过在广告中传递享乐幸福诉求来包装产品的功能效价，激发消费者对享受愉悦提升生活品质的诉求，进而增强其对产品的需求和价值认可。类似地，营销人员也可以考虑从其他广告内容出发，唤醒消费者对于渐进性创新产品的易用性需求，来提升其对产品和品牌的评价。当产品创新类型为突破性创新时，广告中的实现幸福诉求能够激发消费者对于突破性创新产品的独特性和形象提升需求，增强其购买意愿，进而达到更好的营销效果。营销人员也可以从相似的视角，分析突破性创新产品的核心卖点，以及如何规避或让消费者有动机承担痛点，通过广告内容的场景来唤醒消费者对产品价值的肯定。②从广告共情角度提升幸福诉求广告的效果。消费者在观看不同创新类型产品的幸福广告时，产品创新和幸福广告的搭配能够积极影响消费者对广告内容产生共情的心理过程。营销人员需要考虑如何让消费者产生对广告情境的共情，以提升幸福诉求广告的效果。

本章参考文献

[1] Alexander D L, Lynch J G, Wang Q. As time goes by: Do cold feet follow warm intentions for really new versus incrementally new products? [J]. Journal of Marketing Research, 2008, 45(3): 307-319.

[2] Bartsch A, Kloß A. Personalized charity advertising: Can personalized prosocial messages promote empathy, attitude change, and helping intentions toward stigmatized social groups? [J]. International Journal of Advertising, 2019, 38(3): 345-363.

[3] Batson C D, Powell A A. Altruism and prosocial behavior[J]. Personality and Social Psychology, 2003, 5(1): 463-484.

[4] Baumeister R, Vohs K, Aaker J, et al. Some key differences between a happy life and a meaningful life[J]. Social Science Electronic, 2013, 8(6): 505-516.

[5] Bauer R A. Consumer behavior as risk taking[A]. Proceedings of the 43rd National Conference of the American Marketing Assocation[C]. Chicago: American Marketing Association, 1960.

[6] Belch G E, Belch M A. Introduction to advertising & promotion[M]. McGraw-Hill, 1998.

[7] Berger J, Heath C. Where consumers diverge from others: Identity signaling and product domains[J]. Journal of Consumer Research, 2007, 34(2): 121-134.

[8] Blythe J. Innovativeness and newness in high-tech consumer durables[J]. Journal of Product & Brand Management, 1999, 8(5): 415-429.

[9] Chandy R K, Tellis G J. Organizing for radical product innovation: The overlooked role of willingness to cannibalize[J]. Journal of Marketing Research, 1998, 35(4): 474-487.

[10] Davis F D. Perceived usefulness, perceived ease of use, and user acceptance of information technology[J]. MIS Quarterly, 1989, 13(3): 319-340.

[11] Dewar R D, Dutton J E. The adoption of radical and incremental innovations: An empirical analysis[J]. Management Science, 1986, 32(11): 1371-1520.

[12] Elliott R. Existential consumption and irrational desire[J]. European Journal of Marketing, 1997, 31(3/4): 285-296.

[13] Escalas J E, Stern B B. Sympathy and empathy: Emotional responses to advertising dramas[J]. Journal of Consumer Research, 2003, 29(4): 566-578.

[14] Escrig-Tena A B, Segarra-Ciprés M, García-Juan B. Incremental and radical product innovation capabilities in a quality management context: Exploring the moderating effects of control mechanisms[J]. International Journal of Production Economics, 2021(232): 107994.

[15] Hirschman E C, Stern B B. The roles of emotion in consumer research[J]. Ad-

vances in Consumer Research, 1999, 26(1): 4-11.

[16] Green M C, Brock T C. The role of transportation in the persuasiveness of public narratives[J]. Journal of Personality and Social Psychology, 2000, 79(5): 701-721.

[17] Joshi A W. When does customer orientation hinder(help) radical product innovation? The role of organizational rewards[J]. Journal of Product Innovation Management, 2016, 33(4): 435-454.

[18] Kashdan T B, Diener R B, King L A. Reconsidering happiness: The costs of distinguishing between hedonics and eudaimonia[J]. Journal of Positive Psychology, 2008, 3(4): 219-233.

[19] Kim H, Park K, Schwarz N. Will this trip really be exciting? The role of incidental emotions in product evaluation[J]. Journal of Consumer Research, 2010, 36(6): 983-991.

[20] Kumar M, Srivastava S, Srivastava A K. Normative influences on consumer impulse buying behavior[J]. International Journal of Innovative Research and Development, 2013, 12(2): 147-154.

[21] Light S N, Coan J A, Carolyn Z W, et al. Empathy is associated with dynamic change in prefrontal brain electrical activity during positive emotion in children[J]. Child Development, 2009, 80(4): 1210-1231.

[22] Mogilner C, Aaker J, Kamvar S D. How happiness affects choice[J]. Journal of Consumer Research, 2012, 39(2): 429-443.

[23] Moreau C P, Lehmann D R, Markman A B. Entrenched knowledge structures and consumer response to new products[J]. Journal of Marketing Research, 2001, 38(1): 14-29.

[24] Mowle J, Merrilees B. A functional and symbolic perspective to branding Australian SME wineries[J]. Journal of Product and Brand Management, 2005, 14(4): 220-227.

[25] Preston S D, de Waal F B M. Empathy: Its ultimate and proximate bases[J]. Behavioral and Brain Sciences, 2002, 25(1): 1-71.

[26] Puzakova M, Aggarwal P. Brands as rivals: Consumer pursuit of distinctiveness and the role of brand anthropomorphism[J]. Journal of Consumer Research, 2018, 45(4): 869-888.

[27] Rindova V P, Petkova A P. When is a new thing a good thing? Technological change, product form design, and perceptions of value for product innovations[J]. Organization Science, 2007, 18(2): 217-232.

[28] Sallquist J, Eisenberg N, Spinrad T L, et al. Assessment of preschoolers' positive empathy: Concurrent and longitudinal relations with positive emotion, social competence, and sympathy[J]. Journal of Positive Psychology, 2009, 4(3): 223-233.

[29] Song M, Benedetto C. Supplier's involvement and success of radical new product development in new ventures[J]. Journal of Operations Management, 2008, 26(1): 1-22.

[30] Sorescu A B, Chandy R K, Prabhu J C. Sources and financial consequences of radical innovation: Insights from pharmaceuticals[J]. Journal of Marketing, 2003, 67(4): 82-102.

[31] Telle N T, Pfister H R. Positive empathy and prosocial behavior: A neglected link[J]. Emotion Review, 2015, 8(2): 154-163.

[32] Titchener E. Lectures on the experimental psychology of the thought-processes [M]. Macmillan, 1909.

[33] Tushman M L, Anderson P. Technological discontinuities and organization environments [J]. Administrative Science Quarterly, 2002, 31(3): 439-465.

[34] Venkatesh V, Morris M G, Davis G B, et al. User acceptance of information technology: Toward a unified view[J]. MIS Quarterly, 2003, 27(3): 425-478.

[35] Waterman A S. Two conceptions of happiness: Contrasts of personal expressiveness (eudaimonia) and hedonic enjoyment [J]. Journal of Personality and Social Psychology, 1993, 64(4): 678-691.

[36] Wells W D. Lectures and dramas, in cognitive and affective responses to advertising[M]. Lexington Books, 1989: 13-20.

[37] Yen G F, Yang H T. Does consumer empathy influence consumer responses to strategic corporate social responsibility? The dual mediation of moral identity[J]. Sustainability, 2018, 10(6): 1812.

[38] Zhang L. Online channel usage and product innovation? The moderating effects of inter-organization interactions[J]. Journal of Economics & Management Research, 2022, 3 (2): 1-9.

[39] Zhen M A, Tripat G, Ying J. Core versus peripheral innovations: The effect of innovation locus on consumer adoption of new products[J]. Journal of Marketing Research, 2015(6): 309-324.

[40] Zhou K Z. Innovation, imitation and new product performance: The case of China [J]. Industrial Marketing Management, 2006, 35(3): 394-402.

[41] 陈洁，王方华．感知价值对不同商品类别消费者购买意愿影响的差异[J]．系统管理学报，2012，21(6)：802-810.

[42] 陈晶，史占彪，张建新．共情概念的演变[J]．中国临床心理学杂志，2007，15(6)：664-667.

[43] 丁凤琴，陆朝晖．共情与亲社会行为关系的元分析[J]．心理科学进展，2016(8)：1159-1174.

[44] 康子轶，陈涛．消费者感知风险对创新抗拒的影响：中国市场研究[J]．中国管理科学，2012，20(1)：647-652.

[45] 李倩倩，范雅雯．共情对公益广告说服效果的影响研究[J]．管理学报，2018，15(3)：420-426，441.

[46] 孟陆，杨强，杜建刚，等．创新产品类别与呈现顺序相匹配对消费者购买意愿的影响[J]．营销科学学报，2018，13(4)：83-103.

[47] 王大海，姚唐，姚飞．买还是不买——矛盾态度视角下的生态产品购买意向研究[J]．南开管理评论，2015，18(2)：136-146.

[48] 岳童，黄希庭．认知神经研究中的积极共情[J]．心理科学进展，2016，24(3)：402-409.

第二篇

社群、网络与幸福感

第七章

在线品牌社群社会资本与幸福感[①]

在线品牌社群是社交网络关系的集合，消费者可以在其中收集信息、交换信息、进行社交活动等（Meek 等，2019）。由于越来越多的企业创建了在线品牌社群，研究人员试图从不同角度了解这些社群中消费者的社会关系和社交网络（Li 等，2019）。社会资本（social capital）理论作为一个重要的参考框架，有助于理解组织和社群内消费者社会关系和社交网络的性质（Chen 等，2021；Putnam，2000）。在积极心理学当中，大量研究表明，人际关系会影响幸福感。基于这样的思路，本章研究在线品牌社群社会资本对消费者幸福感的影响机制。

第一节　在线品牌社群社会资本对幸福感的意义

社会资本是通过人们之间的社交关系网络而产生的资源（Deng 和 Yuan，2020；Nahapiet 和 Ghoshal，1998）。Meek 等（2019）认为，在线品牌社群中的社会资本是一个多维结构，由社群成员之间存在的共同语言（shared language）、共同愿景（shared vision）、社会信任（social trust）和互惠规范（reciprocity）构成。由文献回顾可知，在线品牌社群中社会资本与主观幸福感（subjective well-being）之间的关系很少被探讨。Tang 等（2012）发现社会资本增强了在线品牌社群中的主观幸福感，但并没有强调品牌带来的主观幸福感。此外，学者们已经指出了社会资本在在线品牌社群中的重要性（Meek 等，2019），但在线品牌社群社会资本不同维度之间的相互关系在文献中并未得到充分关注。

考虑到社会资本的内部多维视角，本书考察了在线品牌社群内的四个社会资本维度（共同语言、共同愿景、社会信任和互惠规范），并全面研究它们如何影响品牌带给消费者的主观幸福感。具体地，我们研究了在线品牌社群中共同语言、共同愿景、社会信任和互惠规范之间的相关影响，以及它们如何影响消费者的社群主观幸福感和品牌主观幸福感。

从社会资本的多维视角考虑，我们构建了在线品牌社群背景下的社会资本框架，

---

① 本章初稿发表情况如下：Zhou Z，Wang R，Zhan G. Cultivating consumer subjective well-being through online brand communities：A multidimensional view of social capital［J］. Journal of Product & Brand Management，2022，31（5）：808-822. 本书有删改。

包括共同语言、共同愿景、社会信任和互惠规范等维度。其中，认知维度的社会资本（共同语言和共同愿景）会促进关系维度的社会资本（社会信任和互惠规范）。另外，本书借鉴前人对在线品牌社群和消费者幸福感的研究，将社群主观幸福感作为中介，解释社会资本对品牌主观幸福感的影响机制。本书成果可丰富品牌社群社会资本与主观幸福感的理论研究，同时为企业培育品牌社群社会资本和消费者品牌幸福感提供建议。

第二节　在线品牌社群社会资本与幸福感的相关理论

与传统的线下品牌社群不同，在线品牌社群是一个基于网络的平台，成员在虚拟环境中互动（Dessart 等，2015）。在线品牌社群的生命力很大程度上取决于社群中互动行为的质量（Meek 等，2019），以及信息内容和社会网络关系（Chiu 等，2006）。社会资本嵌入在社会网络结构中（Tsai 和 Ghoshal，1998），同样，在线品牌社群社会资本嵌入在在线品牌社群的关系网络之中。先前的研究已经揭示，在线品牌社群社会资本是一个定义社群结构特征的构念（Meek 等，2019）。

一、在线品牌社群社会资本的维度

作为一个多维度的构念，社会资本由结构、认知和关系三个维度构成（Tsai 和 Ghoshal，1998）。在线品牌社群社会资本的结构维度是社群成员在网络中的联系或互动，消费者通过其获取资源和信息（Li 等，2019；Zhang 等，2020）。结构维度的特征是在线品牌社群成员之间关系的程度和质量，代表了社群成员在个体层面上的关系（Muniz 和 O'Guinn，2001）。这是社群关系的基础，是关系和认知社会资本的结果（Meek 等，2019）。认知资本是指在集体中提供共同解释和共同愿景的资源，其关键维度是共同语言和共同愿景。关系资本被定义为个体通过反复互动形成的人际关系的性质和质量，其关键维度为社会信任和互惠规范（Chiu 等，2006）。

共同语言代表了在讨论共同兴趣或关注事项时常用的词汇、语法和语音结构（Meek 等，2019；Nahapiet 和 Ghoshal，1998）。社群成员使用共同语言作为概念工具来解释和理解互动行为，如意见讨论、社会互动、知识共享和情感交流等。在线品牌社群包含大量关于产品和品牌信息的帖子，使用共同语言促进社群成员之间的信息理解和交流。共同语言使社会沟通和信息交流方便高效，提高了信息交流的质量和数量，促进了社群成员之间的相互了解（Chiu 等，2006；Fang 和 Zhang，2019）。因此，共同语言是影响消费者与品牌关系的一个关键因素（Leung 等，2019）。此外，共同语言为社群成员提供了一种独特的归属感，这种归属感是与该品牌没有相同联系的其他用户或其他品牌的用户所不具有的（Muniz 和 O'Guinn，2001）。社群成员使用共同语言有助于交流和分享积极的情感体验。随着共同语言使用的频率和时长的增长，这种集体归属感逐渐增强（Zhao 和 Chen，2022），从而深化了消费者与品牌的关系，培养品牌忠诚度（Loureiro 等，2017）。

共同愿景是指社群成员共享的价值观和目标，或“一种帮助组织不同部分整合或组合资源的纽带机制”（Tang 等，2012；Tsai 和 Ghoshal，1998）。在加入社群之前，成员通常彼此不认识，并且有不同的背景、经验和对特定品牌或产品的知识。共同愿景赋予他们共同的品牌偏好，促使成员将自己视为社群的一部分（Hoskins 等，2021）。共同愿景有助于社群成员相互理解和包容，并为他们的参与提供信任和互利的环境（Deng 和 Yuan，2020）。此外，当社群成员拥有共同的愿景时，他们更愿意就产品或品牌交流知识、情感、想法和资源（Fang 和 Zhang，2019；Cappiello 等，2020），以及发展良好的社会和品牌关系。从本质上讲，共同愿景可以连接社群成员，有效促进网络关系的建立（Meek 等，2019），并有助于消费者之间的合作，最终使企业受益。

社会信任是一套具体的信念，与“良好的意图”“感知的开放”“愿意关心脆弱的另一方”（Nahapiet 和 Ghoshal，1998）有关。当一个社群的成员频繁地就某个品牌或产品交换意见和沟通信息时，就建立了相互信任（Yan 等，2019）。社会信任降低了社群成员发布信息（如知识共享）时的怀疑感和不确定性，降低了他们对共享信息的恐惧（Mathwick 等，2008；Meek 等，2019），促进社群知识的贡献。随着时间的推移，社群成员提供的信息越可靠、越有用，社群氛围就越值得信任，就越容易建立品牌关系，也就越容易产生更多的资源或价值。可以看出，社会信任与社群成员的参与行为和互动质量密切相关（Preece，2001），并能显著影响社群成员的行为、忠诚度、归属感以及持续参与意愿（Mathwick 等，2008；Son 等，2016；Meek 等，2019）。

互惠规范是指一套社会接受的关于交易的规则，其中一方向另一方提供资源，另一方有义务回报这个好处（Wu 等，2006）。当社群成员努力满足自己的信息、社交、娱乐和情感需求（如理解、归属感、价值认同等）时，通过互动和相互帮助逐渐形成了一种道德规范，即互惠规范。例如，当社群成员通过互动获得关于产品和品牌的信息或得到他人的情感支持时，他们愿意提供自己的信息或反过来为他人提供情感支持。当社群成员分享建议、相关知识和经验以帮助他人时，互惠使他们感到支持和认可，产生积极的情感体验，进而发展为社群依恋（Zhang 等，2021），从而加强社群成员、社群和品牌之间的关系。

二、在线品牌社群社会资本机制

在线品牌社群是企业通过对消费者与品牌关系的运营和管理，实现品牌价值和良好市场绩效的有力手段。它为具有品牌偏好的消费者建立了一个互动网络平台（Zhang 等，2021），社群成员通过寻求答案、分享知识、提供帮助、情感沟通、参与营销活动，以及其他与品牌或产品相关的互动形成社交网络式的关系（如友谊、信任、互惠、认同和归属感）。社群成员之间关系的形成相当于品牌社群成员所获得的社会资本（Mathwick 等，2008）。因此，在线品牌社群的社会资本来源于社群成员之间的互动；它存在于品牌与社群关系的社会网络中，并逐渐发展于社群成员之间的网络关系中，促进信息和资源的交流（Yan 等，2019）。然而，鼓励社群参与和创造一个在线品牌社群的繁荣是具有挑战性的。只有 1%～5%的社群成员是相对活跃的，绝大多数的在线品牌社群成员是“潜水者”，他们不参与发布信息或社交互动，甚至可能在一段时间后离开社群（Yuan 等，2021；Zhang 等，2021）。因此，这种社会资本可以成为培育更紧密的网络社群关系和为消费者创造品牌价值的前提，而这对企业开展社群营销活动至关重要（Dessart 和 Veloutsou，2021）。

市场营销和信息系统文献对社会资本对营销的影响进行了实证研究。在社群价值方面，社群成员在互动过程中产生的社会资本促进其获得多种类型的社群价值（Madupu 和 Cooley，2010）、信息价值和社会价值（Mathwick 等，2008）以及价值共创（Zhang 等，2020）；在品牌价值方面，一些学者发现社会资本的结构维度、认知维度和关系维度对品牌知识在在线品牌社群中的贡献有正向影响（Chiu 等，2006；Yang 和 Li，2016）。随着时间的推移，成员对社群价值的满意度逐渐演变为社会网络关系，如社群关系和品牌关系（Tseng 等，2017）。除了价值方面，一些学者还探索了在线品牌社群中的社会资本对社群关系和品牌关系的影响机制。在社群关系方面，Meek 等（2019）指出共同语言、共同愿景、社会信任和互惠规范四个社会资本维度对社群成员的沉浸行为（engagement behavior）、归属感、感知享受（enjoyment）和感知轻松（ease）产生正向影响。此外，也有学者发现社会资本的多个维度能够提升在线品牌社群的主观幸福感（Chang 和 Hsu，2016；Hwang 等，2019）。关于社会资本对在线品牌社群品牌关系的影响机制，Yoon 等（2014）发现在线品牌社群成员的信任和认同对品牌信任和忠诚产生正向影响。类似的研究发现，在线品牌社群中的社会资本可以促进社群认同（Algesheimer 等，2005）、社群沉浸（Kumar 和 Kumar，2020）和社群依恋（Zhang 等，2021）。持续的品牌关系建设离不开社群，也有学者同时考虑了社会资本对社群关系和品牌关系的影响，证实了在线品牌社群社会资本（结构资本、认知资本和关系资本）可以增强社群参与和品牌挚爱（Lee 和 Hsieh，2022）。此外，Jeong 等（2021）发现在线品牌社群社会资本的三个维度（即社会互动关系、信任和共享价值观）可以促进社群承诺和品牌承诺。由此，该领域形成了从社会资本到社群关系再到品牌关系的研究范式。

三、消费者幸福感

消费者逐渐认识到可以通过消费来获得幸福感。在市场营销领域，相关研究关注了幸福感问题（Pancer 和 Helman，2012）。已有研究从商业伦理（Sirgy 和 Lee，2008）、社会比较（Hsee 等，2009）和消费多样性（Etkin 和 Mogilner，2016）等方面探讨了消费对幸福感的影响。目前，消费者幸福感的衡量主要是由消费者主权（consumer sovereignty）这一经济学概念所驱动的。然而，在主观幸福感、生活质量和积极心理学研究中，该衡量标准的概念化遇到了相当大的挑战（Pancer 和 Helman，

2012)。这些研究特别关注生活质量和消费体验（Grzeskowiak 等，2014）对消费者幸福感的影响。另外，幸福感营销是以关系营销为基础的，关系营销可以通过加强与顾客的关系维护，从而大幅提高消费者的整体生活质量（Guevarra 和 Howell，2015）。

幸福感营销的长期目标是提高消费者的幸福感。目前文献当中，消费者幸福感主要从主观幸福感的角度来考察。主观幸福感源于享乐主义理论，是一种对生活的认知和情感评价（Diener，1984），包括满意、快乐和和谐（Niedermeier 等，2019）。学术界通常认为主观幸福感由生活满意度、积极情绪和消极情绪三个维度构成（Diener，1984）。在本书中，在线品牌社群当中的消费者主观幸福感包括社群带来的主观幸福感和品牌带来的主观幸福感。

越来越多的研究关注社群主观幸福感的影响因素和作用机制。Kim（2015）认为自我决定理论的三个维度（自主、胜任和关系）是正向影响社群成员主观幸福感的前因，从而有效促进社群依恋。Wong 和 Ma（2016）研究发现社会支持对大学生的社群主观幸福感有正向影响。Pan（2018）认为网络社群中感知的社会支持和社会联系会对主观幸福感产生积极影响。Zhou 等（2019）指出，在在线品牌社群当中分享负面品牌体验，会同时引发社会支持和社会排斥，最终影响主观幸福感。Niedermeier 等（2019）在对德国汽车品牌在线社群的研究中，发现社群主观幸福感与口碑行为和购买意愿呈正相关。这些研究发现，消费者可以从在线品牌社群当中获得主观幸福感，然后会产生一些积极消费行为。

品牌主观幸福感（brand subjective well-being）是一个新概念，指消费者从品牌消费当中获得的主观幸福感，与"与品牌相关的快乐"或"品牌快乐"意思相近。Bettingen 和 Ludicke（2009）将从品牌体验中获得的快乐定义为"与品牌相关的快乐"，其实是源自品牌体验的幸福感。Schnebelen 和 Bruhn（2018）将品牌快乐定义为消费者最大的情感满足，是通过不同的品牌接触点（如购买、消费和广告）被诱导的高唤醒和低唤醒情绪的瞬间愉悦体验。品牌主观幸福感的前因后果在理论和实证研究中都有探讨。品牌线索、单一品牌体系和多品牌体系能够促进与品牌体验相关的快乐（Bettingen 和 ludicke，2009）。品牌主观幸福感的其他来源包括赋能利益（enabling benefit）、赋情利益（enticing benefit）和赋意利益（enriching benefit）（Park、MacInnis 和 Esingerich，2016），以及五种类型的品牌体验——感官、身体、情感、智力和社交体验（Schmitt 等，2015）。Al Mandil（2016）发现，关系型和情感型品牌体验都有助于提升品牌特有的幸福感，其中关系型品牌体验的影响更大。Schnebelen 和 Bruhn（2018）指出，品牌—自我相关性、品牌关系质量、品牌—目标一致性、实际和理想的品牌自我一致性，以及愉悦、公平和确定性的情境评估是品牌快乐的驱动因素。Niedermeier 等（2019）发现，在线品牌社群中的消费者参与行为会影响他们的主观幸福感。Kumar 等（2021）证实，大众声望品牌（masstige brands）与品牌主观幸福感之间的关系受到自我意识的调节。从上述文献来看，市场营销学界从社会网络和关系角度探讨品牌主观幸福感前因后果的研究相对较少。

第三节 在线品牌社群社会资本与幸福感的关系假设

在在线品牌社群背景下，社群成员通过互相沟通和参与社群活动可以满足品牌及其产品的信息需求、情感需求和关系需求，提升他们在社群的积极情绪体验和生活满意度，并提高他们的主观幸福感。社会资本可以促进社群成员之间的互动行为，帮助满足社群成员的不同期望和需求，提升社群体验。Meek 等（2019）指出，在线品牌社群情境下的社会资本是由社群结构中存在的共同语言、共同愿景、社会信任和互惠规范所决定的多维结构。其中，认知维度涉及共同语言和共同愿景，而关系维度则包括社会信任和互惠规范。本书采用 Meek 等（2019）的观点，重点分析了社会资本的认知维度和关系维度，因为这两个维度在在线品牌社群情境下可能与消费者主观幸福感有更密切的联系。同时，在线品牌社群是加强消费者与品牌关系的有效渠道（Perren 和 Kozinets，2018）。我们假设主观幸福感的社群维度在社会资本的四个维度与主观幸福感的品牌维度之间起着至关重要的联系作用（见图 7-1）。

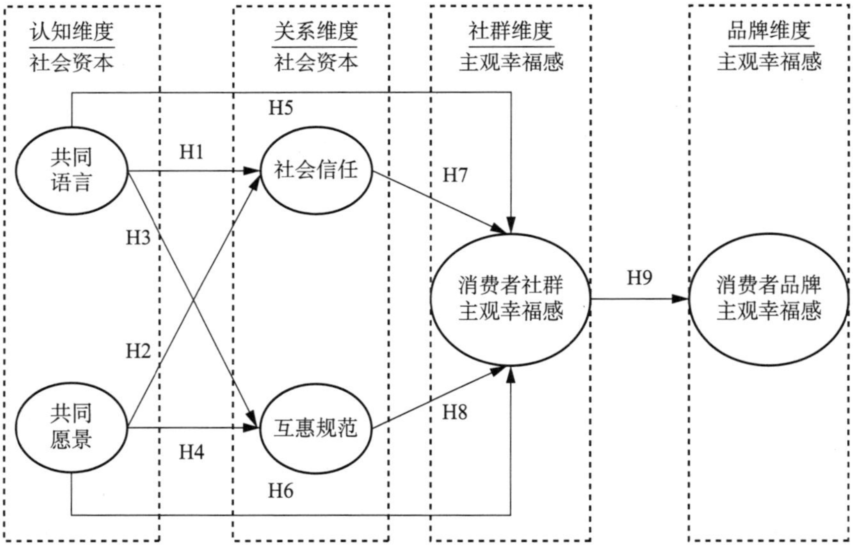

图 7-1 在线品牌社群社会资本与幸福感的关系

一、四个社会资本维度之间的关系假设

在在线品牌社群中，社群成员通过共同语言可以积极促进他们之间的讨论、提问、信息交流等社群参与行为，有效地促进社群成员之间的思想交流，最终建立互信关系（Chang 和 Hsu，2016）。使用共同语言是管理消费者和品牌关系的一个关键因素（Leung 等，2019），可以增加交换信息的质量和数量，促进相互理解，并在社群成员之间发展强大和积极的网络关系（Li 等，2019）。除了社群成员之间使用共同

语言进行持续的交流外，社群的社交质量也在逐步改善和提高，当达到一定程度时，社会信任就会建立起来（Tsai 和 Ghosal，1998）。在线品牌社群是消费者不受限于地理界限的集合，形成于消费者对特定品牌的忠诚和依赖。社群成员之间的互动增强了共识，反过来促进了共同行为标准的发展，并增加了信任关系（Rauniar 等，2019）。共同愿景有助于增强社群成员的相互理解和容忍，并为参与行为提供一个受信任的环境（Deng 和 Yuan，2020）。一般来说，积极的互动和沟通会形成今后社群成员之间持续积极互动的共同目标，从而发展和增强社会信任（Wasko 和 Faraj，2005）。此外，在在线品牌社群中，社会信任关系是建立在共同利益、共同价值观和共同目标等共同愿景（Zhao 等，2012）之上的。因此，提出如下两个假设：

H1：共同语言对社会信任产生积极影响。

H2：共同愿景对社会信任产生积极影响。

在在线品牌社群中，使用共同语言可以减少交流中的误解，促进信息和知识的共享，使社群成员积极参与（Chiu 等，2006；Tang 等，2012），也有助于社群成员遵守互惠规范（Hsu 等，2018）。同时，通过一致的在线品牌社群交流和互动，容易形成网络行为的群体互惠（Islam 等，2018）。换句话说，共同语言可以促进成员之间的交流，进而促进互惠行为。一般来说，如果群体有一个内部互惠的社会网络关系基础，具有相似兴趣和价值观的个体就更有可能在彼此之间开展互惠行为（Chriest 和 Niles，2018）。共同愿景可以连接社群成员，有效增强关系网络（Meek 等，2019），对互惠的态度和行为产生显著的积极影响（Putnam，2000）。共享目标也可以使在线品牌社群受益，从而促使社群成员更积极地遵守互惠规范（Schumann 等，2014）。因此，提出以下两个假设：

H3：共同语言对互惠规范产生积极影响。

H4：共同愿景对互惠规范产生积极影响。

二、社会资本对社群主观幸福感的影响假设

主观幸福感是评价者根据自己的主观标准对生活质量的整体评估（Diener，1984），包括认知和情感两个维度（Diener，2010）。积极情绪和生活满意度是主观幸福感的两个关键组成元素（Coffey 等，2016；Schnebelen 和 Bruhn，2018）。当消费者在在线品牌社群内经常使用共同语言进行内容分享和交流互动等交际行为时，他们会获得尊重，建立友谊（Wasko 和 Faraj，2005），并体验各种积极情绪，如满足和快乐（Koh 等，2003），进而有益于提升消费者的生活满意度（Ateca-Amestoy 等，2014；Hommerich 和 Tiefenbach，2018）。消费者访问在线品牌社群有多种需求和动机，如获取产品或品牌信息、知识、技能以及社交资源（Hoskins 等，2021；Meek 等，2019）。共同愿景有助于满足这些需求和动机。根据基本心理需求理论，需求和动机的满足具有深刻的情感和体验意义，产生积极的情感体验和满足感，从而丰富了消费者社群的主观幸福感。因此，提出以下两个假设：

H5：共同语言对消费者社群主观幸福感产生正向影响。

H6：共同愿景对消费者社群主观幸福感产生正向影响。

在在线品牌社群中，社会信任和互惠正向影响社群成员的参与行为和互动质量（Preece，2001），从而增进成员的参与意愿、社群归属感和社群依恋。归属感和依恋感是产生主观幸福感的必要条件和渠道。此外，社会信任和互惠对生活满意度的提升也有重要影响（Putnam，2000）。社会信任可以通过促进社群成员之间的理解沟通和情感交流，提升生活满意度（Pressman 等，2015）。而互惠有助于在社会网络关系中维系良好的人际关系（Hsiao 和 Chiou，2017），进而通过社会支持和良好的社会网络关系有效提升社群成员的幸福感和生活满意度（O'Connell 等，2016）。此外，在社会信任和互惠的氛围中，社群成员更有可能从与其他成员的互动中获得积极的情绪，如幸福、快乐或满足。因此，社会信任和互惠可能对主观幸福感产生正向影响。因此，提出以下两个假设：

H7：社会信任对消费者社群主观幸福感产生正向影响。

H8：互惠规范对消费者社群主观幸福感产生正向影响。

三、社群主观幸福感对品牌主观幸福感的影响假设

在线品牌社群是增强消费者与品牌关系的有效渠道（Perren 和 Kozinets，2018）。消费者在社群中的互动沟通和参与行为可以满足其功能性（如获得产品技能和知识）、情感性（如获得乐趣和体验）和关系性（如获得良好的社会关系）需求，提高其在社群中的积极情绪体验和生活满意度。消费者更有可能积极参与品牌相关活动，分享品牌或产品相关的意见、想法和知识（Morgan-Thomas 和 Veloutsou，2013），与品牌建立情感联系，产生更高的品牌忠诚度、品牌信任度以及良好的消费者—品牌关系（Fournier，1998；Kumar 等，2020；Xu 等，2021），最终导致品牌依恋。总体而言，消费者参与在线品牌社群活动，形成了以品牌相关的积极情感和品牌依恋为中心的品牌关系（Park 等，2010），最后带来对品牌的主观幸福感（Niedermeier 等，2019）。因此，假设如下：

H9：消费者社群主观幸福感对消费者品牌主观幸福感产生正向影响。

第四节　数据收集

一、样本选择

我们通过问卷星（www. wjx. com）向中国手机品牌在线社群的成员发放调查问卷。所有数据都是通过调查不同手机品牌的实际在线品牌社群成员收集的。如果问卷填写者成功地回答了筛选问题，则问卷有效。在收到的 623 份问卷中，有 576 份问卷在问题筛查后仍然有效，有效回收率为 92. 46%。表 7-1 给出了有效样本的描述性统计。

表 7-1　描述性统计

变量		人数	比重
性别	男	316	54. 86%
	女	260	45. 14%
年龄（岁）	<18	3	0. 52%
	18~25	110	19. 10%
	26~30	176	30. 56%
	31~40	248	43. 06%
	41~50	31	5. 38%
	51~60	7	1. 22%
	>60	1	0. 17%
收入（元）	<3000	49	8. 51%
	3000~5999	95	16. 49%
	6000~8999	193	33. 51%
	9000~11999	141	24. 48%
	12000~14999	61	10. 59%
	>15000	37	6. 42%
教育	高中及以下	16	2. 78%
	专科	42	7. 29%
	本科	454	78. 82%
	硕士	61	10. 59%
	博士及以上	3	0. 52%
职业	企业职员	48	8. 33%
	全日制学生	465	80. 73%
	教授学者	26	4. 51%
	党政机构工作者	33	5. 73%
	其他	4	0. 69%
手机品牌社群	花粉俱乐部	210	36. 46%
	小米社群	225	39. 06%
	威锋网	37	6. 42%
	盖乐世社群	9	1. 56%
	OPPO 社群	43	7. 47%
	vivo 社群	46	7. 99%
	其他手机论坛	6	1. 04%

续表

变量		人数	比重
加入社群年限	(0, 0.5)	22	3.82%
	(0.5, 1)	104	18.06%
	(1, 2)	203	35.24%
	(2, 3)	144	25.00%
	(3, 4)	59	10.24%
	(4, 5)	44	7.64%
访问在线社群频次	平均每月一次	55	9.55%
	平均半月一次	66	11.46%
	平均每周一次	172	29.86%
	平均每三四天一次	158	27.43%
	平均每天一次	95	16.49%
	每天多次	30	5.21%

二、变量测量

问卷调查使用了社会资本量表和主观幸福感量表。其中，社会资本量表（Meek 等，2019）包括共同语言、共同愿景、社会信任和互惠规范等四个维度；主观幸福感量表（Diener 等，1985；Diener 等，2010）包括生活满意度、积极情绪和消极情绪等三个维度，针对社群特点和品牌特点调整成消费者社群主观幸福感量表和品牌主观幸福感的量表。所有潜在变量均采用李克特 7 级量表测量，范围从 1（完全不同意）到 7（完全同意）。此外，我们控制了两个变量：社群成员使用该社群的年限和社群访问的频率。

第五节　数据分析和假设检验

本书采用两阶段步骤进行假设检验和模型可靠性检验。首先对共同语言、共同愿景、社会信任和互惠规范进行一阶因子分析，然后对消费者品牌和社群主观幸福感进行二阶因子分析。

在删除与生活满意度有关的两个测项（LSA5 和 LSB5）后，所有量表的 Cronbach's α、组合信度（CR）和平均萃取方差（AVE）都得到改善。如表 7-2 和表 7-3 所示，潜在变量的 CR 大于 0.7，表明满足内部组合信度标准（Hair 等，2019）。AVE 高于 0.5，表明收敛效度良好（Hair 等，2019）。AVE 的平方根超过相关系数的值，说明具有良好判别效度（Hair 等，2019）。

表 7-2 消费者主观幸福感信度检验

变量（第一层）	问卷测项	CR	AVE	变量（第二层）	CR	AVE
生活满意度	LSA1～LSA4	0.830	0.549	消费者—品牌主观幸福感	0.880	0.711
积极情绪	PEA1～PEA5	0.913	0.678			
消极情绪	NEA1～NEA5	0.862	0.555			
生活满意度	LSB1～LSB4	0.885	0.659	消费者—社群主观幸福感	0.885	0.721
积极情绪	PEB1～PEB5	0.894	0.628			
消极情绪	NEB1～NEB5	0.875	0.585			

注：CR 为组合信度；AVE 为平均萃取方差。

表 7-3 相关系数分析

序号	变量	CR	AVE	1	2	3	4	5	6
1	消费者—品牌主观幸福感（CBSWB）	0.880	0.711	**0.843**					
2	消费者—社群主观幸福感（CCSWB）	0.885	0.721	0.812	**0.849**				
3	互惠规范（RE）	0.791	0.558	0.551	0.585	**0.747**			
4	共同语言（SL）	0.823	0.699	0.465	0.515	0.513	**0.836**		
5	社会信任（ST）	0.871	0.693	0.535	0.607	0.455	0.382	**0.832**	
6	共同愿景（SV）	0.828	0.616	0.583	0.611	0.578	0.485	0.536	**0.785**

假设检验结果如表 7-4 所示。共同语言（$\beta=0.160$，$t=3.376$，$p<0.01$；$\beta=0.304$，$t=6.357$，$p<0.001$）和共同愿景（$\beta=0.458$，$t=9.232$，$p<0.001$；$\beta=0.430$，$t=8.370$，$p<0.001$）对社会信任和互惠规范均有显著的积极影响。因此，验证了 H1～H4。此外，共同语言（$\beta=0.168$，$t=3.000$，$p<0.01$）、共同愿景（$\beta=0.233$，$t=4.018$，$p<0.001$）、社会信任（$\beta=0.318$，$t=7.445$，$p<0.001$）和互惠规范（$\beta=0.219$，$t=4.211$，$p<0.001$）对消费者社群主观幸福感有显著的积极影响。因此，结果验证了 H5～H8。最后，消费者品牌主观幸福感受到消费者社群主观幸福感的显著正向影响（$\beta=0.812$，$t=35.878$，$p<0.001$）。因此，H9 得到了验证。社会信任、互惠规范、消费者社群和品牌主观幸福感调整后的 R^2 值分别为 0.304、0.402、0.547 和 0.658。Chin（1998）认为，在路径模型中，R^2 阈值 0.19、0.33 和 0.67 分别表示弱、中和强影响。可见，本模型的路径关系总体上处于中等偏上。总之，数据分析结果表明本书模型具有较高的稳健性、可解释性和预测能力。

表 7-4 假设检验结果

假设	假设检验路径	路径系数	t	p
H1	共同语言→社会信任	0.160**	3.376	0.001
H2	共同愿景→社会信任	0.458***	9.232	0.000

续表

假设	假设检验路径	路径系数	t	p
H3	共同语言→互惠规范	0.304***	6.357	0.000
H4	共同愿景→互惠规范	0.430***	8.370	0.000
H5	共同语言→消费者社群主观幸福感	0.168**	3.000	0.001
H6	共同愿景→消费者社群主观幸福感	0.233***	4.018	0.000
H7	社会信任→消费者社群主观幸福感	0.318***	7.445	0.000
H8	互惠规范→消费者社群主观幸福感	0.219***	4.211	0.000
H9	消费者社群主观幸福感→消费者品牌主观幸福感	0.812***	35.878	0.000

注：**表示 $p<0.01$，***表示 $p<0.001$。

第六节 在线品牌社群社会资本与幸福感的研究结论与启示

一、研究结论

品牌社群是社会网络关系的集合，社群成员通过互动获得社会资本（Horng 和 Wu，2020）。社会资本是研究人际关系和社会网络最流行的理论框架之一（Adler 和 Kwon，2002）。社会资本是一个多维结构，然而在在线品牌社群中，很少有研究探索社会资本各维度之间的相互关系。现有研究表明，认知维度可以用来预测关系维度（van den Hooff 和 Huysman，2009；Tsai 和 Ghoshal，1998）。然而，现有研究是在非在线品牌社群环境下进行的，所使用的测量指标也不一致。例如，Zhao 等（2012）使用感知相似性作为认知社会资本，而 van den Hooff 和 Huysman（2009）使用社会认同和信任作为关系社会资本的维度。然而，在线品牌社群情境下的社会资本是由共同语言、共同愿景、社会信任和互惠规范的水平决定的（Meek 等，2019）。本书证实，在在线品牌社群中，社会资本的认知维度，如共同语言和共同愿景，可以正向影响关系维度中的社会信任和互惠规范。因此，本书的结论很好地探索了在线品牌社群情境下社会资本维度之间的关系。

根据以往关于在线品牌社群社会资本的理论研究，多数学者探讨了在线品牌社群中社会资本与知识（Wasko 和 Faraj，2005）、品牌忠诚度（Rubio 等，2015）、品牌体验（Morgan-Thomas 和 Veloutsou，2013）、品牌极化（Osuna Ramírez 等，2019）、品牌资产（Zollo 等，2020）、品牌挚爱（Rodrigues 等，2019）以及其他因素的关系，然而很少有研究探讨这些因素对消费者主观幸福感的影响。本书证实了社会资本通过四个维度（共同语言、共同愿景、社会信任和互惠规范）对消费者群体主观幸福感产生积极的影响。Ko 和 Kuo（2009）也指出，社会互动和社会网络关系对在线社群中消费者的主观幸福感有积极影响。尽管本书中选择的社会资本维度不同于以往研究，但本书的结果在一定程度上支持了过去的研究发现。在现有文献中，很少有研究同时探讨在线品牌社会资本以及社群成员—社群之间的关系（Zhang 等，2021）。本书发现社会资本的四个维度对消费者群体主观幸福感有正向的影响，丰富了有关社会资本与主观幸福感的相关理论。

在线品牌社群是在互联网时代影响消费者主观幸福感的一个重要因素。相较于线下社群，在线品牌社群使得成员能够随时与众多成员进行广泛的交流。这将有助于提升在线社群内部互动关系的质量，并产生强大的社会资本，进而显著提高成员的主观幸福感。然而，在线品牌社群中的消费者品牌主观幸福感研究仍处于起步阶段。本书结果表明，社会互动、积极情感体验、生活满意度等因素作为主观幸福感的先决条件，可以改善消费者的社群体验，进而深化消费者与品牌的关系和消费者品牌主观幸福感。这与 Schnebelen 和 Bruhn（2018）的发现是一致的，他们发现消费者对幸福的感知体验会对他们的品牌主观幸福感产生积极的影响。如上所述，共同语言、共同愿景、社会信任和互惠规范四个社会资本维度对社群主观幸福感具有积极影响，而社群主观幸福感对品牌主观幸福感有正向影响，这也间接表明社群幸福感具有中介作用。基于社会资本的多维视角（本质上是一个社会网络和关系的视角），本书试图为未来的研究人员探索在线品牌社群中的社会资本提供灵感和思路。

二、启示

第一，通过培育共同语言、共同愿景、社会信任和互惠规范，可以增强在线品牌社群中的社会资本，进而提升消费者社群主观幸福感。企业营销人员可以鼓励消费者使用共同的词汇来促进与品牌有关信息的共享和交流，强调共同的价值观以加强消费者联系，并在社群当中发展社会信任和互惠规范，促进在线品牌社群的可持续繁荣。例如，小米在线论坛的成功经验之一就是保持用户之间的积极互动。消费者服务团队可以由公司领导和员工组成，采用流行用语、符号等与消费者交流；通过提供及时、高质量的客户服务，增强粉丝们的社群体验。此外，小米在线论坛使用各种沟通渠道和活动，如米粉节、城市聚会等，让用户感觉他们是主角，从而加强他们对社群的参与感和认同感。

第二，优化消费者与品牌关系，增强品牌依恋和品牌忠诚度有助于消费者主观幸福感的培养。例如，社群可以通过搭建多种功能模块（如产品发布、问答和社交）来促进功能性体验，满足消费者获取品牌或产品相关知识的要求，并增强消费者对品牌及产品的认知和情感依恋，从而提升社群成员的归属感和品牌忠诚度。在这种情况下，消费者和品牌之间的情感联系得到加强，形成品牌依恋，消费者的社群主观幸福感和品牌主观幸福感也会得到增强。此外，在线品牌社群是建立在社群成员和品牌之间强烈的情感关系上的（Algesheimer 等，2005）。通过消费者—品牌社群联系产生自我—品牌联系（Palazón 等，2019），是品牌依恋的关键逻辑（Park 等，2010）。在线品牌社群管理者还可以通过创造积极的社群氛围，提供促进信息获取、友好关系和自由沟通的互动环节，并提供关怀和支持的积极情感体验来培养社群中的自我—品牌联系（如通过主题活动、新产品开发、产品试用以及粉丝聊天）。品牌依恋从而得到发展和加强，有助于品牌主观幸福感的提升。

本章参考文献

[1] Adler P S, Kwon S W. Social capital: Prospects for a new concept[J]. Academy of Management Review, 2022, 27(1): 17-40.

[2] AlMandil K. Modelling the relationship between brand experience dimensions and the antecedents of happiness within the context of dining services[D]. Brunel University London, 2016.

[3] Algesheimer R, Dholakia U M, Herrmann A. The social influence of brand community: Evidence from European car clubs[J]. Journal of Marketing, 2005, 69(3): 19-34.

[4] Ateca-Amestoy V, Aguilar A C, Moro-Egido A I. Social interactions and life satisfaction: Evidence from Latin America[J]. Journal of Happiness Studies, 2014, 15(3): 527-554.

[5] Bagozzir R P, Yi Y, Phillips L W. Assessing construct validity in organizational research[J]. Administrative Science Quarterly, 1991, 36(3): 421-458.

[6] Bettingen J F, Luedicke M K. Can brands make us happy? A research framework for the study of brands and their effects on happiness[J]. Advances in Consumer Research, 2009(36): 308-315.

[7] Cappiello G, Giordani F, Visentin M. Social capital and its effect on networked firm innovation and competitiveness[J]. Industrial Marketing Management, 2020(89): 422-430.

[8] Chang C M, Hsu M H. Understanding the determinants of users' subjective well-being in social networking sites: An integration of social capital theory and social presence theory[J]. Behaviour & Information Technology, 2016, 35(9): 720-729.

[9] Cheah J H, Sarstedt M, Ringle C M, et al. Convergent validity assessment of formatively measured constructs in PLS-SEM: On using single-item versus multi-item measures in redundancy analyses[J]. International Journal of Contemporary Hospitality Management, 2018, 30(11): 3192-3210.

[10] Chen X, Ma J, Wei J, et al. The role of perceived integration in WeChat usages for seeking information and sharing comments: A social capital perspective[J]. Information & Management, 2021, 58(1): 103280.

[11] Chin W W. The partial least squares approach to structural equation modeling[J]. Modern Methods for Business Research, 1998, 295(2): 295-336.

[12] Chiu C M, Hsu M H, Wang E T G. Understanding knowledge sharing in virtual communities: An integration of social capital and social cognitive theories[J]. Decision Support Systems, 2006, 42(3): 1872-1888.

[13] Chriest A, Niles M. The role of community social capital for food security following an extreme weather event[J]. Journal of Rural Studies, 2018(64): 80-90.

[14] Coffey J K, Wray-Lake L, Mashek D, et al. A multi-study examination of well-being theory in college and community samples[J]. Journal of Happiness Studies, 2016, 17(1): 187-211.

[15] Deng X, Yuan L. Integrating technology acceptance model with social capital theory to promote passive users' continuance intention toward virtual brand communities [J]. IEEE Access, 2020(8): 73061-73070.

[16] Dessart L, Veloutsou C. Augmenting brand community identification for inactive users: A uses and gratification perspective [J]. Journal of Research in Interactive Marketing, 2021, 15(3): 361-385.

[17] Dessart L, Veloutsou C, Morgan-Thomas A. Consumer engagement in online brand communities: A social media perspective[J]. Journal of Product & Brand Management, 2015, 24(1): 28-42.

[18] Diener E. Subjective well-being[J]. Psychological Bulletin, 1984, 95(3): 542.

[19] Diener E, Emmons R A, Larsen R J, et al. The satisfaction with life scale[J]. Journal of Personality Assessment, 1985, 49(1): 71-75.

[20] Diener E, Wirtz D, Tov W, et al. New well-being measures: Short scales to assess flourishing and positive and negative feelings[J]. Social Indicators Research, 2010, 97(2): 143-156.

[21] Etkin J, Mogilner C. Does variety among activities increase happiness? [J]. Journal of Consumer Research, 2016, 43(2): 210-229.

[22] Fang C, Zhang J. Users' continued participation behavior in social Q & A communities: A motivation perspective[J]. Computers in Human Behavior, 2019(92): 87-109.

[23] Fournier S. Consumers and their brands: Developing relationship theory in consumer research[J]. Journal of Consumer Research, 1998, 24(4): 343-373.

[24] Grzeskowiak S, Lee D J, Yu G B, et al. How do consumers perceive the quality-of-life impact of durable goods? A consumer well-being model based on the consumption life cycle[J]. Applied Research in Quality of Life, 2014, 9(3): 683-709.

[25] Guevarra D A, Howell R T. To have in order to do: Exploring the effects of consuming experiential products on well-being[J]. Journal of Consumer Psychology, 2015, 25 (1): 28-41.

[26] Hair J F, Risher J J, Sarstedt M, et al. When to use and how to report the re-

sults of PLS-SEM[J]. European Business Review, 2019, 31(1): 2-24.

[27] Harris S G, Mossholder K W. The affective implications of perceived congruence with culture dimensions during organizational transformation[J]. Journal of Management, 1996, 22(4): 527-547.

[28] Hommerich C, Tiefenbach T. Analyzing the relationship between social capital and subjective well-being: The mediating role of social affiliation[J]. Journal of Happiness Studies, 2018, 19(4): 1091-1114.

[29] Horng S M, Wu C L. How behaviors on social network sites and online social capital influence social commerce intentions [J]. Information & Management, 2020, 57(2): 103176.

[30] Hoskins J, Gopinath S, Verhaal J C, et al. The influence of the online community, professional critics, and location similarity on review ratings for niche and mainstream brands[J]. Journal of the Academy of Marketing Science, 2021, 49(6): 1065-1087.

[31] Hsee C K, Yang Y, Li N, et al. Wealth, warmth, and well-being: Whether happiness is relative or absolute depends on whether it is about money, acquisition, or consumption[J]. Journal of Marketing Research, 2009, 46(3): 396-409.

[32] Hsiao C C, Chiou J S. The social influence of online collaborative community: The moderating effect of achievement[J]. Behaviour & Information Technology, 2017, 36(3): 269-280.

[33] Hsu L C, Wang K Y, Chih W H. Investigating virtual community participation and promotion from a social influence perspective[J]. Industrial Management & Data Systems, 2018, 118(6): 1229-1250.

[34] Hwang L A, Ng J W J, Vaithilingam S. Social capital and subjective well-being: The mediating role of social networking sites[J]. First Monday, 2019, 24(10): 1-21.

[35] Islam J U, Rahman Z, Hollebeek L D. Consumer engagement in online brand communities: A solicitation of congruity theory[J]. Internet Research, 28(1): 23-45.

[36] Jeong S W, Ha S, Lee K H. How to measure social capital in an online brand community? A comparison of three social capital scales[J]. Journal of Business Research, 2021(131): 652-663.

[37] Kim Y K. The effect of self-determination on happiness and attachment, loyalty in online community[J]. Journal of Korea Service Management, 2015, 16(3): 267-298.

[38] Ko H C, Kuo F Y. Canblogging enhance subjective well-being through self-disclosure? [J]. Cyberpsychology & Behavior, 2009, 12(1): 75-79.

[39] Koh J, Kim Y G. Sense of virtual community: A conceptual framework and empirical validation[J]. International Journal of Electronic Commerce, 2003, 8(2): 75-93.

[40] Kumar A, Paul J, Starčević S. Do brands make consumers happy? —A masstige

theory perspective[J]. Journal of Retailing and Consumer Services, 2021(58): 102318.

[41] Kumar J, Kumar V. Drivers of brand community engagement[J]. Journal of Retailing and Consumer Services, 2020(54): 101949.

[42] Lee C T, Hsieh S H. Can social media-based brand communities build brand relationships? Examining the effect of community engagement on brand love[J]. Behaviour & Information Technology, 2022, 41(6): 1270-1285.

[43] Lee H, Chang D R, Einwiller S. A study on the dynamics between the moral reasoning process and celebrity image and their impact on consumers' support for celebrity comebacks after a transgression[J]. Journal of Product & Brand Management, 2020, 29(6): 729-743.

[44] Leung W K, Shi S, Chow W S. Impacts of user interactions on trust development in C2C social commerce: The central role of reciprocity[J]. Internet Research, 2019, 30(1): 335-356.

[45] Li S, Modi P, Wu M S S, et al. Conceptualising and validating the social capital construct in Consumer-initiated Online Brand Communities(COBCs)[J]. Technological Forecasting and Social Change, 2019(139): 303-310.

[46] Loureiro S M C, Gorgus T, Kaufmann H R. Antecedents and outcomes of online brand engagement: The role of brand love on enhancing electronic-word-of-mouth[J]. Online Information Review, 2017, 41(7): 985-1005.

[47] Madupu V, Cooley D O. Cross-cultural differences in online brand communities: An exploratory study of Indian and American online brand communities[J]. Journal of International Consumer Marketing, 2010, 22(4): 363-375.

[48] Mathwick C, Wiertz C, de Ruyter K. Social capital production in a virtual P3 community[J]. Journal of Consumer Research, 2008, 34(6): 832-849.

[49] McAlexander J H, Schouten J W, Koenig H F. Building brand community[J]. Journal of Marketing, 2022, 66(1): 38-54.

[50] Meek S, Ryan M, Lambert C, et al. A multidimensional scale for measuring Online Brand Community Social Capital(OBCSC)[J]. Journal of Business Research, 2019(100): 234-244.

[51] Morgan-Thomas A, Veloutsou C. Beyond technology acceptance: Brand relationships and online brand experience[J]. Journal of Business Research, 2013, 66(1): 21-27.

[52] Muniz A M Jr, O'Guinn T C. Brand community[J]. Journal of Consumer Research, 2001, 27(4): 412-432.

[53] Nahapiet J, Ghoshal S. Social capital, intellectual capital, and the organizational advantage[J]. Academy of Management Review, 1998, 23(2): 242-266.

[54] Niedermeier A, Albrecht L, Jahn B. Happy together: Effects of brand community engagement on customer happiness [J]. Journal of Relationship Marketing, 2019, 18(1): 54-76.

[55] O'Connell B H, O'Shea D, Gallagher S. Enhancing social relationships through positive psychology activities: Arandomised controlled trial[J]. Journal of Positive Psychology, 2016, 11(2): 149-162.

[56] Osuna Ramírez S A, Veloutsou C, Morgan-Thomas A. I hate what you love: Brand polarization and negativity towards brands as an opportunity for brand management[J]. Journal of Product & Brand Management, 2019, 28(5): 614-632.

[57] Palazón M, Delgado-Ballester E, Sicilia M. Fostering brand love in Facebook brand pages[J]. Online Information Review, 2019, 43(5): 710-727.

[58] Pan S. Examining the effects of social networks formed in a senior-oriented online community on older participants' subjective well-being in China[J]. Chinese Journal of Communication, 2018, 11(2): 135-154.

[59] Pancer E, Handelman J. The evolution of consumer well-being[J]. Journal of Historical Research in Marketing, 2012, 4(1): 177-189.

[60] Park C W, Maclnnis D J, Eisingerich A B. Brand admiration: Building a business people love[M]. John Wiley & Sons, 2016.

[61] Park C W, Maclnnis D J, Priester J, et al. Brand attachment and brand attitude strength: Conceptual and empirical differentiation of two critical brand equity drivers[J]. Journal of Marketing, 2010, 74(6): 1-17.

[62] Perren R, Kozinets R V. Lateral exchange markets: How social platforms operate in a networked economy[J]. Journal of Marketing, 2018, 82(1): 20-36.

[63] Petrescu M, Kara A. Consumer aspirations and subjective well-being[J]. Journal of International Consumer Marketing, 2018, 30(5): 304-316.

[64] Preece J. Sociability and usability in online communities: Determining and measuring success[J]. Behaviour & Information Technology, 2001, 20(5): 347-356.

[65] Putnam R D. Bowling alone: The collapse and revival of American community [M]. New York: Simon and Schuster, 2000.

[66] Pressman S D, Kraft T L, Cross M P. It's good to do good and receive good: The impact of a "pay it forward" style kindness intervention on giver and receiver well-being[J]. Journal of Positive Psychology, 2015, 110(4): 293-302.

[67] Rauniar R, Rawski G, Morgan S, et al. Knowledge integration in IPPD project: Role of shared project mission, mutual trust, and mutual influence[J]. International Journal of Project Management, 2019, 37(2): 239-258.

[68] Rodrigues C, Rodrigues P. Brand love matters tomillennials: The relevance of

mystery, sensuality and intimacy to neo-luxury brands[J]. Journal of Product & Brand Management, 2019, 28(7): 830-848.

[69] Rubio N, Oubiña J, Gómez-Suárez M. Understanding brand loyalty of the store brand's customer base[J]. Journal of Product & Brand Management, 2015, 24(7): 679-692.

[70] Schmitt B, Brakus J J, Zarantonello L. From experiential psychology to consumer experience[J]. Journal of Consumer Psychology, 2015, 25(1): 166-171.

[71] Schnebelen S, Bruhn M. An appraisal framework of the determinants and consequences of brand happiness[J]. Psychology & Marketing, 2018, 35(2): 101-119.

[72] Schumann J H, von Wangenheim F, Groene N. Targeted online advertising: Using reciprocity appeals to increase acceptance among users of free web services[J]. Journal of Marketing, 2014, 78(1): 59-75.

[73] Sirgy M J, Lee D J. Well-being marketing: An ethical business philosophy for consumer goods firms[J]. Journal of Business Ethics, 2008(77): 377-403.

[74] Son J E, Lee S H, Cho E Y, et al. Examining online citizenship behaviours in social network sites: A social capital perspective[J]. Behaviour & Information Technology, 2016, 35(9): 730-747.

[75] Tang X, Tang M, Weng Z, et al. The impact of social capital on information exchange and well-being in virtual communities'[J]. Journal of Global Information Technology Management, 2012, 15(3): 5-29.

[76] Tsai W, Ghoshal S. Social capital and value creation: The role of intrafirm networks[J]. Academy of Management Journal, 1998, 41(4): 464-476.

[77] Tseng T H, Huang H H, Setiawan A. How do motivations for commitment in online brand communities evolve? The distinction between knowledge-and entertainment-seeking motivation[J]. Computers in Human Behavior, 2017(77): 326-335.

[78] van den Hooff B, Huysman M. Managing knowledge sharing: Emergent and engineering approaches[J]. Information & Management, 2009, 46(1): 1-8.

[79] Wasko M M, Faraj S. Why should I share? Examining social capital and knowledge contribution in electronic networks of practice[J]. MIS Quarterly, 2005, 29(1): 35-57.

[80] Wong T K, Ma W W K. Exploring relationship between online social support and individual online subjective well-being among young adults[C]. 66th ICA Annual Conference (International Communication Association), Fukuoka, Japan, 2016.

[81] Wu J B, Hom P W, Tetrick L E, et al. The norm of reciprocity: Scale development and validation in the Chinese context[J]. Management & Organization Review, 2006, 2(3): 377-402.

[82] Xu X, Xue K, Wang L, et al. Effects of customer-to-customer social interactions in virtual travel communities on brand attachment: The mediating role of social well-being[J]. Tourism Management Perspectives, 2021(38): 100790.

[83] Yan J, Leidner D E, Benbya H, et al. Social capital and knowledge contribution in online user communities: One-way or two-way relationship[J]. Decision Support Systems, 2019(1127): 113-131.

[84] Yang X, Li G. Factors influencing the popularity of customer-generated content in a company-hosted online co-creation community: A social capital perspective[J]. Computers in Human Behavior, 2016(64): 760-768.

[85] Yoon C, Kim C, Kim S, et al. Social capital, knowledge quality, and online brand community success[J]. Journal of Information Technology Services, 2014, 13(3): 183-200.

[86] Yuan L, Deng X, Zhong W. Encouraging passive members of online brand communities to generatee WOM based on TAM and social capital theory[J]. IEEE Access, 2021(9): 12840-12851.

[87] Zhang C B, Li N, Han S H, et al. How to alleviate social loafing in online brand communities: The roles of community support and commitment[J]. Electronic Commerce Research and Applications, 2021(47): 101051.

[88] Zhang H, Gupta S, Sun W, et al. How social-media-enabled co-creation between customers and the firm drives business value? The perspective of organizational learning and social capital[J]. Information & Management, 2020, 57(3): 103200.

[89] Zhao L, Lu Y, Wang B, et al. Cultivating the sense of belonging and motivating user participation in virtual communities: A social capital perspective[J]. International Journal of Information Management, 2012, 32(6): 574-588.

[90] Zhao X, Chen Y R R. How brand-stakeholder dialogue drives brand-hosted community engagement on social media: A mixed-methods approach[J]. Computers in Human Behavior, 2022(131): 107208.

[91] Zhou Z, Zhan G, Zhou N. How does negative experience sharing influence happiness in online brand community? A dual-path model[J]. Internet Research, 2020, 30(2): 575-590.

[92] Zollo L, Filieri R, Rialti R, et al. Unpacking the relationship between social media marketing and brand equity: The mediating role of consumers' benefits and experience[J]. Journal of Business Research, 2020(117): 256-267.

第八章

在线品牌社群氛围与幸福感[①]

随着社群营销工具的广泛使用，社群氛围（community climate）的重要性越来越受到学者们的关注。已有研究表明，组织氛围会对个体心理和行为产生影响（Ajzen和Fishbein，1972），但组织氛围与幸福感之间的影响机制还不清晰。本章研究品牌社群氛围的两个维度——支持性氛围和控制性氛围对幸福感的影响，以期拓宽在线品牌社群研究方向，丰富社群氛围对幸福感的影响机制文献，为消费者幸福感的提升提供新的视角。

第一节　在线品牌社群氛围对幸福感的作用

Web2.0时代，在线品牌社群成了新型的互联网营销工具（Coelho、Rita和Santos，2018）。比如，营销人员可以从社群中获得消费者信息，对他们的生活方式和消费需求进行预测（Brogi，2014）；又如，品牌社群能够帮助企业吸引客户并加强消费者—品牌关系（Andersen，2005），从而提高客户的品牌忠诚度（Bagozzi和Dholakia，2006；Berry，1995）。因此，越来越多的企业投入时间和资金来运营在线品牌社群（Vries、Gensler和Leeflang，2012；Munnukka、Karjaluoto和Tikkanen，2015）。然而，研究发现，25%的品牌社群用户很少积极参与社群互动（Zhang等，2018），并且活跃成员流失情况较为严重（周志民和吴群华，2013）；这已成为所有在线品牌社群发展中的一大通病，其症结在于社群黏性不足。而社群幸福感可能是促进社群黏性的重要原因：一方面，消费与幸福之间的关系已得到证实（Myers，2000）；另一方面，幸福感还被证明是促进品牌忠诚的重要原因（Grzeskowiak和Sirgy，2007），转到社群上来，也是如此。成员幸福感也很可能促进品牌忠诚，同时提高社群黏性，构建持久的消费者—品牌关系。因此，研究如何培育在线品牌社群中成员的幸福感，能为企业提高社群经营绩效提供新思路。

针对这一问题，本章选取了可能促进社群成员幸福感的两个社群要素展开研究。第一，在线品牌社群氛围（online brand community climate）。组织中都存在组织氛围，指的是成员感知的、能影响其行为的内部的心理环境气氛（Tagiiiri和Litwin，1968）。

① 本章初稿发表情况如下：周志民，张良波，郑付成. 在线品牌社群氛围如何培育成员幸福感？——利他行为的中介作用［J］. 企业经济，2020（9）：62-71. 本书有删改。

品牌社群是一个开放的社会组织，具有组织的多个属性（Muniz 和 O'Guinn，2001），故而也存在社群氛围。此处，社群氛围指的是社群成员对社群环境的感知（赵建彬和景奉杰，2016；周志民和张江乐，2019）。组织行为学相关研究表明，组织氛围正向影响成员满意度（Luthans 等，2008），良好的组织氛围能反映成员在组织中的满意度（Vong、Ngan 和 Lo，2018），那么在线品牌社群中，成员幸福感是否也会受社群氛围的影响？第二，利他主义。利他主义是组织公民行为中的重要维度。周志民等（2016）研究发现，如同在正式组织中一样，人们在在线品牌社群当中也会表现出组织公民行为，而氛围作为网络环境下一种重要的行为刺激要素，已经获得学者们的共识（魏守波和程岩，2012）。Ajzen 和 Fishbein（1972）研究发现，个人的行为意愿受组织氛围的影响。因此，良好的氛围可能促进社群成员的利他主义，如提升成员知识共享意愿等（王士红、徐彪和彭纪生，2013），而利他主义能使个体更加肯定自我，体验到一种自我成就和被认可的愉悦感（Dávila 和 Finkelstein，2013）。由此看来，良好的社群氛围不仅可能直接影响成员幸福感，还可能通过促进社群利他主义对幸福感产生影响。

通过以上分析，本书拟解决以下问题：在线品牌社群氛围是否会对社群成员的幸福感产生影响？利他主义在其中是否起到中介作用？其中具体的中间机制如何？目前从社群氛围视角对成员的幸福感进行探索的文献还很缺乏，如果社群氛围有利于社群幸福感的形成，那么将从组织行为学视角为社群幸福感的形成机制提供一个解释。这不仅能从社群氛围和公民行为的视角丰富在线品牌社群理论，还可在一定程度上揭示幸福感的形成路径，也可为企业建设消费者—品牌关系、提升品牌忠诚度、提高品牌社群经营绩效的实践做法提供幸福感视角的指导。

第二节　在线品牌社群氛围、幸福感和利他主义的相关理论

一、在线品牌社群氛围

品牌社群是建立在某一品牌爱好者之间的一整套社会关系基础上的一种专门的不受地理限制的社群（Muniz 和 O'Guinn，2001），如苹果的威锋网论坛、华为的花粉俱乐部、哈雷摩托车的 H. O. G（Harley Owner's Group，哈雷车主会）等。本质上，品牌社群也是组织，因此也具有组织的特征。组织氛围以多种形式来影响组织的心理环境（Diekhoff、Thompson 和 Denney，2006）。从客观角度出发，组织氛围是一种能够描述组织态度、情感和行为集合的组织特质，独立于组织成员的感受和理解（Ekvall，1996）；从主观角度出发，组织氛围被看作个体对组织环境氛围的心理感知（Anderson 和 West，1998）。由于本书主要从成员个体角度研究在线品牌社群氛围对个体幸福感的影响机制，所以借鉴组织氛围主观定义法中的认知图示法（陈维政和

李金平，2005），将在线品牌社群氛围定义为成员对社群环境氛围的心理感知。

根据管理风格的不同，现有研究将组织氛围分为支持性氛围（supportive organizational climate）和控制性氛围（controlling organizational climate）两种（王端旭和洪雁，2011；Amabile 等，1996）。在线品牌社群中，支持性社群氛围是指在线社群中信息可以自由而公开地不受阻碍地流动、支持新看法，管理人员关心成员的需求，且能够及时供给各种所需的资源和帮助，社群成员在社群内部可以自由发言、自由交流的社群氛围；而控制性社群氛围指的是社群内部实行严格规范管理，对成员按标准设置不同等级，禁止成员之间相互辱骂、乱发帖子等（赵建彬和景奉杰，2016；周志民和张江乐，2019）。前者强调对组织成员的支持和帮助，主张信息交流的公开和自由（Sherman 和 Olsen，1996）；后者则强调对社群成员的管治和规范。研究发现，支持性氛围能够提升成员的创造力（王端旭和洪雁，2011；陈晓，2006），增强成员的组织承诺（凌文辁、杨海军和方俐洛，2006；张勉和张德，2002）。有学者提出，支持性组织氛围会对成员在组织中的发展产生支持和帮助的作用，而控制性组织氛围则强调对成员的管治和规范，维护社群的正常运行，净化交流空间（Bock 等，2005；Tsai 和 Bagozzi，2014）。

二、社群成员幸福感

社群成员幸福感指的是成员在品牌社群中所感知到的幸福感。目前心理学界提出了三种幸福感：主观幸福感、心理幸福感（psychological well-being）和社会幸福感。这三种幸福感都会出现在在线品牌社群当中。

心理幸福感始于亚里士多德的完善论（eudaimonia），其认为幸福不只是快乐的体验，还包括人的自我实现。人们通过做有意义的事情获得幸福，是该理论的主要观点。心理幸福感主要指通过发挥自我潜能，获得自我完善、自我实现和自我成就（Ryff 和 Keyes，1995）。结合在线品牌社群的研究特点，本书采纳 Ryan 和 Deci（2001）提出的心理幸福感的主要维度——自我接纳作为社群成员心理幸福感的测项。具体而言，自我接纳（self-acceptance）指的是个体对自我有着积极的态度和认知，对以往的自身行为等感到满意（董学兵、常亚平和肖灵，2018；Ryff，1989）。

社群与社会幸福感的相关性已得到相关研究证实（Wilkinson，1979）。社会幸福感是指个人对社会功能、生活环境以及自己与他人、集体、社会之间关系的评估（Keyes，1998）。在社会幸福感的维度中，社会贡献是对个人社会价值的评估，包括个体相信自己对社会的重要性以及能够为社会创造价值的信念。在线品牌社群中，社会幸福感即社群成员对自身和其他成员以及社群本身之间的关系评估，社群成员社会贡献就是成员相信自己对所在社群的重要性以及自己能够为社群创造价值的信念。由于社群利他主义与社会贡献这一维度关系密切，因此本章将社会贡献作为研究社会幸福感的重要维度。

三、利他主义

组织公民行为（organizational citizenship behavior）是群体中成员基于自愿的自发性个体行为。这种行为一般受到利他动机驱使，对其他成员个体有利。在品牌社群中，成员们积极参与活动、主动分享品牌信息、热情回复他人问题、净化社群的交流环境，行为类似于组织行为学中的组织公民行为。组织公民行为包括利他主义等维度（Bies，1989）。由于本书重点落在社群氛围而非组织公民行为，因此采用已有研究中的观点，选择对其他成员有利和对组织有利的利他主义进行研究（Williams，1991）。具体而言，利他主义是指不期待回报的、自发助人的行为方式和意愿。它是对组织有利、对成员间彼此关系有利的维度（Smith、Organ 和 Near，1983），结合本书的研究对象在社群中的具体行为，选择利他主义为在线品牌社群成员社会幸福感的测量维度。

第三节　在线品牌社群氛围与幸福感的理论模型与假设

一、概念模型

研究表明，组织氛围会对个体心理和行为产生影响（Ajzen 和 Fishbein，1972），但组织氛围与幸福感之间的影响机制目前还很少有文献揭示。本书旨在探索不同的在线品牌社群氛围如何影响成员幸福感，以及利他主义在其中的作用。我们以组织行为学理论、积极心理学理论为基础，依据社会信息加工理论，将社群成员生活满意度和利他主义作为核心中介变量来构建模型。社会信息加工理论（social information processing theory）认为，人类是适应性的有机体，能依据环境所提供的线索和信息调整自己的态度和行为（Salancik 和 Pfeffer，1978）。具体而言，个体的态度和行为取决于其所在工作场所的社会环境中可获得的信息。而组织氛围作为环境所提供的信息，直接影响着个体的心理和行为（段锦云、王娟娟和朱月龙，2014）。由此可推测，一个社群成员的幸福感和公民行为利他主义受到其所处在线品牌社群氛围（支持性氛围和控制性氛围）的影响。实证研究发现，幸福感是一个多层次、多维度的结构，包括主观幸福感、心理幸福感和社会幸福感三个因素（陈浩彬和苗元江，2012）。依据组织行为学相关研究，生活满意度可能促进个体的利他主义（Grube 和 Piliavin，2000），由此推测，生活满意度对利他主义会产生影响，而利他主义被认为可能是心理幸福感和社会幸福感的促进因素（Kahana 等，2013）。所以本书最终模型的结构是，生活满意度和利他主义在社群氛围与社群幸福感（心理幸福感、社会幸福感）之间起到链式中介的作用。这一模型解读了在线品牌社群氛围对成员幸福感的影响机制（见图 8-1）。

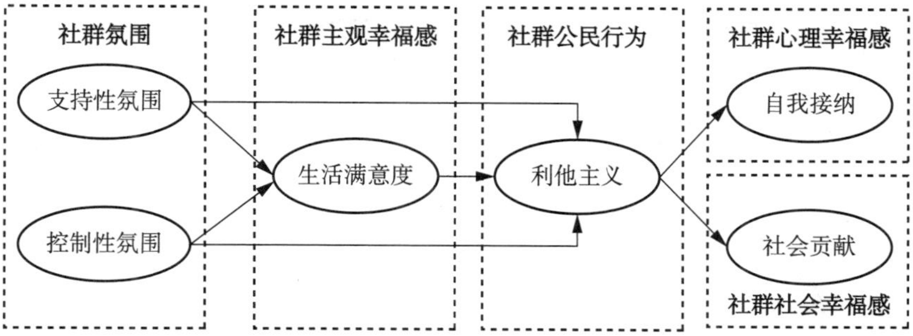

图 8-1　概念模型

二、在线品牌社群氛围与生活满意度

组织氛围会影响个体成员的想法、行为及其动机、感受和信念等（Litwin 和 Stringer，1968）。良好的组织氛围能提升成员在其工作场所的愉悦程度（Vong、Ngan 和 Lo，2018）。可见，社群氛围对成员的主观幸福感可能产生影响。具体到支持性氛围而言，支持感是一种对成员热情的响应和情感关怀，能给予成员一种积极正面的心理感受回馈（Hsieh、Lee 和 Tseng，2022；Liang 等，2011）。研究发现，组织支持可以促进积极的生活工作态度，提升积极情感（Kurtessis 等，2017）。因此，支持性社群氛围很可能正向影响社群主观幸福感。就控制性氛围而言，随着组织的规章制度进入稳定巩固状态，社群成员也会慢慢接受规范进行自我管理。在线品牌社群控制性氛围能深化成员之间的信任关系和互惠规范，从而增强对品牌社群的承诺（Zhang 等，2021）。控制性氛围下，管治、净化交流空间的社群环境给成员带来安全干净的线上交流空间，从而增加成员对社群的良好印象，提升其社群生活满意度。据此，做出以下假设：

H1a：支持性社群氛围对社群生活满意度有正向影响；

H1b：控制性社群氛围对社群生活满意度有正向影响。

三、在线品牌社群氛围与利他主义

组织氛围会影响成员的交互行为，社群氛围越好，成员交互越多，产生利他行为的可能性也就越大。具体到支持性社群氛围而言：Organ 和 Ryan（1995）研究表明，员工感知的组织公平性和管理者支持越强，则员工的组织公民行为就越好；在线品牌社群当中，支持性社群氛围创造了信任和互惠的环境，鼓励社群内部信息自由和公开交流，加深成员之间的互动程度，增大社群成员帮助他人的意愿。控制性氛围强调对社群成员的管治和规范，从而保障社群的良好运转。研究发现，环境压力、制约影响员工的主观规范，进而影响其知识分享行为（Bock 等，2005）。在控制性社群氛围中，规范和惩罚（如禁止成员相互辱骂，删除恶性谣言、广告等）为社群成员的正常交流提供了保障，形成一个值得信赖的社群环境，强化了成员之间的信任，从而形成更多的利他行为。据此，可以假设：

H2a：支持性社群氛围对社群利他主义有正向影响；

H2b：控制性社群氛围对社群利他主义有正向影响。

四、生活满意度与利他主义

研究表明，幸福感对组织公民行为有预测作用（Rego、Ribeiro 和 Cunha，2010）。主观幸福感高的成员更具有同情心、更加尊重他人，在组织中会表现出更多助人行为；幸福感越高，也越愿意与他人保持更亲密的关系，这种亲密关系使个体表现出更多的利他行为（Oarga、Stavrova 和 Fetchenhauer，2015）。此外，处于积极情绪下的个体更容易偏好于通过公民行为去积极提升自己的社会形象（Post，2005），而积极情绪正是主观幸福感的重要体现。类似地，在线品牌社群中，社群成员生活满意度越高，社群成员就越可能有更高的利他主义。据此假设：

H3：社群生活满意度对社群利他主义有正向影响。

五、利他主义与自我接纳

自我决定理论和社会认同理论强调了利他行为对自尊的正向影响（Oarga、Stavrova 和 Fetchenhauer，2015）。研究发现，个体自愿地帮助他人能从中获得高自尊，并且能够在以后的生活中更好地理解自我，从而感到幸福（Mellor 等，2008）。利他者虽然没有外在收益，但事实上获得了内在的奖励（Batson，2014）。社群成员通过在社群中的利他行为更加肯定了自我价值，体验到更强的自我接纳度（Haverila 等，2022；Mansoor 和 Paul，2022）。因此，利他行为可能提升在线品牌社群成员的心理幸福感。据此，提出如下假设：

H4a：社群利他主义对社群自我接纳有正向影响。

六、利他主义与社会贡献

社会贡献是个体对自我社会价值的评估，也就是对个体是否能为社会带来某种价值的评估（Keyes，1998）；美国中年人发展全国调研（The Midlife in the United States，MIDUS）数据也显示出亲社会行为与社会幸福感有着很强的关联。当个体做出利他行为，就会提升积极认知和社会贡献的情感体验（Schwartz 等，2003）。Keyes 和 Ryff（1998）发现，公民行为与社会贡献亲社会行为测量的部分维度能够预测社会幸福感的积极水平，意味着社会幸福感的水平可能受利他主义的正向影响。类似地，在线品牌社群中，成员的利他行为也可能提升社群的社会贡献。据此，做出如下假设：

H4b：社群利他主义对社群社会贡献有正向影响。

第四节　测量与样本说明

一、构念测量

本章的研究模型包括在线品牌社群氛围、主观幸福感、公民行为、心理幸福感、社会幸福感等五个构念。其中，社群氛围包括支持性社群氛围和控制性社群氛围两个维度，前者的测项来自 Rogg 等（2001）的文献，后者的测项部分来自 Muchinsky（1977）的文献，再结合访谈来进行补充。访谈的方式是在小米社区和华为花粉俱乐部中与会员在线交流，询问"在这个论坛中，你感受到有哪些规则要遵守?"。主观幸福感的主要测量维度是生活满意度，测项来自 Diener 等（1985）的文献。公民行为的主要测项是利他主义，来自 MacKenzie 等（1993）的文献。心理幸福感的主要测项是自我接纳，来自 Ryff（1989）的文献。社会幸福感的主要测项是社会贡献，来自 Keyes（1998）的文献。所有测项均采用李克特 5 级量表进行测量，1 表示完全不同意，5 表示完全同意。

二、样本特征

我们通过问卷星平台（http：//www. sojump. com/）在线投放问卷。由于是有偿问卷，所以回收问卷比较迅速，质量也比较高。为控制质量，我们设置了问卷填写时间低于 180 秒或者非论坛注册会员者删除的删选条件。在 5 天内，共收集到 524 份问卷，其中有效问卷 502 份。从性别来看，男性占比为 47. 9%，女性占比为 52. 1%，比例均衡；从年龄来看，仅 3. 24%的调查者小于等于 20 岁，21～30 岁的调查者达到了 45. 99%，31～40 岁的调查者也占了 45. 23%，与当前中国网民年龄结构相似；具有大专或本科学历的网民构成了本书的主要被试，占样本的 87. 21%；加入社群的时间从半年内到 3 年以上者，分布较为均匀（见表 8-1）。总体而言，样本具有代表性。

表 8-1　有效样本结构描述

性别及占比	年龄（岁）及占比		加入社群的时间及占比		学历及占比		收入（元）及占比	
男性 47. 9%	<15	0%	<6 个月	3. 82%	高中、中专及以下	1. 34%	3000 以下	6. 68%
	15～20	3. 24%	6 个月至 1 年	12. 21%	大专或本科	87. 21%	3001～6000	16. 41%
	21～25	15. 46%	1～2 年	30. 34%	硕士	10. 50%	6001～9000	34. 35%
女性 52. 1%	26～30	30. 53%	2～3 年	32. 25%	博士及以上	0. 95%	9001～12000	24. 43%
	31～35	28. 44%	>3 年	21. 37%			12001～15000	9. 35%
	36～40	16. 79%					15001～18000	5. 15%
	41～50	4. 2%					18000 以上	3. 63%
	>50	1. 34%						

第五节 数据分析与假设检验

一、信度和效度检验

信度检验通过 Cronbach's α 值来进行。本书中自变量、因变量和控制变量各分量表以及整个量表的 Cronbach's α 值见表 8-2。除控制性社群氛围外（Cronbach's α = 0.64，略低于 0.7），其他构念的 Cronbach's α 值都大于 0.7，说明每个构念的内部一致性都较高。组合信度（CR）均大于 0.7，说明组合信度高。效度检验包括收敛效度和判别效度。验证性因子分析被用来检验收敛效度。删除不符合标准的题项，所有测项的因子载荷都大于 0.5。鉴别效度用平均萃取方差来计算。如表 8-3 所示，两个 AVE 数值接近 0.5，其余数值 AVE 值均超过了 0.5，且每个构念 AVE 的平方根都大于其与其他构念的相关系数，说明判别效度较高。

综上所述，本书的数据具有较好的信度和效度，适合做进一步的检验。

表 8-2 测项信度与效度

测项	因子载荷
支持性社群氛围（SC）（Cronbach's α = 0.81）	
SC1：在 X 品牌论坛中，会员之间可以进行很好的交流与沟通	0.63
SC2：在 X 品牌论坛中，会员之间的关系是平等的	0.55
SC3：在 X 品牌论坛中，会员提出的好建议会被大家采纳	0.63
SC4：总体而言，X 品牌论坛里面的会员之间关系很好	0.69
SC5：在 X 品牌论坛中，很多会员会帮助其他会员	0.75
SC6：X 品牌论坛的会员会合作解决问题	0.76
SC7：X 品牌论坛的会员会彼此尊重	0.69
SC8：X 品牌论坛的会员相互信任	0.72
控制性社群氛围（CC）（Cronbach's α = 0.64）	
CC1：在 X 品牌论坛中，会员发表有关品牌的负面内容会受到严格审核，有的甚至会被屏蔽	0.67
CC2：在 X 品牌论坛中，有许多规则要遵守	0.72
CC3：在 X 品牌论坛中，会员如果辱骂了别的会员，将会被禁言	0.73
CC4：在 X 品牌论坛中，会员如果发布广告信息，通常会被删帖	0.63
生活满意度（SWL）（Cronbach's α = 0.75）	
SWL1：在大多数时候，我在 X 品牌论坛中的状态接近于我理想的状态	0.74
SWL2：我在 X 品牌论坛中的状态很好	0.81

续表

测项	因子载荷
SWL3：我对自己在 X 品牌论坛中的状态很满意	0.80
SWL4：到目前为止，我已经在 X 品牌论坛中取得了重要的收获	0.66
SWL5：如果要再来过，我愿意保持现在在 X 品牌论坛中的状态，而不希望做任何改变	0.55
利他主义（AL）（Cronbach's α=0.77）	
AL1：X 品牌论坛即使没有要求，我也会帮助新成员熟悉论坛	0.84
AL2：对于 X 品牌论坛成员，我总是准备好提供帮助	0.82
AL3：我愿意花费时间来帮助 X 品牌论坛的成员	0.82
自我接纳（SA）（Cronbach's α=0.714）	
SA1：通过与 X 品牌论坛成员的交互，我会增加对自我的肯定	0.82
SA2：通过与 X 品牌论坛成员的交互，我会更多地意识到自身的优点	0.80
SA3：通过与 X 品牌论坛成员的交互，我会增加对自己生活方式的肯定	0.78
社会贡献（SOC）（Cronbach's α=0.82）	
SOC 1：我对 X 品牌论坛做过一些有价值的事	0.87
SOC 2：我在 X 品牌论坛中的日常活动对该论坛的发展没有产生任何价值（*R*）	0.83
SOC 3：我没有为我所在的 X 品牌论坛做过任何重要的贡献（*R*）	0.86
总体模型拟合指数：CFI=0.896，TLI=0.882，NFI=0.835，RMSEA=0.053（<0.08）	

注：因子负荷由验证性因子分析计算而来；（*R*）表示反向提问。

表 8-3 构念描述性统计

变量	1	2	3	4	5	6
1. 公民行为	**0.827**					
2. 控制性社群氛围	0.370**	**0.69**				
3. 支持性社群氛围	0.569**	0.427**	**0.685**			
4. 生活满意度	0.558**	0.32**	0.680**	**0.711**		
5. 社会贡献	0.545**	0.251**	0.423**	0.403**	**0.853**	
6. 自我接纳	0.571**	0.375**	0.612**	0.624**	0.440**	**0.798**
组合信度（CR）	0.866	0.783	0.860	0.833	0.889	0.840
平均萃取方差	0.684	0.476	0.469	0.506	0.727	0.636

注：**表示 $p<0.01$（双尾检验）。对角线上的加粗体数字为相应构念之 AVE 的平方根，每个平方根都大于其所在的行与列上的其他构念与其的相关系数。

二、假设检验

本书采用偏最小二乘法（PLS）来检验研究假设。根据 SmartPLS 软件计算可知（结果见表 8-4）：支持性社群氛围正向影响社群生活满意度（$\beta=0.665$，$t=18.532$，$p<0.001$），H1a 成立，控制性社群氛围对成员的生活满意度没有显著影响（$\beta=0.042$，$t=0.982$，$p>0.05$），H1b 不成立，说明仅支持性社群氛围对社群生活满意度产生正向影响；支持性社群氛围对利他主义具有正向影响（$\beta=0.300$，$t=4.604$，$p<0.001$），H2a 得到支持；控制性社群氛围对利他主义也有正向影响（$\beta=0.143$，$t=2.797$，$p<0.05$），所以 H2b 成立；生活满意度对利他主义具有正向影响（$\beta=0.309$，$t=5.150$，$p<0.001$），H3 得到支持；公民行为对自我接纳、社会贡献的标准化路径系数 β 分别为 0.576、0.548，p 均小于 0.001，说明 H4a、H4b 均成立。

表 8-4　假设检验结果

假设路径	β	t
主效应		
H1a：支持性社群氛围→生活满意度	0.665***	18.532
H1b：控制性社群氛围→生活满意度	0.042	0.982
H2a：支持性社群氛围→利他主义	0.300***	4.604
H2b：控制性社群氛围→利他主义	0.143**	2.797
H3：生活满意度→利他主义	0.309***	5.150
H4a：利他主义→自我接纳	0.576***	14.646
H4b：利他主义→社会贡献	0.548***	17.135
控制变量		
社群规模→自我接纳	−0.094*	2.531
社群历史→自我接纳	0.064	1.541
加入时间→自我接纳	0.017	0.440
性别→自我接纳	−0.022	0.638
年龄→自我接纳	0.024	0.608
收入→自我接纳	0.013	0.329
教育→自我接纳	−0.081*	2.023
社群规模→社会贡献	−0.052	1.384
社群历史→社会贡献	−0.004	0.101
加入时间→社会贡献	0.081	1.841
性别→社会贡献	−0.019	0.522

续表

假设路径	β	t
年龄→社会贡献	0.040	0.917
收入→社会贡献	0.040	0.981
教育→社会贡献	0.027	0.655
因变量 R^2		
生活满意度	0.464	
利他主义	0.395	
自我接纳	0.354	
社会贡献	0.335	

注：* 表示 $p<0.05$（双尾检验）；** 表示 $p<0.01$（双尾检验）；*** 表示 $p<0.001$（双尾检验）。

三、模型拟合度检验

测量模型的拟合指数结果显示，CFI = 0.896；TLI = 0.882，NFI = 0.835，RMSEA = 0.053（<0.08），都在可接受范围内，说明效度较好（见表 8-2）；Chin（1998）认为，在路径模型中，R^2 阈值 0.19、0.33 和 0.67 分别表示弱、中和强影响。在本书中，生活满意度、利他主义、自我接纳、社会贡献等几个因变量的 R^2 分别为 0.464、0.395、0.354 和 0.335（见表 8-4），说明模型的拟合度总体较好。

四、中介效应检验

如表 8-5 所示，对各变量进行标准化后，按照 Zhao 等（2010）提出的中介效应分析程序，参照 Hayes 等（2011）和 Hayes（2013）提出的多步中介检验方法，进行自举法（bootstrapping）中介变量检验，样本量选择 5000，取样方法选择偏差校正的非参数百分位法。在 95%置信区间下，结果显示："支持性氛围→生活满意度→利他主义→自我接纳"的中介路径显著 [0.0287，0.1009]，作用大小为 0.0606；"支持性氛围→利他主义→自我接纳"的中介路径显著 [0.0666，1.7788]，作用大小为 0.1190；此外，在控制了中介变量后，支持性氛围到自我接纳的直接作用仍然显著 [0.2286，0.4385]，作用大小为 0.3336，因此生活满意度和利他主义在支持性氛围和自我接纳之间起到多重部分中介作用；利他主义在支持性氛围和自我接纳之间存在部分中介效应。类似地，结果表明生活满意度和利他主义在支持性氛围和社会贡献之间起到多重部分中介作用；利他主义在支持性氛围和社会贡献之间存在部分中介效应、在控制性氛围和社会贡献之间也起到中介作用，但在控制了中介变量后，控制性氛围到社会贡献的直接作用不显著，说明利他主义在控制性氛围和社会贡献之间起到的是完全中介效应。各数据分析结果见表 8-5。

表 8-5 中介效应检验结果

效应类型	中介变量	作用	SE	t	Sig.	95%CI	
生活满意度和利他主义在支持性氛围与自我接纳之间的中介效应							
效应类型	中介变量	作用	SE	t	Sig.	LLCI	ULCI
直接效应	—	0. 3336	0. 0534	6. 2432	0. 0000	0. 2286	0. 4385
中介效应	利他主义	0. 1190	0. 0289	—	—	0. 0666	1. 7788
	生活满意度和利他主义	0. 0606	0. 0183	—	—	0. 0287	0. 1009
生活满意度和利他主义在支持性氛围与社会贡献之间的中介效应							
效应类型	中介变量	作用	SE	t	Sig.	LLCI	ULCI
直接效应	—	0. 1383	0. 0626	2. 2102	0. 0275	0. 0154	0. 2613
中介效应	利他主义	0. 1562	0. 0286	—	—	0. 1036	0. 2152
	生活满意度和利他主义	0. 0795	0. 0189	—	—	0. 0455	0. 1193
利他主义在控制性氛围与自我接纳之间的中介效应							
效应类型	中介变量	作用	SE	t	Sig.	LLCI	ULCI
直接效应	—	0. 1450	0. 0378	3. 8360	0. 0001	0. 077	0. 1804
中介效应	利他主义	0. 0670	0. 0196	—	—	0. 0305	0. 1080
利他主义在控制性氛围与社会贡献之间的中介效应							
效应类型	中介变量	作用	SE	t	Sig.	LLCI	ULCI
直接效应	—	0. 0183	0. 0435	0. 4205	0. 6743	-0. 0672	0. 1037
中介效应	利他主义	0. 0805	0. 0209	—	—	0. 0410	0. 1239

第六节 在线品牌社群氛围与幸福感的研究结论与启示

国内外已有大量学者对品牌社群进行了研究，但在线品牌社群成员幸福感作为品牌社群经营的关键目标，其相关研究还相对缺乏。以往研究表明，在线品牌社群氛围对社群成员创新行为、品牌忠诚度等产生影响（赵建彬和景奉杰，2016；董学兵、常亚平和肖灵，2018）。本书以组织行为学和心理学的视角，从在线品牌社群支持性氛围和控制性氛围的双重角度来研究社群幸福感的形成机制，为今后品牌社群的幸福感提升提供了借鉴。尤其是将心理学领域幸福感的三个层面同时引入了本书，提供了培育在线品牌社群幸福感的新视角，为企业经营在线品牌社群提供了新思路，即可以分别从主观幸福感、心理幸福感和社会幸福感三个不同的层面制定相应的经营策略。

一、研究结论

从数据分析结果来看，除了 H1b，其他假设路径都得到了验证。通过实证研究，结果发现：①在线品牌社群的支持性氛围对社群生活满意度具有正向促进作用，而控制性社群氛围与社群生活满意度的关系未得到证实。由于支持性社群氛围提供良好的氛围（如相互信任、相互帮助解决问题等），消费者能够更好地参与品牌社群，从而使成员对社群氛围的满意度增加；而控制性社群氛围说明社群中制定了一系列规范与惩罚机制，虽然抑制了部分不守规则的成员乱发言和乱打广告等行为，减少他们在社群中的活动，但也因此一定程度地降低了大多数社群成员的自由度，从而影响社群中的生活满意度，最终使得控制性氛围不会对生活满意度产生显著作用。②无论是支持性还是控制性社群氛围，都会直接促进社群利他主义。当社群的支持性氛围显著时，成员在其中相互交流、相互帮助，甚至相互信任，增强利他主义；而当社群的控制性社群氛围较为显著时，意味着社群制定了相关规范与惩罚机制，有助于成员在社群中获得安全感，久而久之便提升了利他主义。③社群成员生活满意度正向影响社群利他主义。社群成员所在的社群生活满意度增加，社群成员之间的互动交流更多，帮助社群中其他成员解决问题等意愿也就随之增强，即成员的社群利他主义得到提升。④成员社群利他主义在社群氛围和自我接纳之间起到部分中介效应，且在社群氛围和社会贡献之间起到完全中介效应。⑤社群生活满意度和社群利他主义在支持性社群氛围与自我接纳之间具有链式中介作用，而在控制性社群氛围和自我接纳之间不存在多重中介作用。⑥生活满意度和社群利他主义在支持性社群氛围与社群社会贡献之间具有链式中介作用。

综合以上研究发现可以看出，支持性社群氛围既可以直接影响利他主义，也可以通过提升成员的生活满意度来增强利他主义，进而正向影响自我接纳和社会贡献；而控制性社群氛围不能显著影响生活满意度，但能够正向影响利他主义，从而正向影响自我接纳和社会贡献。该研究发现说明支持性社群氛围和控制性社群氛围在品牌社群当中的作用机制有着明显的区别，主要在于对社群生活满意度的影响效果上。另外，该研究结果还说明幸福感的三个维度在品牌社群中的形成机制也有着明显的差异，主观幸福感受社群支持性氛围的直接正向影响，而控制性氛围对主观幸福感没有显著作用；心理幸福感和社会幸福感都受到支持性氛围和控制性氛围的间接正向影响，利他主义在其中发挥中介作用。

二、启示

在线品牌社群维护消费者—品牌关系中的便捷性和有效性受到了企业的高度重视和普遍使用，提高在线品牌社群黏性是当前社群管理的要点和难点。根据本书的结论，在线品牌社群管理者应该通过营造支持性社群氛围，合理利用控制性氛围，从而提高社群成员的主观幸福感、心理幸福感和社会幸福感，以保障在线品牌社群成员数量的稳定性和活跃度。具体地，社群管理者应该充分利用高效的社群管理方法，建立健全品牌社群的奖励机制，如社群积分、身份升级、授予虚拟勋章、优秀成员特权设置等；另外，规范社群环境，建立干净、健康、文明的社群环境，避免广告乱投等不文明现象，但同时又应该避免规则过于严格的社群控制性氛围限制社群成员正常群内活动自由度。同时，社群管理者应当持续更新、优化成员的社群体验，当下消费者对社群体验要求在逐步上行，只有与时俱进，走在社群管理的前沿才能增强社群成员的忠诚度。比如，定期组织线下娱乐或奖励活动，鼓励成员之间分享有效信息，增强社群活动和内容的趣味性，完善社群社交及其他分享交流功能，等等。

本章参考文献

［1］陈晓．组织创新氛围影响员工创造力的过程模型研究［D］．浙江大学，2006．

［2］陈维政，李金平．组织气候研究回顾及展望［J］．外国经济与管理，2005，27(8)：18-25．

［3］陈浩彬，苗元江．主观幸福感、心理幸福感与社会幸福感的关系研究［J］．心理研究，2012，5(4)：46-52．

［4］董学兵，常亚平，肖灵．虚拟品牌社群氛围对品牌忠诚的影响［J］．管理学报，2018，15(11)：122-129．

［5］段锦云，王娟娟，朱月龙．组织氛围研究：概念测量、理论基础及评价展望［J］．心理科学进展，2014，22(12)：1964-1974．

［6］凌文辁，杨海军，方俐洛．企业员工的组织支持感［J］．心理学报，2006，38(2)：281-287．

［7］王士红，徐彪，彭纪生．组织氛围感知对员工创新行为的影响——基于知识共享意愿的中介效应［J］．科研管理，2013，34(5)：130-135．

［8］王端旭，洪雁．组织氛围影响员工创造力的中介机制研究［J］．浙江大学学报(人文社会科学版)，2011，41(2)：77-83．

［9］魏守波，程岩．虚拟氛围对在线消费者冲动购买意向影响的实证研究［J］．系统管理学报，2012，21(4)：531-539．

［10］张勉，张德．组织承诺研究评述［J］．武汉商业服务学院学报，2002(3)：29-34．

［11］赵建彬，景奉杰．在线品牌社群氛围对顾客创新行为的影响研究［J］．管理科学，2016，29(4)：125-138．

［12］周志民，邓凡，吴子燕．在线品牌社群公民行为的维度研究［J］．品牌研究，2016(6)：4-12．

［13］周志民，吴群华．在线品牌社群凝聚力的前因与后效研究［J］．管理学报，2013，10(1)：117．

［14］周志民，张江乐．在线品牌社群研究——社会网络的视角［M］．天津：南开大学出版社，2019．

［15］Ajzen I，Fishbein M. Attitudes and normative beliefs as factors influencing behavioral intentions［J］. Journal of Personality and Social Psychology，1972，21(1)：1-9．

［16］Amabile T M，Conti R，Coon H，et al. Assessing the work environment for creativity[J]. Academy of Management Journal, 1996, 39(5): 1154-1184.

[17] Andersen P H. Relationship marketing and brand involvement of professionals through web-enhanced brand communities: The case of coloplast[J]. Industrial Marketing Management, 2005, 34(1): 39-51.

[18] Anderson N R, West M A. Measuring climate for work group innovation: Development and validation of the team climate inventory[J]. Journal of Organizational Behavior: The International Journal of Industrial, Occupational and Organizational Psychology and Behavior, 1998, 19(3): 235-258.

[19] Bagozzi R P, Dholakia U M. Antecedents and purchase consequences of customer participation in small group brand communities[J]. International Journal of Research in Marketing, 2006, 23(1): 45-61.

[20] Batson C D. The altruism question: Toward a social-psychological answer[M]. Psychology Press, 2014.

[21] Berry L L. Relationship marketing of services—growing interest, emerging perspectives[J]. Journal of the Academy of Marketing Science, 1995, 23(4): 236-245.

[22] Bies R J. Organizational citizenship behavior: The good soldier syndrome[J]. The Academy of Management Review, 1989, 14(2): 294-297.

[23] Brogi S. Online brand communities: A literature review[J]. Procedia-Social and Behavioral Sciences, 2014, 109(2): 385-389.

[24] Bock G W, Zmud R W, Kim Y G, et al. Behavioral intention formation in knowledge sharing: Examining the roles of extrinsic motivators, social-psychological forces, and organizational climate[J]. MIS Quarterly, 2005: 87-111.

[25] Chin W W. The partial least squares approach to structural equation modeling[J]. Modern Methods for Business Research, 1998, 295(2): 295-336.

[26] Dávila M C, Finkelstein M A. Organizational citizenship behavior and well-being: Preliminary results[J]. International Journal of Applied Psychology, 2013, 3(3): 45-51.

[27] Diekhoff G M, Thompson S K, Denney R M. A multidimensional scaling analysis of church climate[J]. Journal of Psychology and Christianity, 2006, 25(1): 17-26.

[28] Diener E, Emmons R A, Larsen R J, et al. The Satisfaction with life scale[J]. Journal of Personality Assessment, 1985, 49(1): 71-75.

[29] Ekvall G. Organizational climate for creativity and innovation[J]. European Journal of Work and Organizational Psychology, 1996, 5(1): 105-123.

[30] Grube J A, Piliavin J A. Role identity, organizational experiences, and volunteer performance[J]. Personality and Social Psychology Bulletin, 2000, 26(9): 1108-1119.

[31] Grzeskowiak S, Sirgy M J. Consumer Well-Being(CWB): The effects of self-

image congruence, brand - community belongingness, brand loyalty, and consumption recency[J]. Applied Research in Quality of Life, 2007, 2(4): 289-304.

[32] Hsieh S H, Lee C T, Tseng T H. Psychological empowerment and user satisfaction: Investigating the influences of online brand community participation[J]. Information Management, 2022, 59(1): 103570.

[33] Haverila K, Haverila M, McLaughlin C. Development of a brand community engagement model: A service-dominant logic perspective[J]. Journal of Consumer Marketing, 2022, 39(2): 166-179.

[34] Hayes A F, Preacher K J, Myers T A. Mediation and the estimation of indirect effects in political communication research[J]. Sourcebook for Political Communication Research: Methods, Measures, and Analytical Techniques, 2011, 23(1): 434-465.

[35] Hayes A F. Introduction to mediation, moderation, and conditional process analysis: A regression - based approach [J]. Journal of Educational Measurement, 2013, 51 (3): 335-337.

[36] Kahana E, Bhatta T, Lovegreen L D, et al. Altruism, helping, and volunteering: Pathways to well-being in late life[J]. Journal of Aging and Health, 2013, 25(1): 159-187.

[37] Keyes C L M. Social well - being[J]. Social Psychology Quarterly, 1998, 61 (2): 121-140.

[38] Keyes C L M, Ryff C D. Generativity in adult lives: Social structural contours and quality of life consequences[A]. D P McAdams & E de St Aubin(Eds.), Generativity and adult development: How and why we care for the next generation [C]. American Psychological Association, 1998.

[39] Kurtessis J N, Eisenberger R, Ford M T, et al. Perceived organizational support: A meta - analytic evaluation of organizational support theory [J]. Journal of Management, 2017, 43(6): 1854-1884.

[40] Liang T P, Ho Y T, Li Y W, et al. What drives social commerce: The role of social support and relationship quality [J]. International Journal of Electronic Commerce, 2011, 16(2): 69-90.

[41] Litwin G H, Stringer R A. Motivation and organizational climate[J]. American Journal of Sociology, 1968, 82(4): 1220-1235.

[42] Luthans F, Norman S M, Avolio B J, et al. The mediating role of psychological capital in the supportive organizational climate—employee performance relationship [J]. Journal of Organizational Behavior: The International Journal of Industrial, Occupational and Organizational Psychology and Behavior, 2008, 29(2): 219-238.

[43] Mackenzie S B, Podsakoff P M, Fetter R. The impact of organizational citizenship

behavior on evaluations of salesperson performance[J]. Journal of Marketing, 1993, 57(1): 70-80.

[44] Mansoor M, Paul J. Mass prestige, brand happiness and brand evangelism among consumers[J]. Journal of Business Research, 2022(144): 484-496.

[45] Mellor D, Hayashi Y, Firth L, et al. Volunteering and well-being: Do self-esteem, optimism, and perceived control mediate the relationship? [J]. Journal of Social Service Research, 2008, 34(4): 61-70.

[46] Muchinsky R M. Organizational communication: Relationships to organizational climate and job satisfaction[J]. Academy of Management Journal, 1977, 20(4): 592-607.

[47] Muniz A M, O'Guinn T C. Brand community[J]. Journal of Consumer Research, 2001, 27(4): 412-432.

[48] Munnukka J, Karjaluoto H, Tikkanen A. Are Facebook brand community members truly loyal to the brand? [M]. Elsevier Science Publishers B. V., 2015.

[49] Myers D G. The funds, friends, and faith of happy people[J]. American Psychologist, 2000, 55(1): 56-67.

[50] Oarga C, Stavrova O, Fetchenhauer D. When and why is helping others good for well-being? The role of belief in reciprocity and conformity to society's expectations? [J]. European Journal of Social Psychology, 2015, 45(2): 242-254.

[51] Organ D W, Ryan K. A meta-analytic review of attitudinal and dispositional predictors of organizational citizenship behavior[J]. Personnel Psychology, 1995, 48(4): 775-802.

[52] Coelho P S, Rita P, Santos Z R. On the relationship between consumer-brand identification, brand community, and brand loyalty[J]. Journal of Retailing & Consumer Services, 2018(43): 101-110.

[53] Post S G. Altruism, happiness, and health: It's good to be good[J]. International Journal of Behavioral Medicine, 2005, 12(2): 66-77.

[54] Rego A, Ribeiro N, Cunha M P. Perceptions of organizational virtuousness and happiness as predictors of organizational citizenship behaviors[J]. Journal of Business Ethics, 2010, 93(2): 215-235.

[55] Rogg K L, Schmidt D B, Shull C, et al. Human resource practices, organizational climate, and customer satisfaction[J]. Journal of Management, 2001, 27(4): 431-449.

[56] Ryan R M, Deci E L. On happiness and human potentials: A review of research on hedonic and eudaimonic well-being[J]. Annual Review of Psychology, 2001, 52(1): 141-166.

[57] Ryff C D. Happiness is everything, or is it? Explorations on the meaning of psychological well-being? [J]. Journal of Personality and Social Psychology, 1989, 57(6): 1069-1081.

[58] Ryff C D, Keyes C L M. The structure of psychological well-being revisited[J]. Journal of Personality and Social Psychology, 1995, 69(4): 719-727.

[59] Salancik G R, Pfeffer J. A social information processing approach to job attitudes and task design[J]. Administrative Science Quarterly, 1978, 23(2): 224-253.

[60] Schwartz C, Meisenhelder J B, Ma Y, et al. Altruistic social interest behaviors are associated with better mental health[J]. Psychosomatic Medicine, 2003, 65(5): 778-785.

[61] Sherman J D, Olsen E A. Stages in the project life cycle in R&D organizations and the differing relationships between organizational climate and performance[J]. The Journal of High Technology Management Research, 1996, 7(1): 79-90.

[62] Smith C A, Organ D W, Near J P. Organizational citizenship behavior: Its nature and antecedents[J]. Journal of Applied Psychology, 1983, 68(4): 653-663.

[63] Tagiiiri R, Litwin G. Organizational climate: Explorations of a concept[M]. Boston: Harvard University Press, 1968.

[64] Tsai H, Bagozzi R P. Contribution behavior in virtual communities: Cognitive, emotional, and social influences[M]. Society for Information Management and the Management Information Systems Research Center, 2014.

[65] Vong L T N, Ngan H F B, Lo P C P. Does organizational climate moderate the relationship between job stress and intent to stay? Evidence from Macau SAR, China? [J]. Journal of Chinese Human Resource Management, 2018, 9(1): 2-20.

[66] Vries L D, Gensler S, Leeflang P S H. Popularity of brand posts on brand fan pages: An investigation of the effects of social media marketing[J]. Journal of Interactive Marketing, 2012, 26(2): 83-91.

[67] Wilkinson K P. Social well-being and community[J]. Community Development, 1979, 10(1): 5-16.

[68] Williams L J. Job satisfaction and organizational commitment as predictors of organizational citizenship and in-role behaviors[J]. Journal of Management, 1991, 17(3): 601-617.

[69] Zhang K Z K, Barnes S J, Zhao S J, et al. Can consumers be persuaded on brand microblogs? An empirical study[J]. Information & Management, 2018, 55(1): 1-15.

[70] Zhang N, Zhou Z, Zhan G, et al. How does online brand community climate influence community identification? The mediation of social capital[J]. Journal of Theoretical and Applied Electronic Commerce Research, 2021, 16(4): 922-936.

[71] Zhao X, Lynch J G, Chen Q. Reconsidering Baron and Kenny: Myths and truths about mediation analysis[J]. Journal of consumer research, 2010, 37(2): 197-206.

第九章

在线品牌社群价值共创与幸福感[①]

价值共创（value co-creation）是市场营销领域的热点研究问题，目前有大量研究关注这一问题。并且，已有研究就在线社群中的价值共创进行了探索（Pan，2020；Tajvidi 等，2021），但很少有研究同时从内在动机和外在规则角度研究社群成员的价值共创活动前因。另外，目前文献中，价值共创通常包括企业发起的与顾客的共同价值创造和顾客发起的与企业的共同价值创造（Wang 等，2021）。二者都属于企业—顾客之间的价值共创，但在社群当中，成员—成员之间也会进行大量互动交流，从而也会共创出价值，这方面目前尚无文献涉及。此外，价值共创会带来什么？如果不清楚价值共创的结果，那么就很难激励社群成员进行价值共创。我们认为价值共创将给社群成员带来一种成就感，从而形成实现幸福感。基于此，本章从心理需要理论出发，研究在线品牌社群的两种价值共创——成员—企业价值共创和成员—成员价值共创的生成机制，以及对两种实现幸福感（即心理幸福感和社会幸福感）的影响。

第一节　在线品牌社群价值共创对幸福感的意义

价值共创是企业和客户合作创造价值的过程（Prahalad 和 Ramaswamy，2004；Vargo 和 Lusch，2016）。为达到共同的目标，企业和客户进行充分的互动，共同创造令双方都满意的价值。特别是随着在线品牌社群的出现，企业和个人可以更方便地进行互动。信息和传播技术的发展提高了用户能力，使得他们可以自由在社群中展示个人能力，以及建立与其他用户的联系。在与其他用户交流当中，类似于客户—企业价值共创的成员—成员价值共创行为也时有发生，尤其是在在线品牌社群当中，这类价值共创行为更为常见。在本章当中，我们同时对两种价值共创行为进行研究。

当前的心理学文献将自我决定理论视为主观幸福感的核心组成部分（Ryan 和 Deci，2001）。个人的胜任、自主和关系被认为是幸福感需要满足和支持的基本心理

① 本章初稿发表情况如下：Zhou Z，Zhan G，Zheng L，et al. Motivating consumers to participate in value co-creation in online brand communities：The need for self-determination and well-being［A］. Proceedings of the first global conference on creating value［M］. Leicester，UK：De Montfort University，2018. 修改稿曾于 2023 年 12 月获南京财经大学第一届管理前沿与创新国际年会优秀论文奖。本书有删改。

需求（Deci 和 Ryan，2000）。胜任是个体对实现其目标的能力的信心（Deci 和 Ryan，2000）；自主反映了个体执行的自我调节行为，这也使他们对自己的目标拥有所有权（Deci 和 Ryan，2000）；关系是指受到尊重并从事对他人有益的行为的感觉（Ryan、Huta 和 Deci，2008）。

营销研究已经确定了客户通过与企业共同创造价值而获得个人幸福感（Guo 等，2013；Mende 和 van Doorn，2015；Sweeney、Danaher 和 McColl-Kennedy，2015）。当客户通过参与活动努力地进行价值共创时，他们的幸福感就会提升（Sweeney、Danaher 和 McColl-Kennedy，2015）。此外，当客户选择接受企业的建议并利用学到的知识和技能主动共同创造价值时，就会增强他们的福祉（Guo 等，2013）。

第二节　在线品牌社群价值共创的相关文献

一、价值共创带来的价值

客户为企业创造的价值包括交易价值和非交易价值。交易价值主要是由客户购买行为（即利润等）创造的，非交易价值是由客户参与（非购买）行为共同创造的（Kumar 和 Pansari，2016）。很多营销研究聚焦在与交易有关的变量上，例如，购买频率和购买水平、产品购买意愿和品牌忠诚度（Kumar 等，2010；Pansari 和 Kumar，2017）。近年来有学者发现了客户非交易价值的重要性，他们提出，如果仅获取交易价值，可能会失去建立客户关系和可持续现金流的机会（Kumar 和 Reinartz，2016；Verhoef、Reinartz 和 Krafft，2010）。然而，目前大多数研究都集中在客户交易（即购买意愿、品牌忠诚度等）创造的价值上（Pansari 和 Kumar，2017；Verhoef、Reinartz 和 Krafft，2010），非交易价值受到的关注相对较少。

价值共创是指客户积极参与的非交易价值链（Vargo 和 Lusch，2016）。根据服务主导逻辑（Service Dominant Logic，SDL），客户是积极参与服务价值链的价值共创者。而商品主导逻辑（Goods Dominant Logic，GDL）提倡价值由公司创造并分配，客户在交换价值过程中扮演被动角色。可以看出，SDL 与 GDL 不同，在共同创造非交易价值的流程中，客户可以整合和应用他们的资源和能力（如知识、技能和专业知识）（Chathoth 等，2013；Ordanini 和 Pasini，2008）。价值共创在消费过程中具有广泛的应用价值。Jaakkola 和 Alexander（2014）发现，客户参与可以在服务环节的各接触点共同创造非交易价值，包括服务前、服务中和服务后，即在服务创建和设计过程、服务交付和消费过程以及服务评估和反馈/建议期间（Prebensen、Vittersø 和 Dahl，2013）。

二、在线品牌社群价值共创的受益者

在线品牌社群中的价值共创存在多个受益者。社群成员的参与可以使该成员、

其他成员和公司受益。因此，价值受益者包括从各种社群成员参与行为中获得利益的利益相关者。现有的在线品牌社群中的价值共创研究主要关注社群成员在产品或服务的购买前、使用期间及购买后的体验、评价和行为（Brodie 等，2013；Hsieh 和 Chang，2016；Lee 等，2011）。对于成员参与的价值共创，主要受益者不仅是企业，还有从事产品或服务设计的社群成员。很少有研究系统地研究在线品牌社群中的参与行为如何导致价值共创（Romero 和 Molina，2011）。Hollebeek、Juric 和 Tang（2017）的研究提出了由客户参与在线品牌社群价值共创的几种类型的非交易价值：目的价值、自我发现价值、人际关系价值、娱乐价值和社交增强价值。此外，还有研究提出了衡量社群成员活动对他人决策影响的客户影响值、作为创新知识源的知识值以及表示与其他成员建立关系程度的关系值（Jaakkola 和 Alexander，2014；Kumar 和 Pansari，2016；Kumar 和 Reinartz，2016）。Shin 和 Perdue（2019）分析了酒店业的在线品牌社群成员在服务评价和创造过程中如何为酒店企业共同创造非交易性“知识”价值，指出品牌是客户参与的主要受益者。通过对七个乐高虚拟社群的归纳分析，Rodríguez-López（2021）发现不同类型的虚拟社群作为互补工具，通过构建价值共创体系，有利于社群价值共创并提高成员绩效。Chapman 和 Dilmperi（2022）对豪华酒店品牌的经理和客户进行了 15 次深度访谈，通过构建网络图谱发现令人愉悦的体验式的内容提供了最高的网络社群成员参与度。在一项在线品牌社群研究中，Cao、Lin 和 Zhou（2022）发现社群中的社会资本会激发会员的灵感，从而影响客户价值共创行为，而感知可见异质性（即背景差异性）和感知价值观同质性均正向调节社会资本与顾客灵感之间的关系。

三、在线品牌社群价值共创的前因

自 20 世纪 70 年代以来，大量文献一直关注通过客户参与服务来实现客户与公司的互动（Harris 和 Baron，2004）。客户参与类似于共同生产，除了从这些交互中产生使用价值之外，还产生了交易和交换（Ranjan 和 Read，2016）。从客户与企业互动的角度来看，已有文献经常使用“共同生产”和“参与”等概念，这些概念往往将客户视为部分员工、资源和/或资源整合者。例如，Yi 和 Gong（2013）在服务交付共创的背景下，认为顾客价值共创行为包括顾客参与和公民行为。

顾客间的交互可以包括 C2C 交互和 C2C 共享。Torres 和 Orlowski（2017）对企业和客户从 C2C 互动中获得的利益进行了总结。在 C2C 互动中，共享是价值共创的主要原因，类似于企业与客户互动中的交换（Belk，2010）。C2C 互动和共享（Healy 和 Mcdonagh，2013）则需要口碑（WOM）、对话、知识交流或 C2C 帮助行为。信息交换和共享知识已被确定为在线社群中价值共同创造的基本条件（Mai 和 Olsen，2015；Pan 等，2015；Wiertz 和 de Ruyter，2007；Yoon 和 Rolland，2012）。

第三节　在线品牌社群价值共创与幸福感的研究假设

在影响消费者幸福感的众多因素中，现有研究对体验和情感进行了较多论述，消费者的动机并未得到充分关注。基于经济学和社会心理学理论，我们提出一个概念模型（见图 9-1），论述了参与在线品牌社群价值共创的心理需要。心理需要与社群规范的结合有助于我们对价值共创形成更全面的理解。本书假设存在社群规范对成员心理需要的挤出效应，即互惠规范的存在会弱化心理需要对价值共创的影响。

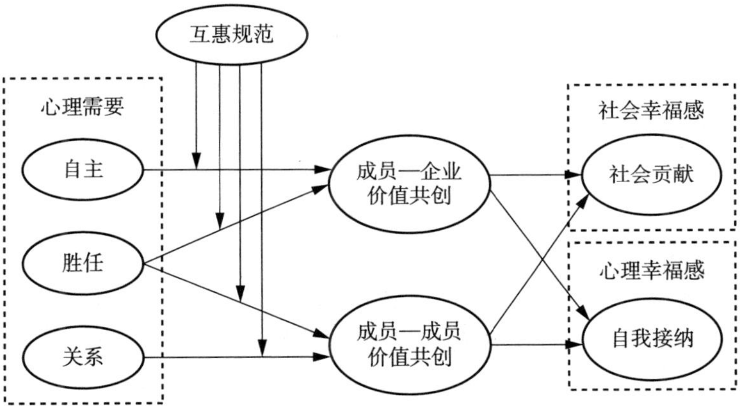

图 9-1　概念模型

一、价值共创的前因

价值共创通常被理解为一个提升顾客体验的构建过程（Pine 和 Gilmore，1999；Prahalad 和 Ramaswamy，2004），也可以看作一个营销的服务主导逻辑（Vargo 和 Lusch，2016）。本书采用新的视角，提出用户价值创造是由动机驱动的。我们结合认知评价理论对心理需要进行概念化。认知评价理论是自我决定理论的一个分支（Deci 和 Ryan，1985），已被广泛用于网络生活的方方面面，如在线游戏和学习。该理论提出，人类行为受三种心理需要影响：自主需要、胜任需要和关系需要（Deci 和 Ryan，1985，2000）。当个体觉得可以自由依照兴趣和意愿行为时，就会自然而然地进行自主性活动（Deci 和 Ryan，1985）。如果没有自主的感觉，内在就不会有强的动机，因为这时人们的行为并非出于自愿。当个体的选择权（Zuckerman 等，1978）和内在体验（Koestner 等，1984）得到强化时，会激发这种自主和自愿的感觉。

在线社群是一个成员与企业的交流平台。成员可以利用该平台自由地表达自己对产品或品牌的意见，以此获得产品或品牌的改进。这种自主意愿越是强烈，他们就越有动机投入价值创造活动中，帮助企业改良产品和运营流程（Amabile，1982）。因此，做出以下假设：

H1：自主需要正向影响成员—企业价值共创。

胜任指自我感觉可以非常有效地与环境互动，产生预期成效。诸如表扬、肯定、认可等积极反馈可以使个体产生成效的预期，于是强化胜任需要和内在动机（Deci和 Ryan，1980）。特别是当个体感知相关成效归功于自己时（Fisher，1978），或者自主感不明显时（Ryan，1982），胜任需要对内在动机有更强的驱动作用。

在线社群提供了一个展示和塑造成员能力的平台。为了强化胜任的感知，成员会在网络论坛中勾勒出正面的自我形象，更新状态并为社群整体和其他成员提供建议。此外，无能力感可以通过寻求知识来获得补充（Masur 等，2014），其他更有能力的成员，更愿意通过分享知识参与价值创造，而能力较弱的成员则更有可能在论坛潜水，不会积极参与价值共创。在与企业互动的过程中，成员会根据自己的体验和能力提出改进产品的建议，因此有利于促进成员—企业价值共创；而在与其他成员互动的过程中，成员会利用自己的能力帮助其他成员解决产品使用当中的问题，从而有利于促进成员—成员价值共创。因此，做出以下假设：

H2a：胜任需要正向影响成员—企业价值共创。

H2b：胜任需要正向影响成员—成员价值共创。

认知评价理论的第三种内在心理需求是关系，即一种与他人常规联络的亲密感，以及一种在社群里获得关怀的归属感。可靠和良好的人际关系有助于激发内在动机（Ryan 和 LaGuardia，2000）。Anderson 等（1976）在实验中发现，即使被试参与一项有趣的活动，如果没有他人的互动和关注，被试参与活动的内在动机并不会很高。类似地，Ryan 和 Grolnick（1986）的实验发现，有了老师的关怀和照顾，学生们也会产生较强的内在动机。但是 Deci 和 Ryan（2000）认为关系需要对内在动机的作用要弱于另外两种心理需要。

在线品牌社群为成员间的互动提供了大量机会，在社群中成员可以认识新成员和寻找友伴，从而获得社会关系。因此，有较强关系需求的成员，会乐意与其他社群成员交流互动，从而产生价值共创活动。因此，作出以下假设：

H3：关系需要正向影响成员—成员价值共创。

二、价值共创的结果

社会贡献指一个人的社会价值评价（Keyes，1998）。在线品牌社群中的社会贡献体现了参加者相信自己是社群中的重要一员，或者相信自己可以为社群做出某种贡献。对社群的贡献既包括为企业创造的价值，也包括为其他成员带来的价值。社群价值共创的参与放大了个体的社群身份，且产生了自我实现的机会。Cicognani 等（2008）指出，社群生活的参与增强了归属感、社会责任和个人效能。因此，做出以下假设：

H4a：成员—企业价值共创正向影响社会贡献。

H4b：成员—成员价值共创正向影响社会贡献。

当社群成员通过参加社群活动构建和展示自己的网络身份和形象时，社群就成了一个重新发现自我和寻求自我接纳的地方（周志民和李蜜，2008；Haverila 等，2022），从而可以减轻压力，提高幸福感。自我接纳指对于自己各方面的积极态度，既包括好的也包括差的个人特质（Ryff，1989）。具有较高自我接纳度的社群成员会正面地看待过去的社群生活，特别是当他们花时间和精力为其他成员创造和分享价值时，他们更倾向于积极地认识自我。因此，做出以下假设：

H5a：成员—企业价值共创正向影响自我接纳。

H5b：成员—成员价值共创正向影响自我接纳。

三、互惠规范的调节作用

心理需要和价值共创之间的关系也许存在着边界条件，如社群规范。社群规范指的是约束社群成员自发行为的一般规则。比较常见的社群规范是社群互惠。互惠规范的存在有助于成员间的协作以及互助（Fehr 和 Gächter，2000；Kandori，1992）。因此，遵守互惠规范是有利的；反之，破坏互惠的成本高昂（Kreps，1997）。

在线社群的价值共创实质上是企业—成员之间和成员—成员之间的一种关系交换。因为这种交换不是基于明显而正式的合同，而是基于隐性的社会契约，交换双方会对价值共创过程中的行为合理性有种共同的期许（Elster，1989）。在众包模式研究中，冯小亮和黄敏学（2013）发现外在激励制度会挤出参与者的心理需要并降低商业模式成效。在受到互惠规范制约的社群里，受惠的一方会有强烈的愿望为社群和其他成员做出贡献，因为这是礼尚往来的事，即使他们并没有强的内在心理需要动机，也会这么做；反之，如果社群的互惠规范并不突出，说明即使做出了价值创造行为也可能没有回报，这时只能靠内驱力来促进其进行价值共创。可见，互惠规范和心理需要之间存在着替代效应。因此，做出以下假设：

H6a：互惠规范负向调节自主需要和成员—企业价值共创之间的关系。

H6b：互惠规范负向调节胜任需要和成员—企业价值共创之间的关系。

H6c：互惠规范负向调节胜任需要和成员—成员价值共创之间的关系。

H6d：互惠规范负向调节关系需要和成员—成员价值共创之间的关系。

第四节　研究方法

一、样本

手机是当前非常普及的产品，很多手机用户都加入了网络论坛。因此，本书的样本限定为手机生产企业的网络论坛用户，涵盖了绝大多数主流的中外手机品牌，包括 Apple、HUAWEI、HTC、Lenovo、Letv、MEIZU、moto、nubia、OnePlus、OPPO、SAMSUNG、Smartisan、SONY、vivo、Xiaomi、ZTE 和 360。所有问卷均通过专业问卷调查平台问卷星来发放及回收。系统通过跳转逻辑设置了自动删除无效问卷，最后共回收问卷 1157 份。基于被调查者是不是论坛会员、所填写论坛是否为品牌论坛以及数据是否有异常等依据，再次进行人工排除，最终得到有效问卷982 份，有效率为 84. 87%。有效样本结构描述见表 9-1。样本中男性（49. 2%）和女性（50. 8%）用户比例大致相同。大多数受访者年龄在 20~39 岁（85. 9%），拥有本科学位者占比最大（78. 0%），且大多数受访者年收入在 5 万~30 万元（75. 8%）。

表 9-1 有效样本结构描述

变量		比重
性别	男	49. 2%
	女	50. 8%
年龄（岁）	15~19	0. 8%
	20~24	14. 1%
	25~29	29. 1%
	30~34	28. 5%
	35~39	14. 2%
	40~44	6. 1%
	45~49	4. 2%
	>49	3. 0%
学历	高中及以下	3. 1%
	专科	13. 2%
	本科	78. 0%
	硕士及以上	5. 7%
收入（元）	<10000	7. 5%
	10000~50000	14. 1%
	50000~100000	43. 2%
	100001~300000	32. 6%
	300001~500000	1. 9%
	>500000	0. 7%

二、测量

本书主模型中主要有 8 个变量，其测项均来自已有研究的成熟量表，并结合本书适当调整得到。其中，成员—企业价值共创和成员—成员价值共创各含有 4 个测项（Ranjan 和 Read，2016）；社会贡献（Keyes，1998；Shapiro 和 Keyes，2008）和自我接纳（Ryff，1989；Springer 和 Hauser，2006）反映在线社群成员的幸福感，各含有 4 个测项；心理需要采用 Broeck 等（2010）的量表，三种心理需要共有 12 个测项；互惠规范反映社群制度，采用了 Chan 和 Li（2010）的量表，包括 2 个测项。

第五节　实证结果

在信度检验中（见表 9-2），多数变量的 α 系数高于或接近 0.70 的标准，说明每个潜变量的测项之间的内部一致性比较高。变量的组合信度（CR）为 0.808 ~ 0.870，高于 0.70 的标准，说明每个测项都比较一致地反映了对应的潜变量。综合以上分析，该问卷具有较高的信度。

为了检验问卷的收敛效度，我们通过探索性因子分析来计算每个测项对于潜变量的因子载荷，结果显示所有测项的因子载荷都大于 0.5，说明收敛效度较高（见表 9-2）。对于问卷内容效度的考察，本书主要做了以下几项工作：第一，研究模型中每个构念的测项选择均来自网络环境研究中普遍认可的量表；第二，根据对在线社群中用户互动信息的观察，总结出了几个具体测项作为备用；第三，听取了该领域一些专家们对于每个构念应该包含的测量测项的建议；第四，利用小样本量进行了试测，对问卷不恰当的题目进行修改或删除，以保证测项测量潜变量的合理性。以上工作保证了问卷具有较高的内容效度。

表 9-2　因子分析和信度分析

测项		因子载荷	Cronbach's α 系数	组合信度
成员—企业价值共创	我愿意花时间和精力与公司（其他成员）分享我的想法和建议，以帮助其进一步改进产品和流程	0.745	0.778	0.844
	为了从服务（或产品）中获得最大利益，我必须在与公司或其他成员的互动中发挥积极主动的作用（如运用我的技能、知识、时间等）	0.623		
	我通过在 X 在线社区中尝试和分享新事物来改善消费体验	0.689		
	根据我自己参与的性质，我对产品或服务的体验与其他消费者不同	0.626		
成员—成员价值共创	我愿意花时间和精力与其他 X 在线社区成员分享我的想法和建议，以改善消费体验	0.780	0.705	0.819
	为了从服务（或产品）中获得最大利益，我必须在与其他成员的互动中发挥积极主动的作用（如运用我的技能、知识、时间等）	0.712		
	在 X 在线社区中，我乐于接受其他成员对现有产品或开发新产品的想法和建议	0.727		
	在 X 在线社区中，我在业务流程中与其他成员有足够的互动（产品开发、营销或协助其他客户等）	0.693		

续表

	测项	因子载荷	Cronbach's α 系数	组合信度
自主	我想在 X 在线社区自由地表达我的想法和意见	0.789	0.730	0.832
	我想在 X 在线社区自由发帖、回复	0.805		
	我想以我认为最好的方式与 X 在线社区的其他成员进行表达和互动	0.732		
	在 X 在线社区评论、发帖、回复都是我真正想做的事情	0.642		
胜任	我想在参加 X 在线社区活动时发挥自己的能力	0.786	0.694	0.808
	我想在 X 在线社区与其他人讨论时展示我的能力	0.750		
	我擅长在 X 在线社区做的事情	0.746		
	我想完成 X 在线社区中最困难的任务	0.575		
关系	我想和 X 在线社区的其他成员交朋友	0.784	0.728	0.831
	在 X 在线社区，我想参与讨论	0.764		
	我想与 X 在线社区的成员分享我的想法	0.803		
	在 X 在线社区，我需要真正理解我的人	0.613		
互惠规范	在 X 在线社区，我相信如果我帮助别人，他们也会帮助我	0.879	0.702	0.870
	在 X 在线社区，如果有人需要帮助，我们应该尽力帮助他/她	0.877		
自我接纳	当我将自己与 X 在线社区的其他成员进行比较时，我对自己感觉良好	0.728	0.708	0.816
	我觉得我比 X 在线社区中我认识的其他成员从生活中得到了更多	0.620		
	从很多方面来说，我对自己在 X 在线社区取得的成就感到满意	0.790		
	当我回顾我在 X 在线社区的生活故事时，我对事情的结果感到很高兴	0.755		
社会贡献	我的行为对 X 在线社区的其他人有一定的影响	0.774	0.757	0.846
	我认为我可以为 X 在线社区贡献一些有价值的东西	0.760		
	我的日常活动为 X 在线社区带来了一些有价值的东西	0.792		
	我有时间和精力奉献给 X 在线社区	0.715		

收敛效度由各潜变量的平均萃取方差测量（见表 9-3），经计算，各个潜变量的 AVE 值全部大于 0.5 的最低标准。

表 9-3　描述性统计

		1	2	3	4	5	6	7	8
1	自主	**0.745**							
2	胜任	0.473	**0.719**						
3	关系	0.640	0.614	**0.745**					
4	互惠规范	0.582	0.361	0.548	**0.878**				
5	成员—企业价值共创	0.604	0.551	0.634	0.505	**0.734**			
6	成员—成员价值共创	0.617	0.567	0.654	0.493	0.744	**0.729**		
7	自我接纳	0.415	0.591	0.469	0.287	0.524	0.550	**0.726**	
8	社会贡献	0.502	0.580	0.524	0.385	0.578	0.601	0.662	**0.761**
	均值	5.422	4.772	5.178	5.636	5.208	5.129	4.779	4.903
	标准差	0.755	0.809	0.803	0.796	0.7613	0.782	0.780	0.852
	AVE	0.555	0.517	0.555	0.771	0.539	0.531	0.527	0.579

注：粗体数值是平均萃取方差的平方根。

通过 SmartPLS 软件构建变量的结构方程模型，对主效应进行了路径分析，得出以下结果（见表 9-4）：自主需要对成员—企业价值共创的影响系数为 0.219（$p<0.001$），胜任需要对成员—企业价值共创和成员—成员价值共创的影响系数分别为 0.224 和 0.265（$p<0.001$），关系需要对成员—成员价值共创的影响系数为 0.396（$p<0.001$），从而验证了 H1～H3；成员—企业价值共创和成员—成员价值共创对社会贡献的影响系数分别为 0.291 和 0.389（$p<0.001$），验证了 H4a 和 H4b；成员—企业价值共创和成员—成员价值共创对自我接纳的影响系数分别为 0.252 和 0.390（$p<0.001$），验证了 H5a 和 H5b。互惠规范在自主需要到成员—企业价值共创之间起到负向调节作用，系数为-0.028（$p=0.031<0.05$）；互惠规范在胜任需要到成员—企业价值共创之间起到负向调节作用，系数为-0.033（$p=0.049<0.05$）；互惠规范在胜任需要到成员—成员价值共创之间起到负向调节作用，系数为-0.065（$p=0.002<0.05$）；互惠规范在关系需要到成员—成员价值共创之间起到负向调节作用，系数为-0.060（$p=0.005<0.05$）。可见，互惠规范对心理需要—价值共创之间的调节作用都是显著负向的。

表 9-4　结构方程模型路径分析

假设/项目	路径系数	*t*	*p*
主效应			
H1：自主需要→成员—企业价值共创	0.219	9.814	0.000
H2a：胜任需要→成员—企业价值共创	0.224	10.595	0.000

续表

假设/项目	路径系数	t	p
H2b：胜任需要→成员—成员价值共创	0.265	8.031	0.000
H3：关系需要→成员—成员价值共创	0.396	10.772	0.000
H4a：成员—企业价值共创→社会贡献	0.291	6.561	0.000
H4b：成员—成员价值共创→社会贡献	0.389	8.724	0.000
H5a：成员—企业价值共创→自我接纳	0.252	5.105	0.000
H5b：成员—成员价值共创→自我接纳	0.390	8.023	0.000
互惠规范的调节检验			
互惠规范→成员—企业价值共创	0.587	25.594	0.000
互惠规范→成员—成员价值共创	0.145	4.555	0.000
H6a：互惠规范×自主需要→成员—企业价值共创	-0.028	2.161	0.031
H6b：互惠规范×胜任需要→成员—企业价值共创	-0.033	1.976	0.049
H6c：互惠规范×胜任需要→成员—成员价值共创	-0.065	3.083	0.002
H6d：互惠规范×关系需要→成员—成员价值共创	-0.060	2.792	0.005

第六节　在线品牌社群价值共创与幸福感的研究结论与启示

一、研究结论

尽管在线品牌社群价值共创的相关文献不少，但很少有研究关注成员—成员关系，并且价值共创对幸福感的影响价值尚不清晰。本章进行了相关问题的实证研究，得到以下几个结论：

（一）社群价值共创可以分为企业—成员价值共创和成员—成员价值共创两种类型

传统价值共创研究通常聚焦在价值共创行为对企业的价值。本书将企业—成员价值共创和成员—成员价值共创双路径结合，为价值共创研究拓宽了新的视角。事实上，成员之间的良性互动，带来个体成员价值的提升，这是运作品牌社群的企业所乐见的。

（二）心理需要和互惠规范在社群价值共创形成中呈现替代关系

本书将社群中的互惠规范和个体成员的心理和动机结合，研究了价值共创的形成机制，弥补了以往价值共创研究或侧重于企业层面，或侧重于成员层面的不全面性。成员参与价值共创活动，同时受到心理需要（内在动机）和互惠规范（外在环境）的影响。本书将两者同时考虑进来，丰富了相关领域的理论。本研究发现，在社群中，互惠规范会“挤出”个体参与价值共创的心理需要，说明社群中的互惠规范与心理需要是一种替代关系，而非互补关系。

（三）社群价值共创能够提升成员幸福感

现有文献分别从收入、给予、体验、社会规范、价值观、文化和时间角度讨论消费者幸福感的形成机制。这些研究更多的是关注消费者的主观幸福感，对实现幸福感的形成机制关注不多，尤其是在在线社群的背景下。本书构建了社群价值共创与实现幸福感之间的逻辑关系，实证研究结果发现，成员在社群中通过与企业价值共创以及与其他成员价值共创，能够获得幸福感，具体表现为心理幸福感当中的自我接纳和社会幸福感当中的社会贡献。本书提出了成员—成员价值共创对成员幸福感具有影响的观点，对在线品牌社群价值共创和幸福感研究文献是一个很好的完善。

二、启示

以上的研究结论为企业的社群营销提供了以下策略建议：

（一）构建多元价值共创生态

企业在构建社群战略时，应重视价值共创的多元化。本书表明，除了企业与成员之间的直接互动，成员之间的互动同样对社群的价值有着显著影响。因此，企业需要创造一个能够促进成员间积极交流和合作的环境，比如通过社群活动、论坛等方式，加强成员间的联系。这种多元价值共创的生态不仅可以增强社群的凝聚力，还能促进个体成员的价值实现，进而为企业带来更大的价值。

（二）平衡内在动机与外在规范

企业在激励社群成员参与价值共创时，应注意平衡内在动机和外在规范。本书发现心理需求与互惠规范之间存在替代效应，这表明社群管理者首先要关注如何激发成员的内在动机，例如，提供自我表达和实现的机会，满足成员的归属感和成就感。这样的平衡有助于保持成员长期的参与热情和忠诚度。如果成员的内在动机不足，则营造互惠氛围，让成员感受到付出有回报，从而更加愿意参与价值共创。

（三）关注成员幸福感，促进社群可持续发展

成员的幸福感对社群的健康发展至关重要。本书指出，社群价值共创能显著提升成员的幸福感。企业应将成员幸福感作为衡量社群成功的重要指标之一。通过提供丰富的互动平台和建立正向的社群文化，企业不仅能增强成员的归属感和满足感，还能在长期中培养成员的忠诚度和活跃度。这种以成员为中心的社群管理策略，将有助于企业构建一个更加健康、活跃且可持续发展的社群环境。

本章参考文献

[1] Amabile T M. Social psychology of creativity: A consensual assessment technique [J]. Journal of Personality and Social Psychology, 1982, 43(5): 997-1013.

[2] Anderson J R, Hardy E E, Roach J T, et al. A land use and land cover classification system for use with remote sensor data[M]. Washington: United States Government Printing Office, 1976.

[3] Belk R. Sharing[J]. Journal of Consumer Research, 2010, 36(5): 715-734.

[4] Brodie R J, Ilic A, Juric B, et al. Consumer engagement in a virtual brand community: An exploratory analysis [J]. Journal of Business Research, 2013, 66 (1): 105-114.

[5] Broeck A, Vansteenkiste M, Witte H, et al. Capturing autonomy, competence, and relatedness at work: Construction and initial validation of the work-related basic need satisfaction scale [J]. Journal of Occupational and Organizational Psychology, 2010, 83 (4): 981-1002.

[6] Cao Y, Lin J, Zhou Z. Promoting customer value co-creation through social capital in online brand communities: The mediating role of member inspiration[J]. Computers in Human Behavior, 2022(137): 107440.

[7] Chan K W, Li S Y. Understanding consumer-to-consumer interactions in virtual communities: The salience of reciprocity[J]. Journal of Business Research, 2010, 63(9-10): 1033-1040.

[8] Chapman A, Dilmperi A. Luxury brand value co-creation with online brand communities in the service encounter [J]. Journal of Business Research, 2022 (144): 902-921.

[9] Chathoth P K, Altinay L, Harrington R J, et al. Co-production versus co-creation: A process based continuum in the hotel service context[J]. International Journal of Hospitality Management, 2013, 32(1): 11-20.

[10] Cicognani E, Pirini C, Keyes C, et al. Social participation, sense of community and social well being: A study on American, Italian and Iranian university students[J]. Social Indicators Research, 2008, 89(1): 97-112.

[11] Deci E L, Ryan R M. Self-determination theory: When mind mediates behavior [J]. Journal of Mind and Behavior, 1980, 1(1): 33-43.

[12] Deci E L, Ryan R M. Intrinsic motivation and self-determination in human be-

havior[M]. New York: Plenum, 1985.

[13] Deci E L, Ryan R M. The "what" and "why" of goal pursuits: Human needs and the self determination of behavior[J]. Psychological Inquiry, 2000, 11(4): 227-268.

[14] Elster J. Social norms and economic theory[J]. Journal of Economic Perspectives, 1989, 3(4): 99-117.

[15] Fehr E, Gächter S. Fairness and retaliation: The economics of reciprocity[J]. Journal of Economic Perspectives, 2000, 14(3): 159-181.

[16] Fisher C D. The effects of personal control, competence, and extrinsic reward systems on intrinsic motivation[J]. Organizational Behavior & Human Performance, 1978, 21(3): 273-288.

[17] Guo L, Arnould E J, Gruen T W, et al. Socializing to co-produce pathways to consumers' financial well-being[J]. Journal of Service Research, 2013, 16(4): 549-563.

[18] Harris K, Baron S. Consumer-to-consumer conversations in service settings[J]. Journal of Service Research, 2004, 6(3): 287-303.

[19] Haverila M J, Haverila K, McLaughlin C, et al. The influence of the number of brand community memberships on customer centric measures[J]. Journal of Marketing Analytics, 2022(11): 5-20.

[20] Healy J C, McDonagh P. Consumer roles in brand culture and value co-creation in virtual communities[J]. Journal of Business Research, 2013, 66(9): 1528-1540.

[21] Hollebeek L D, Juric B, Tang W. Virtual brand community engagement practices: A refined typology and model[J]. Journal of Services Marketing, 2017, 31(3): 204-217.

[22] Hsieh S H, Chang A. The psychological mechanism of brand co-creation engagement[J]. Journal of Interactive Marketing, 2016(33): 13-26.

[23] Jaakkola E, Alexander M. The role of customer engagement behavior in value co-creation: A service system perspective[J]. Journal of Service Research, 2014, 17(3): 247-261.

[24] Kandori M. Social norms and community enforcement[J]. The Review of Economic Studies, 1992, 59(1): 63-80.

[25] Keyes C L M. Social well-being[J]. Social Psychology Quarterly, 1998, 61(2): 121-140.

[26] Koestner R, Ryan R M, Bernieri F, et al. Setting limits on children's behavior: The differential effects of controlling vs. informational styles on intrinsic motivation and creativity[J]. Journal of Personality, 1984, 52(3): 233-248.

[27] Kreps D M. Intrinsic motivation and extrinsic incentives[J]. The American Economic Review, 1997, 87(2): 359-364.

[28] Kumar V, Aksoy L, Donkers B, et al. Undervalued or overvalued customers:

Capturing total customer engagement value[J]. Journal of Service Research, 2010, 13(3): 297-310.

[29] Kumar V, Pansari A. Competitive advantage through engagement[J]. Journal of Marketing Research, 2016, 53(4): 497-514.

[30] Kumar V, Reinartz W. Creating enduring customer value[J]. Journal of Marketing, 2016, 80(6): 36-68.

[31] Lee D, Kim H S, Kim J K. The impact of online brand community type on consumer's community engagement behaviors: Consumer-created vs. marketer-created online brand community in online social-networking web sites[J]. Cyberpsychology, Behavior, and Social Networking, 2011, 14(1-2): 59-63.

[32] Mai H T X, Olsen S O. Consumer participation in virtual communities: The role of personal values and personality[J]. Journal of Marketing Communications, 2015, 21(2): 144-164.

[33] Masur P K, Reinecke L, Ziegele M, et al. The interplay of intrinsic need satisfaction and facebook specific motives in explaining addictive behavior on facebook[J]. Computers in Human Behavior, 2014(39): 376-386.

[34] Mende M, van Doorn J. Coproduction of transformative services as a pathway to improved consumer well-being findings from a longitudinal study on financial counseling[J]. Journal of Service Research, 2015, 18(3): 351-368.

[35] Ordanini A, Pasini P. Service co-production and value co-creation: The case for a Service-Oriented Architecture(SOA)[J]. European Management Journal, 2008, 26(5): 289-297.

[36] Pan H. Online community value co-creation: Differences in firms' strategies and moderating conditions[J]. Online Information Review, 2020, 44(3): 645-669.

[37] Pan Y, Xu Y C, Wang X, et al. Integrating social networking support for dyadic knowledge exchange: A study in a virtual community of practice[J]. Information & Management, 2015, 52(1): 61-70.

[38] Pine B J, Gilmore J H. The experience economy: Work is theatre & every business a stage[M]. Boston: Harvard Business School Press, 1999.

[39] Pansari A, Kumar V. Customer engagement: The construct, antecedents, and consequences[J]. Journal of the Academy of Marketing Science, 2017, 45(3): 294-311.

[40] Prahalad C K, Ramaswamy V. Co-creation experiences: The next practice in value creation[J]. Journal of Interactive Marketing, 2004, 18(3): 5-14.

[41] Prebensen N K, Vittersø J, Dahl T I. Value co-creation significance of tourist resources[J]. Annals of Tourism Research, 2013(42): 240-261.

[42] Ranjan K R, Read S. Value co-creation: Concept and measurement[J]. Journal

of the Academy of Marketing Science, 2016, 44(3): 290-315.

[43] Rodríguez-López N. Understanding value co-creation in virtual communities: The key role of complementarities and trade-offs[J]. Information & Management, 2021, 58(5): 103487.

[44] Romero D, Molina A. Collaborative networked organisations and customer communities: Value co-creation and co-innovation in the networking era[J]. Production Planning & Control, 2011, 22(5-6): 447-472.

[45] Ryan R M. Control and information in the intrapersonal sphere: An extension of cognitive evaluation theory[J]. Journal of Personality and Social Psychology, 1982, 43(3): 450-461.

[46] Ryan R M, Deci E L. On happiness and human potentials: A review of research on hedonic and eudaimonic well-being[J]. Annual Review of Psychology, 2001, 52(1): 141-166.

[47] Ryan R M, Grolnick W S. Origins and pawns in the classroom: Self-report and projective assessments of individual differences in children's perceptions[J]. Journal of Personality and Social Psychology, 1986, 50(3): 550-558.

[48] Ryan R M, Huta V, Deci E L. Living well: A self-determination theory perspective on eudaimonia[J]. Journal of Happiness Studies, 2008, 9(1): 139-170.

[49] Ryan R M, LaGuardia J G. What is being optimized? Self-determination theory and basic psychological needs[A]. S H Qualls & N Abeles(Eds.), Psychology and the aging revolution: How we adapt to longer life[M]. Washington, DC: American Psychological Association, 2000: 145-172.

[50] Ryff C D. Happiness is everything, or is it? Explorations on the meaning of psychological wellbeing[J]. Journal of Personality and Social Psychology, 1989, 57(6): 1069-1081.

[51] Shapiro A, Keyes C L M. Marital status and social well-being: Are the married always better off? [J]. Social Indicators Research, 2008, 88(2): 329-346.

[52] Shin H, Perdue R R. Self-service technology research: Abibliometric co-citation visualization analysis[J]. International Journal of Hospitality Management, 2019(80): 101-112.

[53] Springer K W, Hauser R M. An assessment of the construct validity of Ryff's scales of psychological well-being: Method, mode, and measurement effects[J]. Social Science Research, 2006, 35(4): 1080-1102.

[54] Sweeney J C, Danaher T S, McColl-Kennedy J R. Customer effort in value cocreation activities: Improving quality of life and behavioral intentions of health care customers[J]. Journal of Service Research, 2015, 18(3): 318-335.

[55] Tajvidi M, Wang Y, Hajli N, et al. Brand value co-creation in social commerce: The role of interactivity, social support, and relationship quality[J]. Computers in Human Behavior, 2021(115): 105238.

[56] Torres E N, Orlowski M. Let's "meetup" at the theme park[J]. Journal of Vacation Marketing, 2017, 23(2): 159-171.

[57] Vargo S L, Lusch R F. Institutions and axioms: An extension and update of service-dominant logic[J]. Journal of the Academy of Marketing Science, 2016, 44(1): 5-23.

[58] Verhoef P C, Reinartz W J, Krafft M. Customer engagement as a new perspective in customer management[J]. Journal of Service Research, 2010, 13(3): 247-252.

[59] Wang X, Wang Y, Lin X, et al. The dual concept of consumer value in social media brand community: A trust transfer perspective [J]. International Journal of Information Management, 2021(59): 102319.

[60] Wiertz C, de Ruyter K. Beyond the call of duty: Why customers contribute to firm-hosted commercial online communities [J]. Organization Studies, 2007, 28(3): 347-376.

[61] Yi Y, Gong T. Customer value co-creation behavior: Scale development and validation[J]. Journal of Business Research, 2013, 66(9): 1279-1284.

[62] Yoon C, Rolland E. Knowledge-sharing in virtual communities: Familiarity, anonymity and self-determination theory[J]. Behaviour & Information Technology, 2012, 31(11): 1133-1143.

[63] Zuckerman M, Eysenck S, Eysenck H. Sensation seeking in England and America: Cross-cultural, age, and sex comparisons[J]. Journal of Consulting and Clinical Psychology, 1978, 46(1): 139-149.

[64] 冯小亮，黄敏学．众包模式中问题解决者参与动机机制研究[J]．商业经济与管理，2013，1(4)：25-35.

[65] 周志民，李蜜．西方品牌社群研究述评[J]．外国经济与管理，2008(1)：46-51.

第十章

在线品牌社群负面体验分享与幸福感[①]

消费者经常在各种场合分享负面品牌体验，以此发泄不满或求得支持，最后平息负面情绪，甚至产生正面情绪。然而，消费者在分享负面体验时如果遇到冷漠甚至挖苦的听众，负面情绪就会增强。与其他场合不同，在线品牌社群中的大多数成员都是品牌的拥护者，那么，这些品牌拥护者是否容许有人在在线品牌社群中传播该品牌的负面体验？消费者分享这些负面品牌体验，会产生怎样的心理？特别是负面情绪和正面情绪哪个更高，即幸福感如何？为了探讨在线品牌社群中的负面体验分享与幸福感的关系，本章将社会支持和社会排斥两个完全相反的概念同时纳入品牌社群当中作为成员的反应，为在线品牌社群幸福感研究提供新的理论框架。

第一节　在线品牌社群负面体验分享对幸福感的意义

分享行为是在线品牌社群活动的主要形式。品牌社群为消费者分享产品体验提供了广阔的平台，能更加广泛地扩大口碑的传播，从而提高品牌知名度（Jang 等，2008）。有研究探讨了品牌社群中的分享行为如何影响消费者与品牌的关系，结论是向他人分享品牌体验能够强化分享者原有的品牌态度，即：分享正面的品牌体验，分享者与品牌的关系强化；分享负面的品牌体验，分享者与品牌的关系弱化（杨德锋、赵平和张梦远，2014；Trusov、Bucklin 和 Pauwels，2009）。研究结论表明体验分享在在线品牌社群中具有重要作用。

现实中，当消费者的负面品牌体验分享在在线品牌社群中被忽视甚至受到其他成员指责时，其对品牌社群的评价会很低，并且迁怒到品牌上；然而，如果负面体验分享得到企业和其他成员积极回复，问题得到妥善解决，消费者会对品牌社群产生正面评价，从而强化对品牌的好感。由此可见，当消费者在在线品牌社群当中分享负面体验时，结果会比较复杂，可能会更加生气，也可能变得快乐，即幸福感会受到影响。为了探讨在线品牌社群中负面体验分享会对消费者幸福感产生怎样的影

---

① 本章初稿发表情况如下：Zhou Z，Zhan G，Zhou N. How does negative experience sharing influence happiness in online brand community? A dual-path model [J]. Internet Research，2020，30 (2)：575-590. 本书有删改。

响，本书构建了一个模型，将社会支持和社会排斥两个完全相反的概念同时作为在线品牌社群当中不同成员的反应。我们假设品牌社群中的负面体验分享既会带来一部分社群成员对该消费者的社会支持，也会带来另一部分社群成员对该消费者的社会排斥。这两种社群成员反馈一正一反，影响着消费者对社群幸福感的感知。这一双路径的视角将更全面地揭示品牌社群中负面体验分享的作用机制，并为管理社群当中的负面体验分享行为提供参考。

第二节　负面品牌体验分享、社会支持、社会排斥和社群主观幸福感的相关理论

一、负面品牌体验分享

社群分享行为的理论基础是社会交换理论（social exchange theory）。该理论认为人们在进行信息交换行为时，基于相互作用的成本和收益，从分享中得到对自身有利的知识。对社群分享现象的研究最初是从线下社会组织内的知识共享开始的，成员们基于共同的责任或者价值共享的目的聚在一起，而知识分享则是成员们要达到自己目的的前提条件（Rothaermel 和 Sugiyama，2001；Wenger，1999）。

品牌体验是影响消费者满意度、忠诚度等品牌关系的重要因素（Zarantonello 和 Schmitt，2010）。大部分的研究探讨了正面体验、正面口碑等积极品牌信息分享行为，而当消费者有不好的体验时，往往会有向他人倾诉的冲动，例如，在社交平台上发表意见，与他人分享，以此来缓解负面品牌体验带来的心理负担（Miniero 和 Gibber，2014；Pennebaker，1997）。负面品牌体验分享是消费者在与某一品牌接触的整个过程中，将自己对产品（或服务）存在的负面感受或态度与他人进行分享和交流的行为。在线品牌论坛等社交网络人际交流平台的大量涌现，为消费者分享负面品牌体验提供了更多机会。

二、社会支持

社会支持是一种能够使个人感觉到被关心、爱、尊重以及具有群体归属感的心理信号（Cobb，1976）。感知者可以从社会支持中获得信息、情感等帮助解决自己的问题，以得到满足（Procidano 和 Heller，1983）。互联网技术的发展使得越来越多的人开始通过在线社群寻求社会支持（Braithwaite、Waldron 和 Finn，1999）。网络社会支持除了具有现实社会支持的特点外，还具有其他特点，如不受时间和空间的限制（Bargh 和 Mckenna，2004）、匿名性（Walther 和 Boyd，2002）以及多样性（Finn 和 Lavitt，1994），从而使网民可以从网络中获得更广泛的信息、情感等方面的无形支持（Madjar，2008）。社群中的参与者有着不同的目的，有些人是为了抒发情感、结交网友（Bambina，2007；Mills 等，2022），有些人是为了减少被隔离感（Braithwaite、

Waldron 和 Finn，1999）。不管是为了长期的网络结伴关系，还是一次性地寻求建议，人们都可以在在线社群中体验到社会支持感（Bambina，2007；Zhao 和 Chen，2022）。借鉴 Pai 和 Tsai（2016）关于“感知组织支持”的研究，我们认为，在线品牌社群社会支持是用户在某一在线品牌社群中关于信息、建议或其他帮助的整体感知。

三、社会排斥

学界对社会排斥还没有统一的界定，其概念基本包括以下几层内涵：缺乏归属、拒绝、放逐等（程苏、刘璐和郑涌，2011）。社会排斥的研究对象一般是弱势群体遇到的问题，如贫穷、歧视、失业等（Vrooman 和 Hoff，2013；Ashley 和 Empson，2013），这属于社会学的范畴；而随着商品经济时代的到来，消费者感知到社会排斥、受到不公平对待等一些问题也逐步受到重视（Williams 等，2001）。

互联网技术的发展为社会排斥理论的研究提供了全新的背景。网络排斥是一种发生在互联网环境中的特定社会排斥。网络排斥有着与现实社会排斥不一样的特征，如情境压力小、排斥线索模糊等。为了体现这些特征，最著名的关于网络社会排斥的研究范式是两种网络实验法：网络掷球游戏和网络掷弹游戏（Williams 和 Jarvis，2006；IIja、Kipling 和 Eric，2011）。以网络掷球游戏为例，其基本的做法是三人掷球，甲、乙二人互传，就是不传给丙，丙就会感到被排斥。

程莹等（2014）从传统社会排斥和网络互动理论相结合的角度研究了网络社会排斥，探讨了人们在现实和网络不同的环境中，感知到社会排斥后心理和行为的变化。有研究表明，就算网络互动具有匿名性，网友也会因为陌生人的冷漠回应而出现短暂的消极情绪（Poon 和 Chen，2016）。针对传统社会排斥带来的负面影响，人们可以通过在网络社交平台与陌生人交流，减少社会排斥感知带来的负面心理影响，找回自尊和提高感知关系价值（Gross，2009）。结合前人的研究，我们将在线品牌社群中的社会排斥定义为：在线品牌社群成员在社群中缺乏社会支持、友谊以及其他帮助的整体感受。

四、社群主观幸福感

主观幸福感作为一种心理感受，是人们对自己所在环境生活的具体化评价的表现，一般包括生活满意度、积极情感和消极情感三个部分。早期的主观幸福感研究主要从人口学的角度来探索“什么样的人才是幸福的”以及“什么因素决定了一个人的幸福程度”。学者们试图从年龄、性别、收入、受教育程度等个人因素之中寻找答案，但是没有找到密切的关联。而随后有不少学者从跨文化（Diener 等，1999）、个人特质、个人目标等出发，发现了不少与主观幸福感相关的前因。

互联网 2.0 时代，在线社群也为人们提供了另一种全新的生活空间，例如，许多人都会上网，与他人交流互动、进行休闲娱乐等，以排解消极心理状态，从而提高幸福感（李桂颖、周宗奎和平凡，2012；Dhiman 和 Kumar，2023）。人们以成员的身份加入在线社群，在这个线上社会中与其他成员交往、生活，从而产生主观幸福感。这种心理评价的好坏会影响成员与社群、品牌的关系。结合相关理论，我们将在线品牌社群中的主观幸福感定义为用户对在线品牌社群生活的满意度和情感体验的一种独立、整体的评价（Lyubomirsky 和 Lepper，1999；Diener 和 Ryan，2009）。

第三节 在线品牌社群负面体验分享与幸福感的研究假设

一、概念模型

本章从消费者的负面品牌体验分享出发，研究用户在在线品牌社群中感知到的社会支持和社会排斥情况。尽管网络有虚拟性和匿名性，用户在网络社交平台、在线论坛等群体中还是会感知到社会支持或社会排斥（Bargh 和 Mckenna，2004；Poon 和 Chen，2016）。用户可能会因产品性能、服务体验、客户支持等产生不好的体验，然后在在线品牌论坛中与他人分享这种负面的体验，论坛中的其他成员会产生不同的反应：一部分为了维护品牌的正面形象，而对这些问题做出能够引导用户向积极方向思考的解答，从而使用户感到社会支持；而另一部分成员可能会为了遵守品牌承诺，对关于品牌的负面消息予以忽视、辩驳，甚至直接批评分享者，这会增加用户的社会排斥感知。网络社会支持的增加会提高用户留在在线品牌社群中的幸福感，而社会排斥却会减少这一积极感觉。最后，用户的社群主观幸福感作为一种积极社群关系会转移到品牌关系上来，形成深层次的品牌态度和情感。负面品牌体验分享是更容易带来网络社会支持还是网络社会排斥？这个问题的回答需要考虑调节变量。本书将成员入群时间作为调节变量，原因是人们对于新、老成员的期待和态度会有所不同。基于此，提出研究模型（见图 10-1）。

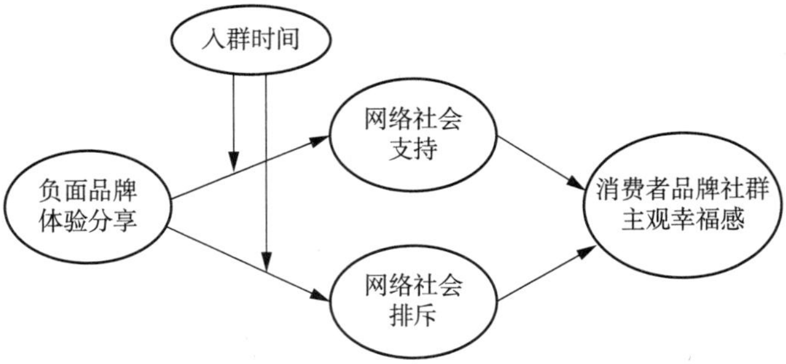

图 10-1 负面分享对消费者品牌社群主观幸福感的影响

二、研究假设

负面品牌体验包括产品体验差、服务体验差等与品牌相关的一切接触点的消极体验。研究表明，消费者负面体验分享比正面体验分享对其他用户的影响力更大（Purnawirawan、Patrick 和 Nathalie，2012）。虽然用户在社群中发表品牌负面消息时往往伴随着对其他用户反驳和批判的担心，但是，他们还是更多地希望得到其他用户的接受和答复（Guo 和 Turan，2016）。也有研究表明，帮助他人、分享信息等网络社会支持与负面口碑分享有着密切联系，而负面口碑分享又会正向影响自我肯定等感知（Alexandrov、Lilly 和 Babakus，2013）。同正面口碑分享一样，负面体验的分享会促进其他用户与分享者进行互动，激发其进一步分享其他信息。负面消息，特别是高质量的负面消息的传播也会引起其他人员的关注，从而得到其建议、帮助等社会支持。由此，建立以下假设：

H1：负面品牌体验分享正向影响感知网络社会支持。

从更深层次的角度来看，同一个生活环境中，持有不同价值观、行为习惯的人在刚开始会有一个互相排斥的过程，负面消息可能不是大部分的社群用户所能够接受的，因而用户发布的负面消息很可能引发社群排斥（He 等，2017）。同时，一个群体中，个人针对第三方的抱怨也会遭到其他成员的排斥（Twenge 等，2001）。这与品牌社群中的抱怨很相似，品牌相对于抱怨者和其他成员是第三方，当个体针对品牌发布负面消息时，一些具有品牌承诺的成员则会主动抵御负面消息（Algesheimer、Dholakia 和 Herrmann，2005；Stokburger-Sauer，2010），或不理会分享者的信息，或直接反驳分享者的观点，以此对其造成一定的心理压力，从而让发布负面品牌信息的用户感知到社会排斥（Zhou 等，2012）。综上，提出以下假设：

H2：负面品牌体验分享正向影响感知网络社会排斥。

来自家人、朋友和他人的支持可以有效提高用户的生活满意度和主观幸福感（Gary、Lynda 和 Daniel，1996；Kong 和 You，2013；Oh、Ozkaya 和 LaRose，2014）。从网络上寻求社会支持也是提高主观幸福感重要的途径之一（张凤娟、刘珍和范翠英，2014；Hsieh、Lee 和 Tseng，2022）。进一步来说，用户从各种社交网站、在线论坛上可以得到其他成员在信息上的支持，如获得更加全面的产品使用信息；或者情感上的支持，如交友谈心，减少生活中的压力（Bateman、Gray 和 Butler，2011；Harmeling 等，2017；Kozlenkova 等，2017；Nambisan 和 Baron，2007），这些支持对于人们的身体健康、工作满意度都能产生重要影响，从而提升主观幸福感（申琦、廖圣清和秦悦，2014；Gary、Lynda 和 Daniel，1996；Cohen 和 Wills，1985；Rook，1987）。由此，可做出假设：

H3：感知网络社会支持越强，在线品牌社群中消费者主观幸福感越高。

有学者通过对留守儿童的调查研究发现：社会排斥的感知越高，他们越感到不公平，没有安全感，导致其主观幸福感降低（师保国、徐玲和许晶晶，2009；Mac-

Donald 和 Leary，2005）。社会资源的不公平分配都会给个体带来社会排斥感知。特别是收入分配不公平，它是造成社会剥夺和社会排斥的重要原因，并由此降低主观幸福感（Bellani 和 D'Ambrosio，2011）。同现实社会排斥一样，网络社会感知同样会让人反感，例如，当用户对某一产品不满意，在品牌官网留下抱怨的评论后，商家网站忽视或者自动答复用户的形式都会令用户感到社会排斥，从而增加用户的负面情绪以及其他的消极消费行为（Williams、Cheung 和 Choi，2000）。综上，可提出假设：

H4：感知网络社会排斥越强，在线品牌社群中消费者主观幸福感越低。

社会心理学研究认为社群成员需要面对规范性的压力，因为他们需要获得其他成员的一致认同（Algesheimer、Dholakia 和 Herrmann，2005；McMillan 和 Chavis，1986）。如果缺少其他成员的一致认同，个体会觉得被排挤或反对。然而，新成员的这方面压力并不大，因为他们尚处于“学习品牌、社群，以及如何在其中建立人际关系”的阶段（Algesheimer、Dholakia 和 Herrmann，2005）。因此，分享负面内容之后，新成员不会感知较强来自规范的压力，以及有关的网络社会排斥。相反，因为他们是新成员，其他成员会原谅他们的不懂，从而给予一定的帮助。因此，假设如下：

H5a：对于入群时间短的社群成员，负面品牌体验分享对网络社会支持影响更大。

H5b：对于入群时间长的社群成员，负面品牌体验分享对网络社会排斥影响更大。

第四节　研究一：结构方程模型研究

为检验以上假设，我们采用了两种方法。研究一为结构方程模型研究，目的是检验所有的假设；研究二为实验法，目的是对调节效应进行再次验证。

研究一采取问卷调查法收集数据。问卷设计分为三部分：第一部分确认受调查者是不是在线品牌论坛的注册会员，并填写论坛名称以及相应品牌名称，若受调查者非在线品牌论坛注册会员，则调查到此结束；第二部分对本书所涉及的 5 个主变量进行调查；第三部分收集了用户基本信息，包括性别、年龄、学历、收入、加入时间、参与频率等。

本书主模型中主要有 5 个变量，其测项均来自已有研究的成熟量表，并结合本书进行适当调整。其中，负面品牌体验分享包括 4 个测项（East、Hammond 和 Lomax，2008；Singh，1990）；网络社会支持有 3 个测项（Pai 和 Tsai，2016）；网络社会排斥在两个相关成熟量表中进行了取舍，有 7 个测项（Stillman 等，2009；UCLA loneliness scale）；品牌社群主观幸福感包括 3 个测项（Lyubomirsky 和 Lepper，1999）。变量均采用 Likert 6 级量表进行测量，其中，1~6 分别代表不同的感知程度：完全不同意、比较不同意、有点不同意、有点同意、比较同意、完全同意。之所以采用 6 点量表而不是5点或7点量表，是为了防止调查对象出于惰性心理而不加思考地选择3等或4等中间选项，以致难以反映出调查对象的真实心理状况，而6点量表的好处是被调查者必须明确地指出对某个测项“同意”或“不同意”，这样能够得到比较准确的调查结果。

所有问卷均通过专业问卷调查平台问卷星来发放及回收。历时半个月，系统通过跳转逻辑设置自动删除无效问卷后共回收问卷1035份。基于被调查者是不是论坛会员、所填写论坛是否为品牌论坛以及数据是否有异常等依据，再次进行人工排除，最终得到有效问卷1015份，有效样本率为98.07%，有效样本的结构描述见表10-1。

表10-1　样本结构（n=1015）

类别	项目	频率	百分比
性别	男	542	53.4%
	女	473	46.6%
	合计	1015	100.0%
年龄（岁）	20及以下	29	2.8%
	21~25	147	14.5%
	26~30	309	30.4%
	31~35	288	28.4%
	36~40	139	13.7%
	41~45	61	6.0%
	46~50	25	2.5%
	51及以上	17	1.7%
	合计	1015	100.0%
学历	高中、中专及以下	54	5.3%
	大专	138	13.6%
	本科	715	70.4%
	硕士	97	9.6%
	博士	11	1.1%
	合计	1015	100.0%
月收入（元）	2000及以下	71	7.0%
	2001~4000	148	14.6%
	4001~6000	301	29.6%
	6001~8000	228	22.5%
	8001~10000	145	14.3%
	10001及以上	122	12%
	合计	1015	100.0%

续表

类别	项目	频率	百分比
加入论坛时间（年）	1 以下	65	6.4%
	1~2	321	31.6%
	2~3	325	32.0%
	3~4	159	15.7%
	4~5	74	7.3%
	5 以上	71	7.0%
	合计	1015	100.0%
访问论坛频率	1 天 1 次或多次	259	25.5%
	1 周 1 次或多次	629	62.0%
	1 个月 1 次或多次	105	10.3%
	半年 1 次或多次	16	1.6%
	其他	6	0.6%
	合计	1015	100.0%

本书的变量测项内部一致性用 Cronbach's α 来测量，通过 SPSS 软件分别对主效应中的 5 个潜变量进行了内部一致性测量，发现所有潜变量的 Cronbach's α 值都在 0.7 以上，说明每个潜变量的测项之间的内部一致性都比较高。经计算，所有变量的组合信度（CR）都大于 0.8，说明每个测项都比较一致地反映了对应的潜变量。综合以上分析，该问卷具有较高的信度。

对于问卷内容效度的考察，本书主要做了以下两项工作：第一，每个构念的测项均来自普遍认可的量表；第二，听取了一些专家建议，确定每个构念应该包含的测项。以上工作保证了问卷具有较高的内容效度。

问卷的建构效度通过探索性因子分析中计算每个测项对于潜变量的因子载荷来考虑，由表 10-2 可知，所有测项对于对应的潜变量的因子载荷都大于 0.5，同时，模型拟合优度 [$\chi^2(1015)=2143.74$，$\chi^2/df=2.11$，$p<0.01$；RMSEA = 0.07，IFI = 0.90，CFI = 0.90] 也较好，说明问卷各变量的建构效度较高。收敛效度由各潜变量的平均萃取方差测量，经计算，各个潜变量的此项指标值均大于 0.5 的最低标准。

表 10-2　量表的信效度分析结果

变量及测项	因子载荷
负面品牌体验分享（NBES）Cronbach's α = 0.919	
在 X 品牌论坛里，我会发表关于产品或服务的负面评论	0.898
在 X 品牌论坛里，我会在论坛中发表不好的产品或服务的体验信息	0.885
在 X 品牌论坛里，我会分享我对产品或服务的负面看法	0.910

续表

变量及测项	因子载荷
在 X 品牌论坛里，我与其他成员分享关于产品或服务方面的、对我来说影响很大的负面看法	0.897
网络社会支持（OSS）Cronbach's α=0.780	
在 X 品牌论坛里，其他成员会很快地就我的分享信息做出回复	0.813
在 X 品牌论坛里，当我提出问题或担忧时，其他成员会迅速提出相关建议来解决	0.841
在 X 品牌论坛里，当我有问题时，可以得到其他成员的帮助	0.848
网络社会排斥（OSE）Cronbach's α=0.906	
在 X 品牌论坛里，我没有办法寻求帮助	0.801
在 X 品牌论坛里，在我需要时，没有人可以向我提供支持	0.817
在 X 品牌论坛里，我感觉被忽视了	0.817
在 X 品牌论坛里，与我称得上友谊关系的网友很少	0.722
在 X 品牌论坛里，我的主动攀谈难以得到热情的回应	0.778
在 X 品牌论坛里，聊天时，不论我说什么话题，别人都不怎么接话	0.847
在 X 品牌论坛里，我与别人的交流似乎难以深入或延长	0.836
品牌社群主观幸福感（SWB）Cronbach's α=0.794	
在 X 品牌论坛中的经历，总体来说，我很快乐	0.866
在 X 品牌论坛中，相对于其他成员，我感觉自己更加快乐	0.823
不管遇到什么事，我都很热爱生活	0.844

注：模型拟合指数（MF）：$\chi^2(1015)=2143.74$，$\chi^2/df=2.11$，$p<0.01$；RMSEA=0.07，IFI=0.90，CFI=0.90。

表 10-3　描述性统计

变量	1	2	3	4
1. 负面品牌体验分享	**0.898**			
2. 网络社会支持	0.119	**0.834**		
3. 网络社会排斥	0.224	0.027	**0.810**	
4. 社群主观幸福感	−0.038	0.423	−0.389	**0.865**
平均数	3.413	4.962	2.443	4.221
标准差	1.524	0.369	0.972	0.471
组合信度	0.943	0.873	0.930	0.899
平均萃取方差	0.806	0.696	0.656	0.748

注：表的上半部分对角线加粗部分为各潜变量的平均萃取方差的平方根，可以看到每个值的绝对值都大于所在列和所在行的数值的绝对值。

通过结构方程模型，对主效应进行了路径分析，得出以下结果：消费者关于品牌体验的分享显著性地正向影响感知网络社会支持和网络社会排斥（H1：$\beta=0.115$，$p<0.01$；$H2$：$\beta=0.216$，$p<0.001$），说明 H1 和 H2 成立；感知网络社会支持的提高会显著影响品牌社群主观幸福感的提高（H3：$\beta=0.162$，$p<0.001$），说明 H3 成立；而感知网络社会排斥显著性地负向影响社群主观幸福感（H4：$\beta=-0.185$，$p<0.001$），说明当感知网络社会排斥提高时，社群主观幸福感会减弱，H4 成立。入群时间对负面品牌体验分享与网络社会支持的关系有显著的负向调节（H5a：$\beta=-0.071$，$p<0.05$），对负面品牌体验分享与网络社会排斥的关系有显著的正向调节（H5b：$\beta=0.071$，$p<0.05$），说明 H5a 和 H5b 成立（见表 10-4）。

表 10-4　假设检验结果

效应	β	t	p
主效应			
H1：负面品牌体验分享→感知网络社会支持	0.115	3.351	0.001
H2：负面品牌体验分享→感知网络社会排斥	0.216	6.592	0.000
H3：感知网络社会支持→社群主观幸福感	0.162	3.787	0.000
H4：感知网络社会排斥→社群主观幸福感	−0.185	4.889	0.000
H5a：负面品牌体验分享×入群时间→网络社会支持	−0.071	2.404	0.017
H5b：负面品牌体验分享×入群时间→网络社会排斥	0.071	2.264	0.024
入群时间→网络社会排斥	−0.080	2.520	0.012
入群时间→网络社会支持	0.098	3.299	0.001
控制效应			
性别→社群主观幸福感	−0.012	0.523	0.601
年龄→社群主观幸福感	0.002	0.065	0.948
学历→社群主观幸福感	0.014	0.501	0.617
收入→社群主观幸福感	0.023	0.820	0.412
访问频率→社群主观幸福感	−0.040	1.750	0.081
品牌认同→社群主观幸福感	0.479	10.628	0.000

第五节　研究二：实验法研究

研究二的目的是检验负面品牌体验分享和网络社会支持或排斥之间的假设关系是否会受到社群成员入群时间的调节——重新审视 H5。这项研究的另外一个目的是通过调查其他成员如何看待分享者的负面评论，从观众的角度扩展研究结果。我们在问卷星（wjx. cn）上发放实验问卷。实验参与者是从小米官方网络品牌社群（http：//bbs. xiaomi. cn/）中随机抽取的。

为了获得参与实验的资格，实验参与者必须先注册成为小米社群会员。选定的社群成员（随机分配）被邀请阅读负面评论与正面评论并进行对比。每条评论的长度约为三行，以消除不同长度的影响，因为长度可能会影响信息的质量和数量。第一组被试包含 51 名社群成员，他们在线评估具有 5 年社群经验的分享者的负面评论；另外一组被试也包含 51 名社群成员，评估具有 5 天社群经验的分享者的负面评论。

与研究一一样，测量值根据既定量表进行了调整，并进行了细微的措辞更改。我们采用 7 分制的量表衡量网络社会支持（Cronbach's $\alpha = 0.860$）和社会排斥（Cronbach's $\alpha = 0.871$）。

为了检查实验操作，我们要求参与者填写他们对分享者入群时间的感知程度。96%的参与者认为 5 天会员资格的时间较短，而 94%的参与者认为 5 年会员资格的时间较长。参与者还被问及他们在多大程度上认为评论是积极的还是消极的。95%的接受两种操控（5 天与 5 年）的参与者正确识别了正面和负面评论。结果证实操控成功。我们忽略了未通过操控检查和异常值检测的参与者，生成了 88 名参与者的可用样本，其中每种操控有 44 名参与者。

经 t 检验对 H5 分析的结果显示，新手和经验丰富的社群成员在网络社交支持方面存在显著差异（$t=2.389$，$p<0.01$）。正如预期，在受到负面评论后，受访者愿意为新手社群成员（$M_{社会支持}=5.278$）提供比经验丰富的成员（$M_{社会支持}=4.717$）更多的支持，而受访者对经验丰富的成员（$M_{社会排斥}=3.861$）的网络社会排斥程度高于新手成员（$M_{社会排斥}=3.378$），并且差异具有统计学意义（$t=1.811$，$p<0.05$）。

两个实验组的网络社会支持和排斥平均值如图 10-2 所示。

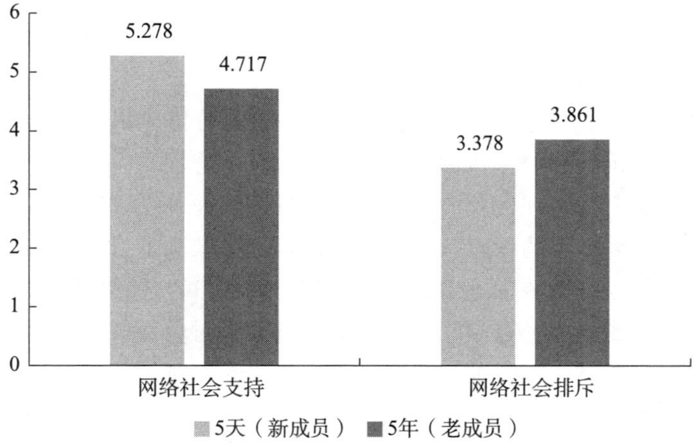

图 10-2　两个实验组的网络社会支持和排斥平均值

第六节 在线品牌社群负面体验分享与幸福感的研究结论与启示

一、研究结论

互联网上充斥着各类正面和负面品牌体验，形成了正面或负面口碑效应。本书发现，在在线品牌社群当中，分享负面品牌体验，不一定会降低幸福感，其结果由感知社会支持和感知社会排斥两条相反路径的博弈所决定。本书将社会支持和社会排斥双路径相结合研究了负面品牌体验分享带来的影响，弥补了以往对负面分享、负面口碑的后效研究仅探讨消极影响的不全面性。在线品牌社群的用户在分享自己的负面体验后，会听到不同的声音——支持或反对（Miniero 和 Gibber，2014），将两者同时考虑进来，采用双路径模型表明消极分享可能通过网络社会支持增加主观幸福感，而通过网络社会排斥降低主观幸福感。同时，发现了社群成员的入群时间作为重要的边界条件起到了显著的调节作用，即当社群成员入群时间较短时，更容易感知到或被赋予社会支持；反之，社群成员入群时间较长时，更容易感知到或被赋予社会排斥。总体上，本书完善了在线品牌社群体验分享领域的理论。

二、启示

管理者应积极回应负面评论，以营造良好的社群氛围。当消费者在在线平台上抱怨他们的品牌体验时，公司应该明确回应消费者的担忧，而不是忽视和掩饰消费者担忧的问题。管理者可以开发面向消费者的反馈回路，组织内部员工回答他们关于品牌的问题，更重要的是激活社群成员相互提供积极的品牌体验和负面体验的解决方案。由于社群成员可能是品牌的实际用户，鼓励社群成员与负面评论分享者互动并提供建议更具说服力。

针对消费者的负面评论，公司应强调品牌的核心价值，并引导消费者了解品牌的优势。例如，当消费者对手机的体验不满意时，一方面，管理者应密切关注，及时回复解决方案，对负面评论行为表示赞赏；另一方面，可以突出品牌在其他方面的优势，还可以解释品牌的情感和自我表达价值，并鼓励消费者推广这些价值。更积极主动的策略不仅可以减少不满，还可以防止负面口碑的传播，提升品牌的核心价值。此外，非常重要的一点是，尽量降低社群成员对负面体验分享者的排斥，这可以通过鼓励社群成员相互帮助、公司员工直接给予问题解答等方式来操作。与负面评论分享者的积极互动可以让这些用户在社群中感到快乐。

本章参考文献

[1] 程莹，成年，李至，等．网络社会中的排斥：着眼于被排斥者的心理行为反应[J]．中国临床心理学杂志，2014，22(3)：418-423.

[2] 程苏，刘璐，郑涌．社会排斥的研究范式与理论模型[J]．心理科学进展，2011，19(6)：905-915.

[3] 申琦，廖圣清，秦悦．网络使用、社会支持与主观幸福感：以大学生为研究对象[J]．新闻与传播研究，2014(6)：99-128.

[4] 师保国，徐玲，许晶晶．流动儿童幸福感、安全感及其与社会排斥的关系[J]．心理科学，2009，32(6)：1452-1454.

[5] 杨德锋，赵平，张梦远．向他人分享品牌体验能强化分享者原有的品牌态度吗——体验分享对品牌态度的影响[J]．营销科学学报，2014，10(2)：82-98.

[6] 张凤娟，刘珍，范翠英．网络社会支持与网络安全感对大学生主观幸福感的影响[J]．教育评论，2014(2)：52-54.

[7] 李桂颖，周宗奎，平凡．大学生网络幸福感的特点及其与网络使用偏好的关系[J]．心理与行为研究，2012，10(5)：395-400.

[8] Alexandrov A, Lilly B, Babakus E. The effects of social-and self-motives on the intentions to share positive and negative word of mouth[J]. Journal of the Academy of Marketing Science, 2013, 41(5): 531-546.

[9] Algesheimer R, Dholakia U M, Herrmann A. The social influence of brand community: Evidence from European car clubs[J]. Journal of Marketing, 2005, 69(3): 19-34.

[10] Ashley L, Empson L. Differentiation and discrimination: Understanding social class and social exclusion in leading law firms[J]. Human Relations, 2013, 66(2): 219-244.

[11] Bambina A. Online social support: The interplay of social networks and computer-mediated communication[M]. Cambria Press, 2007.

[12] Bargh J A, McKenna K Y A. The Internet and social life[J]. Annual Review of Psychology, 2004(55): 573-590.

[13] Bateman P J, Gray P H, Butler B S. Research note—the impact of community commitment on participation in online communities[J]. Information Systems Research, 2011, 22(4): 841-854.

[14] Bellani L, D'Ambrosio C. Deprivation, social exclusion and subjective well-being[J]. Social Indicators Research, 2011, 104(1): 67-86.

[15] Braithwaite D O, Waldron V R, Finn J. Communication of social support in computer-mediated groups for people with disabilities[J]. Health Communication, 1999, 11(2): 123-151.

[16] Cobb S. Social support as a moderator of life stress[J]. Psychosomatic Medicine, 1976, 38(5): 300-314.

[17] Cohen S, Wills T A. Stress, social support, and the buffering hypothesis[J]. Psychological Bulletin, 1985, 98(2): 310-357.

[18] Dhiman N, Kumar A. What we know and don't know about consumer happiness: Three-decade review, synthesis, and research propositions[J]. Journal of Interactive Marketing, 2023, 58(2-3): 115-135.

[19] Diener E, Ryan K. Subjective well-being: A general overview[J]. South African Journal of Psychology, 2009, 39(4): 391-406.

[20] Diener E, Suh E M, Lucas R E, et al. Subjective well-being: Three decades of progress[J]. Psychological Bulletin, 1999, 125(2): 276-302.

[21] East R, Hammond K, Lomax W. Measuring the impact of positive and negative word of mouth on brand purchase probability[J]. International Journal of Research in Marketing, 2008, 25(3): 215-224.

[22] Finn J, Lavitt M. Computer-based self-help groups for sexual abuse survivors[J]. Social Work with Groups, 1994, 17(1-2): 21-46.

[23] Gary A A, Lynda A K, Daniel W K. Relationships of job and family involvement, family social support, and work-family conflict with job and life satisfaction[J]. Journal of Applied Psychology, 1996, 81(4): 411-420.

[24] Gross N. A pragmatist theory of social mechanisms[J]. American Sociological Review, 2009, 74(3): 358-379.

[25] Guo J, Turan B. Preferences for social support during social evaluation in men: The role of worry about a relationship partner's negative evaluation[J]. The Journal of Social Psychology, 2016, 156(1): 122-129.

[26] Harmeling C M, Moffett J W, Arnold M J, et al. Toward a theory of customer engagement marketing[J]. Journal of the Academy of Marketing Science, 2017, 45(3): 312-335.

[27] He Y, Chen Q, Lee R P, et al. Consumers' role performance and brand identification: Evidence from a survey and a longitudinal field experiment[J]. Journal of Interactive Marketing, 2017, 38(1): 1-11.

[28] Hsieh S H, Lee C T, Tseng T H. Psychological empowerment and user satisfaction: Investigating the influences of online brand community participation[J]. Information & Management, 2022, 59(1): 103570.

[29] IIja V B, Kipling D W, Eric V B. Cyberbomb: Effects of being ostracized from a death game[J]. Group Processes & Intergroup Relations, 2011, 14(4): 581-596.

[30] Jang H, Olfman L, Ko I, et al. The influence of on-line brand community characteristics on community commitment and brand loyalty [J]. International Journal of Electronic Commerce, 2008, 12(3): 57-80.

[31] Kong F, You X. Loneliness and self-esteem as mediators between social support and life satisfaction in late adolescence[J]. Social Indicators Research, 2013, 110(1): 271-279.

[32] Kozlenkova I V, Palmatier R W, Fang E, et al. Online relationship formation [J]. Journal of Marketing, 2017, 81(3): 21-40.

[33] Lyubomirsky S, Lepper H S. A measure of subjective happiness: Preliminary reliability and construct validation[J]. Social Indicators Research, 1999, 46(2): 137-155.

[34] MacDonald G, Leary M R. Why does social exclusion hurt? The relationship between social and physical pain[J]. Psychological Bulletin, 2005, 131(2): 202-223.

[35] Madjar N. Emotional and informational support from different sources and employee creativity [J]. Journal of Occupational and Organizational Psychology, 2008, 81 (1): 83-100.

[36] McMillan D W, Chavis D M. Sense of community: A definition and theory[J]. Journal of Community Psychology, 1986, 14(1): 6-23.

[37] Mills M, Oghazi P, Hultman M, et al. The impact of brand communities on public and private brand loyalty: A field study in professional sports[J]. Journal of Business Research, 2022(144): 1077-1086.

[38] Miniero G, Gibbert M. Brand traumas: Why writing about negative brand experiences boosts evaluations more than writing about positive experiences? [J]. Association for Consumer Research, 2014(42): 612.

[39] Nambisan S, Baron R A. Interactions in virtual customer environments: Implications for product support and customer relationship management[J]. Journal of Interactive Marketing, 2007, 21(2): 42-62.

[40] Oh H J, Ozkaya E, LaRose R. How does online social networking enhance life satisfaction? The relationships among online supportive interaction, affect, perceived social support, sense of community, and life satisfaction[J]. Computers in Human Behavior, 2014(30): 69-78.

[41] Pai P, Tsai H T. Reciprocity norms and information-sharing behavior in online consumption communities: An empirical investigation of antecedents and moderators[J]. Information & Management, 2016, 53(1): 38-52.

[42] Pennebaker J W. Writing about emotional experiences as a therapeutic process

[J]. Psychological Science, 1997, 8(3): 162-166.

[43] Poon K T, Chen Z. Assuring a sense of growth: A cognitive strategy to weaken the effect of cyber-ostracism on aggression[J]. Computers in Human Behavior, 2016(57): 31-37.

[44] Procidano M E, Heller K. Measures of perceived social support from friends and from family: Three validation studies [J]. American Journal of Community Psychology, 1983, 11(1): 1-24.

[45] Purnawirawan N, Patrick D P, Nathalie D. To respond or not to respond: The effectiveness of organizational responses to negative online reviews[J]. Marketing Theory and Applications, 2012(23): 62-63.

[46] Rook K S. Social support versus companionship: Effects on life stress, loneliness, and evaluations by others [J]. Journal of Personality and Social Psychology, 1987, 52(6): 1132-1147.

[47] Rothaermel F T, Sugiyama S. Virtual internet communities and commercial success: Individual and community-level theory grounded in the atypical case of TimeZone. com [J]. Journal of Management, 2001, 27(3): 297-312.

[48] Singh J. Voice, exit, and negative word-of-mouth behaviors: An investigation across three service categories[J]. Journal of the Academy of Marketing Science, 1990, 18 (1): 1-15.

[49] Stillman T F, Baumeister R F, Lambert N M, et al. Alone and without purpose: Life loses meaning following social exclusion[J]. Journal of Experimental Social Psychology, 2009, 45(4): 686-694.

[50] Stokburger-Sauer N. Brand community: Drivers and outcomes[J]. Psychology & Marketing, 2010, 27(4): 347-368.

[51] Trusov M, Bucklin R E, Pauwels K. Effects of word-of-mouth versus traditional marketing: Findings from an internet social networking site [J]. Journal of Marketing, 2009, 73(5): 90-102.

[52] Twenge J M, Baumeister R F, Tice D M, et al. If you can't join them, beat them: Effects of social exclusion on aggressive behavior [J]. Journal of Personality and Social Psychology, 2001, 81(6): 1058-1069.

[53] Vrooman J C, Hoff S J M. The disadvantaged among the Dutch: A survey approach to the multidimensional measurement of social exclusion [J]. Social Indicators Research, 2013, 113(3): 1261-1287.

[54] Walther J B, Boyd S. Attraction to computer mediated social support[A]. C A Lin & D J Atkin (Eds.), Communication technology and society: Audience adoption and uses[M]. NJ: Hampton Press, 2002.

[55] Wenger E. Communities of practice: Learning, meaning, and identity [M]. Cambridge University Press, 1999.

[56] Williams K D, Cheung C K T, Choi W. Cyberostracism: Effects of being ignored over the internet [J]. Journal of Personality and Social Psychology, 2000, 79 (5): 748-762.

[57] Williams K D, Jarvis B. Cyberball: A program for use in research on interpersonal ostracism and acceptance[J]. Behavior Research Methods, 2006, 38(1): 174-180.

[58] Williams P, Hubbard P, Clark D, et al. Consumption, exclusion and emotion: The social geographies of shopping [J]. Social & Cultural Geography, 2001, 2 (2): 203-220.

[59] Zarantonello L, Schmitt B H. Using the brand experience scale to profile consumers and predict consumer behaviour[J]. Journal of Brand Management, 2010, 17(7): 532-540.

[60] Zhao X, Chen Y R R. How brand-stakeholder dialogue drives brand-hosted community engagement on social media: A mixed-methods approach[J]. Computers in Human Behavior, 2022(131): 107208.

[61] Zhou Z, Zhang Q, Su C, et al. How do brand communities generate brand relationships? Intermediate mechanisms [J]. Journal of Business Research, 2012, 65 (7): 890-895.

第十一章

移动互联网与消费者幸福感①

在移动互联网时代，人们随时随地使用越来越多的互联网应用软件（APP），移动互联网已然成为人们生活中不可或缺的一部分。然而，在追逐幸福感的路上，移动互联网充当了一个怎样的角色？是提升人们的幸福感，还是降低了人们的幸福感？以往的研究给出了截然相反的答案：有些研究发现，互联网的使用会带来更多的幸福感，但有些研究发现，在一定条件下互联网的使用会降低幸福感。为此，本章研究旨在探索移动互联网的使用与消费者幸福感之间是否存在非线性关系。

第一节　移动互联网对幸福感的意义

全球移动通信系统协会（Global System for Mobile Communications Association，GSMA）2022 年的一份报告指出，全球移动运营商已经将移动覆盖范围扩大到全球 95%的人口，全球人口中有 55%接入了移动互联网，高于 2017 年的 43%。在移动互联网时代，大量基于网络的应用软件和服务不断涌现，人们的日常生活也与之息息相关。基于此，本书提出猜想：移动互联网的普及和使用能够提升消费者的生活质量和幸福感。

幸福感的主要类型之一是主观幸福感，在学术界被定义为认为生活是美好的整体感受（Andrews 和 Withey，1976；Myers，1996）。当前，互联网研究领域关于幸福感的探讨主要集中在网络成瘾的影响（Lu 和 Wang，2008；Shaw 和 Gant，2002；Turel、Serenk 和 Giles，2011；Yang、Liu 和 Wei，2016）、心流体验（Chang、Liu 和 Chen，2014；Nel 等，1999；Rettie，2001）、游戏化（Baptista 和 Oliveira，2017；Gupta 等，2022；Suh、Wagner 和 Liu，2016）、网络使用强迫症（Muusses 等，2014）、消费体验（Raghunathan 和 Corfman，2006）、多元化通信技术（Chan，2015）、在线活动的时长和频率（Batenburg 和 Das，2015；Çikrıkci，2016；Mitchell 等，2011）以及社交网络的广泛使用（Lee、Lee 和 Kwon，2011；Oh、Ozkaya 和 LaRose，2014；Wiederhold，2016）。然而，上述研究大部分是在传统互联网的背景下进行的（Dhiman 和 Kumar，2023），在万物互联的时代，消费者如何从移动互联网的使用中

① 本章初稿发表情况如下：Zhan G，Zhou Z. Mobile internet and consumer happiness：The role of risk［J］. Internet Research，2018，28（3）：785-803. 本书有删改。

获得幸福感有待进一步探讨。

当前，学术界对互联网使用与幸福之间关系的研究存在争议，产生了两种对立的观点。激励假说（stimulation hypothesis）认为，互联网的使用加强了消费者与现有朋友之间的沟通（Bryant、Sanders-Jackson 和 Smallwood，2006；Cho，2015；Shaw 和 Gant，2002；Waestlund、Norlander 和 Archer，2001；Zhou 等，2016），从而提升了消费者的幸福感。同理，其他学者还发现当消费者在网上展示自我、增强社会存在感时会感到幸福（Schau 和 Gilly，2003）。然而，社会置换假说（displacement hypothesis）认为，幸福感会被互联网削弱，因为使用互联网占用了太多原本可以与现有朋友度过的美好时光（Kraut 等，1998；Morgan 和 Cotten，2003；Nie，2001；Weiser，2001）。通过梳理上述研究可以发现，网络使用与幸福感之间存在着复杂的关系。基于以上分析，本书旨在探讨移动互联网使用与消费者幸福感之间的关系，尤其是探究上述两种对立观点能否在一个模型当中同时存在。

第二节　移动互联网与幸福感关系的相关文献

大量文献研究表明互联网的使用对消费者健康有负面影响。社会置换假说认为，互联网占用了离线交流的时间，削弱了与亲密朋友的关系（Kraut 等，1998）。由于在线活动大多是在孤独中进行的，用大量时间上网的用户可能会感到社交孤立，于是导致情绪（Sagioglou 和 Greitemeyer，2014）和生活满意度下降（Kim 和 Davis，2009；Stepanikova、Nie 和 He，2010）。例如，Shklovski 等（2004）发现，大量使用互联网会降低拜访家人或朋友的可能性；Lee（2009）的研究表明，在线交流取代了家庭时间；Schiffrin 等（2010）发现，互联网用户认为在线交流不如面对面交流有用，用在线交流取代面对面交流会对幸福感产生负面影响。

研究人员进一步指出，社交能力较差的人，有发展成强迫性网络使用者的危险（Kim 和 Davis，2009；Meerkerk 等，2009；Muusses 等，2014），以及出现网络成瘾（Cheng 和 Li，2014）、病态网络使用（Caplan，2002；Morahan-Martin 和 Schumacher，2003）和互联网依赖（Wang，2001）等网络使用问题。有问题的互联网使用与抑郁、敌意和社交焦虑障碍有关（Lim 等，2015）。比如，过度使用网络游戏可能导致失控、冲突（Lee、Cheung 和 Chan，2015）、心理依赖（Lu 和 Wang，2008）和各种可能导致辍学的学业相关问题（Jiang，2014）。

其他学者则认为网络使用对幸福有积极的影响。激励假说提出，互联网的使用可以加强现有的社会联系。Valkenburg 和 Peter（2007）发现，在线交流与现有朋友相处的时长是正相关的，而且在线交流对友谊的质量有积极的推动作用。研究还发现，使用社交网站有助于保持人与人之间的联系，从中获得开心的体验（Cheung、Chiu 和 Lee，2011）。研究发现，在线交流和幸福感之间存在正相关（Grieve 等，2013；Shaw 和 Gant，2002）。互联网为用户提供了更多的机会和资源来提升教育、工作和社会地位（Carter 和 Yeo，2016；Lin 等，2016），提高收入和社会流动性，有助于个人福祉。适当使用在线新闻、论坛和咨询有助于促进自给自足、心理赋权、终身学习和更高质量的生活（Carter 和 Yeo，2016；Leung，2010）。其他互联网工具，如电子邮件和社交媒体促进了与陌生人的联系，以及社交关系的维护（Penard 和 Poussing，2010）。这些在线互动可以通过积累社会资本产生更大的幸福感，而社会资本是生活满意度的主要驱动因素之一（Oh、Ozkaya 和 LaRose，2014）。由于在网上形成的社会关系可以是“真实、深刻和有意义的”（McKenna 等，2002），因此互联网的使用对生活满意度和幸福感有积极的影响。McKenna 等进一步解释说，过去的研究中虽然发现互联网使用对幸福感存在负面影响，但是多数研究结果只是基于小样本的统计。

第三节　移动互联网与消费者幸福感的研究假设

为描述移动互联网使用对幸福感的影响机制，我们选择了使用多样性和使用频繁性两个变量来刻画移动互联网的使用情况。使用多样性是指网民利用移动互联网来从事各种任务，而使用频繁性是指网民使用移动互联网服务的次数。无论是使用多样性还是使用频繁性，都会带给消费者满足感，从而提高网络时代的生活幸福感。不过，如前所述，移动互联网使用与幸福感的关系比较复杂，可能呈现出非线性关系。在移动互联网使用过程中，可能出现任务型风险和隐私型风险。任务型风险是指线上任务的失败，如网上购物与预期差异太大（如服装网购出现的“卖家秀”和“买家秀”存在差异）；隐私型风险是指个人信息（如手机号码、身份证号码、通信地址等）的泄露。这两种风险会调节移动互联网使用与幸福感的关系。综上，我们构建了一个概念模型（见图 11-1）。

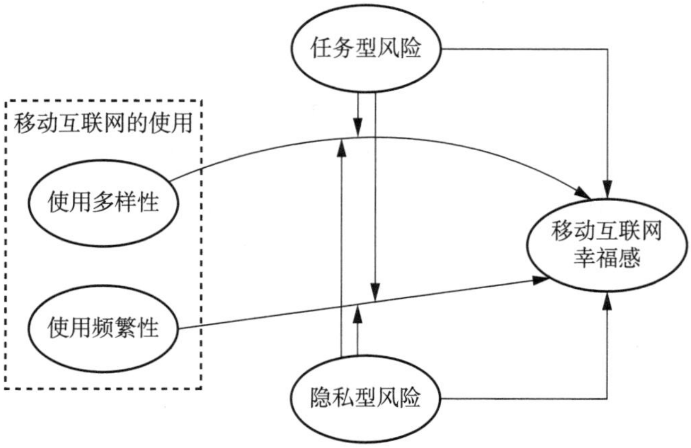

图 11-1　概念模型

一、移动互联网使用频繁性与幸福感

DeLone 和 McLean（1992）提出的信息系统成功模型（information systems success）主张，对信息系统的使用会提升用户的满意度。在移动互联网的背景下，移动设备扩展了通信的覆盖性和即时性，从而扩大了用户人际交互的范围。因此，移动互联网不仅是一个实用的、令人满意的工作工具，也是一个我们可以从社交互动中获得兴奋和愉悦等积极情感体验（Li、Dong 和 Chen，2012）抑或嫉妒等消极情感体验（Utz 和 Beukeboom，2011）的生活空间。尽管信息系统的“净利益”（net benefits）是 DeLone 和 McLean 的研究中最为重要和成熟的测量指标之一，然而在他们的研究模型中，并没有提到“净影响”（net effect，积极和消极影响之间的差异）这一反映用户幸福感的重要指标。

主观幸福感是幸福感的主要类型，意指一个人对自我生活满意度和积极、消极情感的评价（Diener，1984，1994）。相应地，移动互联网幸福感则反映了用户对使用移动互联网的满意程度和在使用过程中获得的积极情感的评价。然而，幸福不同于快乐，因为幸福感受与持续性和自我实现有关。譬如，一个人刚刚和微信中的一个好友发生了不愉快的谈话，那么这种不悦的经历就不可能强烈地影响他/她的总体幸福感。用户对移动互联网幸福感的总体感知来自过去一段时间内对移动互联网的使用，以及使用过程中所获得的积极体验超出消极体验的那部分净值。由于移动互联网在维护人际互动、加强现有社会联系、促进学习和工作等方面较之传统的非移动互联网能够发挥更为强大的作用，本书认为，总体来说使用移动互联网对幸福感产生积极影响。随着移动互联网的频繁使用，消费者的关注点可能会有意识地逐渐聚焦到某类网络活动上，而与之无关的想法都被过滤掉。在经历了这样一种心流（flow）状态后（Csikszentmihalyi，1990；Nel 等，1999；Rettie，2001），消费者会感受到使用移动互联网的乐趣。同时，增加移动互联网的使用频率，消费者也能从与朋友更多的沟通（Cho，2015；Shaw 和 Gant，2002）、增加社会性（Cheung 等，2015；Schau 和 Gilly，2003）和社会分享（Raghunathan 和 Corfman，2006）等方面获得更多的利益。基于此，提出如下假设：

H1：用户移动互联网使用频繁性正向影响移动互联网幸福感。

二、移动互联网使用多样性与幸福感

虽然使用频繁性和移动互联网幸福感之间的联系在概念上是较为直接的，但我们认为，与使用频繁性不同，使用多样性较之以往研究中所描述的关系更为复杂。频繁使用移动互联网可能导致网络成瘾或社会置换，二者都是导致网络用户不幸福的常见原因。如果消费者持续做非常有限的手机活动（如玩手机游戏），其网络成瘾的可能性会更高（Chang 等，2014；Jiang，2014）。社会置换假说认为使用互联网可能会取代原本与家人和朋友共聚的时光（Nie 和 Erbring，2002）。对于在移动客户端处理各种各样事务的人来说，因为增长的使用多样性加大了线上和线下生活重叠的范围，上述影响将更为明显。相反，一项在线调查的结果表明，用户在使用多元化的媒体时，从移动端的即时通信中感知到更大的价值，并更加忠诚于使用这种沟通方式（Tseng 等，2017）。

根据以上分析可知，使用多样性和移动互联网幸福感之间存在复杂的关系。用户的幸福感是随着使用多样性变化的，在一个适当的多样性水平上，幸福感可能达到最大值。合理使用互联网能带来终身学习的习惯和生活质量的提升等消费者幸福感（Carter 和 Yeo，2016；Leung，2010）；而在相对较低的使用多样性水平下，消费者觉得不幸福是因为使用移动互联网是完成某个特定的任务，或是对移动互联网的开发利用不足。例如，用户使用移动设备只是为了通过电子邮件来回应顾客的相关要求，其移动互联网幸福感也就顺理成章处于较低的水平。同时，大量研究表明，沉迷于网络游戏会导致诸如抑郁、焦虑症（Ceyhan 等，2008；Spada 等，2008）、抵触、自我失控（Lee、Cheung 和 Chan，2015）、充满攻击性（Grüsser、Thalemann 和 Griffiths，2007）、自卑（Kim 和 Davis，2009；Niemz、Griffiths 和 Banyard，2005）、孤独（Amichai-Hamburger 和 Ben-Artzi，2003；Morahan-Martin 和 Schumacher，2003；Stepanikova、Nie 和 He，2010）等问题。在上述这些情况下，消费者可能会因他们的网上负面体验而感到不幸福。

随着使用多样性的增加，消费者将面临更多的选择。根据选择的悖论（the paradox of choice），至少有两种原因会导致消费者因为拥有过多的选择而心情更加糟糕和不幸福（Schwartz，2000，2004）。首先，拥有更多的选择，会导致消费者的幸福标准随之提高，而满足这些标准将变得越来越困难，消费者也将越来越难以感到幸福；其次，消费者可能认为，面对充足的选项，自己应该有能力找到那个能够带来满意结果的选项，因此，任何不可接受的结果出现都是自己的过错，幸福感也随之降低。基于以上分析，提出如下假设：

H2：用户移动互联网使用多样性和移动互联网幸福感之间存在倒“U”形曲线关系。

三、移动互联网使用风险的作用

风险是指一种日益强烈的不确定性、复杂性、矛盾性和无序性，对社会体制和传统权威的日益质疑以及对日常生活固有威胁的逐步认识（Lupton，1999）。可见，风险会影响消费者幸福感。社会置换假说认为，互联网用户由于受到孤立和失去线下朋友等风险的威胁感到不幸福（Kraut 等，1998；Nie，2001）。有大量研究探讨了风险及其对消费过程的影响。消费者感知到的风险是多方面的，并随具体环境的不同而有所差异（Conchar 等，2004）。其中，互联网用户最担心的风险包括网上交易的风险（Metzger，2007；Shen、Chiou 和 Kuo，2011；Whitty 等，2015；Zhou，2011）以及隐私泄露的风险（Cheung、Lee 和 Chan，2015；Dinev 和 Hart，2006；Hoffman、

Novak 和 Peralta，1999；Karyda 等，2009）。

任务型风险的概念来自互联网使用的风险是基于特定任务的（Fang 等，2005；Im、Kim 和 Han，2008）。在所有在线事务中，线上交易会让消费者暴露于较大的风险之下，因此可能是最危险的在线任务。任务型风险也是在移动技术的采用标准上得到广泛运用的一个概念（Fang 等，2005；Siau 和 Shen，2003；Thakur 和 Srivastava，2014；Wu 和 Wang，2005）。因此，本书试图探讨与移动端交易相关的风险对移动互联网幸福感的影响。

线下购物能够为消费者带来实用价值和享乐愉悦（Babin、Darden 和 Griffin，1994）。随着电子商务特别是社交商务和虚拟消费的迅速兴起，网上成交量大幅增长（Mäntymäki 和 Salo，2013，2015；Zhang 和 Benyoucef，2016）。然而，与线下支付相比，线上交易存在更多风险，且由于手机的计算能力有限，以及在无线网络连接上带宽、稳定性和功能预测性等方面的局限（Siau 和 Shen，2003），通过移动端交易可能比传统的通过有线网络交易更缺乏安全保障（Thakur 和 Srivastava，2014；Zhou，2011）。因此，移动端交易之类的危险任务可能会引发消费者焦虑，从而降低他们使用移动互联网的乐趣。

消费者很少做出过于绝对化的判断，正如期望水平理论（aspiration level theory）指出的，消费者会通过比较当下体验和对未来的预期来做出判断（Easterlin，2001；Lewin 等，1944；Mason 和 Faulkenberry，1978）。根据这一理论，幸福受到期望和现实之间差异的影响（Michalos，1991）。过高的期望会蚕食过往消费体验的收益和生活中的所有乐趣（Chancellor 和 Lyubomirsky，2011）。对于那些经常使用手机进行高风险任务的消费者来说，他们更可能意识到潜在的安全威胁，并且面对是否该信任线上活动犹豫不决（Wu 和 Wang，2005）。因此，他们会降低自己的期望水平，从而更容易获得幸福感。基于以上分析，本书提出如下假设：

H3a：任务型风险负向影响用户移动互联网幸福感。

H3b：任务型风险正向调节用户使用频繁性和移动互联网幸福感之间的关系。

伴随着智能手机用户数量、相关应用程序的迅速增长，消费者越来越依赖于使用这些程序，因此隐私也成了用户高度关注的问题（Ghosh 和 Swaminatha，2001；Kang 和 Shin，2016；Karyda 等，2009；Siau 和 Shen，2003）。在网络环境下的隐私型风险被定义为对个人信息泄露的损失期望（Dinev 和 Hart，2006；Xu 等，2011）。这个定义反映了隐私型风险是用户对信息泄露的后果以及能在多大程度上控制信息泄露的期望（Karyda 等，2009；Zhou，2017）。由于存在着不可靠的移动互联网系统和软件（Corradi 等，2001；Ghosh 和 Swaminatha，2001；Lin 和 Lu，2015）以及机会主义卖家（Fang 等，2005）等，常规的隐私风险包括了个人信息泄露（Arpaci、Cetin 和 Turetken，2015；Kang 和 Shin，2016）和线上活动受到监控（Siau 和 Shen，2003）。为了引起社会对私人信息泄露和线上活动受到监控的关注，相关各方在 Wi-Fi 安全技术的普及和推广方面做出了大量努力，然而这些工作似乎成效甚微。通过对276名香港Wi-Fi用户进行调查，Zhan和Yen（2012）发现，25%的用户不知道家庭网络安全设置的重要性，超过1/3的用户甚至不知道如何在路由器上进行安全设置。在一项关于Facebook和MySpace用户的调查中，Fogel和Nehmad（2009）发现82%的用户使用了自己的真实姓名，35%的用户提供了电子邮件地址，此外，74%的配置信息对所有访客公开。与之一致，相关研究也发现大部分的博客内容包含了用户的个人经历和隐私信息（Lenhart和Fox，2006；Viégas，2005）。

隐私型风险可能直接或间接影响幸福感。一方面，较高的隐私型风险使消费者面临较大的威胁，因此他们会感到不幸福；另一方面，那些对隐私型风险感知较高的用户，对更好的体验或结果的期望也会降低，根据期望水平理论，低期望会带来更高的幸福倾向。因此，若消费者处于高隐私风险的情境下，使用移动互联网的频率越高，他们从中获得幸福感的可能性就会越大。基于以上分析，本书提出如下假设：

H4a：隐私型风险负面影响用户移动互联网幸福感。

H4b：隐私型风险正向调节用户使用频繁性和移动互联网幸福感之间的关系。

尽管中等水平的使用多样性会带给用户更高的移动互联网幸福感，但在低风险的情况下，消费者在更高的使用多样性水平上可能会感到更幸福。一方面，低风险会带来幸福感，对于轻度移动互联网使用者来说更是如此，因为他们通常聚焦于较少的既安全又高度相关的在线事务，因此更有机会获得协同效应；另一方面，在低风险的情况下，用户不必担心移动互联网的潜在威胁，可能会因为愉快的使用体验尝试更多的移动应用程序，然而使用多样性增长意味着更多的潜在风险，从而导致幸福感降低。相应地，在高风险的条件下，越多样性的移动互联网使用越会带来更大的风险，从而不幸福，越单一的移动互联网使用越难满足需求，从而也不幸福，最后导致中等水平的使用多样性对移动互联网幸福感可能有较大的影响。无论是任务型风险还是隐私型风险，都带有风险的特征，因此都会存在上述的情况。为此，提出如下假设：

H5a：任务型风险调节用户使用多样性和移动互联网幸福感之间的曲线关系：较高任务型风险的用户在中等的多样性水平下获得更大的幸福感，而较低任务型风险的用户在中等的多样性水平下获得更小的幸福感。

H5b：隐私型风险调节用户使用多样性和移动互联网幸福感之间的曲线关系：较高隐私型风险的用户在中等的多样性水平下获得更大的幸福感，而较低隐私型风险的用户在中等的多样性水平下获得更小的幸福感。

第四节　问卷设计和数据收集

本书的样本为移动互联网用户，所有问卷均通过专业问卷调查平台问卷星来发放及回收。系统通过跳转逻辑设置自动删除无效问卷后共回收问卷575份。人工排除不合格和不完整问卷后，最终得到有效问卷521份，有效回收率为90.6%。样本结构见表11-1。

表 11-1　描述性统计

类别	项目	人数	百分比（%）
性别	男	260	49.9
	女	261	50.1
年龄（岁）	<20	0	0
	20~24	34	6.5
	25~29	173	33.2
	30~34	179	34.4
	35~39	71	13.6
	40~44	27	5.2
	45~49	17	3.3
	>49	20	3.8
学历	高中	19	3.6
	专科	83	15.9
	大学	380	72.9
	研究生及以上	39	7.5
年收入（元）	<10001	12	2.3
	10001~50000	86	16.5
	50001~100000	238	45.7
	100001~300000	155	29.8
	300001~500000	24	4.6
	>500000	6	1.2

本书主模型中主要有 5 个变量，其测项均来自已有研究的成熟量表，并结合本书适当调整得到。其中，移动互联网幸福感含有 3 个测项（Nicolao、Irwin 和 Goodman，2009；Van Boven 和 Gilovich，2003），隐私型风险含有 3 个测项（Dinev 等，2013；Furnell 和 Karweni，1999；Tan 等，2012）（见表 11-2）。这两个变量的 Cronbach's α 值都在 0.7 以上，说明每个潜变量的测项之间的内部一致性比较高。经计算，二者的组合信度（CR）都大于 0.7，平均萃取方差都大于 0.5，说明每个测项都比较一致地反映了对应的潜变量。综合以上分析，该问卷具有较高的信度。

表 11-2　移动互联网幸福感和隐私风险量表

变量	测项	参考文献
移动互联网幸福感（1 表示强烈不同意；7 表示强烈同意）	当你想到移动互联网时，它让你感到高兴 移动互联网对您生活的幸福感有很大贡献 使用移动互联网让我快乐	Nicolao、Irwin 和 Goodman，2009；Van Boven 和 Gilovich，2003

续表

变量	测项	参考文献
隐私型风险（反向编码）（1 表示强烈不同意；7 表示强烈同意）	使用移动互联网是安全的 移动互联网提供的安全措施足够 使用移动互联网不会泄露我的位置等个人隐私	Dinev 等，2013；Furnell 和 Karweni，1999；Tan 等,2012

任务越多，风险越大，因此任务型风险用移动互联网用户使用移动支付的频繁性来衡量（1=从未，5=非常频繁）。移动互联网的使用频繁性用从 1（从未使用）到 6（超过 5 小时每天）衡量。使用多样性采用 12 种移动任务的使用频度的算术平均数测量（见表 11-3）。各变量之间的相关性分析结果如表 11-4 所示。

表 11-3　12 种移动任务

任务	均值	标准差
视频	3. 747	0. 880
音乐	3. 756	0. 959
游戏	3. 393	1. 089
交易	3. 417	0. 983
投资	2. 948	1. 061
购物	4. 031	0. 798
社交	4. 489	0. 696
信息检索	3. 839	0. 842
电子书	3. 549	1. 044
电子邮件	3. 428	1. 003
赌博	1. 509	0. 860
新闻	4. 077	0. 778

表 11-4　相关性分析

		1	2	3	4	5
1	幸福感	1. 000				
2	使用频繁性	0. 181	1. 000			
3	使用多样性	0. 339	0. 206	1. 000		
4	任务型风险	0. 052	0. 104	0. 474	1. 000	
5	隐私型风险	−0. 462	−0. 014	−0. 410	−0. 058	1. 000

第五节 实证结果

通过 Stata 软件对模型进行了回归分析，得出以下结果（见表 11-5）：移动互联网的使用频繁性显著地正向影响用户幸福感（$\beta=0.129$，$p<0.01$），H1 得到支持。使用多样性平方显著地负向影响用户幸福感（$\beta=-0.330$，$p<0.01$），H2 成立。与假设一致，两种风险负向影响幸福感，但是隐私型风险影响更为显著（$\beta=-0.232$，$p<0.001$），H3a 和 H4a 成立。两种风险对使用频繁性与幸福感关系的调节效应不显著，说明 H3b 和 H4b 不成立。任务型风险对使用多样性—幸福感间的倒“U”形关系起到非常显著的调节作用（$\beta=0.035$，$p<0.01$），H5a 成立。类似地，隐私型风险的调节作用显著且正向（$\beta=0.016$，$p<0.05$），H5b 成立。

表 11-5 回归分析结果

变量	模型 1	模型 2
性别	0.105（0.061）†	0.051（0.056）
年龄	0.035（0.024）	0.034（0.022）
学历	-0.041（0.054）	0.013（0.050）
收入	0.079（0.037）***	0.072（0.034）*
使用多样性	0.524（0.067）***	0.259（0.080）**
使用频繁性（H1）		0.129（0.049）**
任务型风险（H3a）		-0.060（0.032）†
隐私型风险（H4a）		-0.232（0.027）***
任务型风险×使用频繁性（H3b）		0.075（0.051）
隐私型风险×使用频繁性（H4b）		0.013（0.040）
使用多样性^2（H2）		-0.330（0.116）**
任务型风险×使用多样性^2（H5a）		0.035（0.010）**
隐私型风险×使用多样性^2（H5b）		0.016（0.008）*
N	521	521
R^2	0.175	0.331
F	12.03***	14.65***
R^2 变化		0.005*

注：† 代表 $p<0.10$；* 代表 $p<0.05$；** 代表 $p<0.01$；*** 代表 $p<0.001$；括号外表示非标准化回归系数，括号内表示标准误差。

为进一步检验风险在使用多样性和幸福感之间倒“U”形关系中的作用，我们根据高风险（高于平均值 1 个单位）和低风险（低于平均值 1 个单位）对样本进行了分组。任务型风险和隐私型风险的调节效应如图 11-2 和图 11-3 所示。图中所示的非线性关系为我们的理论框架提供了进一步的支持。例如，在低风险条件下，使用多样性和幸福感之间的关系是“U”形的。相比之下，在高风险条件下，使用多样性对幸福感的影响最初是正的，但随着多样性的增加而减弱。

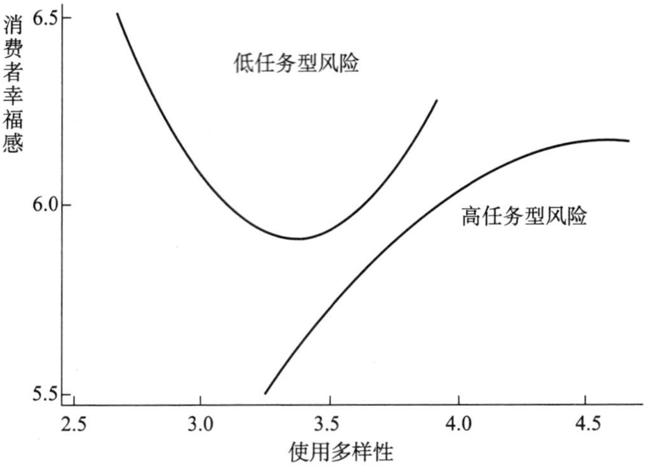

图 11-2　使用多样性的非线性影响：任务型风险的调节

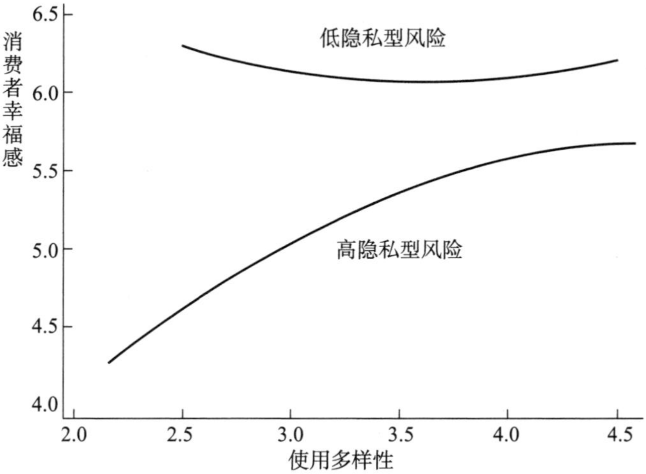

图 11-3　使用多样性的非线性影响：隐私型风险的调节

第六节　移动互联网与幸福感的研究结论与启示

一、研究结论

过去互联网使用行为方面的研究结论并不一致，互联网的使用并不一定带来更多的消费者幸福感。本章研究发现使用移动互联网的多样性与消费者幸福感之间并非简单的线性关系。移动互联网的使用究竟会不会提升幸福感，取决于多样性的程度。在本章研究中，当消费者频繁使用12种移动任务（如购物、社交等）中的10种或以上时，幸福感是随着网络的使用下降的。

本书调和了激励假说和社会置换假说这两种对立的理论观点，综合考虑了互联网使用对消费者幸福感的复杂影响。研究发现，在移动互联网情境下，不同水平的风险调节了多样性和消费者幸福感之间的非线性关系。在探索这两种理论的边界条件时，风险也发挥了重要作用。在高风险的情况下，当使用多样性属于中等水平时，消费者会发现移动互联网的使用是快乐的；在低风险的情况下，使用中等水平的移动互联网可能会置换与现有朋友相处的时间，降低用户的幸福感。许多研究都对在线环境下的消费者幸福感进行了研究，但少有学者从风险角度对这一问题进行深入探索。因此，本书为互联网情境下的消费者幸福感研究提供了一个基于风险的新视角。

本书的发现也对关于隐私在消费者采用新产品/服务中作用的争论具有重要意义。人们通常认为，更大的隐私担忧导致了产品采用的犹豫（Arpaci、Cetin和Turetken，2015；Debatin等，2009）。然而，实证研究结果表明，隐私信息泄露的风险并不会阻止他们参与在线活动（Cheung、Lee和Chan，2015；Debatin等，2009；Whitty等，2015；Youn和Hall，2008）。这项研究的结果表明，尽管消费者可能会以较高的风险采用在线应用程序，但他们感知到的幸福水平较低。虽然如此，如果使用多样化模式被归为中等水平，那么处于高风险的移动互联网用户仍然可以变得更快乐。因此，本章研究通过揭示风险的调节作用，帮助理解隐私担忧的后果。

二、启示

为了提高消费者幸福感，网络产品和服务供货商可以去除或减少对消费者来说属于高风险的功能或设计。即使不能完全规避风险，充分告知消费者相关风险有利于降低他们的期望值。这会让消费者更容易在移动互联网的使用中体验到快乐。对于经常使用高风险应用的用户，如果可以把应用的多样性控制在合理范围内，有助于提升此类用户的幸福感。此外，IT企业可以尝试为移动互联网的轻度用户提升不同应用间的协同效应，提高重度用户的使用多样性，来提升用户的幸福感。移动互联网从业者应该奖励频繁上网的用户，虽然过度使用社交网站是有问题的，但更频繁地使用社交网站能极大地提高用户的幸福感。特别是当消费者比较平衡地使用多样化的移动应用程序时，这种影响更强。换句话说，移动任务的多样性应该保持在合理的范围内。无论是缺乏多样性还是选择过多都不会让消费者感到幸福。

本章参考文献

[1] Amichai-Hamburger Y, Ben-Artzi E. Loneliness and internet use[J]. Computers in Human Behavior, 2003, 19(1): 71-80.

[2] Andrews F M, Withey S B. Social indicators of well-being: America's perception of life quality[M]. Plenum Press, 1976.

[3] Arpaci I, Cetin Y Y, Turetken O. Impact of perceived security on organizational adoption of smartphones[J]. Cyberpsychology, Behavior, and Social Networking, 2015, 18(10): 602-608.

[4] Babin B J, Darden W R, Griffin M. Work and/or fun: Measuring hedonic and utilitarian shopping value[J]. Journal of Consumer Research, 1994, 20(4): 644-656.

[5] Baptista G, Oliveira T. Why so serious? Gamification impact in the acceptance of mobile banking services[J]. Internet Research, 2017, 27(1): 118-139.

[6] Batenburg A, Das E. Virtual support communities and psychological well-being: The role of optimistic and pessimistic social comparison strategies[J]. Journal of Computer-Mediated Communication, 2015, 20(6): 585-600.

[7] Bryant J A, Sanders-Jackson A, Smallwood A M K. IMing, text messaging, and adolescent social networks[J]. Journal of Computer-Mediated Communication, 2006, 11(2): 577-592.

[8] Caplan S E. Problematic internet use and psychosocial well-being: Development of a theory based cognitive-behavioral measurement instrument[J]. Computers in Human Behavior, 2002, 18(5): 553-575.

[9] Carter S, Yeo A C M. Mobile apps usage by Malaysian business undergraduates and postgraduates: Implications for consumer behaviour theory and marketing practice[J]. Internet Research, 2016, 26(3): 733-757.

[10] Ceyhan A A, Ceyhan E. Loneliness, depression, and computer self-efficacy as predictors of problematic internet use[J]. Cyberpsychology and Behavior, 2008, 11(6): 699-701.

[11] Chan M. Multimodal connectedness and quality of life: Examining the influences of technology adoption and interpersonal communication on well-being across the life span[J]. Journal of Computer-Mediated Communication, 2015, 20(1): 3-18.

[12] Chancellor J, Lyubomirsky S. Happiness and thrift: When (spending) less is (hedonically) more[J]. Journal of Consumer Psychology, 2011, 21(2): 131-138.

[13] Chang I C, Liu C C, Chen K. The effects of hedonic/utilitarian expectations and social influence on continuance intention to play online games[J]. Internet Research, 2014, 24(1): 21-45.

[14] Cheng C, Li A Y L. Internet addiction prevalence and quality of(real) life: A meta-analysis of 31 nations across seven world regions[J]. Cyberpsychology, Behavior, and Social Networking, 2014, 17(12): 755-760.

[15] Cheung C, Lee Z, Chan T. Self-disclosure in social networking sites: The role of perceived cost, perceived benefits and social influence[J]. Internet Research, 2015, 25(2): 279-299.

[16] Cheung C M, Chiu P Y, Lee M K. Online social networks: Why do students use Facebook? [J]. Computers in Human Behavior, 2011, 27(4): 1337-1343.

[17] Cho J. Roles of smartphone app use in improving social capital and reducing social isolation[J]. Cyberpsychology, Behavior, and Social Networking, 2015, 18(6): 350-355.

[18] Çikrıkci Ö. The effect of internet use on well-being: Meta-analysis[J]. Computers in Human Behavior, 2016(65): 560-566.

[19] Conchar M P, Zinkhan G M, Peters C, et al. An integrated framework for the conceptualization of consumers' perceived-risk processing[J]. Journal of the Academy of Marketing Science, 2004, 32(4): 418-436.

[20] Corradi A, Montanari R, Stefanelli C. Security of mobile agents on the Internet [J]. Internet Research, 2001, 11(1): 84-95.

[21] Csikszentmihalyi M. Flow: The psychology of optimal experience[M]. Harper Perennial, 1990.

[22] Debatin B, Lovejoy J P, Horn A K, et al. Facebook and online privacy: Attitudes, behaviors, and unintended consequences[J]. Journal of Computer-Mediated Communication, 2009, 15(1): 83-108.

[23] DeLone W H, McLean E R. Information systems success: The quest for the dependent variable[J]. Information Systems Research, 1992, 3(1): 60-95.

[24] Dhiman N, Kumar A. What we know and don't know about consumer happiness: Three-decade review, synthesis, and research propositions[J]. Journal of Interactive Marketing, 2023, 58(2-3): 115-135.

[25] Diener E. Subjective well-being[J]. Psychological Bulletin, 1984, 95(3): 542-575.

[26] Diener E. Assessing subjective well-being: Progress and opportunities[J]. Social Indicators Research, 1994, 31(2): 103-157.

[27] Dinev T, Hart P. An extended privacy calculus model for e-commerce transactions [J]. Information Systems Research, 2006, 17(1): 61-80.

[28] Dinev T, Xu H, Smith J H, et al. Information privacy and correlates: An empirical attempt to bridge and distinguish privacy-related concepts[J]. European Journal of Information Systems, 2013, 22(3): 295-316.

[29] Easterlin R A. Income and happiness: Towards a unified theory[J]. The Economic Journal, 2001, 111(473): 465-484.

[30] Fang X, Chan S, Brzezinski J, et al. Moderating effects of task type on wireless tech-

nology acceptance[J]. Journal of Management Information Systems, 2005, 22(3): 123-157.

[31] Fogel J, Nehmad E. Internet social network communities: Risk taking, trust, and privacy concerns[J]. Computers in Human Behavior, 2009, 25(1): 153-160.

[32] Furnell S M, Karweni T. Security implications of electronic commerce: A survey of consumers and businesses[J]. Internet Research, 1999, 9(5): 372-382.

[33] Ghosh A K, Swaminatha T M. Software security and privacy risks in mobile e-commerce[J]. Communications of the ACM, 2001, 44(2): 51-57.

[34] Grieve R, Indian M, Witteveen K, et al. Face-to-face or Facebook: Can social connectedness be derived online? [J]. Computers in Human Behavior, 2013, 29(3): 604-609.

[35] Grüsser S M, Thalemann R, Griffiths M D. Excessive computer game playing: Evidence for addiction and aggression? [J]. Cyberpsychology and Behavior, 2007, 10(2): 290-292.

[36] Gupta K, Su Y, Kunkel T, et al. The super engagers of freemium gamified services: Using multimethod approach to examine why highly interactive consumers become paying consumers[J]. Internet Research, 2022, 32(6): 1891-1909.

[37] Hoffman D L, Novak T P, Peralta M. Building consumer trust online[J]. Communications of the ACM, 1999, 42(4): 80-85.

[38] Im I, Kim Y, Han H J. The effects of perceived risk and technology type on users' acceptance of technologies[J]. Information & Management, 2008, 45(1): 1-9.

[39] Jiang Q. Internet addiction among young people in China: Internet connectedness, online gaming, and academic performance decrement[J]. Internet Research, 2014, 24(1): 2-20.

[40] Kang H, Shin W. Do smartphone power users protect mobile privacy better than nonpower users? Exploring power usage as a factor in mobile privacy protection and disclosure [J]. Cyberpsychology, Behavior, and Social Networking, 2016, 19(3): 179-185.

[41] Karyda M, Gritzalis S, Hyuk Park J, et al. Privacy and fair information practices in ubiquitous environments: Research challenges and future directions[J]. Internet Research, 2009, 19(2): 194-208.

[42] Kim H K, Davis K E. Towards a comprehensive theory of problematic internet use: Evaluating the role of self-esteem, anxiety, flow and the self-rated importance of internet activities[J]. Computers in Human Behavior, 2009, 25(2): 490-500.

[43] Kraut R, Patterson M, Lundmark V, et al. Internet paradox: A social technology that reduces social involvement and psychological well-being? [J]. American Psychologist, 1998, 53(9): 1017-1031.

[44] Lee G, Lee J, Kwon S. Use of social-networking sites and subjective well-being: A study in South Korea[J]. Cyberpsychology, Behavior, and Social Networking, 2011, 14(3): 151-155.

[45] Lee S J. Online communication and adolescent social ties: Who benefits more from Internet use? [J]. Journal of Computer-Mediated Communication, 2009, 14(3):

509-531.

[46] Lee Z W, Cheung C M, Chan T K. Massively multiplayer online game addiction: Instrument development and validation[J]. Information & Management, 2015, 52(4): 413-430.

[47] Lenhart A, Fox S. Bloggers: A portrait of the Internet's new storytellers[M]. Washington, DC: Pew Internet & American Life Project, 2006.

[48] Leung L. Effects of internet connectedness and information literacy on quality of life[J]. Social Indicators Research, 2010, 98(2): 273-290.

[49] Lewin K, Dembo T, Festinger L, et al. Level of aspirations[M]. Ronald Press, 1944.

[50] Li M, Dong Z Y, Chen X. Factors influencing consumption experience of mobile commerce: A study from experiential view[J]. Internet Research, 2012, 22(2): 120-141.

[51] Lim J A, Gwak A R, Park S M, et al. Are adolescents with internet addiction prone to aggressive behavior? The mediating effect of clinical comorbidities on the predictability of aggression in adolescents with internet addiction[J]. Cyberpsychology, Behavior and Social Networking, 2015, 18(5): 260-267.

[52] Lin H H, Lin S, Yeh C H, et al. Measuring mobile learning readiness: Scale development and validation[J]. Internet Research, 2016, 26(1): 265-287.

[53] Lin K Y, Lu H P. Predicting mobile social network acceptance based on mobile value and social influence[J]. Internet Research, 2015, 25(1): 107-130.

[54] Lu H P, Wang S M. The role of internet addiction in online game loyalty: An exploratory study[J]. Internet Research, 2008, 18(5): 499-519.

[55] Lupton D. Risk[M]. London: Routledge, 1999.

[56] McKenna K Y A, Green A S, Gleason M E J. Relationship formation on the internet: What's the big attraction? [J]. Journal of Social Issues, 2002, 58(1): 9-31.

[57] Mäntymäki M, Salo J. Purchasing behavior in social virtual worlds: An examination of Habbo hotel[J]. International Journal of Information Management, 2013, 33(2): 282-290.

[58] Mason R, Faulkenberry G D. Aspirations, achievements and life satisfaction[J]. Social Indicators Research, 1978, 5(1-4): 133-150.

[59] Meerkerk G J, van den Eijnden R J, Vermulst A A, et al. The Compulsive Internet Use Scale(CIUS): Some psychometric properties[J]. Cyberpsychology and Behavior, 2009, 12(1): 1-6.

[60] Metzger M J. Communication privacy management in electronic commerce[J]. Journal of Computer-Mediated Communication, 2007, 12(2): 335-361.

[61] Michalos A C. Global report on student well-being: Life satisfaction and happiness[M]. NY: Springer-Verlag, 1991.

[62] Mitchell M E, Lebow J R, Uribe R, et al. Internet use, happiness, social support and introversion: A more fine grained analysis of person variables and internet activity

[J]. Computers in Human Behavior, 2011, 27(5): 1857-1861.

[63] Morahan-Martin J, Schumacher P. Loneliness and social uses of the internet[J]. Computers in Human Behavior, 2003, 19(6): 659-671.

[64] Morgan C, Cotten S R. The relationship between internet activities and depressive symptoms in a sample of college freshmen[J]. Cyberpsychology and Behavior, 2003, 6(2): 133-141.

[65] Muusses L D, Finkenauer C, Kerkhof P, et al. A longitudinal study of the association between compulsive internet use and wellbeing[J]. Computers in Human Behavior, 2014(36): 21-28.

[66] Myers D G, Diener E. The pursuit of happiness[J]. Scientific American, 1996, 274(5): 70-72.

[67] Nel D, van Niekerk R, Berthon J P, et al. Going with the flow: Web sites and customer involvement[J]. Internet Research, 1999, 9(2): 109-116.

[68] Nicolao L, Irwin J R, Goodman J K. Happiness for sale: Do experiential purchases, make consumers happier than material purchases? [J]. Journal of Consumer Research, 2009, 36(2): 188-198.

[69] Nie N H. Sociability, interpersonal relations, and the Internet: Reconciling conflicting findings[J]. American Behavioral Scientist, 2001, 45(3): 420-435.

[70] Nie N H, Erbring L. Internet and society: A preliminary report[J]. IT & Society, 2002, 1(1): 275-283.

[71] Niemz K, Griffiths M, Banyard P. Prevalence of pathological internet use among university students and correlations with self-esteem, the General Health Questionnaire (GHQ), and disinhibition[J]. Cyberpsychology and Behavior, 2005, 8(6): 562-570.

[72] Oh H, Ozkaya E, Larose R. How does online social networking enhance life satisfaction? The relationships among online supportive interaction, affect, perceived social support, sense of community and life satisfaction[J]. Computers in Human Behavior, 2014(30): 69-78.

[73] Penard T, Poussing N. Internet use and social capital: The strength of virtual ties[J]. Journal of Economic Issues, 2010, 44(3): 569-595.

[74] Raghunathan R, Corfman K. Is happiness shared doubled and sadness shared halved? Social influence on enjoyment of hedonic experiences[J]. Journal of Marketing Research, 2006, 43(3): 386-394.

[75] Rettie R. An exploration of flow during internet use[J]. Internet Research, 2001, 11(2): 103-113.

[76] Sagioglou C, Greitemeyer T. Facebook's emotional consequences: Why Facebook causes a decrease in mood and why people still use it[J]. Computers in Human Behavior, 2014(35): 359-363.

[77] Schau H J, Gilly M C. We are what we post? Self-presentation in personal web space[J]. Journal of Consumer Research, 2003, 30(3): 385-404.

[78] Schiffrin H, Edelman A, Falkenstern M, et al. The associations among computer-mediated communication, relationships, and well-being[J]. Cyberpsychology, Behavior, and Social Networking, 2010, 13(3): 299-306.

[79] Schwartz B. Self determination: The tyranny of freedom[J]. American Psychologist, 2000, 55(1): 79-88.

[80] Schwartz B. The paradox of choice: Why more is less[M]. New York: Ecco, 2004.

[81] Shaw L H, Gant L M. In defense of the internet: The relationship between internet communication and depression, loneliness, self-esteem, and perceived social support [J]. Cyberpsychology and Behavior, 2002, 5(2): 157-170.

[82] Shen C C, Chiou J S, Kuo B S. Remedies for information asymmetry in online transaction: An investigation into the impact of web page signals on auction outcome[J]. Internet Research, 2011, 21(2): 154-170.

[83] Shklovski I, Kraut R, Rainie L. The Internet and social participation: Contrasting cross-sectional and longitudinal analyses[J]. Journal of Computer-Mediated Communication, 2004, 10(1): JCMC1018.

[84] Siau K, Shen Z. Building customer trust in mobile commerce[J]. Communications of the ACM, 2003, 46(4): 91-94.

[85] Spada M M, Langston B, Nikcevic A V, et al. The role of metacognitions in problematic internet use[J]. Computers in Human Behavior, 2008, 24(5): 2325-2335.

[86] Stepanikova I, Nie N H, He X. Time on the internet at home, loneliness, and life satisfaction: Evidence from panel time-diary data[J]. Computers in Human Behavior, 2010, 26(3): 329-338.

[87] Suh A, Wagner C, Liu L. Enhancing user engagement through gamification[J]. Journal of Computer Information Systems, 2016, 58(3): 204-213.

[88] Tan X, Qin L, Kim Y, et al. Impact of privacy concern in social networking websites[J]. Internet Research, 2012, 22(2): 211-233.

[89] Thakur R, Srivastava M. Adoption readiness, personal innovativeness, perceived risk and usage intention across customer groups for mobile payment services in India[J]. Internet Research, 2014, 24(3): 369-392.

[90] Tseng F C, Cheng T C E, Li K, et al. How does media richness contribute to customer loyalty to mobile instant messaging? [J]. Internet Research, 2017, 27(3): 520-537.

[91] Turel O, Serenko A, Giles P. Integrating technology addiction and use: An empirical investigation of online auction users[J]. MIS Quarterly, 2011, 35(4): 1043-1062.

[92] Utz S, Beukeboom C J. The role of social network sites in romantic relationships: Effects on jealousy and relationship happiness[J]. Journal of Computer-Mediated Communication, 2011, 16(4): 511-527.

[93] Valkenburg P M, Peter J. Online communication and adolescent well-being: Testing the stimulation versus the displacement hypothesis [J]. Journal of Computer-Mediated Communication, 2007, 12(4): 1169-1182.

[94] Van Boven L, Gilovich T. To do or to have? That is the question[J]. Journal of Personality and Social Psychology, 2003, 85(6): 1193-1202.

[95] Viégas F B. Bloggers' expectations of privacy and accountability: An initial survey [J]. Journal of Computer-Mediated Communication, 2005, 10(3): JCMC10310.

[96] Waestlund E, Norlander T, Archer T. Internet blues revisited: Replication and extension of an Internet paradox study[J]. Cyberpsychology and Behavior, 2001, 4(3): 385-391.

[97] Wang W. Internet dependency and psychosocial maturity among college students [J]. International Journal of Human-Computer Studies, 2001, 55(6): 919-938.

[98] Weiser E B. The functions of internet use and their psychological consequences [J]. Cyberpsychology and Behavior, 2001, 4(6): 723-744.

[99] Whitty M, Doodson J, Creese S, et al. Individual differences in cyber security behaviors: An examination of who is sharing passwords[J]. Cyberpsychology, Behavior, and Social Networking, 2015, 18(1): 3-7.

[100] Wiederhold B K. Three years later, are other Facebook users still "happier and having better lives than I am"? [J]. Cyberpsychology, Behavior, and Social Networking, 2016, 19(1): 1.

[101] Wu J H, Wang S C. What drives mobile commerce? An empirical evaluation of the revised technology acceptance model[J]. Information & Management, 2005, 42(5): 719-729.

[102] Xu H, Dinev T, Smith J, et al. Information privacy concerns: Linking individual perceptions with institutional privacy assurances[J]. Journal of the Association for Information Systems, 2011, 12(12): 798-824.

[103] Yang S, Liu Y, Wei J. Social capital on mobile SNS addiction: A perspective from online and offline channel integrations[J]. Internet Research, 2016, 26(4): 982-1000.

[104] Youn S, Hall K. Gender and online privacy among teens: Risk perception, privacy concerns, and protection behaviors[J]. Cyberpsychology and Behavior, 2008, 11(6): 763-765.

[105] Zhan G, Yen J. Report on Wi-Fi adoption and security survey 2012, Hong Kong [R]. Wireless Technology Industry Association, Office of the Communications Authority, Hong Kong, available at: www.safewifi.hk/files/Wi-Fi_adoption_and_security_survey_2012.pdf(accessed July 1, 2016), 2012.

[106] Zhang K Z, Benyoucef M. Consumer behavior in social commerce: A literature review[J]. Decision Support Systems, 2016(86): 95-108.

[107] Zhou T. An empirical examination of initial trust in mobile banking[J]. Internet Research, 2011, 21(5): 527-540.

[108] Zhou T. Understanding location-based services users' privacy concern: An elaboration likelihood model perspective[J]. Internet Research, 2017, 27(3): 506-519.

[109] Zhou Z, Su C, Zhou N, et al. Becoming friends in online brand communities: Evidence from China[J]. Journal of Computer-Mediated Communication, 2016, 21(1): 69-86.

第三篇

旅游、体验与幸福感

第十二章

旅游目的地品牌真实性与旅游者幸福感①

旅游目的地品牌真实性是提升旅游者幸福感的重要途径，已有少量文献从单一维度对二者的关系进行实证研究，但目前尚无文献从多维度研究旅游目的地品牌真实性对幸福感的影响。学术界已有共识，目的地品牌真实性包括四个维度：客观真实性、建构真实性、后现代真实性和存在真实性。这些真实性对旅游者幸福感可能产生不同的影响。为此，本章从四个旅游目的地品牌真实性维度出发，研究其对旅游者幸福感的影响机制，尤其验证了自我一致性的中介作用。研究结论丰富了目的地品牌真实性与旅游者幸福感理论，为目的地品牌建设实践提出了有益的建议。

第一节　旅游目的地品牌真实性对旅游者幸福感的作用

作为重要的旅游类型，文化遗产旅游市场庞大，据估计，有 85%的普通民众属于现实或潜在的文化遗产旅游者（Rasoolimanesh 等，2021）。如今，从世界范围来看，越来越多的文化遗产目的地正在竞相吸引旅游者的关注。激烈的市场竞争迫使文化遗产目的地通过品牌打造来赢得竞争优势。幸福感是旅游者在旅游时期望实现的一种积极心理状态，通过诉求幸福感可以影响旅游者对旅游目的地的选择，从而为旅游发展提供机会（Pyke 等，2016）。如今，在旅游业已经出现了一种新的趋势，即旅游目的地将幸福感的概念纳入其中，以提高其目的地品牌的竞争力和吸引力。例如，北欧国家积极将幸福感融入目的地品牌管理，成功打造了目的地幸福品牌。此外，2016 年以来，旅游业的相关政策开始关注幸福感，并开始在品牌营销战略中考虑幸福感。然而，由于目的地幸福感的理论研究还处于初级探索阶段，对于旅游目的地幸福感的影响因素了解得并不透彻，目前刚刚开始将幸福感纳入旅游目的地管理中。

寻求真实性体验是旅游者旅行的主要动机（Deb 和 Lomo-David，2021），越来越多的旅游目的地（如雅典卫城、巴黎圣母院大教堂、罗马竞技场、中国长城）开始重视是否能带给旅游者具有独特性和文化意义的真实性体验（Paraskevaidis 和 Wei-

---

① 本章初稿发表情况如下：Zhou Z，Wang R，Zhou N. Effects of multidimensional destination brand authenticity on destination brand well-being：The mediating role of self-congruence［J］. Current Issues in Tourism，2023，26（21）：3532-3546. 本书有删改。

denfeld，2021）。已有研究表明，在旅游过程中，存在真实性能带来享乐幸福感和实现幸福感（Yu、Li 和 Xiao，2020）。然而，真实性是一个多维的构念，探讨真实性的一个维度对两种旅游幸福感的影响可能过于片面，无法提供全面的结果。一个主要因素是，文化遗产真实性的内涵更为复杂，更多的是对文化多样性的尊重、个人体验和评价，包括各种类型的真实性，并且拥有不同背景和经历的旅游者对真实性的感知可能是动态的、多样化的（Rickly-Boyd，2012）。目的地品牌真实性的不同维度可能对旅游者享乐幸福感和实现幸福感有不同的影响。由于每一种类型的真实性的解释力不同，如果忽略了某一类型的真实性，将会导致解释不充分（Zhang 和 Yin，2020）。因此，结合多角度的综合分析是可取的，探索多维度的目的地品牌真实性对后续旅游研究和旅游目的地管理具有重要意义。它有利于挖掘真实性在遗产旅游营销研究中的潜在效益（Kolar 和 Zabkar，2010），还有助于旅游目的地管理者理解旅游者的动机和行为，以此来满足旅游者的需求。旅游真实性包括客观真实性、建构真实性、后现代真实性和存在真实性（Wang，1999），这四个维度可以在品牌的背景下被感知或体验（Moulard、Raggio 和 Folse，2021）。从上述四个维度来解释旅游真实性已经成为一种主流范式（Zhang 和 Yin，2020），但现有研究尚未从多维度研究目的地品牌真实性对旅游者幸福感的两个类别（即享乐幸福感和实现幸福感）的影响。由自我决定理论可知，真实性是旅游者对自我认识、理解和关系行为认同的主观感知的一致性，是旅游者从目的地品牌形象中认识真实自我、自我实现以及与目的地历史文化联系的来源（Zhou 等，2015）。也就是说，当主观的真实感反映了旅游者的实际或理想的自我时，便被视为真实性，这将导致实际自我一致性或理想自我一致性。已有研究证明，强大的品牌自我一致性会带来良好的旅游品牌关系（Kumar 和 Kaushik，2022），而幸福感对于积极的品牌关系意义重大（Schnebelen 和 Bruhn，2018）。因此，自我一致性可能是目的地品牌真实性和旅游者幸福感之间的中间机制。然而，目前还不清楚实际自我一致性和理想自我一致性是否对目的地品牌真实性的四个维度对旅游者幸福感的影响起到中介作用。

第二节　旅游目的地品牌真实性、自我一致性与旅游者幸福感的理论基础

一、目的地品牌真实性

旅游者出于不同动机从产品、品牌、服务、体验以及自身中寻找真实性（Newman 和 Dhar，2014），因此真实性被认为是旅游目的地体验的重要元素（Kolar 和 Zabkar，2010）。目的地品牌是一个名称、符号、标志或其他图形，既能识别目的地，又能区分目的地，体现了与目的地相关的难忘旅行体验的承诺（Ruiz-Real 等，2020）。由于真实性是一个多维结构的复合构念，反映在不同语境的描述、解释和概念中（Cohen 等，2012），因此对于目的地品牌真实性的界定，目前旅游学术界尚未取得一致意见。不过，旅游真实性的四维度——客观真实性、建构真实性、存在真

实性和后现代真实性已被学术界普遍认可（Wang，1999）。Morhart 等（2015）指出在客观主义、建构主义、后现代主义和存在主义的理论基础上厘清品牌真实性是非常有必要的。因此，本章借鉴 Morhart 等（2015）和 Jimenez-Barreto、Rubio 和 Campo（2020）的研究，从客观主义、建构主义、后现代主义、存在主义四种理论视角将目的地品牌真实性界定为旅游者对目的地品牌连续性、可信度、原创性和象征性的主观感知的结果。

目的地品牌客观真实性是目的地既定的、固有的、原始的客观属性（Nguyen 和 Cheung，2016），可以用一个绝对的标准来衡量与评判（MacCannell，1973）。在目的地品牌中，客观真实性是指建筑遗产的原创性、人文历史的准确性、文物古迹的真实性等（Belhassen、Caton 和 Stewart，2008；Chronis 和 Hampton，2008）。这意味着，若目的地品牌被修改或改变、未被权威认证，目的地品牌都会被认为不具有客观真实性。目的地品牌建构真实性不是客体的原真性，而是旅游者、社会权威人士、利益相关者等建构出来的品牌真实性，是一种符号的、象征意义的真实性（Reisinger 和 Steiner，2006）。在品牌环境中，建构主义认为目的地真实性或者被体验到的真实性不是目的地品牌本身固有的特性，是由期望、偏好、信念、观点或权力所建构的（Wang，1999）。立足于后现代主义，旅游者追求享受各种旅游体验，不关注旅游目的地品牌的真实与否（Yi 等，2018）。在文化遗产目的地中，旅游者认为现代高科技创造的“仿真”也能带来“真实性”或“超真实性”（hyperreality）（Zhang 和 Yin，2020），游客乐意接受人造景点或旅游产品复制品（Reisinger 和 Steiner，2006）和现代化所提供的旅游便利（Rickly-Boyd，2012）。后现代主义认为，评判一个目的地品牌是否客观真实，关键在于旅游者主观感知和体验到真实（Cohen，2007），在旅行体验上达到或超过他们的预期（Martin，2010）。存在真实性与客体的真实性毫无关系，它主要是由旅游活动所带来的（Wang，1999）。在文化遗产目的地中，旅游者通过参加目的地活动以获得真实的存在体验（Olsen，2002）。存在真实性包括个人内在真实性和人际真实性两种存在真实性：内在真实性指旅游中的身体感受以及精神获得的自我认同、自我创造、自我实现；人际真实性指情感纽带的加强、家庭关系中的真实性和亲密性以及人际关系中的社会平等（Wang，1999）。旅游者评判目的地品牌存在真实性是基于在目的地活动中获得的主观自我存在。因此，目的地品牌存在真实性指旅游者从旅游目的地品牌感受的自我存在的状态（Zhang 和 Yin，2020）。

二、自我一致性

自我概念指消费者对自己形象的感知，包括实际自我、理想自我、社会自我、理想社会自我四种类型（Sirgy，1982）。社会自我和理想社会自我的构念测量与实际自我和理想自我概念高度相关（Chon，1992），实际自我和理想自我概念是自我一致性理论的基础，被广泛运用于品牌营销领域解释消费者偏好行为（Sirgy，1982）。基于以上原因，本章研究选择实际自我和理想自我来研究自我一致性。目的地品牌形象是旅游者对目的地品牌的感知和认知评估（Tung、Tse 和 Chan，2021）。在本章中，自我一致性是指旅游目的地品牌形象与旅游者自我概念之间的契合度（Bosnjak 等，

2011)，实际自我一致性和理想自我一致性分别是指目的地品牌形象与消费者的实际自我形象和理想自我形象的感知匹配度（Chen 等，2020；Usakli 和 Baloglu，2011）。

Chon（1992）率先开展了自我一致性在旅游目的地营销中的相关研究，发现旅游者实际自我和理想自我形象与目的地形象契合度越高，旅游者越容易对目的地产生偏好与满意。Sirgy 和 Su（2000）提出了目的地形象与自我一致性在旅游目的地的整合模型，为后续研究奠定了基础。此后，有学者探究自我一致性在旅游目的地品牌情景下的适用性（Chen 等，2020；Usakli 和 Baloglu，2011）。消费者通过消费一个形象与他们实际或理想自我一致的品牌来实现自我一致性（Zhu 等，2019），以及表达他们实际或理想的自我概念（Aaker，1999）。在旅游目的地消费体验中，旅游者积极寻求与自我概念一致的真实体验（Huang、Zhang 和 Hu，2017；Simpson 和 Siguaw，2008），追求真实性和与自我概念的联系（Beverland 和 Farrelly，2010），倾向于选择自我真实性与品牌真实性一致性更高的目的地品牌（Morhart 等，2015）。

三、旅游者幸福感

现代社会生活节奏快、工作压力大，越来越多的人希望通过旅游来放松和减压。现有研究证明了旅游活动对幸福感的积极影响（Yu、Li 和 Xiao，2020）。旅游幸福感分为享乐幸福感与实现幸福感（李菲，2020）。享乐幸福感指主观上的认知与情感，追求愉快、舒适与享受的状态（Huta 和 Ryan，2010；Ryan 和 Deci，2001），一般与生活满意度、积极情绪（如快乐、爱、乐趣、狂喜、满足和同情）以及更少的消极情绪密切相关（Laing 和 Frost，2017）。与享乐幸福感不同，实现幸福感更关注个人成长、自我实现、人生意义、自我反思等心理状态（Filep 和 Laing，2019）。从现有研究来看，旅游幸福感研究主要集中于享乐幸福感（Rahmani、Gnoth 和 Mather，2018），但近年来已经有少数学者指出实现幸福感对旅游者的重要意义，呼吁在旅游幸福感研究中同时考虑享乐幸福感和实现幸福感（Filep 和 Laing，2019；Yu，Li 和 Xiao，2020；张晓和白长虹，2018），因此实现幸福感也开始出现在旅游研究中（Su 等，2020；Xu 和 Zhang，2021）。

幸福是人类行为活动的终极目标，消费品牌是通往幸福的重要且有效的途径（Bettingen 和 Luedicke，2009）。对商业组织而言，其产品、服务和品牌应该给消费者带去幸福感。因此，旅游者选择消费旅游目的地品牌，也可能带来个人幸福感的提高。近年来，目的地品牌研究在旅游行业受到重视（Pike 和 Page，2014；Ruiz-Real 等，2020），但目前仅有少数几篇文献从品牌营销角度提出品牌体验（Bettingen 和 Luedicke，2009；Schmitt、Brakus 和 Zarantonello，2015）、品牌利益（周志民、汪日香和张宁，2020）会影响幸福感，特别是品牌体验和品牌利益是基于享乐幸福感视角，没有涉及实现幸福感，也没有进行实证探讨。目的地品牌有别于传统其他产品或服务的品牌（Ruiz-Real 等，2020），现有关于幸福感的研究主要集中在传统的实物商品领域，与旅游的服务性特点区别较大。因此，有必要立足于目的地品牌，来研究其真实性对旅游者幸福感（享乐幸福感和实现幸福感）的影响。

第三节　旅游目的地品牌真实性与旅游者幸福感的研究假设

一、目的地品牌真实性与自我一致性

在文化遗产目的地中，旅游者通过遗产建筑、人文艺术、文化历史等目的地的客观展现，可以获得审美和精神的真实性感知或体验（Jin、Xiao 和 Shen，2020）。游览时，旅游者会与目的地的建筑艺术、文化历史、传统习俗建立心理联系（Su，2018；Zhou 等，2015），从而获得目的地品牌真实性体验（Jin 等，2020）。例如，当旅游者前往北京故宫旅游时，真实又独特的楼宇建筑、古玩与典籍等客观事物会给旅游者带来真实的审美体验，而目的地独特的历史、文化习俗等体现的建构真实性也会在旅游者欣赏思考的过程中与之建立潜在的沟通和心理联系，最终获得精神满足。目的地品牌客观真实性和建构真实性体验有助于增强旅游者感知体验自我实际和理想概念。例如，实际生活中一个喜欢古建筑、爱好古玩的人，可能因为故宫的历史感受到自己和目的地品牌的一致性。如前所述，目的地建构真实性是基于社会、旅游者或目的地利益相关者观点、权力、想象力、期望、信念等构建出来的（Zhang 和 Yin，2020），旅游者可以依据环境因素和自我体验构建自己的意义（Robinson 和 Clifford，2012），其中既可能涉及旅游者实际自我形象，也可能涉及旅游者理想自我形象。所以，在品牌环境中，目的地建构真实性会使旅游者感知实际或理想中真实性的品牌形象。因此，提出以下假设：

H1a：目的地品牌客观真实性正向影响实际自我一致性。

H1b：目的地品牌客观真实性正向影响理想自我一致性。

H2a：目的地品牌建构真实性正向影响实际自我一致性。

H2b：目的地品牌建构真实性正向影响理想自我一致性。

日常生活中充满着各种压力与约束，消费者通过旅游得到放松，获得真实体验（del Barrio-Garcia 和 Prados-Peña，2019）。在文化遗产目的地旅行期间，旅游者通常会购买与目的地文化遗产有关的纪念品，体验现代技术仿真产品，这些对于旅游者来说也可以被认为是真实的（Rickly-Boyd，2012）。后现代主义旅游者认为这些仿真的产品是旅游发展的一种意识形态，是一种真实的生活方式和态度（Tamagni，1988）。存在主义旅游者在目的地品牌活动中体验和感知真实的自己，获得自我存在，包括实际生活中的自我，以及更深层次的自我意识（Reisinger 和 Steiner，2006）。如前所述，目的地品牌后现代真实性和存在真实性都是基于旅游者在活动、娱乐、自我思考等过程中获得主观真实性的感知与体验（Fu，2019）。在这两种品牌真实性情境中，旅游者逃离了日常生活的约束和社会角色的束缚，体验放松和自由，真实地表达自己，更容易表现出真实自我。这种真实自我既涉及实际生活中的自我认同感（Yi 等，2018），又涉及自我创造、自我实现等理想中的期望或愿望（Zhou 等，2015）。由上可知，这两种目的地品牌的真实性可能给旅游者带来实际自我一致性和理想自我一致性。因此，我们提出以下假设：

H3a：目的地品牌后现代真实性正向影响实际自我一致性。

H3b：目的地品牌后现代真实性正向影响理想自我一致性。

H4a：目的地品牌存在真实性正向影响实际自我一致性。

H4b：目的地品牌存在真实性正向影响理想自我一致性。

二、自我一致性与旅游者幸福感

目的地品牌可以反映目的地的形象（Kladou 等，2017），而目的地形象与旅游者幸福感密切相关（Chen 和 Li，2018）。依据自我一致性理论，当旅游者实际或理想自我概念与目的地品牌一致时，更容易使旅游者产生积极情绪，更能满足旅游者精神文化生活需求和情感需求，因此品牌关系得到增强（Huang、Zhang 和 Hu，2017）。品牌有助于唤醒和培养消费者的自我验证和自我提升动机，实际自我受自我验证动机引导，理想自我受自我提升动机引导（Escalas 和 Bettman，2003）。换言之，当品牌形象与实际或理想的自我概念一致时，消费者会觉得品牌唤醒和培养了他们的自我验证或自我提升动机（Japutra、Ekinci 和 Simkin，2019）。

依据自我验证理论，旅游者会出于某些动机去验证或维持他们现有的自我概念，获得自我一致性。Malär 等（2011）指出，当消费者消费与自我形象契合的品牌时，会强化自我验证，并会对品牌产生积极的情感和更强的情感依恋。此外，当旅游者的自我概念与目的地品牌形象一致时，旅游者更容易产生对目的地品牌的偏好与积极情绪、归属感（Sirgy 和 Su，2000），有助于目的地品牌提升旅游者发现美的能力、愉悦其身心健康。自我验证需要大量的认知努力，会激发消费者个人成长与自我实现，升华自我认知和体悟多样人生。此外，Chen 等（2020）研究结论表明，自我一致性积极影响目的地品牌沉浸（engagement）。沉浸是实现幸福感的重要途径（Huta 和 Waterman，2014）。由此可推测，自我一致性可能也会积极影响实现幸福感。故而，实际自我一致性可能会提升享乐幸福感与实现幸福感。

依据可持续幸福模型，旅游者表达自我是提高幸福感的有效途径（Lyubomirsky、Sheldon 和 Schkade，2005）。当消费一个品牌形象能够反映消费者自我时，会带给消费者接近理想自我的感觉，进而产生积极的消费者—品牌关系（Kressmann 等，2006；Malär 等，2011），有助于提升旅游者的生活满意度和积极情感体验。依据自我提升理论，消费者会通过提升自我的动机来促进自己追求理想自我。一个能够反映消费者理想自我的品牌形象可以支持他们的自我提升活动（Grubb 和 Grathwohl，1967），这个过程会激发旅游者实现自己的潜能、提升自我获得自我成长，体验到一种成就感和自我实现感。故而，与理想自我一致的目的地品牌可能会给旅游者带去享乐幸福感和实现幸福感。因此，提出以下假设：

H5a：实际自我一致性正向影响享乐幸福感。

H5b：实际自我一致性正向影响实现幸福感。

H6a：理想自我一致性正向影响享乐幸福感。

H6b：理想自我一致性正向影响实现幸福感。

基于以上理论推导与研究假设，本章提出一个概念模型，如图 12-1 所示。

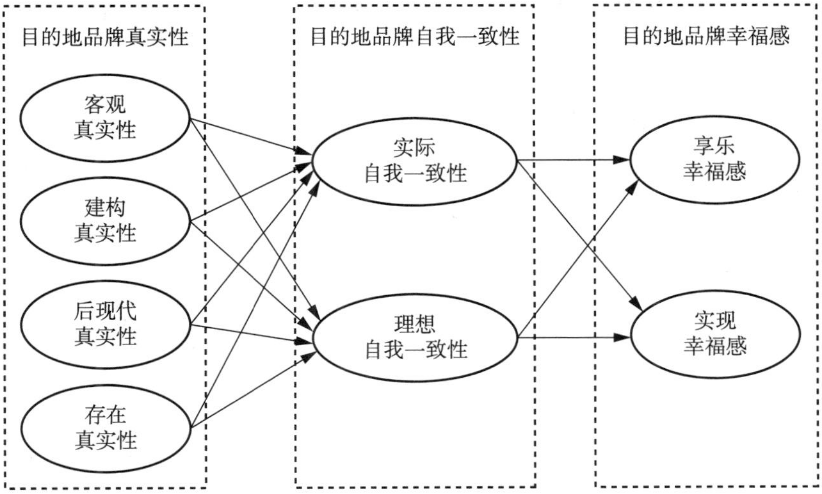

图 12-1　研究概念模型

第四节　测量与样本说明

一、样本与数据收集

我们通过线上专业调查平台问卷星来收集数据。为保障研究结论的稳健性，通过以下措施对问卷调查干扰因素进行了控制。由于参与问卷调查旅游者的旅游体验记忆可能会受旅游后时长的影响，本书设置了一个问题——“上次到文化遗产目的地旅游是什么时间”，从而保证时间间隔不超过一周。此外，本书在问卷上设置了几个筛选问题，如“您去旅游的景点是否属于文化遗产类型”“请您写出上次旅游的文化遗产目的地名称”。在问卷筛选的测项中，对文化遗产目的地的特点进行了简要阐述，并在选项后面列举了国内外著名的旅游目的地景点，以帮助旅游者判断。参与调查的旅游者只有通过所有筛选问题，才可以参与本次问卷调查。最后共计收到 682 份问卷，剔除随意答题等废卷后获得有效问卷 626 份，有效率为 91.78%。运用数据分析软件 SPSS26 进行有效样本描述性统计分析，有效样本描述性统计如表 12-1 所示。

表 12-1　有效样本描述性统计

潜变量		频数	百分比（%）
性别	男性	256	40.89
	女性	370	59.11

续表

潜变量		频数	百分比（%）
年龄（岁）	20 以下	30	4.79
	20~30	308	49.20
	31~40	248	39.62
	41~50	27	4.31
	51~60	10	1.60
	>60	3	0.48
收入（元）	<3000	70	11.18
	3000~5999	86	13.74
	6000~8999	204	32.59
	9000~11999	137	21.88
	12000~15000	67	10.70
	>15000	62	9.90
受教育程度	高中及中专以下	23	3.67
	大专	39	6.23
	本科	479	76.52
	硕士	82	13.10
	博士及以上	3	0.48
职业	全日制学生	77	12.30
	企业/公司职员	467	74.60
	党政机关及事业单位职员	44	7.03
	自由职业者	29	4.63
	其他	9	1.44

二、变量测量

本书量表均来自对国际期刊文献中成熟量表的改编，对所有变量测项均进行了语境化处理。基于已有研究，对客观真实性和建构真实性的测量，采用 Zhang 和 Yin（2020）使用的量表，每个真实性的量表包括 5 个测项，已被 Lu、Chi 和 Liu（2015），Nguyen 和 Cheung（2016），Zatori、Smith 和 Puczko（2018）证明了有较高信度和效度。存在真实性和后现代真实性的测项来源于 Yi 等（2018）和 Wang（1999）的研究。实际自我一致性和理想自我一致性量表来自 Japutra、Ekinci 和 Simkin（2019），Malär 等（2011）和 Sirgy 等（1997）。幸福感量表选自 Huta 和 Ryan（2010），其中享乐幸福感包括 5 个测项，实现幸福感包括 4 个测项。本书所有潜变量的测量采用 7 点 Likert 量表，其中，1 表示完全不同意，7 表示完全同意。将性别、年龄、收入、受教育程度等人口统计学变量作为控制变量。在正式发放问卷收集数据前，进行了预测试以保证内容效度和准确性。在预测试中，我们使用社交软件微信在线调研随机收集问卷数据。历时两天，一共收集了 86 份问卷，获得 80 份有效问卷。通过使用 SPSS26 对各个题目（项目）进行分析，发现高低两组的各分析项均呈现出显著性（$p<0.05$），这意味着各测项具有良好的区分性，应该保留。

第五节 数据分析与假设检验

与基于协方差的结构方程模型相比，PLS 对样本量和数据的正态性要求更低，考虑了估算过程中的整个理论结构模型，使该方法优于回归分析；同时它还消除了项目固有的测量误差，并减少了结果中的偏差，适用于理论发展的探索性研究和处理复杂模型，已被广泛应用于营销管理等研究中（Hair 等，2021）。本书模型比较复杂，侧重理论的探索，数据不服从正态分布，故采用 PLS 数据分析软件比较适当。本书使用 SmartPLS（版本 3.2.8）进行数据分析，采用两步法进行模型的信效度检验和假设分析。

一、测量模型

依据 PLS 的算法，运行自举法（bootstrapping）程序 5000 次后发现客观真实性和存在真实性的 3 个测项（DBOA3、DBOA4、DBEA1）因子载荷小于 0.5，故删除之（Straub，1989）。由于所提取的潜变量“客观真实性”（0.475）、“建构真实性”（0.448）、“享乐幸福感”（0.465）AVE 值小于 0.5 的推荐值，分别移除了这些变量因子负荷最低的一个测项以提高每个构念测量的收敛效度（Fornell 和 Larcker，1981）。之后对剩余模型检验重复运行程序，结果如表 12-2 所示。除了少数标准指标负荷略低于 0.7 外，其他均高于 0.7，表明模型具有较好的聚合效度（Hair 等，2021）；各潜变量的组合信度均大于建议阈值 0.7，表明内部可靠性良好（Hair 等，2021）；平均萃取方差均超过了 0.5 的阈值水平，表明每个测量项目具有较好的收敛效度（Hair 等，2021）。如表 12-3 所示，每个潜变量的相关系数低于 0.85 临界值，并且均不超过各潜变量的 AVE 的平方根值，说明具有很好的判别效度（Fornell 和 Larcker，1981）。

表 12-2 变量信度与效度

测项	因子载荷
客观真实性（CR=0.793；AVE=0.562）	
DBOA1. X 旅游景点（区）的历史建筑保存完好	0.727
DBOA2. X 旅游景点（区）的布局和陈设保持了原貌	0.761
DBOA5. X 旅游景点（区）在很大程度上是原始或原创的	0.760

续表

测项	因子载荷
建构真实性（CR=0.801；AVE=0.503）	
DBCA1. X 旅游景点（区）反映了当地古代生活环境	0.763
DBCA3. X 旅游景点（区）反映了当地过去的文化	0.677
DBCA4. X 旅游景点（区）反映了当地过去的传统	0.752
DBCA5. X 旅游景点（区）看上去感觉很真实	0.637
存在真实性（CR=0.82；AVE=0.534）	
DBEA2. 去 X 旅游景点旅行可以提升自我，帮助我实现梦想，甚至产生成就感	0.777
DBEA3. 去 X 旅游景点旅行可以促进我的家庭关系和亲友关系	0.698
DBEA4. 在 X 旅游景点旅行，我与当地人进行了真实友好的接触	0.788
DBEA5. 在 X 旅游景点旅行，我以一种真实和自然的方式与其他旅游者接触，而不考虑身份和等级的差异	0.652
后现代真实性（CR=0.843；AVE=0.518）	
DBPA1. 虽然我在 X 旅游景点看到的一些建筑是原物的复制品或仿制品，但凭借想象我感觉是真的	0.718
DBPA2. 虽然我在 X 旅游景点遇到当地历史朝代的人是表演模仿的，但是我感觉很真实	0.780
DBPA3. 由于 X 旅游景点没有原件作为参考，因此要判断其真假没有绝对的标准	0.706
DBPA4. 现代技术可以让 X 旅游景点中不真实的东西看起来很真实	0.716
DBPA5. 我不在乎 X 旅游景点是否有仿制品，只要感觉良好，我都可以愉快接受	0.672
实际自我一致性（CR=0.896；AVE=0.743）	
ASC1. X 旅游景点的品牌形象，与我对自我形象的看法是一致的	0.822
ASC2. X 旅游景点的品牌形象反映了我的自我形象	0.882
ASC3. X 旅游景点的品牌形象与我的自我形象相似	0.881
理想自我一致性（CR=0.926；AVE=0.807）	
ISC1. X 旅游景点的品牌形象是我想成为的那种人的形象	0.903
ISC2. X 旅游景点的品牌形象与我想成为的那种人的形象相似	0.884
ISC3. X 旅游景点的品牌形象与我想成为的那种人的形象一致	0.907
享乐幸福感（CR=0.804；AVE=0.507）	
HWB1. 去 X 旅游景点（区）旅游，让我感觉很轻松	0.720
HWB3. 去 X 旅游景点（区）旅游，让我感觉很享受	0.728
HWB4. 去 X 旅游景点（区）旅游，让我感觉很快乐	0.721

续表

测项	因子载荷
HWB5. 去 X 旅游景点（区）旅游，让我感觉很放松	0.678
实现幸福感（CR=0.814；AVE=0.531）	
EWB1. 去 X 旅游景点（区）旅游，让我有一种追求卓越或实现理想的感觉	0.836
EWB2. 去 X 旅游景点（区）旅游，会让我开阔视野或学到知识	0.500
EWB3. 去 X 旅游景点（区）旅游，让我有一种努力提升自我的感觉	0.792
EWB4. 去 X 旅游景点（区）旅游，让我有一种做自己想做的事情的感觉	0.740

注：采用自举法（n=5000）；CR 为组合信度、AVE 为平均萃取方差。

表 12-3　判别效度及相关分析

	潜变量	1	2	3	4	5	6	7	8
1	实际自我一致性	**0.862**							
2	理想自我一致性	0.791	**0.898**						
3	客观真实性	0.438	0.415	**0.749**					
4	建构真实性	0.504	0.454	0.643	**0.709**				
5	后现代真实性	0.57	0.583	0.378	0.519	**0.719**			
6	存在真实性	0.672	0.612	0.521	0.618	0.577	**0.731**		
7	享乐幸福感	0.420	0.36	0.423	0.525	0.388	0.549	**0.712**	
8	实现幸福感	0.644	0.623	0.518	0.617	0.566	0.687	0.508	**0.729**

注：对角线上加粗数字是各变量 AVE 的平方根，其左下方的数据为各变量之间的相关系数。

数据来源于同一被调查者的自我报告，各变量之间可能存在共同方法偏差。本书使用 Harman 的单因子检验法和考察变量之间的相关性两种方法检验共同方法偏差。将量表中全部测量指标进行基于主成分分析的探索性因子分析，对变量进行未旋转主成分分析，第一个因子的方差解释率为 31.835%，远低于 60%，说明共同方法偏差不严重（Podsakoff 等，2003）。除控制变量外，其他所有变量之间的相关系数处于-0.02~0.462，低于 0.9 的标准，说明共同方法偏差不严重（Bagozzir、Yi 和 Phillips，1991）。变异膨胀因子（Variance Inflation Factor，VIF）数值介于 1.166~2.609，小于 3 的阈值，表明本书的控制变量和预测变量间不存在多重共线性问题（Hair 等，2021）。

二、假设检验

通过自举法运行 5000 次后，假设检验结果如表 12-4 所示。H1a 提出目的地品牌客观真实性正向影响实际自我一致性，H1b 提出目的地品牌客观真实性正向影响理想自我一致性，结果不支持 H1a（β=0.078，t=1.628，p>0.05），但支持 H1b（β=0.105，t=2.331，p<0.05）。H2a 提出目的地品牌建构真实性正向影响实际自我一致

性，H2b 提出目的地品牌建构真实性正向影响理想自我一致性，结果不支持 H2a（β=0.036，t=0.703，p>0.05）和 H2b（β=-0.02，t=0.390，p>0.05）。H3a 提出目的地品牌后现代真实性正向影响实际自我一致性，H3b 提出目的地品牌后现代真实性正向影响理想自我一致性，结果支持了 H3a（β=0.255，t=6.170，p<0.001）和 H3b（β=0.338，t=7.587，p<0.001）。H4a 提出目的地品牌存在真实性正向影响实际自我一致性，H4b 提出目的地品牌存在真实性正向影响理想自我一致性，结果支持了 H4a（β=0.462，t=8.407，p<0.001）和 H4b（β=0.375，t=6.226，p<0.001）。H5a 提出实际自我一致性正向影响享乐幸福感，H5b 提出实际自我一致性正向影响实现幸福感，结果表明，实际自我一致性正向影响享乐幸福感（β=0.362，t=5.534，p<0.001）和实现幸福感（β=0.403，t=6.463，p<0.001），即 H5a 和 H5b 成立。H6a 提出理想自我一致性正向影响享乐幸福感，H6b 提出理想自我一致性正向影响实现幸福感，结果表明理想自我一致性对享乐幸福感没有正向影响（β=0.074，t=1.067，p>0.05），理想自我一致性正向影响实现幸福感（β=0.304，t=4.935，p<0.001），即 H6a 不成立，H6b 成立。

表 12-4　结构模型分析结果

假设	路径关系	路径系数（β）	t	p	假设结果
H1a	DBOA→ASC	0.078	1.628	0.104	不支持
H1b	DBOA→ISC	0.105*	2.331	0.020	支持
H2a	DBCA→ASC	0.036	0.703	0.482	不支持
H2b	DBCA→ISC	-0.020	0.390	0.697	不支持
H3a	DBPA→ASC	0.255***	6.170	0.000	支持
H3b	DBPA→ISC	0.338***	7.587	0.000	支持
H4a	DBEA→ASC	0.462***	8.407	0.000	支持
H4b	DBEA→ISC	0.375***	6.226	0.000	支持
H5a	ASC→HWB	0.362***	5.534	0.000	支持
H5b	ASC→EWB	0.403***	6.463	0.000	支持
H6a	ISC→HWB	0.074	1.067	0.286	不支持
H6b	ISC→EWB	0.304***	4.935	0.000	支持

注：DBOA 代表目的地品牌客观真实性；DBCA 代表目的地品牌建构真实性；DBEA 代表目的地品牌存在真实性；DBPA 代表目的地品牌后现代真实性；ASC 代表实际自我一致性；ISC 代表理想自我一致性；HWB 代表享乐幸福感；EWB 代表实现幸福感。* 代表 p<0.05；*** 代表 p<0.001（双尾检验）。

自举法避免了系数乘积检验违反分布假设以及不同标准误公式产生结果不一致的问题，具有较好的统计效力，是比较理想的中介效应检验方法（Preacher 和 Hayes，2008）。在 SmartPLS 算法和自举程序结果输出报告中可以直接查看特定的间接效应、直接效应、t 值、p 值和偏差校正的 95% 自举置信区间，可以直接进行中介效应分析（Hair 等，2021）。故而，本书选择 SmartPLS3.2.8 里面的自举方法（设置 5000 次迭代）来检验实际自我和理想自我一致性的中介效应，结果如表 12-5 所示。

若间接效应偏差校正的95%自举置信区间包含零，直接效应显著或不显著均没有中介效应；若间接效应偏差校正的95%自举置信区间不包含零，直接效应显著则具有互补中介作用（间接效应与直接效应影响方向一致）或竞争中介作用（间接效应与直接效应影响方向不一致）（Zhao、Lynch 和 Chen，2010）。依据自举法中介效应结果（见表12-5），总结中介效应如下：实际自我一致性在客观真实性和建构真实性与享乐幸福感和实现幸福感之间没有中介作用，在后现代真实性和存在真实性与享乐幸福感和实现幸福感之间有互补中介作用；理想自我一致性在四种目的地品牌真实性与享乐幸福感之间没有中介作用，在目的地品牌真实性（客观真实性、后现代真实性、存在真实性）与实现幸福感之间有互补中介作用，在目的地品牌建构真实性与实现幸福感之间没有中介作用（Zhao、Lynch 和 Chen，2010）。

表 12-5　中介效应分析结果

	路径	直接效应	SE	t	95%置信区间		中介效应
					Lower	Upper	
DBA→ASC→HWB	DBOA→ASC→HWB	0.028	0.018	1.610	−0.003	0.068	NN
	DBCA→ASC→HWB	0.013	0.02	0.647	−0.027	0.052	NN
	DBPA→ASC→HWB	**0.092**	**0.023**	**4.054^{***}**	**0.052**	**0.137**	**CM**
	DBEA→ASC→HWB	**0.167**	**0.036**	**4.607^{***}**	**0.102**	**0.242**	**CM**
DBA→ASC→EWB	DBOA→ASC→EWB	0.031	0.019	1.688	−0.003	0.068	DN
	DBCA→ASC→EWB	0.015	0.022	0.668	−0.027	0.06	NN
	DBPA→ASC→EWB	**0.103**	**0.023**	**4.616^{***}**	**0.06**	**0.149**	**CM**
	DBEA→ASC→EWB	**0.186**	**0.037**	**5.108^{***}**	**0.114**	**0.258**	**CM**
DBA→ISC→HWB	DBOA→ISC→HWB	0.008	0.008	0.956	−0.003	0.025	NN
	DBCA→ISC→HWB	−0.002	0.005	0.290	−0.016	0.004	NN
	DBPA→ISC→HWB	0.025	0.022	1.090	−0.017	0.07	DN
	DBEA→ISC→HWB	0.028	0.025	1.025	−0.019	0.078	DN
DBA→ISC→EWB	**DBOA→ISC→EWB**	**0.032**	**0.016**	**1.976^{***}**	**0.01**	**0.073**	**CM**
	DBCA→ISC→EWB	−0.006	0.016	0.386	−0.04	0.024	NN
	DBPA→ISC→EWB	**0.103**	**0.022**	**4.557^{***}**	**0.063**	**0.149**	**CM**
	DBEA→ISC→EWB	**0.114**	**0.031**	**3.693^{***}**	**0.062**	**0.188**	**CM**
DBA→DTWB	**DBOA→HWBt=1.856，p>0.05；DBOA→EWBt=2.131^{**}，p<0.05**						
	DBCA→HWBt=0.540，p>0.05；DBCA→EWBt=0.262，p>0.05						
	DBPA→HWBt=5.982^{***}，p<0.001；DBPA→EWBt=7.621^{***}，p<0.001						
	DBEA→HWBt=6.522^{***}，p<0.001；DBEA→EWBt=7.127^{***}，p<0.001						

注：DBA 代表目的地品牌真实性、DTWB 代表旅游者幸福感；中介效应分为互补中介（CM=Complementary Mediation）、只有直接影响无中介（DN=Direct-only Nonmediation）、没有影响无中介（NN=No-effect Nonmediation）。粗体表示互补中介，自举次数=5000，***代表 $p<0.001$，**代表 $p<0.05$（双尾检验）。

结构模型评估标准包括决定系数（R^2）、预测相关性（Q^2）、路径系数（β）及其显著性（t）（Shmueli 等，2016）。PLS 不能测量模型估计的整体拟合优度，PLS 结构模型的稳健性由所有内生结构的 R^2 值决定（Hulland，1999；Hair 等，2021）。结果表明，实际自我一致性、理想自我一致性、享乐幸福感、实现幸福感调整后 R^2 值分别为 0.504、0.445、0.367、0.594。依据 Chin（1998），PLS 路径模型中的 R^2 阈值 0.19、0.33、0.67 分别表示弱拟合、中度、实质性拟合的标准，可知模型稳健性较好。实际自我一致性、理想自我一致性、享乐幸福感、实现幸福感 Q^2 值分别为 0.368、0.365、0.179、0.310，表明模型具有较强的预测相关性（Chin，1998）。

第六节　旅游目的地品牌真实性与旅游者幸福感的研究结论与启示

一、研究结论

（一）旅游者幸福感受到多维度旅游目的地品牌真实性的不同影响

目前的研究大多是从单一角度探索旅游目的地真实性和幸福感之间的关系（Yu、Li 和 Xiao，2020）。相关研究还不够系统，主要集中在存在主义真实性方面（Yi 等，2022），很少涉及其他维度的真实性，更不用说将它们整合起来进行分析。然而，旅游者在文化遗产目的地可能获得各种真实的体验。在行业实践中，旅游目的地更强调通过探索各种真实性体验来增强旅游者幸福感，从而提升品牌竞争力。如果忽视某一种真实性，将会导致更多的问题，因为每一种真实性本身的解释力是不够的（Wang，1999）。在目的地品牌真实性多维视角的基础上，本书观察到并非目的地品牌的每一维度都是旅游者幸福感的前因。另外，之前的研究主要从享乐幸福感或主观幸福感来研究旅游者幸福感，而本书将旅游者幸福感分成享乐幸福感和实现幸福感两种类型来进行研究。因此，本书丰富和拓展了目的地品牌真实性和旅游幸福感研究。

（二）品牌自我一致性是旅游目的地品牌真实性和旅游者幸福感的中介变量

已有研究探讨了目的地品牌真实性与目的地品牌资产（del Barrio-Garcia 和 Prados-Peña，2019）、目的地品牌沉浸感和行为意向（Chen 等，2020）的关系；然而，自我一致性的机制被忽略了。在本书中，实际自我一致性和理想自我一致性被用作中介变量，证实了两者在目的地品牌真实性和旅游者幸福感之间的中介作用。具体而言，在目的地品牌维度中，后现代真实性和存在真实性，通过实际自我一致性和理想自我一致性提高了旅游者的享乐幸福感和实现幸福感；而客观真实性通过理想自我一致性提高了实现幸福感。研究结果支持在文化或遗产环境中旅游者可以获得目的地品牌真实性（Shepherd，2015），但并非所有的目的地品牌真实性的维度都能影响实际自我一致性和理想自我一致性。H1a 没有得到支持。目的地客观真实性反映了一个目的地的既定、独特和原始的属性。这种真实性是不变的和不可改变的，可以用绝对的客观标准来衡量，并且是理想化的和与环境相关的（Zhang 和 Yin，2020）。在品牌环境中，旅游者对客观真实性的评价，更突出品牌形象，与旅游者的实际自我概念基本没有关联。这一现象可能是 H1a 没有被支持的原因之一。H2a 和 H2b 也没有得到支持。文献显示，建构真实性与当地的文化遗产有关（Reisinger 和 Steiner，2006），主要取决于对特定属性的强调（Farrelly、Kock 和 Josiassen，2019）。从本质上讲，旅游者的真实体验是由文化遗产目的地构建和塑造的（Bernardi，2019；Stepchenkova 和 Park，2021）。然而，旅游者也会根据他们的旅行经历构建他们的想法，并将其与他们的生活经历相结合，形成主观评价（Mura，2015）。然后，他们根据自己的经验和环境感知来感知真实性（Rickly-Boyd，2012）。当建构真实性与旅游者感知的实际和理想的真实性意义不一致时，建构真实性与旅游者的实际自我和理想自我不一致。Schnebelen 和 Bruhn（2018）指出，实际自我一致性和理想自我一致性是品牌快乐（brand happiness）的前因。目前的研究部分地支持了这一观点。具体来说，我们确认实际自我一致性而不是理想自我一致性是享乐幸福感的前因。此外，Campbell 等（2003）指出，不同的一致性结构可能与幸福感有不同的关系。本书的结果证实了这一点。H6a 没有被支持。一般来说，品牌假设的概念被认为是遥不可及的、不真实的、不值得信赖的、没有实现的，甚至可能产生负面的情绪体验（Malär 等，2011），这将不利于旅游者获得幸福感。此外，当一个品牌形象与消费者的理想自我相一致时，它就会与他们抽象的、高层次的精神体验和价值观相联系，从而为他们提供一种意义和使命感。当追求理想自我一致时，消费者可能不会体验到快乐，而是一种心理和精神体验，比如自我实现（Malär 等，2011）。这可能是 H6a 没有被支持的原因之一。

二、启示

（一）通过客观真实性、后现代真实性和存在真实性，目的地品牌可以为旅游者带来享乐幸福感和实现幸福感

为了实现这一目的，必须强调旅游者对目的地品牌的主观真实性体验，满足或超越他们对旅游体验的期望。首先，应积极推广文化遗产艺术节、文化展览、猜谜游戏等活动，帮助旅游者体验快乐和放松，暂时放弃社会角色，面对真实的自我（自我实现）。其次，还可以开发针对家庭或其他旅游者的团队旅游，促进旅游者与目的地之间的情感关系，从而帮助旅游者体验身心愉悦、自我认同、积极情绪和持久的积极幸福感。再次，可以利用 AR、VR 等沉浸式技术，通过模拟、演示等各种体验，提供新奇的体验，诱发旅游者的兴奋点，从而使旅游者体验到愉悦和成就感，增强他们对旅游目的地真实性的感知。此外，还可以利用现代技术来提升旅游的便

利性（如钢丝车、缆车以及玻璃栈道），创造出纪念文化遗产的复制品，从而为旅游者提供积极的情感体验，使他们获得意义感、成就感和自我实现感。最后，目的地管理机构可以强调目的地的客观真实性，通过当地的文物建筑、历史遗迹、民间故事和生活方式的表达，体现文化遗产地固有的真实属性和特点，从而让旅游者可以自我反思、自我成长，体验到生命的意义。

（二）可以通过实际自我一致性提高享乐幸福感和实现幸福感，通过理想自我一致性提高实现幸福感

首先，目的地品牌管理人员可以通过开发旅游软件 APP 或旅游体验后反馈问卷的形式，确定目标旅游者的自我一致性，使旅游者的实际或理想自我形象与目的地品牌形象相匹配；然后，通过开展各种与目的地品牌形象主题相关的线上和线下活动，如现场互动、艺术展览、音乐会、民俗表演和美食节，将目的地品牌形象和旅游者的自我形象连接起来。这一措施可以让旅游者在互动娱乐的基础上表达自己，与品牌互动，获得享乐的情感体验。此外，还可以为旅游者提供充分发挥其创造能力和挑战自我的机会。通过这些活动，旅游者可以获得积极的心理成就感，如自我成长、成就和自我实现，这有助于提高实现幸福感。除了活动之外，产品和服务也可以塑造目的地品牌形象。目的地品牌管理人员可以通过产品和服务渠道，如模拟产品或超现实体验、文化产品设计、DIY 产品或服务，将旅游者的自我形象与目的地品牌形象联系起来，与旅游者的实际和理想的自我形象达到一致。

（三）文化遗产地的营销组织可以通过客观真实性加强实际自我一致性，并通过后现代真实性和存在真实性提高理想自我一致性

首先，通过组织专家讲座、权威媒体报道等营销渠道，突出旅游目的地独特、真实的文化遗产特色。文化遗产目的地的营销机构可以尝试通过在当地场景中展示文化遗产特色来创造沉浸式体验，强调文化特色，引导旅游者进行自我反思，还可以根据其对目的地品牌真实性的认知，在专业人士的指导下，通过使用 VR、AR、人工智能等沉浸式技术，鼓励旅游者参与到反映文化遗产地品牌主题的人际互动或娱乐活动中。此外，文化遗产地可利用推广文物和古器物，为旅游目的地发展提供新动力。目的地营销组织还可以根据当地的文化习俗和传统故事，模拟和开展直播活动。这些措施将促进旅游者对文化遗产目的地品牌知识的互动和交流，从而使旅游者获得文化遗产知识，体验与目的地品牌相关的自我成长，忘却惯常生活中的社会约束，面对真实的自我，自由而充分地表达现实的自我和理想的自我，从而获得更多的幸福感。

本章参考文献

[1] 李菲．名实与真实：探索“真实性”议题的本土话语分析框架[J]．旅游学刊，2020，35(3)：50-61.

[2] 张晓，白长虹．快乐抑或实现？旅游者幸福感研究的转向——基于国外幸福感研究的述评[J]．旅游学刊，2018，33(9)：132-144.

[3] 周志民，汪日香，张宁．在线品牌社群社会资本对消费者品牌幸福感的影响机制研究[J]．商业经济与管理，2020，40(11)：74-86.

[4] Aaker J L. The malleable self：The role of self-expression in persuasion[J]. Journal of Marketing Research，1999，36(1)：45-57.

[5] Bagozzi R P，Yi Y，Phillips L W. Assessing construct validity in organizational research[J]. Administrative Science Quarterly，1991，36(3)：421-458.

[6] Belhassen Y，Caton K，Stewart W P. The search for authenticity in the pilgrim experience[J]. Annals of Tourism Research，2008，35(3)：668-689.

[7] Bernardi C. Authenticity as a compromise：A critical discourse analysis of Sámi tourism websites[J]. Journal of Heritage Tourism，2019，14(3)：249-262.

[8] Bettingen J F，Luedicke M K. Can brands make us happy? A research framework for the study of brands and their effects on happiness[J]. Advances in Consumer Research，2009(36)：308-315.

[9] Beverland M B，Farrelly F J. The quest for authenticity in consumption：Consumers' purposive choice of authentic cues to shape experienced outcomes[J]. Journal of Consumer Research，2010，36(5)：838-856.

[10] Bosnjak M，Sirgy M J，Hellriegel S，et al. Postvisit destination loyalty judgments：Developing and testing a comprehensive congruity model[J]. Journal of Travel Research，2011，50(5)：496-508.

[11] Campbell J D，Assanand S，Paula D A. The structure of the self-concept and its relation to psychological adjustment[J]. Journal of Personality，2003，71(1)：115-140.

[12] Chin W W. The partial least squares approach to structural equation modeling[J]. Modern Methods for Business Research，1998，295(2)：295-336.

[13] Chen R，Zhou Z，Zhan G，et al. The impact of destination brand authenticity and destination brand self-congruence on tourist loyalty：The mediating role of destination brand engagement[J]. Journal of Destination Marketing & Management，2020(15)：100402.

[14] Chen Y，Li X. Does a happy destination bring you happiness? Evidence from

Swiss inbound tourism[J]. Tourism Management, 2018(65): 256-266.

[15] Chon K S. Self-image/destination image congruity[J]. Annals of Tourism Research, 1992, 19(2): 360-363.

[16] Chronis A, Hampton R D. Consuming the authentic Gettysburg: How a tourist landscape becomes an authentic experience[J]. Journal of Consumer Behaviour, 2008, 7(2): 111-126.

[17] Cohen E. "Authenticity" in tourism studies: Aprés laLutte[J]. Tourism Recreation Research, 2007, 32(2): 75-82.

[18] Cohen E, Cohen S A. Authentication: Hot and cool[J]. Annals of Tourism Research, 2012, 39(3): 1295-1314.

[19] Deb M, Lomo-David E. Determinants of word of mouth intention for a World Heritage Site: The case of the Sun Temple in India[J]. Journal of Destination Marketing and Management, 2021(19): 100533.

[20] Del Barrio-Garcia S, Prados-Peña M B. Do brand authenticity and brand credibility facilitate brand equity? The case of heritage destination brand extension[J]. Journal of Destination Marketing and Management, 2019(13): 10-23.

[21] Escalas J E, Bettman J R. You are what they eat: The influence of reference groups on consumers' connections to brands[J]. Journal of Consumer Psychology, 2003, 13(3): 339-348.

[22] Farrelly F, Kock F, Josiassen A. Cultural heritage authenticity: A producer view[J]. Annals of Tourism Research, 2019(79): 102770.

[23] Filep S, Laing S J. Trends and directions in tourism and positive psychology[J]. Journal of Travel Research, 2019, 58(3): 343-354.

[24] Fornell C, Larcker D F. Evaluating structural equation models with unobservable variables and measurement error[J]. Journal of Marketing Research, 1981, 18(1): 39-50.

[25] Fu X. Existential authenticity and destination loyalty: Evidence from heritage tourists[J]. Journal of Destination Marketing and Management, 2019(12): 84-94.

[26] Grubb E L, Grathwohl H L. Consumer self-concept, symbolism and market behavior: A theoretical approach[J]. Journal of Marketing, 1967, 31(4): 22-27.

[27] Hair Jr J, Hair Jr J F, Hult G T M, et al. A primer on Partial Least Squares Structural Equation Modeling(PLS-SEM) [M]. Sage Publications, 2021.

[28] Huang Z, Zhang C, Hu J. Destination brand personality and destination brand attachment—the involvement of self-congruence [J]. Journal of Travel and Tourism Marketing, 2017, 34(9): 1198-1210.

[29] Hulland J. Use of partial east squares in strategic management research: A review

of four recent studies[J]. Strategic Management Journal, 1999, 20(2): 195-204.

[30] Huta V, Ryan R M. Pursuing pleasure or virtue: The differential and over lapping well-being benefits of hedonic and eudaimonic motives[J]. Journal of Happiness Studies, 2010, 11(6): 735-762.

[31] Huta V, Waterman A S. Eudaimonia and its distinction from hedonia: Developing a classification and terminology for understanding conceptual and operational definitions[J]. Journal of Happiness Studies, 2014(15): 1425-1456.

[32] Japutra A, Ekinci Y, Simkin L. Self-congruence, brand attachment and compulsive buying[J]. Journal of Business Research, 2019(99): 456-463.

[33] Jin L, Xiao H, Shen H. Experiential authenticity in heritage museums[J]. Journal of Destination Marketing and Management, 2020(18): 1-11.

[34] Jimenez-Barreto J, Rubio N, Campo S. Destination brand authenticity: What an experiential simulacrum! A multigroup analysis of its antecedents and outcomes through official online platforms[J]. Tourism Management, 2020(77): 104022.

[35] Kladou S, Kavaratzis M, Rigopoulou I, et al. The role of brand elements in destination branding[J]. Journal Destination Marketing Management, 2017, 6(4): 426-435.

[36] Kolar T, Zabkar V. A consumer-based model of authenticity: An oxymoron or the foundation of cultural heritage marketing [J]. Tourism Management, 2010, 31(5): 652-664.

[37] Kressmann F, Sirgy M J, Herrmann A, et al. Direct and indirect effects of self-image congruence on brand loyalty[J]. Journal of Business Research, 2006, 59(9): 955-964.

[38] Kumar V, Kaushik A K. Engaging customers through brand authenticity perceptions: The moderating role of SC[J]. Journal of Business Research, 2022(138): 26-37.

[39] Laing J H, Frost W. Journeys of well-being: Women's travel narratives of transformation and self-discovery in Italy[J]. Tourism Management, 2017(62): 110-119.

[40] Lu L, Chi C G, Liu Y. Authenticity, involvement, and image: Evaluating tourist experiences at historic districts[J]. Tourism Management, 2015(50): 85-96.

[41] Lyubomirsky S, Sheldon K M, Schkade D. Pursuing happiness: The architecture of sustainable change[J]. Review of General Psychology, 2005, 9(2): 111-131.

[42] MacCannell D. Staged authenticity: Arrangements of social space in tourist settings[J]. American Journal of Sociology, 1973, 79(3): 589-603.

[43] Malär L, Krohmer H, Hoyer W D, et al. Emotional brand attachment and brand personality: The relative importance of the actual and the ideal-self [J]. Journal of Marketing, 2011, 75(4): 35-52.

[44] Martin K. Living pasts: Contested tourismauthenticities[J]. Annals of Tourism

Research, 2010, 37(2): 537-554.

[45] Morhart F, Malär L, Guèvremont A, et al. Brand authenticity: An integrative framework and measurement scale[J]. Journal of Consumer Psychology, 2015, 25(2): 200-218.

[46] Moulard J G, Raggio R D, Folse J A G. Disentangling the meanings of brand authenticity: The entity-referent correspondence framework of authenticity[J]. Journal of the Academy of Marketing Science, 2021, 49(1): 96-118.

[47] Mura P. Perceptions of authenticity in a Malaysian homestay—a narrative analysis [J]. Tourism Management, 2015(51): 225-233.

[48] Newman G E, Dhar R. Authenticity is contagious: Brand essence and the original source of production[J]. Journal of Marketing Research, 2014, 51(3): 371-386.

[49] Nguyen T H H, Cheung C. Chinese heritage tourists to heritage sites: What are the effects of heritage motivation and perceived authenticity on satisfaction? [J]. Asia Pacific Journal of Tourism Research, 2016, 21(11): 1155-1168.

[50] Paraskevaidis P, Weidenfeld A. Perceived and projected authenticity of visitor attractions as signs: A peircean semiotic analysis[J]. Journal of Destination Marketing & Management, 2021(19): 100515.

[51] Rasoolimanesh S M, Seyfi S, Hall C M, et al. Understanding memorable tourism experiences and behavioural intentions of heritage tourists[J]. Journal of Destination Marketing & Management, 2021(21): 100621.

[52] Pike S, Page S J. Destination marketing organizations and destination marketing: A narrative analysis of the literature[J]. Tourism Management, 2014(41): 202-227.

[53] Podsakoff P M, MacKenzie S B, Lee J Y, et al. Common method biases in behavioral research: A critical review of the literature and recommended remedies[J]. Journal of Applied Psychology, 2003, 88(5): 879-903.

[54] Preacher K J, Hayes A F. Asymptotic and resampling strategies for assessing and comparing indirect effects in multiple mediator models[J]. Behavior Research Methods, 2008, 40(3): 879-891.

[55] Pyke S, Hartwell H, Blake A, et al. Exploring well-being as a tourism product resource[J]. Tourism Management, 2016(55): 94-105.

[56] Rahmani K, Gnoth J, Mather K. Hedonic and eudaimonic well-being: A psycholinguistic view[J]. Tourism Management, 2018(69): 155-166.

[57] Reisinger Y, Steiner C. Reconceptualizing object authenticity[J]. Annals of Tourism Research, 2006(33): 65-86.

[58] Ruiz-Real J L, Uribe-Toril J, Gázquez-Abad J C. Destination branding: Opportunities and new challenges[J]. Journal of Destination Marketing and Management, 2020

(17): 100453.

[59] Rickly-Boyd J M. Authenticity and aura: A benjaminian approach to tourism[J]. Annals of Tourism Research, 2012, 39(1): 269-289.

[60] Robinson R N S, Clifford C. Authenticity and festival foodservice experiences[J]. Annals of Tourism Research, 2012, 39(2): 571-600.

[61] Ryan R M, Deci E L. On happiness and human potentials: A review of research on hedonic and eudaimonic well-being[J]. Annual Review of Psychology, 2001, 52(1): 141-166.

[62] Schmitt B, Brakus J, Zarantonello L. From experiential psychology to consumer experience[J]. Journal of Consumer Psychology, 2015, 25(1): 166-171.

[63] Schnebelen S, Bruhn M. An appraisal framework of the determinants and consequences of brand happiness[J]. Psychology & Marketing, 2018, 35(2): 101-119.

[64] Shepherd R J. Why Heidegger did not travel: Existential angst, authenticity, and tourist experiences[J]. Annals of Tourism Research, 2015(52): 60-71.

[65] Shmueli G, Ray S, Estrada J M V, et al. The elephant in the room: Evaluating the predictive performance of PLS models[J]. Journal of Business Research, 2016, 69(10): 4552-4564.

[66] Simpson P M, Siguaw J A. Destination word of mouth: The role of traveler type, residents, and identity salience[J]. Journal of Travel Research, 2008, 47(2): 167-182.

[67] Sirgy M J. Self-concept in consumer behavior: A critical review[J]. Journal of Consumer Research, 1982, 9(3): 287-300.

[68] Sirgy M J, Grewal D, Mangleburg T F, et al. Assessing the predictive validity of two methods of measuring self-image congruence[J]. Journal of the Academy of Marketing Science, 1997, 25(3): 229-241.

[69] Sirgy M J, Su C. Destination image, self-congruity, and travel behavior: Toward an integrative model [J]. Journal of Travel Research, 2000, 38(4): 340-352.

[70] Stepchenkova S, Park H. Authenticity orientation as an attitude: Scale construction and validation[J]. Tourism Management, 2021(83): 104249.

[71] Straub D W. Validating instruments in MIS research[J]. MIS Quarterly, 1989, 13(2): 147-169.

[72] Su J. Conceptualizing the subjective authenticity of intangible cultural heritage[J]. International Journal of Heritage Studies, 2018, 24(9): 919-937.

[73] Su L, Tang B, Nawijn J. Eudaimonic and hedonic well-being pattern changes: Intensity and activity[J]. Annals of Tourism Research, 2020(84): 103008.

[74] Tamagni J. Travels in hyperreality by Umberto Eco[J]. Performing Arts Journal, 1988, 11(1): 95-96.

[75] Tung V W S, Tse S, Chan D C F. Host-guest relations and destination image: Compensatory effects, impression management, and implications for tourism recovery[J]. Journal of Travel & Tourism Marketing, 2021, 38(8): 833-844.

[76] Olsen K. Authenticity as a concept in tourism research: The social organization of the experience of authenticity[J]. Tourist Studies, 2002, 2(2): 159-182.

[77] Usakli A, Baloglu S. Brand personality of tourist destinations: An application of self-congruity theory[J]. Tourism Management, 2011, 32(1): 114-127.

[78] Wang N. Rethinking authenticity in tourism experience[J]. Annals of Tourirm Research, 1999, 26(2): 349-370.

[79] Xu W, Zhang X. Online expression as well-be(com)ing: A study of travel blogs on Nepal by Chinese female tourists[J]. Tourism Management, 2021(83): 104224.

[80] Yi X, Fu X, Yu L, et al. Authenticity and loyalty at heritage sites: The moderation effect of postmodern authenticity[J]. Tourism Management, 2018(67): 411-424.

[81] Yi X, Fu X, Lin V S, et al. Integrating authenticity, well-being, and memorability in heritage tourism: A two-site investigation[J]. Journal of Travel Research, 2022, 61(2): 378-393.

[82] Yu J, Li H, Xiao H. Are authentic tourists happier? Examining structural relationships amongst perceived cultural distance, existential authenticity, and wellbeing[J]. International Journal of Tourism Research, 2020, 22(1): 144-154.

[83] Zatori A, Smith M K, Puczko L. Experience-involvement, memorability and authenticity: The service provider's effect on tourist experience[J]. Tourism Management, 2018(67): 111-126.

[84] Zhang T, Yin P. Testing the structural relationships of tourismauthenticities[J]. Journal of Destination Marketing and Management, 2020(18): 100485.

[85] Zhao X, Lynch J G Jr, Chen Q. Reconsidering Baron and Kenny: Myths and truths about mediation analysis[J]. Journal of Consumer Research, 2010, 37(2): 197-206.

[86] Zhou Q B, Zhang J, Zhang H, et al. A structural model of host authenticity[J]. Annals of Tourism Research, 2015(55): 28-45.

[87] Zhu X, Teng L, Foti L, et al. Using self-congruence theory to explain the interaction effects of brand type and celebrity type on consumer attitude formation[J]. Journal of Business Research, 2019(103): 301-309.

第十三章

逃避体验与消费者幸福感[①]

随着体验经济的崛起，体验消费的重要性越来越受到学者们的关注。已有研究表明，相比于物质消费，体验消费能给消费者带来更多的幸福感（Boven 和 Gilovich，2003）。作为体验的一种类型，逃避体验（escape）出现在多个消费领域。迪士尼乐园入园处写着“在这里您将会离开现实的今日，而进入一个昨日、明日与梦想的世界”，这就是逃避体验的真实写照。现实生活中更是充满了大量“逃避体验”的例子。例如，星巴克建构的“第三空间”强调家庭和工作外的社交空间；年轻人通过玩游戏排解压力和烦恼；游客们通过旅游释放自我……虽然逃避体验在现实中普遍存在，但相关的学术研究却非常缺乏。这使得逃避体验的作用机制还不清晰。本章遵循“体验带来幸福感”的基本观点（Schmitt、Brakus 和 Zarantonello，2015），研究逃避体验对幸福感的两个维度——享乐幸福感及实现幸福感的影响，以期拓宽体验研究范围，丰富体验对幸福感的影响机制研究，为消费者幸福感提升提供新的视角。

第一节　逃避体验对消费者幸福感的作用

已有研究表明，消费者进行消费不仅是为了满足客观需求（如获得食物、衣服），还为了满足个体的幻想和实现他们的主观需求（Hirschman，1983）。本质上，这些个体的主观需求就是体验。体验消费比物质消费能给消费者带来更多的幸福感（Bastos 和 Brucks，2017；Boven 和 Gilovich，2003）。1999 年，Pine 和 Gilmore 提出了体验的四分法——教育体验、审美体验、娱乐体验和逃避体验，得到了众多学者的认同，奠定了体验的基本理论框架。但相对于前三者而言，逃避体验在学术界受到的关注还比较少。事实上，逃避体验在日常生活中非常多见，常出现在旅游（Hosany 和 Witham，2010）、电影（Lee 等，2017）以及网络购物（Bridges 和 Florsheim，2008）等领域。Hirschman（1983）将逃避主义（escapism）描述为“带我离开困难和压力，这个体验自身可能并不是非常愉悦的，但它带我离开了那些不愉快和令人烦恼的事情，帮助我逃离一些不愉快的东西”。“逃避体验”这一概念表示此类逃避所带来的状态改变，强调的是人们通过某种经历来逃离日常生活或现有状态，

---

① 本章初稿发表情况如下：郑玲，周志民，陈瑞霞．逃避体验对消费者幸福感的影响机制研究［J］．珞珈管理评论，2019，30（3）：154-174. 本书有删改。

从而进入一个新的时空（Gazley、Clark 和 Sinha，2011；Oh、Fiore 和 Jeoung，2007）。总体来看，逃避体验意味着从现实生活或现有状态中逃离，从而享受在不同状态中身份和角色带来的体验，最后带着所获得的不同感受回归到原有生活中。

消费者参与逃避体验的过程中，会达到一种完全沉浸其中的状态，这种状态就是心流（flow）。心流最早由 Csikszentmihalyi 等（1975）提出，指的是“人们在完全投入一项活动之中时所感受到的整体感觉”。同时，消费者在逃避体验过程中还会形成一种心理感知——自尊（self-esteem），其通常是指人们感受或评价自己的特定方式，是构成自我的重要成分之一，是个体在社会实践过程中所获得的对自我的积极情感性体验。从理论上讲，消费者可以通过逃避体验来提升心流及自尊。此外，在社会生活中经常会出现社会排斥（social exclusion）的情况，如没有被邀请参加聚会、收到公司或学校的拒绝信、被一群人孤立等。社会排斥是一种具有威胁性的经历（Baumeister 等，2005；Williams，2007）。可以推测，当人们感受到的社会排斥程度不同时，他们的逃避体验会对幸福感产生不同的影响。

综合以上内容可知，消费者通过游戏、旅游等活动参与到逃避体验中，会产生一些心理结果。具体而言，包括逃避体验如何带来幸福感，心流和自尊是否在其中起到中介作用，社会排斥程度的不同是否会带来不同影响等问题。本章拟对以上问题进行研究，意在探讨逃避体验对享乐幸福感及实现幸福感的影响以及其内在机制。

第二节　核心概念的理论基础

本节对涉及的核心概念进行介绍，包括逃避体验、幸福感、心流、自尊、社会排斥。

一、逃避体验

逃避体验是体验的一种，常出现在生活的多个领域（Hosany 和 Witham，2010；Lee 等，2017）。根据 Pine 和 Gilmore（1999）对体验的划分可知，逃避体验强调主动参与和沉浸。其中，“主动参与”指的是消费者会直接影响产生逃避体验的事件，“沉浸”强调消费者成为逃避体验本身的一个部分，消费者在逃避体验这一过程中扮演着关键的角色（Hosany 和 Witham，2010）。由于“逃避”在旅游体验中通常占据中心位置（Iso-Ahola，1982），逃避体验（或一般的旅游经历）往往决定了旅游活动带来的满足感（Park 等，2010）。Hosany 和 Witham（2010）指出旅游为人们提供了大量的逃避体验，如邮轮旅游可以让旅游者在短时间内进入一个不同于日常生活的世界。

二、幸福感

在哲学领域，幸福感的观点被分成享乐论和实现论。享乐论认为愉悦是重要的

（Delle Fave 等，2011；Kahneman，1999），并且认为幸福是可以通过追求快乐、享受和舒适来实现的，强调幸福是一种快乐的体验（Huta 和 Ryan，2010）。亚里士多德的实现论则认为幸福不只是快乐的体验，还包括人的自我实现和完善，人们通过有意义的生活获得幸福感（Uchida、Takahashi 和 Kawahara，2014）。实现论的幸福感通常被称为"实现幸福感"。实现幸福感与自我实现、自我接受，或对社会有意义等方面有关（Ryff 和 Singer，2008）。

三、心流

心流，也被称为沉浸体验、流畅感等，是一种积极情绪。Csikszentmihalyi 等（1975）发现，当人们完全投入一项可控而又富有挑战性的活动中时，个体会经历一种独特的愉悦、欣喜的心理状态。这种心理状态即心流，指的是"人们在完全投入一项活动之中时所感受到的整体感觉"。过去几十年，心流较多应用于心理学、教育学领域。随着互联网的发展，心流也逐渐应用于信息系统领域。Webster、Trevino 和 Ryan（1993）提出互联网环境中的心流状态：控制感、集中注意力、好奇心、内在兴趣。Hoffman 和 Novak（1996）首次将心流引入超媒体网络环境中，认为心流分为体验型和目标导向型。Chen、Wigand 和 Nilan（1999）认为在线活动中的心流具备专注感、时间扭曲感、意识丧失感、临场感等特征。心流强调参与者完全参与到活动当中的程度，在心流状态中，参与者完全沉浸其中，甚至失去对于时间概念的感知。McLellan（2000）指出，Pine 和 Gilmore（1999）的体验模型与 Csikszentmihalyi（1997）的"心流"概念有联系，但只存在于逃避体验领域中，主要是因为逃避体验强调消费者主动参与到逃避体验的事件中，并积极成为体验中的一部分。消费者在逃避体验的情境下，能够沉浸到与日常不同的状态中，完全参与到当前所进行的事件或活动中，从而达到心流的状态。

四、自尊

自尊是一个重要的心理构念。它是个体日常体验的重要组成部分之一，指的是个体在社会实践过程中所获得的对自我的积极情感性体验（Greenberg、Pyszczynski 和 Solomon，1986；Greenberg、Solomon 和 Pyszczynski，1997）。自尊的确定取决于人们对自身价值的认定，它是自我认识的评价部分。Baumeister 等（2003）认为，自尊更多地强调一种感知而不是现实。举例来说，自尊指的是一个人对自己是否聪明、是否有吸引力等的看法，而不是说这个人是否真的聪明或有吸引力。

五、社会排斥

在日常生活中，社会排斥的现象普遍存在，很多人经常经历社会排斥（Lee 和 Shrum，2012；Su 等，2016）。被拒绝、孤立或排斥，有时被明确表示不被喜欢，这些都属于社会排斥。人们经常在家人、朋友、同事及熟人的关系中被忽视或被拒绝

（Baumeister 等，2005；Williams，2007）。社会学及心理学领域对社会排斥展开了研究。有学者研究发现长期遭受社会排斥的个体可能会患抑郁症（Dewall 和 Richman，2011），以及产生无助和不值得的感觉（Allen 和 Badcock，2003）；Twenge 等（2007）发现社会排斥会促使人们不那么积极进行社会交往，并且会减少亲社会行为的产生。在消费者行为领域，社会排斥也会影响消费者的品牌偏好（Loveland、Smeesters 和 Mandel，2010），还会使消费者更有动力与拟人化品牌建立联系（Chen、Wan 和 Levy，2017）。

第三节　逃避体验与消费者幸福感的关系假设

相比于物质消费，体验消费能给消费者带来更多的幸福感（Yu、Sirgy 和 Bosnjak，2021）。逃避体验对兴奋、愉悦、满意度、忠诚度以及消费评价等有积极影响（Bridges 和 Florsheim，2008；Fischer 和 Arnold，1990；Lee 等，2017；Oh、Fiore 和 Jeoung，2007），但逃避体验自身对消费者幸福感的影响，以及中间的影响机制是什么，目前还不明晰。逃避体验具有不同于日常生活状态的特性，使得消费者在逃避体验过程中收获与日常不同的自我状态，并关系到愉悦体验与自我发展的产生。从关系的视角出发，消费者感知到社会排斥的不同可能会影响他们在逃避体验中的心流及自尊的获得，从而影响他们产生不同类型的幸福感。基于此，本章提出一个理论模型（见图 13-1），以揭示逃避体验对消费者幸福感的影响机制。

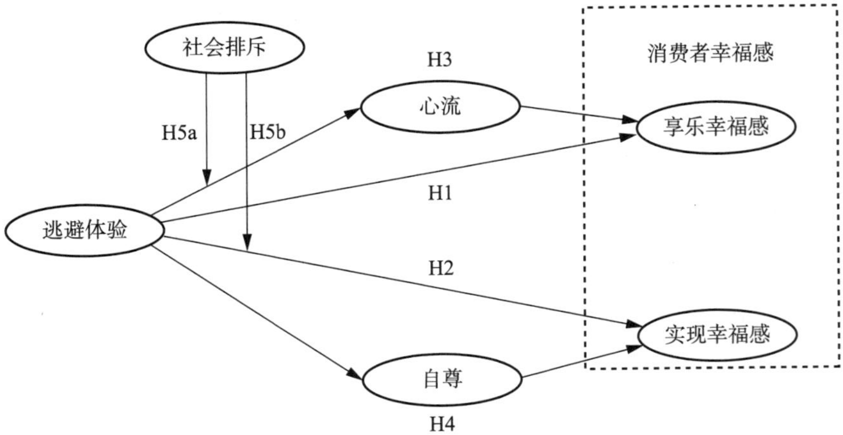

图 13-1　理论模型

一、逃避体验对享乐幸福感和实现幸福感的影响

体验产品与享乐消费密切相关，消费者会通过日常生活中创造性的逃避活动来寻求愉快的经历（Gazley、Clark 和 Sinha，2011；Venkatesh 和 Meamber，2008）。在这些逃避过程中，情绪起着重要的作用（Addis 和 Holbrook，2001；Hirschman 和 Holbrook，1982）。Hirschman（1983）在对体验进行分类时，就将逃避体验定义为寻求当前焦虑和不愉快状态的理想替代品。Bridges 和 Florsheim（2008）认为从购物当中得到的享乐价值可能包括兴奋、更高的参与度、幻想和逃避体验。消费者在逃避体验的状态中，能够获得一种积极的情绪，形成愉悦的感受，即产生享乐幸福感。基于此，提出以下假设：

H1：逃避体验正向影响享乐幸福感。

逃避体验强调进入一种与日常生活不同的状态，在这种状态中，消费者会向新的自我进行发散（Hosany 和 Witham，2010），进而对自我现有生活有一个重新的认识。从这个意义上讲，逃避体验能够帮助个体找到现实当中可能不存在的自我，也意味着一个完善和理想的我，因此获得了基于意义的幸福感。基于此，提出以下假设：

H2：逃避体验正向影响实现幸福感。

二、心流的中介作用

消费者沉浸在逃避体验的过程中，会产生心流，从而获得愉悦、积极的情绪。享乐幸福感强调要经历更多愉快的体验，并且对生活更加满意，与传统的主观幸福感有一定的联系（Diener，1984）。心流强烈地影响着一个人的主观幸福感，有助于愉快情绪、积极情感的产生和生活满意度的提升。心流与生活满意度之间存在显著的正相关关系，在发展潜力的活动中体验到心流会增强个体的幸福感（Csikszentmihalyi 和 Hunter，2003）。并且，在线观看和享受享乐体验的消费者，在那些与逃离“真实世界”相关的体验中，会失去对时间流逝的感知。研究表明，心流不仅能够提高个体的积极情绪（Rogatko，2009），而且可以预防其产生消极情绪。比如，Rankin、Walsh 和 Sweeny（2019）认为，心流不仅能使人获得愉悦、享受和成就感，还与焦虑之间存在负相关关系。并且，当人们处于对不确定结果的等待中时，心流体验也可能会提高幸福感。消费者通过逃避体验产生心流，再由心流产生愉悦的情绪，即享乐幸福感。据此，提出以下假设：

H3：心流在逃避体验与享乐幸福感之间起中介作用。

三、自尊的中介作用

Lee 等（2017）研究了电影体验，发现当消费者主动参与并沉浸在活动当中时，逃避体验就产生了。在逃避体验活动中，顾客最可能会被激发去想象他（她）是一个不同于以往的角色，并向新的自我发散（Hosany 和 Witham，2010）。从参与者的角度出发，逃避体验可以被定义为个人完全沉浸在活动中的程度。逃避体验活动本身，强调参与者的主动参与。消费者在逃避体验活动中会向新的自我进行发散，觉得自己是一个“不同的人”，或“想象自己成为他人”。早前的研究发现，人们希望摆脱他们日常生活的无聊，所以他们寻求刺激和有趣的事情去重获活力。换句话说，逃避在制造另一种生活中充当了一个重要的角色。有学者在以 Facebook 为例进行研究时发现，积极反馈有助于强化自尊（Toma 和 Hancock，2013；Valkenburg、Peter 和 Schouten，2006）。Wang 等（2018）将类似研究聚焦在微信朋友圈中，结果发现微信朋友圈的使用对于自尊提升有积极作用。具体而言，朋友圈使用强度、朋友圈获赞数均对自尊产生正向影响。逃避体验情境下，消费者处于与日常不同的状态中，感受到与平时不一样的自己，这可能会帮助消费者得到更积极的反馈，以及获得自我方面的提升，从而强化自尊。

实现幸福感强调一种成就感和意义，包括人的自我实现和完善，人们通过有意义的生活获得幸福。Phillips（2018）在对幸福感进行研究时发现，自我关怀（self-compassion）与幸福感之间显著相关。实现幸福感与自我实现、自我接受，或对社会有意义的方面有关（Ryff 和 Singer，2008）。自尊是一种比较稳定的自我情感，以深层心境的形式存在于人的心理活动中（Kernis，2003）。心境直接制约着人的情绪，而人的情绪又直接影响着人的行为的动机强度。高自尊的人由于情绪高昂，往往能超越自我，以较大的热情去追求某种目标，表现出积极的行为模式。当评价能满足个人的自尊需要时，就会产生积极的情绪，从而促使人们积极向上，去追求更远大的目标；相反，当评价不能满足个人的自尊需要时，就会使人丧失自尊心，从而表现出种种不利于进步的消极情绪，如自怨自艾、自暴自弃、妄自菲薄、消极悲观等。据此，可以提出以下假设：

H4：自尊在逃避体验与实现幸福感之间起中介作用。

四、社会排斥的调节作用

社会排斥的体验不仅会受到个人当前感受的影响，以往的社会交往等经历也会使人产生社会排斥的感觉。社会排斥被证实会使人产生各种各样的行为反应。例如，被社会排斥的个体会对通过某个组织来交朋友表现出更大的兴趣，并且会沉浸在无意识的模仿行为中（Baumeister 等，2007）。心流强调的是一种完全沉浸在活动当中全神贯注的状态，因此在不同于日常活动及状态的逃避体验过程中，社会排斥会影响消费者心流的产生。据此提出以下假设：

H5a：社会排斥正向调节逃避体验与心流之间的关系。

当面临巨大压力时，人们往往会寻求一定的社会支持，从而让自己感受到被爱、被关心、被尊重。Williams（2009）认为社会排斥会威胁到人类的四种基本需求，即归属感、控制感、自尊及有意义的存在。Lee 和 Shrum（2012）也发现被拒绝的社会排斥体验会引发人们的关系型需求（自尊与归属感），而被忽略的社会排斥体验会引发人们的功能性需求（控制感和存在感）。在这四种被社会排斥威胁到的需求中，本书聚焦于自尊方面。自尊系统会检测个体被他人接纳或排斥的程度，并且鼓励个体以最小化社会排斥的方法去行事（Leary 等，1995）。心理学研究表明，当人们认为某种特定需求被剥夺时，会寻求满足特定需求的特定方法（Gardner 等，2005）。在与日常状态不一样的逃避体验中，消费者会进入一种新的状态，即在逃避体验中寻求不同程度的心理满足，从而提升自我评价，以达到不同程度的自尊。在此过程中，社会排斥也会对逃避体验与自尊之间的关系产生影响。据此，可以提出以下假设：

H5b：社会排斥正向调节逃避体验与自尊之间的关系。

第四节　测量与样本说明

一、问卷设计与变量测量

为保证问卷的有效性，本章各变量的测量量表均来自西方较为成熟的量表。为避免语言和理解力等造成的差异，首先由两名硕士生对英文量表进行双向互译，接着由另外两名硕士生及一位博士生独立地对量表所表达的含义及语句理解性提出修改建议。修改完成后，再由一名营销系教授对量表表达含义及语句通俗性等方面给出建议。最终，作者对量表进行校正后得到正式问卷。

本次问卷调查包括社会排斥、逃避体验、心流、自尊、享乐幸福感、实现幸福感及人口统计信息。其中，社会排斥的测量参照 Chen、Wan 和 Levy（2017）以及 Su 等（2016）的研究进行编制，共 3 个测项；逃避体验沿用 Hosany 和 Witham（2010）的研究，有四个测项；心流沿用 Novak、Hoffman 和 Yung（2000）的研究，先对心流进行解释，接着用 3 个测项进行测量；自尊沿用 Malär 等（2011）的问卷，共 4 个测项；享乐幸福感及实现幸福感量表沿用 Mcmahan 和 Estes（2011）的研究，因本章聚焦于逃避体验对消费者个体的影响，所以在量表选取时去除了“避免负面体验”以及“贡献”两个维度，分别选取“愉悦的体验”（4 个测项）和“自我发展”（4 个测项）对享乐幸福感及实现幸福感进行测量。在对所收集数据进行验证性因子分析时，发现实现幸福感的第四个测项因子载荷不满足要求，因此在后期的数据分析过程中将其删除了。这些变量的测量均采用李克特 7 级量表（1 = 完全不同意，4 = 中立，7 = 完全同意）进行。具体测项可见本章附录。

二、数据及样本

因为欢乐谷的旅游项目适合作为本模型中逃避体验的刺激物，所以团队成员前往深圳欢乐谷景区进行了为期两天的现场数据收集。团队成员询问景区内游客填写问卷的意愿，并在他们填写完成后发放一个小礼物作为感谢。两天共发放现场问卷 330 份，回收问卷 322 份，在剔除未全部完成的无效问卷后，得到有效问卷 294 份，有效率为 89%。其中，女性占总数的 54. 8%，男性占总数的 45. 2%；年龄集中在 20 岁及以下（40. 5%）和 31 ~ 40 岁（15. 3%），学历集中在高中及以下（32%）、大专（28. 9%）及本科（32. 7%）；收入在 3001 ~ 6000 元的为 33. 3%。

第五节　数据分析与假设检验

一、共同方法偏差检验

为检验潜在的共同方法偏差，本章采用 Harman 单因素检验，对全部测项进行因子分析。根据 SPSS 的检验结果，在不旋转的情况下，第一个主成分的解释方差为 30.038%，满足小于 50%的标准，表明本样本不存在较严重的共同方法偏差。

二、信度与效度

为确保研究的可靠性和有效性，我们检验了所用量表的信度和效度。信度检验可参见 Cronbach's α 系数和组合信度。如表 13-1 所示，Cronbach's α 系数为 0.827～0.913，高于 0.70 的标准；变量的组合信度为 0.791～0.916，高于 0.70 的标准。因此，量表的信度良好。

表 13-1　信度分析

构面	题目	参数显著性估计				题目信度	组合信度	
		Estimate	S. E.	Est. /S. E.	*P*-Value	*R*-square	Cronbach's α 系数	CR
社会排斥	题 1	0.796	0.027	29.606	***	0.634	0.878	0.882
	题 2	0.909	0.021	43.029	***	0.826		
	题 3	0.827	0.025	33.085	***	0.684		
逃避体验	题 1	0.647	0.041	15.793	***	0.419	0.852	0.853
	题 2	0.772	0.032	23.862	***	0.596		
	题 3	0.786	0.029	27.158	***	0.618		
	题 4	0.865	0.025	34.118	***	0.748		
心流	题 1	0.863	0.019	45.025	***	0.745	0.913	0.916
	题 2	0.955	0.014	66.947	***	0.912		
	题 3	0.834	0.021	39.185	***	0.696		
自尊	题 1	0.835	0.027	30.613	***	0.697	0.855	0.828
	题 2	0.833	0.027	30.474	***	0.694		
	题 3	0.614	0.043	14.362	***	0.377		
	题 4	0.659	0.040	16.626	***	0.434		

续表

构面	题目	参数显著性估计				题目信度	组合信度
		Estimate	S. E.	Est. /S. E.	*P*-Value	*R*-square	Cronbach's α 系数	CR
享乐幸福	题 1	0.650	0.041	15.793	***	0.423	0.876	0.834
	题 2	0.635	0.042	15.080	***	0.403		
	题 3	0.890	0.025	36.096	***	0.792		
	题 4	0.794	0.028	28.638	***	0.630		
实现幸福	题 1	0.769	0.039	19.697	***	0.591	0.827	0.791
	题 2	0.714	0.040	17.644	***	0.510		
	题 3	0.758	0.039	19.294	***	0.575		

注：***代表 $p<0.001$。

此外，用效度检验来验证量表的收敛效度和区别效度。变量的平均萃取方差为 0.551~0.784，均高于 0.5，表示量表具有可靠的收敛效度。为了进一步测量量表的区别效度，将 AVE 的平方根与因子之间的相关系数（Φ）进行比较，当各 AVE 的平方根均大于 Φ 时，表示因子与测量项目间的共同变异大于因子之间的共同变异，即量表具有可靠的区别效度。结果如表 13-2 所示，各 AVE 的平方根均大于 Φ，因此量表具有可靠的区别效度（Fornell 和 Larcker，1981）。

综上所述，本书采用的量表信度及效度均符合要求，可进行结构模型的假设检验。

表 13-2 收敛效度与区别效度分析

构面	收敛效度	区别效度					
	AVE	社会排斥	逃避体验	心流	自尊	享乐幸福	实现幸福
社会排斥	0.715	**0.846**					
逃避体验	0.595	0.367	**0.771**				
心流	0.784	0.128	0.458	**0.885**			
自尊	0.551	0.001	0.334	0.343	**0.742**		
享乐幸福	0.562	-0.045	0.351	0.528	0.610	**0.750**	
实现幸福	0.559	-0.164	0.305	0.467	0.561	0.708	**0.748**

注：对角线粗体字为 AVE 平方根，其左下方的数据为各变量之间的皮尔森相关系数。

三、路径分析

我们构建路径关系图后，运用 Mplus 统计软件进行路径分析。首先，构建测量模型，并对模型拟合度指标进行了检验，结果显示模型拟合良好（$\chi^2/df=2.388$，RMSEA=0.069，CFI=0.921，TLI=0.905，SRMR=0.111）。根据模型路径关系图（见图13-2）可知，对于消费者而言，逃避体验既对享乐幸福感产生显著的正向影响（$\beta=0.222$，$p<0.001$），也对实现幸福感产生显著的正向影响（$\beta=0.241$，$p<0.001$）；逃避体验对心流和自尊均产生显著的正向影响（$\beta=0.623$，$p<0.001$；$\beta=0.389$，$p<0.001$）；心流对享乐幸福感具有显著的正向影响（$\beta=0.217$，$p<0.001$）；自尊对实现幸福感产生显著的正向影响（$\beta=0.283$，$p<0.001$）。基于此，H1、H2、H3、H4得到验证。

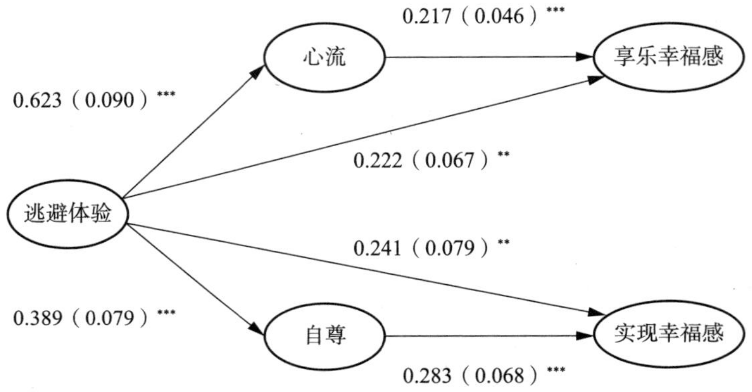

图13-2　模型路径关系

注：**表示$p<0.01$，***代表$p<0.001$。

四、中介效应检验

我们将逃避体验作为自变量，享乐幸福感和实现幸福感作为因变量，以心流和自尊为中介变量分别进行中介效应分析。结果表明，心流在逃避体验与享乐幸福感间的中介效应显著（$\beta=0.190$，$p<0.001$），自尊在逃避体验与实现幸福感间的中介效应显著（$\beta=0.174$，$p=0.001$），详细可见表13-3及表13-4。

（一）心流在逃避体验与享乐幸福感间的中介作用

按照中介效应检验的程序（叶宝娟和温忠麟，2013），首先检验自变量到因变量的总效应系数是否显著，即逃避体验与享乐幸福感之间是否存在显著关系。结果表明，逃避体验对享乐幸福感的总效应显著（$\beta=0.306$，$p<0.001$）。接着我们将逃避体验作为自变量，享乐幸福感作为因变量，将心流作为中介变量构建结构方程模型进行分析（见图13-3）。结果显示，模型拟合度良好（$\chi^2/df=3.39$，RMSEA=0.091，CFI=0.946，TLI=0.927，SRMR=0.042）。

在中介效应路径分析图中，路径a1表示自变量（逃避体验）到中介变量（心流）的作用，路径b表示中介变量（心流）到因变量（享乐幸福感）的作用，a1×b表示中介作用的大小，c1′表示自变量（逃避体验）到因变量（享乐幸福感）的直接

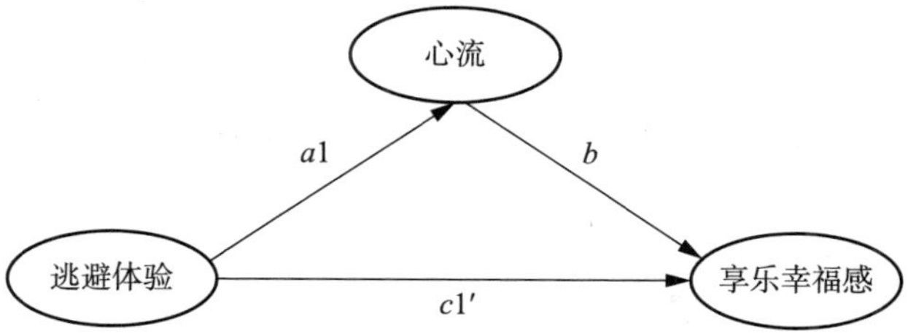

图 13-3　心流在逃避体验与享乐幸福感间的中介作用

效应。根据检验流程，需依次检验逃避体验对心流的效应 $a1$，以及心流到享乐幸福感的效应 b。结果表明（见表 13-3），逃避体验到心流的路径系数 $a1$ 达到显著水平（$\beta=0.600$，$p<0.001$），心流到享乐幸福感的路径系数 b 也达到了显著水平（$\beta=0.317$，$p<0.001$），因此中介前半段路径和后半段路径均显著，表明心流在逃避体验与享乐幸福感间的中介效应显著。此外，自举法分析结果显示，该中介效应的 95% 置信区间为［0.110，0.297］，置信区间不包含 0。加入中介变量后，逃避体验到享乐幸福感的直接效应不显著（$\beta=0.120$，$p=0.106$），间接效应（$a1\times b$）显著（$\beta=0.190$，$p<0.001$），说明心流在逃避体验与享乐幸福感之间的关系中起到完全中介作用。此时，间接效应占总效应的比例为：$(a1\times b)/(a1\times b+c1')=0.611$。因此，H3 得到验证。

表 13-3　心流在逃避体验与享乐幸福感间的中介效应分析

路径	系数	效应	标准误	显著性	95%置信区间
逃避体验→心流	$a1$	0.600	0.099	***	［0.403，0.785］
心流→享乐幸福感	b	0.317	0.060	***	［0.205，0.439］
逃避体验→享乐幸福感	$c1'$（直接效应）	0.120	0.074	0.106	［-0.016，0.283］
逃避体验→心流→享乐幸福感	$a1\times b$（间接效应）	0.190	0.049	***	［0.110，0.297］

注：*** 代表 $p<0.001$。

（二）自尊在逃避体验与实现幸福感间的中介作用

与心流的中介作用检验步骤一致，为检验自尊在逃避体验与实现幸福感间的中介作用，首先我们检验自变量到因变量的总效应系数是否显著，即逃避体验与实现幸福感之间是否存在显著关系。结果表明，逃避体验对实现幸福感的总效应显著（$\beta=0.293$，$p<0.001$）。接着我们将逃避体验作为自变量，实现幸福感作为因变量，将自尊作为中介变量构建结构方程模型进行分析（见图 13-4）。结果显示，模型拟合度良好（$\chi^2/df=2.981$，RMSEA = 0.082，CFI = 0.941，TLI = 0.921，SRMR = 0.047）。

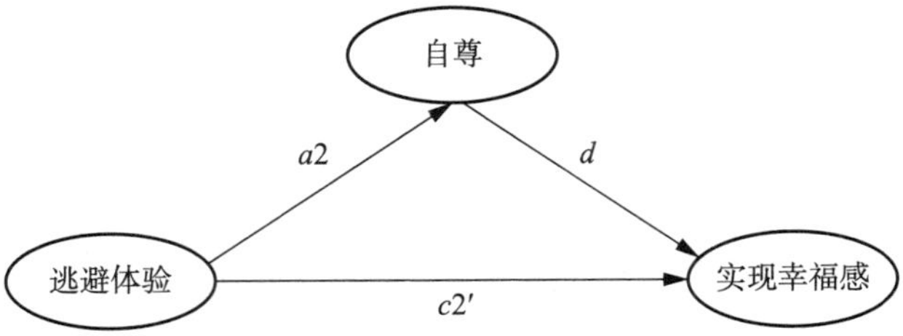

图 13-4　自尊在逃避体验与实现幸福感间的中介作用

在中介效应路径分析图中，路径 $a2$ 表示自变量（逃避体验）到中介变量（自尊）的作用，路径 d 表示中介变量（自尊）到因变量（实现幸福感）的作用，$a2\times d$ 表示中介作用的大小，$c2'$表示自变量（逃避体验）到因变量（实现幸福感）的直接效应。根据检验流程，需依次检验逃避体验对自尊的效应 $a2$，以及自尊到实现幸福感的效应 d。结果表明（见表 13-4），逃避体验到自尊的路径系数 $a2$ 达到显著水平（$\beta=0.353$，$p<0.001$），自尊到实现幸福感的路径系数 d 也达到了显著水平（$\beta=0.494$，$p<0.001$），因此中介前半段路径和后半段路径均显著，表明自尊在逃避体验与实现幸福感间的中介效应显著。此外，bootstrapping 分析结果显示，该中介效应的 95%置信区间为［0.082，0.293］，置信区间不包含 0。加入中介变量后，逃避体验到实现幸福感的直接效应不显著（$\beta=0.121$，$p=0.157$），间接效应（$a2\times d$）显著（$\beta=0.174$，$p=0.001$），说明自尊在逃避体验与实现幸福感之间的关系中起到完全中介的作用。此时，间接效应占总效应的比例为：$(a2\times d)/(a2\times d+c2')=0.590$。因此，H4 得到验证。

表 13-4　自尊在逃避体验与实现幸福感间的中介效应分析

路径	系数	效应	标准误	显著性	95%置信区间
逃避体验→自尊	$a2$	0.353	0.083	***	［0.190，0.529］
自尊→实现幸福感	d	0.494	0.091	***	［0.309，0.671］
逃避体验→实现幸福感	$c2'$（直接效应）	0.121	0.085	0.157	［-0.029，0.306］
逃避体验→自尊→实现幸福感	$a2\times d$（间接效应）	0.174	0.054	0.001	［0.082，0.293］

注：***代表 $p<0.001$。

五、有中介的调节效应检验

当调节变量与自变量的调节或交互效应通过中介变量作用于因变量时，称作有中介的调节效应（the mediated moderation）。本书分别建立了两个有中介的调节效应模型（见图 13-5、图 13-6），以检验逃避体验在通过心流影响享乐幸福感的中介过程以及逃避体验通过自尊影响实现幸福感的中介过程中，社会排斥是否起到调节作用。

（一）社会排斥对于心流中介效应的调节

本书将社会排斥纳入心流中介效应模型，以检验逃避体验通过心流影响享乐幸福感的关系是否受到了社会排斥的调节。

首先，检验社会排斥到享乐幸福感之间的直接路径是否受到社会排斥的调节。结果显示该直接路径的调节效应显著（$\beta=0.149$，$p=0.009$），因此可以进行下一步检验。接着，构建有中介的调节效应模型（见图 13-5），检验逃避体验、社会排斥以及逃避体验与社会排斥的交互项对心流的效应，然后验证逃避体验、社会排斥以及逃避体验与社会排斥的交互项对享乐幸福感的效应是否显著。

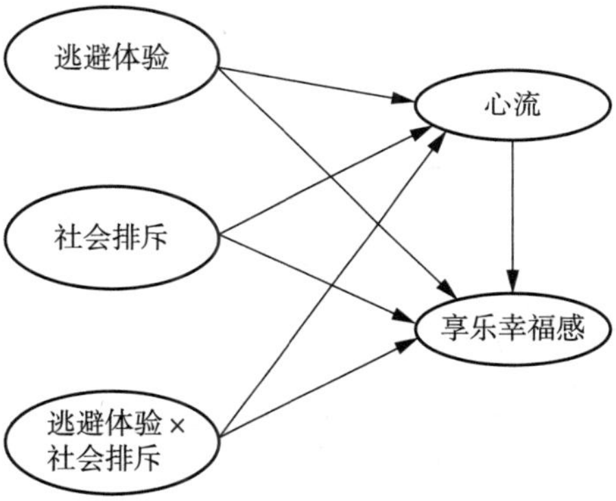

图 13-5　有中介的调节效应模型（心流为中介）

研究结果（见表 13-5）显示，逃避体验×社会排斥对心流的效应不显著（$\beta=0.135$，$p=0.100$）。可见，逃避体验与社会排斥的交互效应不能通过中介变量心流对因变量享乐幸福感产生影响（叶宝娟和温忠麟，2013）。即以逃避体验为自变量，社会排斥为调节变量，心流为中介变量，享乐幸福感为因变量时，有中介的调节效应不显著，因此 H5a 未得到验证。

表 13-5　有中介的调节效应分析（心流为中介）

路径	效应	标准误	显著性
逃避体验→心流	0.694 ***	0.107	***
社会排斥→心流	-0.187^{ns}	0.107	0.082
逃避体验×社会排斥→心流	0.135^{ns}	0.082	0.100
心流→享乐幸福感	0.197 ***	0.054	***

注：***代表 $p<0.001$，^{ns}表示不显著。

（二）社会排斥对于自尊中介效应的调节

本书将社会排斥纳入自尊中介效应模型，检验逃避体验通过自尊影响实现幸福感的关系是否受到了社会排斥的调节。

首先，检验社会排斥到实现幸福感之间的直接路径是否受到社会排斥的调节。结果显示该直接路径的调节效应显著（$\beta=0.196$，$p=0.004$），因此可以进行下一步检验。接着，构建有中介的调节效应模型（见图 13-6），检验逃避体验、社会排斥以及逃避体验与社会排斥的交互项对自尊的效应，然后验证逃避体验、社会排斥以及逃避体验与社会排斥的交互项对实现幸福感的效应是否显著。

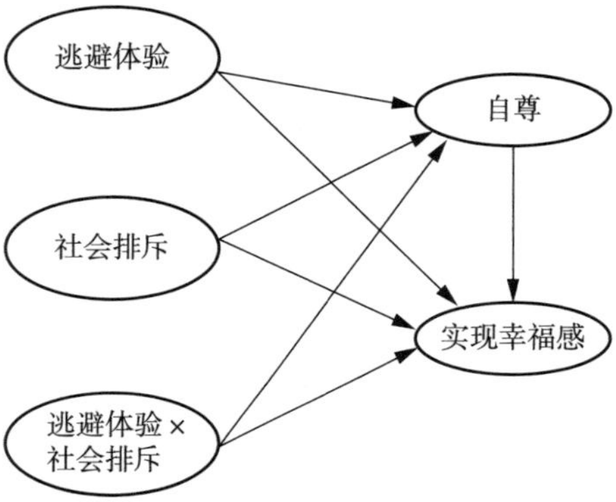

图 13-6　有中介的调节效应模型（自尊为中介）

研究结果（见表 13-6）显示，逃避体验×社会排斥对自尊的效应显著（$\beta=0.192$，$p=0.027$），自尊对实现幸福感的效应显著（$\beta=0.224$，$p=0.031$）。可见，逃避体验与社会排斥的交互效应通过中介变量自尊对因变量实现幸福感产生影响（自尊作为中介的前半段受到了社会排斥的调节），存在有中介的调节效应（叶宝娟和温忠麟，2013），因此 H5b 得到验证。

表 13-6　有中介的调节效应分析（自尊为中介）

路径	效应	标准误	显著性
逃避体验→自尊	0.510***	0.095	***
社会排斥→自尊	−0.289***	0.107	0.007
逃避体验×社会排斥→自尊	0.192***	0.087	0.027
自尊→实现幸福感	0.224***	0.104	0.031

注：***代表 $p<0.001$。

第六节　逃避体验与消费者幸福感的研究结论、理论贡献与启示

一、研究结论

日常生活中，消费者会通过游戏、旅游等活动暂时逃离不愉快的生活或状态，类似的逃避体验非常常见，但逃避体验对于消费者幸福感的影响并不清晰，尤其缺乏对影响机制的深入研究。本章探究消费者逃避体验对不同幸福感的形成机制，通过实证研究，得出以下几个结论。

（一）逃避体验可以提升享乐幸福感，心流在其中起到完全中介作用

消费者会完全沉浸在逃避体验过程中，产生一种忘却时间的感觉，即达到心流的状态，并通过完全的沉浸产生强调愉悦体验的享乐幸福感。并且，心流在逃避体验与享乐幸福感之间的关系中起到完全中介的作用。

（二）逃避体验可以提升实现幸福感，自尊在其中起到完全中介作用

消费者会通过不同于日常生活的逃避体验，在另一种环境中对自我产生一种新的认识，即提升自尊的感知，进而产生强调自我发展的实现幸福感。并且，自尊在逃避体验与实现幸福感之间的关系中起到完全中介的作用。

（三）社会排斥在自尊的中介效应中起到调节作用

消费者对不同程度社会排斥的感知，会产生不同的心理影响。在本书中，我们发现社会排斥在逃避体验与实现幸福感的关系中起到调节作用，具体表现为：逃避体验与社会排斥的交互效应会通过自尊对实现幸福感产生影响，但这种调节效应没有出现在逃避体验对心流的影响中。心流强调的是一种全神贯注、深度沉浸的积极情绪，指的是人们完全投入某项活动时的状态。当消费者达到心流状态时，他们会深度参与并完全沉浸在所进行的活动中，从而忘记时间的流逝，甚至伴随着自我意识的丧失（Novak、Hoffman 和 Yung，2000）。因此，当消费者处于心流状态时，可能很难受到其他因素（如经历过的社会排斥的体验）的影响。此外，消费者能够在逃避体验中达到心流的状态，但社会排斥的不同并不能影响逃避体验与心流之间的关系，社会排斥与逃避体验的交互效应也不会通过心流对享乐幸福感产生影响。总体而言，自尊的中介效应受到了社会排斥的调节，但心流的中介效应未受到社会排斥的调节。

二、理论贡献

作为体验的一种表现形式，逃避体验对兴奋和愉悦、满意度、忠诚度以及旅游活动评估等方面的影响已有相关研究（Bridges 和 Florsheim，2008；Fischer 和 Arnold，

1990；Lee 等，2017；Oh、Fiore 和 Jeoung，2007），但具体到逃避体验自身与消费者幸福感之间的关系，以及中间的影响机制是什么，目前还很少有文献研究。本章聚焦于逃避体验领域，拓宽了逃避体验自身及其影响的研究范围，探讨了其对消费者幸福感的影响，从而丰富了逃避体验的研究。

本章从逃避体验的视角，研究了享乐幸福感及实现幸福感的生成机制。作为幸福感中两个相关但不同的方面，享乐幸福感强调一种积极、愉悦的情绪，实现幸福感则强调自我实现、自我完善及内在价值等方面（Kahneman，1999；Ryan 和 Deci，2001）。本章通过心流和自尊两个不同路径，探究了逃避体验与两种幸福感之间的内在关系机制，丰富了相关领域的研究。另外，本章还探究了社会排斥的调节效应，为现实中普遍存在的社会排斥现象增添了逃避体验方面的理论研究。

三、启示

本章研究结果对消费者层面以及企业层面都具有一定的指导借鉴意义。首先，对于消费者个体而言，要获得幸福感，可以强化对逃避体验优势的认知。逃避体验不仅可以帮助消费者获得心流体验，更重要的是，还可以帮助他们重获自尊感知，最终获得享乐幸福感和实现幸福感。尤其是当消费者感受到社会排斥时，逃避体验带来的实现幸福感会更高。其次，对于企业而言，可以为消费者提供更多类似可供“逃避”的场所，例如星巴克强调的“第三空间”和迪士尼乐园，让消费者的压力及烦恼有地方可以释放，从而带着更好的状态回归日常生活。在这一过程中，需要重点考虑如何提升消费者在体验过程中的心流感知，以及让他们在逃避体验过程中产生自尊感受。这些可以通过体验活动或设备的升级以及人际互动来实现。

本章参考文献

［1］叶宝娟，温忠麟．有中介的调节模型检验方法：甄别和整合［J］．心理学报，2013，45(9)：1050-1060.

［2］Addis M，Holbrook M B. On the conceptual link between masscustomisation and experiential consumption：An explosion of subjectivity［J］．Journal of Consumer Behaviour，2001，1(1)：50-66.

［3］Allen N B，Badcock P B T. The social risk hypothesis of depressed mood：Evolutionary，psychosocial，and neurobiological perspectives［J］．Psychological Bulletin，2003，129(6)：887-913.

［4］Bastos W，Brucks M. How and why conversational value leads to happiness for experiential and material purchases［J］．Journal of Consumer Research，2017，44(3)：598-612.

［5］Baumeister R F，Brewer L E，Tice D M，et al. Thwarting the need to belong：Understanding the interpersonal and inner effects of social exclusion［J］．Social and Personality Psychology Compass，2007，1(1)：506-520.

［6］Baumeister R F，Campbell J D，Krueger J I，et al. Does high self-esteem cause better performance，interpersonal success，happiness，or healthier lifestyles？［J］．Psychological Science in the Public Interest，2003，4(1)：1-44.

［7］Baumeister R F，Dewall C N，Ciarocco N J，et al. Social exclusion impairs self-regulation［J］．Journal of Personality and Social Psychology，2005，88(4)：589-604.

［8］Bridges E，Florsheim R. Hedonic and utilitarian shopping goals：The online experience［J］．Journal of Business Research，2008，61(4)：309-314.

［9］Chen H，Wigand R T，Nilan M S. Optimal experience of web activities［J］．Computers in Human Behavior，1999，15(5)：585-608.

［10］Chen R P，Wan E W，Levy E. The effect of social exclusion on consumer preference foranthropomorphized brands［J］．Journal of Consumer Psychology，2017，27(1)：23-34.

［11］Csikszentmihalyi M. Finding flow：The psychology of engagement with everyday life［M］．New York：Basic Books，1997.

［12］Csikszentmihalyi M，Csikszentmihalyi I. Beyond boredom and anxiety［M］．San Francisco：Jossey-Bass，1975.

［13］Csikszentmihalyi M，Hunter J. Happiness in everyday life：The uses of experience sampling[J]. Journal of Happiness Studies, 2003, 4(2): 185-199.

[14] Delle Fave A, Brdar I, Freire T, et al. The eudaimonic and hedonic components of happiness: Qualitative and quantitative findings[J]. Social Indicators Research, 2011, 100(2): 185-207.

[15] Dewall C N, Richman S B. Social exclusion and the desire to reconnect[J]. Social and Personality Psychology Compass, 2011, 5(11): 919-932.

[16] Diener E. Subjective well-being[J]. Psychological Bulletin, 1984, 95(3): 542-575.

[17] Fischer E, Arnold S J. More than a labor of love: Gender roles and Christmas gift shopping[J]. Journal of Consumer Research, 1990, 17(3): 333-345.

[18] Fornell C, Larcker D F. Evaluating structural equation models with unobservable variables and measurement error[J]. Journal of Marketing Research, 1981, 18(1): 39-50.

[19] Gardner W L, Pickett C L, Jefferis V, et al. On the outside looking in: Loneliness and social monitoring[J]. Personality and Social Psychology Bulletin, 2005, 31(11): 1549-1560.

[20] Gazley A, Clark G, Sinha A. Understanding preferences for motion pictures[J]. Journal of Business Research, 2011, 64(8): 854-861.

[21] Greenberg J, Pyszczynski T, Solomon S. The causes and consequences of a need for self-esteem: A terrormanagement theory[A]. R F Baumeister(Ed.), Public self and private self [M]. New York: Springer-Verlag, 1986: 189-212.

[22] Greenberg J, Solomon S, Pyszczynski T. Terror management theory of self-esteem and cultural worldviews: Empirical assessments and conceptual refinements[J]. Advances in Experimental Social Psychology, 1997(29): 61-139.

[23] Hirschman E C. On the acquisition of aesthetic, escapist, and agentic experiences[J]. Empirical Studies of the Arts, 1983, 1(2): 157-172.

[24] Hirschman E C, Holbrook M B. Hedonic consumption: Emerging concepts, methods and propositions[J]. Journal of Marketing, 1982, 46(3): 92-101.

[25] Hoffman D L, Novak T P. Marketing in hypermedia computer-mediated environments: Conceptual foundations[J]. Journal of Marketing, 1996, 60(3): 50-68.

[26] Hosany S, Witham M. Dimensions of cruisers' experiences, satisfaction, and intention to recommend[J]. Journal of Travel Research, 2010, 49(3): 351-364.

[27] Huta V, Ryan R M. Pursuing pleasure or virtue: The differential and overlapping well-being benefits of hedonic and eudaimonic motives[J]. Journal of Happiness Studies, 2010, 11(6): 735-762.

[28] Iso-Ahola S E. Toward a social psychological theory of tourism motivation: A re-

joinder[J]. Annals of Tourism Research, 1982, 9(2): 256-262.

[29] Kahneman D. Objective happiness[A]. D Kahneman, E Diener & N Schwarz (Eds.), Well-being: The foundations of hedonic psychology[M]. New York: Russell Sage, 1999: 3-25.

[30] Kernis M H. Toward a conceptualization of optimal self-esteem[J]. Psychological Inquiry, 2003, 14(1): 1-26.

[31] Leary M R, Tambor E S, Terdal S K, et al. Self-esteem as an interpersonal monitor: The sociometer hypothesis[J]. Journal of Personality and Social Psychology, 1995, 68(3): 518-530.

[32] Lee J, Chen C C, Song H J, et al. Consumption of movie experience: Cognitive and affective approaches[J]. Journal of Quality Assurance in Hospitality and Tourism, 2017, 18(2): 173-199.

[33] Lee J, Shrum L J. Conspicuous consumption versus charitable behavior in response to social exclusion: A differential needs explanation[J]. Journal of Consumer Research, 2012, 39(3): 530-544.

[34] Loveland K E, Smeesters D, Mandel N. Still preoccupied with 1995: The need to belong and preference for nostalgic products[J]. Journal of Consumer Research, 2010, 37(3): 393-408.

[35] Malär L, Krohmer H, Hoyer W D, et al. Emotional brand attachment and brand personality: The relative importance of the actual and the ideal self[J]. Journal of Marketing, 2011, 75(4): 35-52.

[36] McLellan H. Experience design[J]. Cyberpsychology and Behavior, 2000, 3(1): 59-69.

[37] McMahan E A, Estes D. Hedonic versus eudaimonic conceptions of well-being: Evidence of differential associations with self-reported well-being[J]. Social Indicators Research, 2011, 103(1): 93-108.

[38] Wang Y, Nie R, Li Z, et al. WeChat Moments use and self-esteem among Chinese adults: The mediating roles of personal power and social acceptance and the moderating roles of gender and age[J]. Personality and Individual Differences, 2018(131): 31-37.

[39] Novak T P, Hoffman D L, Yung Y F. Measuring the customer experience in online environments: A structural modeling approach[J]. Marketing Science, 2000, 19(1): 22-42.

[40] Oh H, Fiore A M, Jeoung M. Measuring experience economy concepts: Tourism applications[J]. Journal of Travel Research, 2007, 46(2): 119-132.

[41] Park M, Oh H, Park J. Measuring the experience economy of film festival participants[J]. International Journal of Tourism Sciences, 2010, 10(2): 35-54.

[42] Phillips W J. Future-outlook mediates the association between self-compassion and well-being[J]. Personality and Individual Differences, 2018(135): 143-148.

[43] Pine B J, Gilmore J H. The experience economy: Work is theatre and every business a stage[M]. Boston: Harvard Business Press, 1999.

[44] Rankin K, Walsh L C, Sweeny K. A better distraction: Exploring the benefits of flow during uncertain waiting periods[J]. Emotion, 2019, 19(5): 818-828.

[45] Rogatko T P. The influence of flow on positive affect in college students[J]. Journal of Happiness Studies, 2009, 10(2): 133-148.

[46] Ryan R M, Deci E L. On happiness and human potentials: A review of research on hedonic and eudaimonic well-being[J]. Annual Review of Psychology, 2001, 52(1): 141-166.

[47] Ryff C D, Singer B H. Know thyself and become what you are: A eudaimonic approach to psychological well-being[J]. Journal of Happiness Studies, 2008, 9(1): 13-39.

[48] Schmitt B, Brakus J J, Zarantonello L. From experiential psychology to consumer experience[J]. Journal of Consumer Psychology, 2015, 25(1): 166-171.

[49] Su L, Jiang Y, Chen Z, et al. Social exclusion and consumer switching behavior: A control restoration mechanism[J]. Journal of Consumer Research, 2016, 44(1): 99-117.

[50] Toma C L, Hancock J T. Self-affirmation underlies Facebook use[J]. Personality and Social Psychology Bulletin, 2013, 39(3): 321-331.

[51] Twenge J M, Baumeister R F, Dewall C N, et al. Social exclusion decreases prosocial behavior[J]. Journal of Personality and Social Psychology, 2007, 92(1): 56-66.

[52] Uchida Y, Takahashi Y, Kawahara K. Changes in hedonic andeudaimonic well-being after a severe nationwide disaster: The case of the great East Japan earthquake[J]. Journal of Happiness Studies, 2014, 15(1): 207-221.

[53] Valkenburg P M, Peter J, Schouten A P. Friend networking sites and their relationship to adolescents' well-being and social self-esteem[J]. CyberPsychology & Behavior, 2006, 9(5): 584-590.

[54] Boven V L, Gilovich T. To do or to have? That is the question[J]. Journal of Personality and Social Psychology, 2003, 85(6): 1193-1202.

[55] Venkatesh A, Meamber L A. The aesthetics of consumption and the consumer as an aesthetic subject[J]. Consumption, Markets and Culture, 2008, 11(1): 45-70.

[56] Webster J, Trevino L K, Ryan L. The dimensionality and correlates of flow in human-computer interactions[J]. Computers in Human Behavior, 1993, 9(4): 411-426.

[57] Williams K D. Ostracism: A temporal need-threat model[J]. Advances in Ex-

perimental Social Psychology, 2009(41): 275-314.

[58] Williams K D. Ostracism[J]. Annual Review of Psychology, 2007, 58(1): 425-452.

[59] Yu G B, Sirgy M J, Bosnjak M. The effects of holiday leisure travel on subjective well-being: The moderating role of experience sharing[J]. Journal of Travel Research, 2021, 60(8): 1677-1691.

附　录

变量	测项	完全不同意(1)	不太同意(2)	有一点不同意(3)	中立(4)	有一点同意(5)	比较同意(6)	完全同意(7)
社会排斥	总体而言，在日常生活中，我感觉自己被人排斥							
	总体而言，在日常生活中，我感觉自己被人忽视							
	总体而言，在日常生活中，我感觉自己像个局外人							
逃避体验	我感觉自己在刚刚的旅游过程中扮演了一个不同于平常生活中的角色							
	在刚刚的旅游过程中，我感觉自己仿佛成了另一个人							
	在刚刚的旅游过程中，我感觉自己完全逃离了我的日常生活							
	在刚刚的旅游过程中，我感觉自己身处与平时不同的时空							
心流	“心流”指的是人们在做某件事情时完全沉浸其中的一种状态。例如在旅游时，人们会完全沉浸其中，此时除了旅游活动，其他事情都变得不再那么重要。当处于心流状态时，时间仿佛静止了或者感觉时间流逝得非常快							
	在刚刚的旅游过程中，我产生过心流							
	在刚刚旅游过程中的很多时候，我都感觉自己处于心流的状态							
	总体而言，在刚刚的旅游过程中，我很频繁地体验到心流							

续表

变量	测项	完全不同意（1）	不太同意（2）	有一点不同意（3）	中立（4）	有一点同意（5）	比较同意（6）	完全同意（7）
自尊	总的来说，我对自己感到满意							
	我觉得我是一个有价值的人							
	总而言之，我倾向于认为我是一个失败者（*R*）							
	我对自己持有一个积极的态度							
享乐幸福感	在刚刚的旅游活动中，我感到很愉快							
	刚刚的旅游活动让我体验到大量感官上的愉悦							
	在刚刚的旅游活动中，我体验到了与他人在一起的快乐							
	刚刚的旅游活动是一次令人愉快的体验							
实现幸福感	在刚刚的旅游活动中，我发挥了自己真正的潜能							
	刚刚的旅游活动使我认识到自己的优点							
	在刚刚的旅游活动中，我有努力应付一些挑战							
	刚刚的旅游活动让我对自己有了更多的认识（*b*）							

注：*R* 表示反向；*b* 表示分析时没有采用本测项。

第十四章

DIY 体验与消费者幸福感[①]

随着体验经济时代的到来，DIY（Do-It-Yourself）自助消费形式逐渐在全球范围内流行。由于 DIY 消费兼具消费和生产的双重属性，消费者不仅需要投入金钱，还需要投入时间、精力甚至知识技能。那么，消费者在参与了 DIY 活动之后，究竟获得了什么呢？已有研究表明，DIY 体验能给消费者带来精神层面的获得感（Wolf 和 McQuitty，2013）。体验是个人幸福感的重要影响因素，获得感和幸福感关系密切，但目前还很少有文献将 DIY 体验作为消费者幸福感的前因来进行研究。本章从积极心理学角度出发，研究消费者的 DIY 体验对主观幸福感的影响机制，并将自尊作为中介变量，将创造力角色认同作为调节变量，以期从 DIY 体验角度来完善消费者幸福感理论，同时为企业经营 DIY 活动提供有关建议。

第一节　DIY 体验对消费者幸福感的作用

消费者通常被视为产品的被动购买者，而非产品或服务的主动生产者。随着社会经济的迅速发展，消费者需求从物质层面转向精神文化层面。消费已经不单单是人们满足基本生活需要的途径，而是用来追求精神愉悦和内心快乐的手段（Zaman，2019）。生产性消费正是在这样的背景下应运而生，它指的是以获取生产体验为目的的消费过程（Moisio、Arnould 和 Gentry，2013；Nagel、Cronin 和 Utecht，2018）。DIY 是这一新型消费方式的典型代表（Fox，2018）。在 DIY 过程中，消费者不仅需要投入金钱，还需要投入时间、精力甚至知识技能，才能“买到”他们想要的消费结果（Troye 和 Supphellen，2012）。不同于普通的消费形式，DIY 兼具消费与生产的双重属性。从消费者行为的视角来看，一个值得探讨的问题是，DIY 究竟给消费者带来了什么？

凭借 DIY 这一消费形式，消费者和企业可以合作，创造独一无二的生产体验（Fox，2018）。针对 DIY 消费的特殊性，一些学者初步探讨了 DIY 行为的结果。比如，Watson 和 Shove（2008）认为 DIY 行为是一种转变过程，技能改变了从事 DIY 的

---

① 本章初稿为一篇工作论文，情况如下：Zhou Z，Gong Q，Majeed S. Enhancing consumers' subjective well-being through Do-It-Yourself（DIY）activity：The impacts of self-esteem and creative role identity［D］. Working Paper. 本书有删改。

人的身份；Wolf 和 McQuitty（2013）认为消费者从 DIY 活动中获得有别于单纯感官愉悦的精神层面的愉悦感。然而，现有文献较少从积极心理学视角将 DIY 与幸福感关联起来（Collier 和 Wayment，2017）。已有研究证明，体验可以带来幸福感（Schmitt，2015；Wilson 和 Merrie，2017）。既然如此，作为一种非常重要的体验形式，DIY 活动参与如何影响消费者主观幸福感？其中的影响机制是什么？以上问题目前尚无结论。

第二节　核心概念及相关理论

本节对涉及的核心概念进行介绍，包括 DIY 活动参与、消费者幸福感、自尊、创造力角色认同。

一、DIY 活动参与

在 20 世纪 60 年代的欧美国家，DIY 指的是不依靠和聘请专业化的工匠，自己使用材料和工具修缮住宅的行为。随着人们生活水平的提高，DIY 由早期的实用主义转向如今的体验式消费（Fox，2018；Watson 和 Shove，2008）。今天，DIY 概念逐步延伸至一切自己动手制作的活动上（Khademi-Vidra 和 Bujdosó，2020；Suh、Khachatryan 和 Guan，2016）。从学术渊源上讲，DIY 消费与“产销合一”（prosumption）、“合作生产”（coproduction）、“价值共创”（valuecocreation）等概念一脉相承，而“顾客参与”是这些现象的共同特征，追求体验过程及心理收益是其区别于其他顾客参与现象的关键因素（Sugathan 和 Ranjan，2020；Watson 和 Shove，2008）。

二、消费者幸福感

随着消费者福祉日趋受到重视，幸福感研究在消费领域日益盛行。消费者幸福感是个体对消费活动的主观性评价（Brunneder 和 Dholakia，2018），包括主观幸福感和意义幸福感两种研究视角。目前的研究多从主观幸福感的角度来进行测量。主观幸福感是心理学的构念（Furchheim、Martin 和 Morhar，2020；Maddux，2018），是个体快乐的心理表现，是较高的生活满意度以及较高的积极情绪和较低的负面情绪的集合（Diener、Suh 和 Lucas 等，1999）。主观幸福感可细分为三个维度：生活满意度、积极情绪和消极情绪（Lambert、Passmore 和 Joshanloo，2019）。

现有文献主要从消费环境、消费者动机、购买类型等方面来研究消费者幸福感的前因及作用机制（Oral 和 Thurner，2019），较少研究生产性消费对幸福感的影响，尤其是尚未研究 DIY 体验对消费者幸福感的影响及其内在的心理机制。

三、自尊

自尊是一种自我体验，是一种自我情感的觉察，是对自己总体的喜爱（Bleidorn

等，2016；Nagpaul 和 Pang，2017）。自尊源于个体对自尊需要的满足，是自我意识的一部分，与心理健康密切相关（Akhtar 和 Bilour，2020；Hansen 和 Lee，2018），对主观幸福感具有积极的预测作用（Diener，1984；Furnham 和 Cheng，2000；Jang、Bucy 和 Cho，2018）。在 DIY 情境中，个体的参与或努力提升了成就感知和自我满意度（Wolf 和 Mcquitty，2015），这促进了对自我概念的评价，比如个体对自尊的感知（Wirtz 等，2016）。

四、创造力角色认同

创造力角色认同是角色认同理论和创新理论相结合的产物，是一个人对创造性整体的重视程度，是他或她自我定义的一部分（Black 和 Veloutsou，2017；Farmer、Tierney 和 Kung-McIntyre，2003；Brenner、Serpe 和 Stryker，2014；Ewing 和 Allen，2017；Petkus，1996）。

作为个人进行价值判断或行为决策时的重要参考，角色认同会对个体的认知方式和行动产生显著的影响（Bordia 等，2020；Stryker 和 Burke，2000）。当角色认同与个体的特定感知契合时，个体的行为就会根据角色的要求来调整，进而强化角色认同（Lee 和 Lau，2018；Walumbwa 和 Hartnell，2011）。以往研究中创造力角色认同的研究对象主要集中在企业员工（Farmer、Tierney 和 Kung-McIntyre，2003；Koseoglu、Liu 和 Shalley，2017；Song 等，2015），但在社会组织的大环境下，消费者同样具有多种角色和社会身份（Werthes、Mauer 和 Brettel，2018）。以往消费者总被认为是信息的提供者，如在产品投放的早期测试产品或评估产品，随着生产性消费方式的兴起，学者们在关注顾客参与和价值共创的同时也开始重新审视消费者的角色（Baptista、Helena 和 Nelson，2020；Ramaswamy 和 Gouillart，2010）。在 DIY 情境下，消费者是创造性思维的重要贡献者，是价值创造的核心（Gambardella、Raasch 和 von Hippel，2017）。因此创造力角色认同就成为消费者在共创过程中的自我认同。

第三节　DIY 体验与消费者幸福感的研究假设

为了研究消费者的 DIY 活动参与度对主观幸福感的心理影响机制，本章基于角色认同理论，引入自尊作为中介变量，同时分析创造力角色认同在此过程中的调节作用。角色认同代表着个体如何看待自身以及想让自己成为什么样的人（Tuan 和 Ngan，2021）。由于 DIY 产品是消费者自己制作的，消费者对 DIY 产品的认同会移情到对自己的认同，从而可能产生自尊。此外，DIY 体现了消费者的创造力，因此不同的创造力角色认同水平可能会调节 DIY 的结果。基于此，本章提出以下理论模型（见图 14-1），以揭示 DIY 活动参与对消费者幸福感的影响机制。

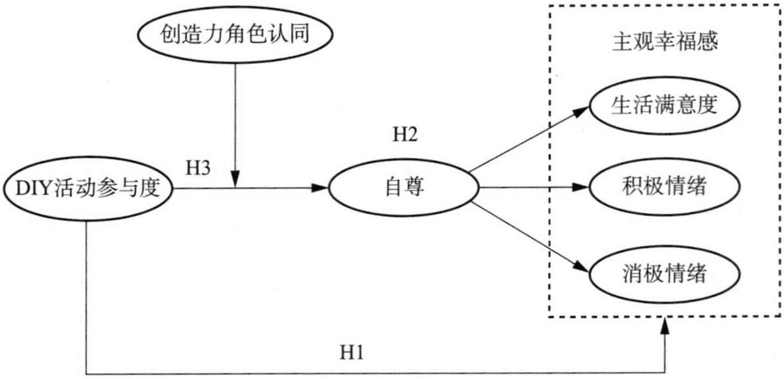

图 14-1 理论模型

一、DIY 活动参与度和主观幸福感

DIY 本质是一种体验式消费，而“体验”正是消费者参与 DIY 活动的重要目的（Oksman、Siltanen 和 Ainasoja，2012）。个体之所以选择 DIY，一方面，消费者喜欢自己动手完成生产过程，想追求心理上的满足、刺激或新鲜感，即 Holbrook 和 Hirschman（1982）所提到的追求奇妙感受（fantansies）、感觉或乐趣；另一方面，与看电影、听音乐等被动娱乐体验不同，消费者参与或努力带来的不仅仅是简单的新鲜与刺激，这种挑战性的任务还给了消费者寻求内心真我、发挥潜能的机会（Hatton-Jones 和 Teah，2015），而这正是后现代社会中消费者为了重塑自我、追求个性所需要的独特体验（Moisio、Arnould 和 Gentry，2013）。

与传统消费模式不同，在 DIY 消费中，消费者不是被动地接受产品或服务，而是主动参与价值创造（Hirscher、Mazzarella 和 Fuad-Luke，2019）。一方面，DIY 消费可以带来乐趣等体验产出（Wolf 和 McQuitty，2013，2015）。“快乐或愉悦”是顾客参与 DIY 消费的体验价值的核心，而这一核心体验属于人与产品互动的愉悦，并且是通过参与产生的愉悦（Alba 和 Williams，2013），消费者的参与度越高，其体验到的愉悦感就越高。因此，DIY 巧妙的产品或任务设计，让消费者在不需专业技能的情况下就能生产出想要的产品，体会参与的乐趣。另一方面，消费者在生产（事实上是“产销合一”）过程中起了重要作用（Atakan、Bagozzi 和 Yoon，2014；Moisio、Arnould 和 Gentry，2013）。顾客参与会导致自我服务偏见，即个体倾向于把成功归因于内部因素（如能力或努力），而把失败归因于外部因素（如运气）（Bendapudi 和 Leone，2003）。因此，消费者在参与 DIY 的合作生产时，会产生自我锚定（self-anchoring），认为所生产的产品是自我概念的延伸和扩展，将自我整合到所生产的产品中（Troye 和 Supphellen，2012）。因此消费者的参与度影响消费者投入和自我实现，自我实现所带来的情绪体验会加强自我概念，从而导致自我满意。

随着社会经济的发展和体验经济的兴起，消费逐渐成为个体获得快乐乃至幸福的主要途径（Chang，2013；Jaunky、Jeetoo 和 Rampersad，2019）。通过 DIY 这样的消费形式，消费者不仅可以获得产品产出，还能获得乐趣等体验产出（Wolf 和 McQuitty，2015）。DIY 不仅可以使消费者的生活品质有所提高，还能给消费者带来更高的愉悦感和兴奋感（Wolf 和 McQuitty，2013）。此外，DIY 活动能减少负面的自我关注，因此有效降低了消极情绪，从而最终提高了个人幸福感（Collier 和 Wayment，2017；Collier、Wayment 和 Wolf，2020）。据此，提出以下假设：

H1：DIY 活动参与度正向影响消费者的主观幸福感。

H1a：DIY 活动参与度正向影响消费者的生活满意度。

H1b：DIY 活动参与度正向影响消费者的积极情绪。

H1c：DIY 活动参与度负向影响消费者的消极情绪。

二、自尊在 DIY 活动参与度和主观幸福感间的中介作用

近年来，有关 DIY 行为后果的研究日益丰富（Majumdar、Banerjee 和 Diehl，2019；Morais、Brito 和 Quintão，2019）。DIY 活动参与需要个体能力、时间等资源的投入，消费者参与或创造的过程中还给了消费者寻求自我、发挥潜能的机会（Moisio、Arnould 和 Gentry，2013），对自我提升、成就感等带来积极影响（Franke、Schreier 和 Kaiser，2010）。而自尊是个体对自己所做的评价和持有的看法，往往以一种认可或反对的态度表达出来（Reitz、Luhmann 和 Bleidorn，2022）。作为自我概念的延伸，自尊是能体现自身受尊敬、希望获得胜任感及自身价值的一种自我知觉方式（Kawamoto，2020）。个体的自我认同可以通过 DIY 活动来塑造：一方面，通过 DIY 改善生活环境，以实现理想的生活；另一方面，个体往往将 DIY 产品视为自我的延伸，可以获得自我满足感和提升自我评价（Troye 和 Supphellen，2012）。

借助 DIY 活动，消费者的内在需要得以满足，通过产品的制作或创造，可以表达自己的个性并获得他人的认可（Huynh 和 Olsen，2015）。如前所述，个体在 DIY 的过程中不断投入心理资源，在过程中因不断克服挑战而带来更高的自我满意度（Diefenbach、Jung 和 Diller，2018）。由于全程的自我参与让成功显得更为来之不易，对自我的评价也更为积极，带来更高的自尊感（Son 和 Lee，2021）。高自尊者相比于低自尊者更加乐观和愿意接纳自己，往往能从积极角度去看待和应对难题，所以幸福感体验更多（He、Ma 和 Zhang，2019；Machin、Adkins 和 Crosby，2018；Xiang 等，2019）。因此自尊可以有效预测个体的幸福感（Schimmack 和 Diener，2003）。通过以上分析可知，高水平的 DIY 活动参与度可能提升个体的自尊感，进而产生主观幸福感。因此，提出以下假设：

H2：自尊对 DIY 活动参与度对主观幸福感的影响起到中介作用。

H2a：DIY 活动参与度正向影响自尊。

H2b：自尊正向影响主观幸福感。

三、创造力角色认同的调节作用

具有创造力角色认同的个体常被激励去从事创造性的工作（Farmer、Tierney 和 Kung-McIntyre，2003；Wang 和 Zhu，2011）。个体普遍具有创造力角色认同感，其差别在于水平的高低，这与个体的创造力密切相关（Ditomaso 和 Cordero，2007）。个体对创造力的认同水平越高，创新的需求和渴望越高，也就越喜欢挑战有难度的任务和目标（Tierney，2015）。换言之，面对同一水平的 DIY 活动，创造力角色认同的高低会对 DIY 活动个体的心理产生影响。具体而言，有创造身份认同的个体会通过自身行为来证明自己（Huang、Lee 和 Yang，2019），而创造力角色认同水平不一样的个体，通过创新行为来证明自己的标准也会有所不同。高创造力角色认同的个体对自身的创新能力充满信心，无须做什么也可以直接获得自尊。在这一过程中，参不参与 DIY 活动并不重要；而对低创造力角色认同的个体而言，自身的创新能力不足，常常容易产生自卑的感觉。这时参与 DIY 活动，从完成的自制作品中可以获得成就感，从而带来自尊感。因此，提出以下假设：

H3：创造力角色认同负向调节了 DIY 活动参与度对自尊的影响。当创造力角色认同水平较高时，DIY 活动参与度对自尊没有显著影响；当创造力角色认同水平较低时，DIY 活动参与度对自尊的影响更强。

第四节　测量与样本说明

一、样本和数据收集

我们通过线上平台问卷星收集近一年参与过 DIY 活动的被试数据。数据收集持续了五天，最终有 619 位被试填写了本次在线问卷。通过控制填写时间、设置反向问题等手段，获得有效样本 551 个，样本有效率为 89.01%。所有有效被试都在近一年切实参与了 DIY 有关活动。样本人口统计特征如表 14-1 所示。

表 14-1　样本描述

性别		年龄（岁）		职业		月收入（元）		受教育程度	
男	24.50%	<20	4.40%	学生	10.00%	<3000	10.00%	高中及以下	1.80%
女	75.50%	20~30	56.40%	企业单位人员	76.20%	3000~6000	24.90%	大专	8.70%
		30~40	35.80%	事业单位人员	4.70%	6000~9000	35.60%	本科	80.20%
		40~50	3.10%	其他	9.10%	9000~12000	16.90%	研究生	8.70%
		>50	0.40%			>12000	12.50%	博士	0.50%

二、测量设计

研究模型中包括四个构念，分别是 DIY 活动参与度、创造力角色认同、自尊和主观幸福感。所有量表均来自英文文献当中的成熟量表。首先由两名营销学领域的博士翻译成中文，然后把中英版本提供给三名营销学专家，依次请其对中文版本的问卷进行审定，对其中不恰当的翻译进行更正，最后得到完善的问卷。DIY活动参与是指个体或团体自己动手的一切行为，包括DIY蛋糕、DIY首饰、DIY亲子活动等。本章使用活动参与量表的2个测项（Dholakia、Bagozzi和Pearo，2004）来测量DIY活动参与度。创造力角色认同是指个体所感知到的自我展现出来的创造性，基于角色认同量表（Farmer、Tierney和Kung-McIntyre，2003）对此变量进行测量，包含3个测项。自尊强调自身取得成就或自身价值的显现（Harter，2001）。根据以往的研究，自尊具有文化差异性（Butler、Hokanson和Flynn，1994），国外的测项无法准确反映中国人的心理，因此采用Rosenberg量表的中文版本进行测量。主观幸福感是较高的生活满意度和积极情绪及较低的负面情绪的集合（Diener、Wirtz和Tov等，2010），包含生活满意度、积极情绪和消极情绪三个部分。我们分别采用生活满意度量表（Diener、Emmons和Larsen等，1985）和情绪平衡量表（Diener、Wirtz和Tov等，2010）来测量主观幸福感。以上所有测项均采用李克特7级量表，范围从1（完全不同意）到7（完全同意）。

第五节 数据分析

本书中的概念模型包括多个潜变量及其测量指标，所以采用偏最小二乘法（PLS）的实证方法分析（Chin，1998），选择SmartPLS 3.0（Hair等，2016）软件对研究假设进行数据检验。之所以选择该方法，是基于以下几点考虑：首先，与协方差SEM相比，偏最小二乘法对于样本数据的分布情况没有正态化的要求（Chin，1998）；其次，可以使用相对较小的样本量，因为它可以有效解决变量间可能相互依赖的问题（Hair等，2016）。

一、共同方法偏差

本书采用多种途径来降低共同方法偏差，如采用匿名方式作答、鼓励被试如实填写、部分测项反向描述等。除此之外，本书还利用Harman方法进行单因子分析，得到旋转前第一个因子的最大解释方差为34.98%，满足低于50%的标准，说明此次研究的数据受共同方法偏差的影响较小。

二、信度和效度检验

为保证研究的科学性，首先对各潜变量的信度和效度进行检验。除了自尊中1个测项的标准化载荷小于0.5而予以删除外，其他均予以保留，信度和效度检验见表14-2。从表14-2中可以看出，各潜变量的Cronbach's α系数值介于0.753和0.887，均高于0.70，说明各潜变量具有较高的内部一致性（Nunnally，1994）。各潜变量的组合信度介于0.856和0.910，均大于0.7的标准，说明各潜变量的内部一致性非常高，信度良好（Hair等，2016）。此外，因子载荷介于0.586和0.912，大于0.50（Hulland，1999），各潜变量的平均萃取方差介于0.531和0.817，均高于0.50（Fornell和Larker，1981），说明收敛效度良好。

表14-2 信度和效度检验

潜变量/测项	因子载荷
DIY活动参与度（DIYP）（α=0.777；CR=0.899；AVE=0.817）	
过去一年您参与DIY的频率较高	0.912
过去一年您在DIY上花费的时间较多	0.896
创造力角色认同（CRI）（α=0.753；CR=0.856；AVE=0.665）	
我经常想到要有创造力	0.754
我对自己作为一个有创造力的人没有任何明确的概念（*R*）	0.864
成为一个有创造力的人是我身份的重要组成部分	0.825
自尊（SE）（α=0.887；CR=0.910；AVE=0.531）	
我认为我是一个有价值的人	0.666
我认为我有很多好的品质	0.618
毕竟，我倾向于认为我是一个失败者（*R*）	0.814
我认为没有多少地方值得骄傲（*R*）	0.747
我对自己有积极的态度	0.772
总的来说，我对自己很满意	0.748
我可以为自己赢得更多尊重	0.586
事实上，我经常觉得自己没用（*R*）	0.798
我经常认为自己什么都没有（*R*）	0.771
主观幸福感	
生活满意度（LS）（α=0.850；CR=0.893；AVE=0.628）	
在大多数方面，我的生活都接近我的理想	0.855
我的生活条件很好	0.848
我对我的生活感到满意	0.846
到目前为止，我已经得到了我生活中想要的重要东西	0.782
如果我能重来一次，我几乎什么都不会改变	0.600
积极情绪（PE）（α=0.830；CR=0.881；AVE=0.596）	
在过去的一年里，我感觉很好	0.782

续表

潜变量/测项	因子载荷
在过去的一年里，我感觉很棒	0.774
在过去的一年里，我感到很愉快	0.791
在过去的一年里，我感到很高兴	0.777
在过去的一年里，我感到很满足	0.734
消极情绪（NE）（α=0.819；CR=0.873；AVE=0.583）	
在过去的一年里，我一直感到消极	0.844
在过去的一年里，我感觉很糟糕	0.859
在过去的一年里，我感到不愉快	0.812
在过去的一年里，我感到害怕	0.658
在过去的一年里，我感到愤怒	0.611

注：(*R*) 表示反方向计分。

此外，各潜变量的相关系数矩阵见表 14-3。从表 14-3 来看，每个潜变量 AVE 的平方根大于其与其他各潜变量间的相关系数（Fornell 和 Larker，1981），且各变量间的相关系数满足低于 0.9 的标准，说明判别效度良好。

表 14-3　相关系数矩阵

变量	DIYP	CRI	SE	LS	PE	NE
DIY 活动参与度（DIYP）	**0.900**					
创造力角色认同（CRI）	0.303	**0.816**				
自尊（SE）	0.215	0.522	**0.728**			
生活满意度（LS）	0.273	0.374	0.627	**0.792**		
积极情绪（PE）	0.315	0.401	0.626	0.650	**0.772**	
消极情绪（NE）	-0.289	-0.373	-0.564	-0.566	-0.702	**0.764**
均值	4.079	5.197	5.813	4.631	4.016	2.382
标准差	1.068	1.111	0.813	1.105	0.572	0.671

注：对角线上的数字为平均萃取方差的平方根，其他数字为变量间的相关系数。

三、假设检验

（一）自尊的中介作用检验

为检验自尊的中介作用，根据 Baron 和 Kenny（1986）的研究，本书分别设定了 4 个模型，利用自举法（*n* 抽样=5000）来进行假设检验。模型 1 检验 DIY 活动参与度对主观幸福感的影响；模型 2 检验 DIY 活动参与度对自尊的影响；模型 3 在模型 1 的基础上增加了自尊，检验自尊对 DIY 活动参与度对主观幸福感影响的中介作用。中介作用检验结果如表 14-4 所示。

表 14-4　中介作用检验结果

假设路径	模型 1		模型 2		模型 3	
	路径系数	t	路径系数	t	路径系数	t
DIYP→LS	0.274 ***	6.904			0.145 ***	4.258
DIYP→PE	0.317 ***	7.963			0.190 ***	5.357
DIYP→NE	−0.297 ***	7.933			−0.176 ***	4.871
DIYP→SE	—		0.229 ***	5.980	0.214 ***	4.851
SE→LS	—				0.596 ***	17.554
SE→PE	—				0.585 ***	15.703
SE→NE	—				−0.525 ***	13.445
因变量 R^2						
SE			0.051		0.044	
LS	0.073				0.411	
PE	0.099				0.424	
NE	0.087				0.345	

注：***表示 $p<0.001$。

从模型 1 可以看出，自变量 DIY 活动参与度对因变量生活满意度和积极情绪均具有正向影响（$\beta=0.274$，$t=6.904$，$p<0.001$；$\beta=0.317$，$t=7.963$，$p<0.001$），H1a 和 H1b 成立；对消极情绪具有负向影响（$\beta=-0.297$，$t=7.933$，$p<0.001$），H1c 成立。可见 H1 成立，即 DIY 活动参与度对主观幸福感有正向影响。从模型 2 可以看出，DIY 活动参与度对自尊具有正向影响（$\beta=0.229$，$t=5.980$，$p<0.001$），H2a 成立。从模型 3 可以看出，在模型 1 中加入自尊的中介作用后，DIY 活动参与度对生活满意度的影响效应从 0.274 下降为 0.145，但依然显著（$t=4.258>1.96$）；DIY 活动参与度对积极情绪的影响效应从 0.317 下降为 0.190，但依然显著（$t=5.357>1.96$）；DIY 活动参与度对消极情绪的影响效应从−0.297 下降为−0.176，但依然显著（$t=4.871>1.96$）。DIY 活动参与度对自尊具有正向影响（$\beta=0.214$，$t=4.851>1.96$），H2a 成立；自尊对生活满意度具有正向影响（$\beta=0.596$，$t=17.554>1.96$），对积极情绪具有正向作用（$\beta=0.585$，$t=15.703>1.96$），对消极情绪具有负向作用（$\beta=-0.525$，$t=13.445>1.96$），H2b 成立。因此自尊对 DIY 活动参与度对主观幸福感的影响起到部分中介作用，H2 成立。此外，从模型 1 和模型 3 的因变量的 R^2 值来看，在加入自尊的中介作用后，生活满意度的 R^2 值从模型 1 的 0.073 增加到模型 3 的

0.411，提高了0.338；积极情绪的R^2值从模型1的0.099增加到模型3的0.424，提高了0.325；消极情绪的R^2值从模型1的0.087增加到模型3的0.345，提高了0.258，表明加入中介变量后模型拟合度增加，模型解释力提高。

（二）创造力角色认同的调节作用检验

为检验创造力角色认同的调节作用，本书分别设定了2个模型，用自举法（n抽样=5000）来进行假设检验。模型4检验创造力角色认同在DIY活动参与度对自尊影响上的调节作用；模型5检验在考虑整个模型的基础上，创造力角色认同在DIY活动参与度对自尊影响上的调节作用。调节作用检验结果见表14-5。

表14-5　调节作用检验结果

假设路径	模型4		模型5	
	路径系数	t	路径系数	t
DIYP→LS			0.158***	3.962
DIYP→PE			0.219***	5.344
DIYP→NE			-0.201***	4.846
SE→LS			0.667***	18.649
SE→PE			0.670***	15.131
SE→NE			-0.592***	13.897
DIYP→SE	0.080*	2.039	0.047*	1.998
CRI→SE	0.477***	11.284	0.563***	11.661
DIYP×CRI→SE	-0.120**	2.706	-0.119**	2.703
因变量R^2				
SE	0.295		0.396	
LS			0.523	
PE			0.570	
NE			0.450	

注：*表示$p<0.05$；**表示$p<0.01$；***表示$p<0.001$。

从模型4来看，DIY活动参与度和创造力角色认同的交互项（DIY活动参与度×创造力角色认同）对自尊具有负向影响（$\beta=-0.120$，$t=2.706>1.96$），H3成立。为验证创造力角色认同在考虑整体模型的前提下是否仍然有调节作用，我们构建了模型5。模型5是在模型3基础上增加了创造力角色认同的调节效应，用于检验其对DIY活动参与度→自尊→生活满意度/积极情绪/消极情绪这条链路上的中介作用的调节。从模型5可以看出，DIY活动参与度和创造力角色认同的交互项（DIY活动参与度×创造力角色认同）对自尊具有负向影响（$\beta=-0.119$，$t=2.703>1.96$）；自尊对生活满意度、积极情绪具有正向影响（$\beta=0.667$，$t=18.649>1.96$；$\beta=0.670$，$t=15.131>1.96$），对消极情绪具有负向影响（$\beta=-0.592$，$t=13.897>1.96$）。因此，H3 成立。此外，从模型 3 和模型 5 的 R^2 值来看，在加入创造力角色认同的调节作用后，自尊的 R^2 值从 0.044 增加到 0.396，提高了 0.352，表明加入调节变量后模型拟合度增加，模型解释力提高。

第六节 DIY 体验与消费者幸福感的研究结论与启示

随着消费的升级，对于体验感和参与感的追求使得以 DIY 为代表的生产性消费形式愈加盛行。尽管消费是个体日常生活中重要的幸福感来源（Bastos 和 Brucks，2017；Lee 等，2002；Matz、Gladstone 和 Stillwell，2016），但 DIY 消费如何影响个体的主观幸福感尚不明晰。本章基于主观幸福感理论和自我认同理论，探讨了 DIY 活动参与度对主观幸福感的影响机制，验证了自尊的中介作用和创造力角色认同的调节作用。

一、研究结论

通过实证检验，主要得出以下结论：

第一，DIY 活动参与度对主观幸福感有正向作用。消费的产品或体验（Bhattacharjee 和 Mogilner，2014；Hudders 和 Pandelaere，2012；Noll 和 Weick，2015）等会带来消费者幸福感。与普通的消费行为相比，通过参与 DIY 活动，消费者更可能产生乐趣、兴奋、自我提升和自我实现等积极的心理反应（Moisio、Arnould 和 Gentry，2013；Watson 和 Shove，2008；Wolf 和 Mcquitty，2015；Davidson 和 Leather，2000；Troye 和 Supphellen，2012；Wolf 和 Mcquitty，2013）。本书通过实证研究证明了 DIY 活动参与度对主观幸福感的正向影响，这一发现从积极心理学的角度丰富了 DIY 理论和幸福感研究。

第二，自尊在 DIY 活动参与度对主观幸福感的影响上起着中介作用。自尊是对自己总体的喜爱，是自尊需要满足的一种心理状态（Akhtar 和 Bilour，2020），对幸福感有着正向的预测作用（Schimmack 和 Diener，2003）。以往有关 DIY 的结果探讨，大多围绕愉悦感、兴奋感、实现感等积极情绪展开，而忽视了对消费者内在心理特征的分析。DIY 消费不仅可以带来享乐的愉悦体验，其中个体心理资源的投入还给了消费者寻求自我、发挥潜能的机会（Moisio、Arnould 和 Gentry，2013）。DIY 活动参与度越高，个体的心理资源投入越大，其所获得的自我成就感也就越高，对于提高个体的自我认可以及自尊感有着积极的作用。通过实证研究发现，自尊在 DIY 活动参与度对主观幸福感的影响上起着中介作用，从而更深入地探讨了 DIY 活动参与度对幸福感的影响机制。

第三，创造力角色认同负向调节了 DIY 活动参与度对自尊的影响。在自尊的形成过程中，创造力角色认同与 DIY 活动参与度之间存在替代关系。原因是，创造力角色认同程度高的消费者，会更加自信，即使 DIY 活动参与度低，也不妨碍他们获得高的自尊感；相反，创造力角色认同程度低的消费者，可以通过提高 DIY 活动参与度来提高自尊感。这一研究结论指明了创造力角色认同是 DIY 活动参与度对自尊影响的一个边界条件。

二、启示

本书的结论具有四方面的管理启示。第一，企业要重视 DIY 活动的设计，通过研究消费者的 DIY 需求以及行业发展趋势，推出具有创新性和趣味性的 DIY 体验活动，增加个体的参与频率和参与时长。第二，企业需要重视通过 DIY 活动参与来提升消费者的自尊。自尊是个体自我评价的积极表现，不能顺利完成的 DIY 活动将无法提高个体的自尊。因此，企业应当适度设计 DIY 的难度，同时对消费者的 DIY 过程进行必要的指导，使其通过努力可以顺利制作 DIY 产品，从而提升个体的自尊感。第三，企业可以将提升自尊感和幸福感作为 DIY 业务推广的一个卖点。自尊和幸福是所有人的心理需求，而本书发现 DIY 活动参与度可以为消费者带来自尊感和幸福感，因此在 DIY 业务推广过程中，可以强调其对自尊感和幸福感的推动作用。第四，面对不同消费个体，DIY 企业应当制定有针对性的营销策略，实行差异营销。针对创造力角色认同程度较低的消费者，企业应当强调 DIY 活动参与度对自尊的提升作用；而针对创造力角色认同程度较高的消费者，企业则应当表现出对其创造力的赞赏，而无须突出 DIY 本身。

本章参考文献

［1］Akhtar M，Bilour N. State of mental health among transgender individuals in Pakistan：Psychological resilience and self－esteem［J］. Community Mental Health Journal，2020（56）：626－634.

［2］Alba J W，Williams E F. Pleasure principles：A review of research on hedonic consumption［J］. Journal of Consumer Psychology，2013，23（1）：2－18.

［3］Atakan S S，Bagozzi R P，Yoon C. Consumer participation in the design and realization stages of production：How self－production shapes consumer evaluations and relationships to products［J］. International Journal of Research in Marketing，2014，31（4）：395－408.

［4］Baptista N，Helena A，Nelson M. Public sector organizations and cocreation with citizens：A literature review on benefits，drivers，and barriers［J］. Journal of Nonprofit and Public Sector Marketing，2020，32（3）：217－241.

［5］Baron R M，Kenny D A. The moderator－mediator variable distinction in social psychological research：Conceptual，strategic，and statistical considerations［J］. Journal of Personality and Social Psychology，1986，51（6）：1173－1182.

［6］Bastos W，Brucks M. How and why conversational value leads to happiness for experiential and material purchases［J］. Journal of Consumer Research，2017，44（3）：598－612.

［7］Bendapudi N，Leone R P. Psychological implications of customer participation in co－production［J］. Journal of Marketing，2003，67（1）：14－28.

［8］Bhattacharjee A，Mogilner C. Happiness from ordinary and extraordinary experiences［J］. Journal of Consumer Research，2014，41（1）：1－17.

［9］Black I，Veloutsou C. Working consumers：Co－creation of brand identity，consumer identity and brand community identity［J］. Journal of Business Research，2017（70）：416－429.

［10］Bleidorn W，Arslan R C，Denissen J J A，et al . Age and gender differences in self－esteem－a cross－cultural window［J］. Journal of Personality and Social Psychology，2016，111（3）：396－410.

［11］Bordia P，Read S，Bordia S. Retiring：Role identity processes in retirement transition［J］. Journal of Organizational Behavior，2020，41（5）：445－460.

［12］Brenner P S，Serpe R T，Stryker S. The causal ordering of prominence and salience in identity theory an empirical examination[J]. Social Psychology Quarterly, 2014, 77(3): 231-252.

[13] Brunneder J, Dholakia U. The self-creation effect: Making a product supports its mindful consumption and the consumer's well-being[J]. Marketing Letters, 2018(29): 377-389.

[14] Butler A C, Hokanson J E, Flynn H A. A comparison of self-esteem liability and lowtrait self-esteem as vulnerability factors for depression[J]. Journal of Personality and Social Psychology, 1994(66): 166-177.

[15] Chang C-C. Examining users' intention to continue using social network games: A flow experience perspective[J]. Telematics and Informatics, 2013, 30(4): 311-321.

[16] Chin W W. Issue and opinions on structural equation modeling[J]. MIS Quarterly, 1998, 22(1): 7-16.

[17] Collier A F, Wayment H A. Psychological benefits of the "maker" or do-it-yourself movement in young adults: A pathway towards subjective well-being[J]. Journal of Happiness Studies, 2017, 19(4): 1217-1239.

[18] Collier A F, Wayment H A, Wolf M. Do-it-yourself activities and subjective well-being[J]. International Journal of Applied Positive Psychology, 2020, 5(3): 231-248.

[19] Davidson M, Leather P. Choice or necessity? A review of the role of diy in tackling housing repair and maintenance[J]. Construction Management and Economics, 2000, 18(7): 747-756.

[20] Dholakia U M, Bagozzi R, Pearo L. A social influence model of consumer participation in network and small-group-based virtual communities[J]. International Journal of Research in Marketing, 2004, 21(3): 241-263.

[21] Diefenbach S, Jung S, Diller T, et al. The secret of self-made: The potential of different types of consumer participation for product attachment and commercial value[J]. Social Sciences, 2018, 7(52): 1-17.

[22] Diener E, Emmons R, Larsen R J, et al. The satisfaction with life scale[J]. Journal of Personality Assessment, 1985, 49(1): 71-75.

[23] Diener E, Emmons R A. The independence of positive and negative affect[J]. Journal of Personality and Social Psychology, 1984, 47(5): 1105-1117.

[24] Diener E, Suh E M, Lucas R E, et al. Subjective well-being: Three decades of progress[J]. Psychological Bulletin, 1999, 125(2): 276-302.

[25] Diener E, Wirtz D, Tov W, et al. New well-being measures: Short scales to assess flourishing and positive and negative feelings[J]. Social Indicators Research, 2010, 97(2): 143-156.

[26] DiTomaso N, Post C, Smith R D, et al. Effects of structural position on allocation and evaluation decisions for scientists and engineers in industrial R&D[J]. Administrative Science Quarterly, 2007, 52(2): 175-207.

[27] Ewing D R, Allen C T. Self-congruence is not everything for a brand: Initial evidence supporting the relevance of identity cultivation in a college student role-identity context [J]. Journal of Brand Management, 2017, 24(5): 405-422.

[28] Farmer S M, Tierney P, Kung-McIntyre K. Employee creativity in Taiwan: An application of role identity theory[J]. Academy of Management Journal, 2003, 46(5): 618-630.

[29] Fornell C, Larcker D F. Structural equation models with unobservable variables and measurement error: Algebra and statistics[J]. Journal of Marketing Research, 1981 (18): 382-388.

[30] Fox S. Domesticating artificial intelligence: Expanding human self-expression through applications of artificial intelligence inprosumption [J]. Journal of Consumer Culture, 2018, 18(1): 169-183.

[31] Franke N, Schreier M, Kaiser U. The "I designed it myself" effect in mass customization[J]. Management Science, 2010, 56(1): 125-140.

[32] Furchheim P, Martin C, Morhar F. Being green in a materialistic world: Consequences for subjective well-being[J]. Psychology & Marketing, 2020, 37(1): 114-130.

[33] Furnham A, Cheng H. Perceived parental behaviour, self-esteem and happiness [J]. Social Psychiatry and Psychiatric Epidemiology, 2000, 35(10): 463-470.

[34] Gambardella A, Raasch C, E von Hippel. The user innovation paradigm: Impacts on markets and welfare[J]. Management Science, 2017, 63(5): 1450-1468.

[35] Hair J F, Hult G T M, Ringle C, et al. A primer on Partial Least Squares Structural Equation Modeling(PLS-SEM)[M]. Sage Publications, Thousand Oaks, CA, 2016.

[36] Harter S. The construction of the self: A developmental perspective[J]. Journal of Cognitive Psychotherapy, 2001, 15(4): 383-384.

[37] Hatton-Jones S, Teah M. Case analysis of the do-it-yourself industry[J]. Asia Pacific Journal of Marketing and Logistics, 2015, 27(5): 826-838.

[38] He L, Ma Y F, Zhang K S, et al. Self-esteem enhancement as a strategy for promoting the mental health and averting the occupational problems of nurses[J]. Future Oncology, 2019, 6(1): 59-65.

[39] Hirscher A L, Mazzarella F, Fuad-Luke A. Socializing value creation through practices of making clothing differently: A case study of a makershop with diverse locals[J]. Fashion Practice, 2019, 11(1): 53-80.

[40] Holbrook M B, Hirschman E C. The experiential aspects of consumption: Con-

sumer fantasies, feelings, and fun[J]. Journal of Consumer Research, 1982, 9(2): 132-140.

[41] Huang X, Lee J C-K, Yang X. What really counts? Investigating the effects of creative role identity and self-efficacy on teachers' attitudes towards the implementation of teaching for creativity[J]. Teaching and Teacher Education, 2019, 84(8): 57-65.

[42] Hudders L, Pandelaere M. The silver lining of materialism: The impact of luxury consumption on subjective well-being[J]. Journal of Happiness Studies, 2012, 13(3): 411-437.

[43] Hulland J. Use of Partial Least Squares(PLS) in strategic management research: A review of four recent studies [J]. Strategic Management Journal, 1999, 20 (2): 195-204.

[44] Huynh M T X, Olsen S O. Personality, personal values, and consumer participation in self-production: The case of home meal preparation[J]. Psychology Marketing, 2015, 32(7): 709-724.

[45] James M. Subjective well-being and life satisfaction[M]. London: Routledge, 2018.

[46] Jang W E, Bucy E P, Cho J. Self-esteem moderates the influence of self-presentation style on Facebook users' sense of subjective well-being[J]. Computers in Human Behavior, 2018(85): 190-199.

[47] Jaunky V C, Jeetoo J, Rampersad S. Happiness and consumption in mauritius: An exploratory study of socio-economic dimensions, basic needs, luxuries and personality traits[J]. Journal of Happiness Studies, 2019(3): 1-27.

[48] Kawamoto T. The moderating role of attachment style on the relationship between self-concept clarity and self-esteem[J]. Personality and Individual Differences, 2020 (152): 1-5.

[49] Khademi-Vidra A, Bujdosó Z. Motivations and attitudes: An empirical study on DIY(Do-It-Yourself) consumers in hungary[J]. Sustainability, 2020(12): 507.

[50] Koseoglu G, Liu Y, Shalley C E. Working with creative leaders: Exploring the relationship between supervisors' and subordinates' creativity [J]. Leadership Quarterly, 2017, 28(6): 798-811.

[51] Lambert L, Passmore H-A, Joshanloo M. A positive psychology intervention program in a culturally-diverse university: Boosting happiness and reducing fear[J]. Journal of Happiness Studies, 2019(20): 1141-1162.

[52] Lee D, Sirgy M J, Larsen V, et al. Developing a subjective measure of consumer well-being[J]. Journal of Macromarketing, 2002, 22(2): 158-169.

[53] Lee J K, Hansen S S, Lee S-Y. The effect of brand personality self-congruity on brand engagement and purchase intention: The moderating role of self-esteem in Facebook

[J]. Current Psychology, 2018(39): 2116-2128.

[54] Lee P Y, Lau K W. A new triadic creative role for advertising industry: A study of creatives' role identity in the rise of social media advertising[J]. Creative Industries Journal, 2018, 11(2): 137-157.

[55] Machin J E, Adkins N R, Crosby E, et al. The marketplace, mental well-being, and me: Exploring self-efficacy, self-esteem, and self-compassion in consumer coping[J]. Journal of Business Research, 2018(100): 410-420.

[56] Majumdar P, Banerjee S, Diehl J C, et al. Connected us! How social motives determine diy behaviorism in rural base of the pyramid communities[A]. Research into Design for a Connected World[M]. Springer, Singapore, 2019: 807-819.

[57] Matz S C, Gladstone J J, Stillwell D J. Money buys happiness when spending fits our personality[J]. Psychological Science, 2016, 27(5): 715-725.

[58] Moisio R, Arnould E J, Gentry J W. Productive consumption in the class-mediated construction of domestic masculinity: Do-It-Yourself(DIY) home improvement in men's identity work[J]. Journal of Consumer Research, 2013, 40(2): 298-316.

[59] Morais I C, Brito E P Z, Quintão R T. Productive consumption changing market dynamics: A study in Brazilian DIY cosmetics[J]. Latin American Business Review, 2019, 19(5): 1-25.

[60] Muller D, Judd C M, Yzerbyt V. When moderation is mediated and mediation is moderated[J]. Journal of Personality and Social Psychology, 2005, 89(6): 852-863.

[61] Nagel D, Cronin J J, Utecht R L. Consumption or prosumption? A question of resources[J]. Journal of Services Marketing, 2018, 32(6): 739-754.

[62] Nagpaul T, Pang J S. Extrinsic and intrinsic contingent self-esteem and materialism: A correlational and experimental investigation[J]. Psychology Marketing, 2017, 34(6): 610-622.

[63] Noll H-H, Weick S. Consumption expenditures and subjective well-being: Empirical evidence from Germany[J]. International Review of Economics, 2015, 62(2): 101-119.

[64] Nunnally J C. Psychometric theory 3E[M]. Tata McGraw-hill education, 1994.

[65] Oksman V, Siltanen S, Ainasoja M. User participation in co-creative services: Developing virtual and augmented reality tools for do-it-yourself home design[C]. Proceeding of the 16th International Academic MindTrek Conference, 2012: 229-230.

[66] Oral C, Thurner J-Y. The impact of anti-consumption on consumer well-being[J]. International Journal of Consumer Studies, 2019, 43(3): 277-288.

[67] Petkus E. The creative identity: Creative behavior from the symbolic interactionist perspective[J]. Journal of Creative Behavior, 1996, 30(3): 188-196.

[68] Ramaswamy V, Gouillart F. Building the co-creative enterprise[J]. Harvard Business Review, 2010, 88(10): 100-109.

[69] Reitz A K, Luhmann M, Bleidorn W, et al. Unraveling the complex relationship between work transitions and self-esteem and life satisfaction[J]. Journal of Personality and Social Psychology, 2022, 123(3): 597.

[70] Rosenberg M. Society and the adolescent self-image[M]. Princeton: Princeton University Press, 2015.

[71] Schimmack U, Diener E. Predictive validity of explicit and implicit self-esteem for subjective well-being[J]. Journal of Research in Personality, 2003, 37(2): 100-106.

[72] Schmitt B H, Brakus J J, Zarantonello L. From experiential psychology to consumer experience[J]. Journal of Consumer Psychology, 2015, 25(1): 166-171.

[73] Son H, Lee J. Does online shopping make people feel better? The therapeutic effect of online shopping on Korean female consumers' mood, self-esteem, and self-efficacy: Based on the context of fashion product shopping[J]. Journal of Global Scholars of Marketing Science, 2021, 31(4): 580-597.

[74] Song W, Yu H, Zhang Y, et al. Goal orientation and employee creativity: The mediating role of creative role identity[J]. Journal of Management and Organization, 2015, 21(1): 82-97.

[75] Stryker S, Burke P J. The past, present, and future of an identity theory[J]. Social Psychology Quarterly, 2000, 63(4): 284-297.

[76] Sugathan P, Ranjan K R. When co-production fails: The role of customer's internal attributions and impression management concerns[J]. Journal of Business Research, 2020(121): 535-548.

[77] Suh D H, Khachatryan H, Guan Z. Why do we adopt environmentally friendly lawn care? Evidence from do-it-yourself consumers[J]. Applied Economics, 2016, 48(27): 2550-2561.

[78] Tierney P. An identity perspective on creative action in organizations[A]. The Oxford handbook of creativity, innovation, and entrepreneurship[M]. Oxford University Press, New York, 2015: 79-92.

[79] Troye S V, Supphellen M. Consumer participation in coproduction: "I made it myself" effects on consumers' sensory perceptions and evaluations of outcome and input product[J]. Journal of Marketing, 2012, 76(2): 33-46.

[80] Tuan L T, Ngan V T. Leading ethically to shape service-oriented organizational citizenship behavior among tourism salespersons: Dual mediation paths and moderating role of service role identity[J]. Journal of Retailing and Consumer Services, 2021(60): 102421.

[81] Utpal M D, Richard P B, Lisa K P. A social influence model of consumer partic-

ipation in network-and small-group-based virtual communities[J]. International Journal of Research in Marketing, 2004, 21(3): 241-263.

[82] Walumbwa F O, Hartnell C A. Understanding transformational leadership-employee performance links: The role of relational identification and self-efficacy[J]. Journal of Occupational and Organizational Psychology, 2011, 84(1): 153-172.

[83] Wang P, Zhu W. Mediating role of creative identity in the influence of transformational leadership on creativity: Is there a multilevel effect? [J]. Journal of Leadership and Organizational Studies, 2011, 18(1): 25-39.

[84] Watson M, Shove E. Product, competence, project and practice: DIY and the dynamics of craft consumption[J]. Journal of Consumer Culture, 2008, 8(1): 69-89.

[85] Werthes D, Mauer R, Brettel M. Cultural and creative entrepreneurs: Understanding the role of entrepreneurial identity[J]. International Journal of Entrepreneurial Behaviour Research, 2018, 4(1): 290-314.

[86] Wilson B, Merrie B. How and why conversational value leads to happiness for experiential and material purchases[J]. Journal of Consumer Research, 2017, 44(3): 598-612.

[87] Wirtz D, Stalls J, Scollon C N, Wuensch K L. Is the good life characterized by self-control? Perceived regulatory success and judgments of life quality[J]. The Journal of Positive Psychology, 2016, 11(6): 572-583.

[88] Wolf M, McQuitty S. DIY consumers and retailers: An exploratory study on value creation in the do-it-yourself industry[A]. The Sustainable Global Marketplace[M]. Springer, Cham, 2015: 204.

[89] Wolf M, Mcquitty S. Circumventing traditional markets: An empirical study of the marketplace motivations and outcomes of consumers' do-it-yourself behaviors[J]. Journal of Marketing Theory and Practice, 2013, 21(2): 195-210.

[90] Xiang Z, Tan S, Kang Q, et al. Longitudinal effects of examination stress on psychological well-being and a possible mediating role of self-esteem in Chinese high school students[J]. Journal of Happiness Studies, 2019, 20(1): 283-305.

[91] Zaman A. Islam's gift: An economy of spiritual development[J]. American Journal of Economics and Sociology, 2019, 78(2): 443-491.

第四篇

品牌幸福感营销实务

第十五章

品牌幸福感营销策略[①]

提升品牌幸福感已成为一种新的品牌营销思路，被越来越多的企业采用。该理论发轫于积极心理学，属于消费者幸福感和品牌关系的交叉。由于幸福感是人类一切行为的终极目标，所以品牌幸福感也可视为人们品牌消费的终极目标，自然也应该成为品牌营销的终极目标。在企业界，已经有很多企业（如可口可乐）在探索品牌幸福感营销之路，并取得了良好的成效；而在学术界，一些学者也开始探讨如何将幸福感运用到市场营销实务当中。比如，Schmitt 和 van Zutphen（2012）将积极心理学当中的幸福感（快乐、意义、参与）引入营销实践来指导商业活动，并出版了一本专著——《无处不在的幸福顾客——如何用积极心理学观点指导商业活动》（*Happy Customers Everywhere*：*How Your Business Can Profit from the Insights of Positive Psychology*）。本章也基于这样的思路，将本书提出的一些核心观点运用到品牌营销当中，提出品牌幸福感营销策略。

第一节　品牌幸福感营销价值

依循亚里士多德的观点来看，人们所有行为的目的都是追求幸福，因此品牌选择与消费的过程实际上也是消费者寻找和获得幸福感的过程；倘若品牌给消费者带来了幸福，消费者也必将表现出积极的消费行为来回馈企业，可见通过品牌营销来提升品牌幸福感极其重要。特别是，由于幸福感是人类一切行为的终极目标，所以品牌幸福感也可视为人们品牌消费的终极目标，自然也应该成为品牌营销的终极目标。从营销价值来讲，通过品牌来提高个人幸福感，不仅仅是消费者的心理需要，也是企业参与市场竞争的法宝。

一、消费者对品牌幸福感的需要

随着消费者品牌意识的逐渐增强，品牌消费成为人们提高幸福感的重要方式。消费者不但可以通过品牌的产品功能消费满足自身基本需求（如生理需求、安全需求等），还可以通过品牌的象征意义来体现自身的社会地位、品位、价值观和满足情

---

① 本章初稿发表情况如下：周志民．幸福感：品牌营销的终极目标［A］.《销售与市场》杂志编著．营销的力量：中国营销 25 道原力与创新实践［M］．北京：机械工业出版社，2020：97-105. 本书有删减。

感需求。根据手段—目的链，品牌利益满足了人们的消费需求，而需求满足又带给人们幸福感。比如，品牌产品的功能帮助人们解决了生活当中的很多问题（如科大讯飞帮助解决口译难题），使人们降低消极情绪、提高积极情绪，从而更加幸福。又如，当消费者的个人认同、社会认同与品牌的象征意义一致时，消费者会产生更多的积极情绪，从而提高幸福感。如特斯拉汽车品牌强调的绿色、环保、智能的理念，受到很多中产阶级的青睐，原因就在于该品牌能带给消费者更多的生活满意度和社会认同感，最终形成品牌幸福感。

营销的关键是满足消费者需求，品牌幸福感体现了品牌对消费者需求的满足程度。根据马斯洛需求层次理论，人们的需求可以分为：生理需求、安全需求、爱与归属需求、尊重需求和自我实现需求。可以看出，品牌幸福感的三个构成维度与消费者需求层次呈现出对应的关系（见图 15-1），即：基于品牌的生活愉悦感对应于生理、安全、爱与归属需求的满足，无论是旨在解决功能问题的生理和安全需求满足，还是旨在解决社交问题的爱与归属需求满足，都提升了消费者的生活质量和品位；基于品牌的社会贡献感对应于尊重需求的满足，对社会有贡献的人更容易受人尊重和产生自尊；基于品牌的自我实现感对应于自我实现需求，品牌的象征意义与消费者的自我形象一致，有利于消费者强化和展现自我形象。

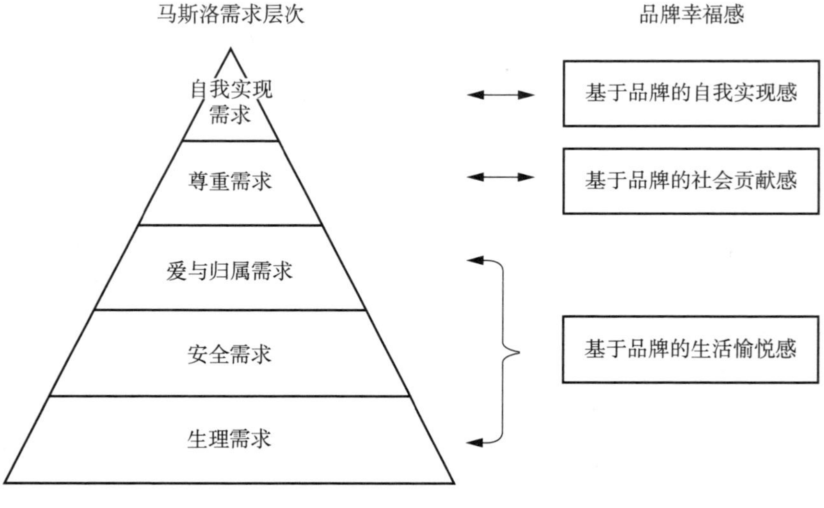

图 15-1　品牌幸福感与马斯洛需求层次的关系

二、企业对品牌幸福感的重视

在竞争品牌营销水平提高和消费者需求变化的时代，品牌忠诚度的维系变得越发艰难。一些先知先觉的企业意识到“幸福”蕴含的巨大品牌价值，将品牌幸福感的提升作为企业经营的目标。能够带来幸福感的品牌，自然是消费者不愿离开的品牌，因此品牌幸福感有助于忠诚顾客的培养。不仅如此，品牌幸福感是一种强度很高的情感，超越了一般的品牌满意度，因此可以帮助企业发展很多的粉丝消费者。如同明星一样，如今很多企业品牌都拥有自己的粉丝，比如苹果的“果粉”、华为的“花粉”。这些品牌粉丝会呈现出跟普通人不同的消费行为，还会表现出超越忠诚者的行为，比如大量收集品牌信息、集邮式收藏品牌产品、积极参与品牌社群活动，甚至保护品牌形象和主动推广品牌。这些粉丝消费者对品牌的发展价值巨大。因此，越能提升消费者的品牌幸福感，品牌的竞争力就越强。

第二节　品牌幸福感营销误区

在追求幸福的过程中，人们会陷入一些误区。在品牌幸福感营销当中，同样存在一些误区。这些误区不仅使得品牌幸福感营销效果打折扣，而且影响到品牌管理者对于品牌幸福感营销的信心。根据幸福学研究成果以及当前一些幸福感营销的案例，我们认为品牌幸福感营销至少存在以下五个误区。

一、幸福感营销就是在营销中加上“幸福”字眼

很多企业认为做一个幸福诉求广告，或者取一个含有“幸福”字眼的品牌名，就是在做幸福感营销。幸福感确实需要通过广告、品牌名等有形的元素展现出来，但这远远不够。幸福感营销是一个营销系统，广告和品牌名只是其中的组成部分。要做好幸福感营销，企业需要将幸福纳入品牌使命、愿景或定位当中，然后建立一套幸福品牌识别体系（如品牌名称、标志、口号），更重要的是，还需要在产品功能与包装设计、销售现场体验、整合品牌传播等各个方面将幸福贯穿其中。如此，才能强化品牌当中传递的幸福感。

二、幸福感营销就是给消费者促销优惠

当消费者从商家处获得了价格优惠或享受了其他促销赠品时，确实会非常开心，以至于他们还热衷于向其他人介绍他们得到的优惠，从而树立明智买家的个人形象。不过，这种快乐往往是短暂的，因为商品的根本价值在于更好地解决问题，而不是更便宜。如果企业一味地给予消费者优惠，那不仅降低了自身的品牌形象和品质认知，而且让消费者无法获得真正的幸福感。对于绝大多数消费者来说，良好的产品体验才是持续幸福感的来源。此外，幸福感往往是对比出来的。企业没法保证其他竞争者不以更低的价格来抢占市场。如果其他品牌价格更优惠，那么本企业带给消费者的幸福感很快就消失了。所以，企业还是应该强调幸福品牌的建立。

三、幸福感营销的唯一路径是让消费者开心

很多人并不清楚幸福和快乐的区别，认为二者没有本质差异。哈佛大学幸福学导师本-沙哈尔在其著作《幸福的方法》当中指出了一个幸福公式，即幸福＝快乐＋

意义。因此，完善的、真正的幸福不仅是快乐，还有意义的成分。这也正是哲学领域对幸福的两种理解：享乐论和实现论。享乐带来了快乐，而实现带来了意义。基于此，企业在进行品牌幸福感营销的时候，除了可以考虑从各个接触点（如产品、店铺、广告等）带给消费者愉悦的心情之外，还要考虑本品牌消费的价值观追求与社会意义，比如公益慈善、社会可持续发展等。企业采用这样的视角看待幸福，不仅能够使得消费者获得更深层次的幸福感，也可以为自身的幸福感营销带来更多的策略选择。

四、幸福感营销是拿竞争品牌来做比较

幸福感可以通过社会比较而产生。因此，尽管对比广告被禁止，但仍然有很多企业在营销实践当中，喜欢通过跟竞争品牌对比来凸显自身的优势。或许比较优势能够在一定程度上促进品牌的销售以及带给消费者幸福感，但比较优势往往并不稳固。在同质化程度很高的背景下，比较优势只是相对优势，很容易被竞争者超越。因此，突出自己的特色可能是更好的选择。事实上，有研究表明（Zhou、Du 和 Cutright，2022），对竞争者保持足够的尊重，而不是一味地贬低，更容易获得消费者的赞誉。一个品德高尚的品牌，更容易让消费者获得幸福感。

五、幸福感营销可以一劳永逸

大量幸福感研究表明，人们很容易产生享乐适应（Sheldon 和 Lyubomirsky，2012），从而使品牌带来的幸福感很快降低到购买品牌之前的水平。这意味着只通过一两个营销手段培育幸福感，是很难持久的。因此，幸福感营销也意味着创新型营销，企业必须在品牌幸福感培育的道路上，根据时代发展和需求改变，不断寻找新的思路和方法。同时，幸福感营销也是一个系统化营销，单点作战成效有限，将消费者的幸福感作为系统工程来抓，才能真正培育持续的品牌幸福感。

第三节　品牌幸福感培育之道

尽管已有一些企业在培育品牌幸福感，但对其内涵构成认识不清，导致营销策略体系不完善，甚至有些只是取了个带有“幸福”二字的品牌名字，或者在广告语当中使用“幸福”的表述。那么，究竟如何才能更加系统地培育品牌幸福感？从构成维度来看，可以将品牌幸福感的培育目标分解为培育基于品牌的生活愉悦感、基于品牌的自我实现感和基于品牌的社会贡献感。针对这三个分目标来构建品牌营销策略，才能真正有效地培育品牌幸福感（见图 15-2）。

一、品牌体验营销，培育基于品牌的生活愉悦感

随着消费的升级，人们已进入体验经济时代。消费不只是依靠产品或服务来解

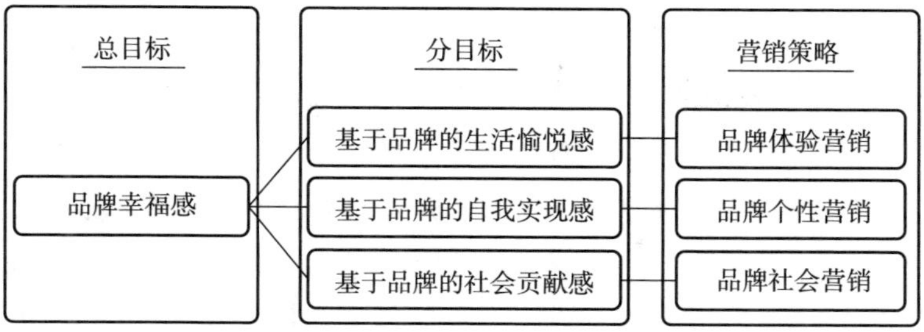

图 15-2　品牌幸福感营销策略体系

决生活当中的问题，还要通过品牌体验提升和增加生活的品位和情趣，以提高生活愉悦感。因此，企业可以采用体验营销来提升消费者对品牌的体验，同时还可以采用精准营销来提升消费者的个性化体验。

根据伯纳德·施密特教授的观点，品牌体验包括感官体验、情感体验、智力体验、身体体验和社交体验。感官体验强调品牌在“视听嗅味触”五感上给消费者带来美好享受，比如包装精美的红帽子饼干、广告音乐动听的芝华士威士忌、充满咖啡醇香的星巴克咖啡馆、鲜香可口的哈根达斯冰激凌、触感流畅的苹果 iPad 等；情感体验强调品牌从内心深处让消费者感动，如哈根达斯诉求的甜蜜爱情、贺曼贺卡诉求的纯真感情、芝华士威士忌广告当中朋友欢聚的真挚友情等；智力体验强调品牌带给消费者有价值的知识和信息，如最强大脑向人们展现了人类大脑的无限潜能，疯狂猜图通过猜物名扩大了人们的知识面，绝对伏特加将造型独特的瓶子与广告主题相结合给人无限灵感等；身体体验强调品牌为消费者提供与产品互动的机会，如纽约耐克体验中心的大屏幕场景模拟让消费者置身其中开展运动，许多科技馆设计了互动环节让游客亲身感受科技的神奇，一些蛋糕店则设立“蛋糕工坊”让消费者 DIY 做蛋糕；社交体验强调品牌为消费者提供与其他消费者交流的机会，如华为的品牌社群“花粉俱乐部”提供了品牌粉丝交流平台、江小白举办的“约酒大会”给年轻人提供了很好的交友与聚会平台。

当今是一个个性化消费的时代，能使消费者个性化需求得以满足的品牌，也必然给消费者带来幸福感。因此，企业不仅要提供一般性的品牌体验，还要考虑为消费者提供个性化的消费体验。要做好个性化体验，可以考虑精准营销，具体要做到三点：第一，推演生活问题。在大数据时代，不再通过传统的调研方式去询问消费者遇到了哪些需求问题，而是要通过大数据分析消费者个人特征及过往行为，从而为其画像，以便主动推演出消费者的问题点。第二，满足个性需求。无论是产品、服务还是宣传界面，都采用私人定制的思路，让消费者产生一种专属的、贴心的感觉。能提供个性化产品和服务的企业，能给消费者带来惊喜。比如，淘宝网的“千人千面”算法，让每一个浏览淘宝的消费者都看到一个最适合自己的界面。第三，场景营销推送。产品发挥作用的时候就是消费者出现问题的时候。现有科技已经可以根据消费者所处的时间和位置，判断消费场景。在正确的场景推送正确的营销信息，会大大加深消费者对品牌的好感，并且提高产品的销量。

二、品牌个性营销，培育基于品牌的自我实现感

品牌不但可以带来愉悦感，而且代表了一种意义和精神。这些意义和精神的符号象征拉近了品牌与消费者的关系，使品牌成为消费者发现自我和表达自我的通道。消费者的自我分为两种：另一种是个人取向的自我，一种是社会取向的自我。个人取向的自我关注个人自身的特点，与社会和集体无关；而社会取向的自我通过社会认可来实现自我。这些都可以通过品牌个性营销来实现。品牌个性营销是通过建立与消费者相一致的品牌个性和形象，使消费者对其产生认同，从而通过品牌消费来表达自我的价值追求。针对个人取向的自我，突出消费者对品牌的自我认同，即消费者对品牌内在精神的认可与支持；针对社会取向的自我，强调消费者对品牌的社会认同，即消费者通过品牌对外展示自己的身份和形象。

有些品牌可以强化一种内在价值观，体现品牌对消费者个人潜能的激发和自我实现，从而提高消费者的自我认同。消费者在购买此品牌时，通过对特定关联的体验，会产生特定的情绪和情感，这种心理内涵可以帮助他们创造、维持或重塑自我。例如，百事可乐象征着青春和激情，能够很好地满足年青一代对自由、成长和未来的渴望；安踏提倡“永不止步”的奋斗精神，激励消费者不懈努力、勇往直前。

还有一些品牌则突出了一种外在的形象表现，帮助消费者达到社会理想自我的状态：通过消费该品牌，让其他人以一种尊重的眼光来看待自己，从而获得一种社会身份和地位的满足感。比如，奔驰提出“独领风潮、精英本色”的市场定位，就很好地满足了消费者对成为成功人士的渴望；带有独特的“Monogram Giant”花纹的LV包经典而时尚，且从不打折，是很多高收入人士的首选。

三、品牌社会营销，培育基于品牌的社会贡献感

许多消费者在购买产品时不仅考虑自身需求的满足，还会考虑自身消费对整个社会的影响。企业可以围绕社会事件和问题来设计自己的营销策略，通过社会营销来获得顾客的好感和支持。

善因营销（公益营销）是最为常见的一种社会营销方式。利他行为有助于幸福感的形成，满满的社会贡献感会带来满满的幸福感。品牌可以利用善因营销的方式，来塑造自身的公益形象，再通过品牌消费将这种公益形象与消费者建立联系。有两种善因营销的方式：一种是企业通过为公益事业做贡献而塑造形象，消费者并不参与。比如，国内高端印刷巨头雅昌公司积极为灾区捐款捐物、支持环保印刷和绿色印刷、在全国政协会议上提交《呼吁制定禁止鱼翅贸易法规》的提案等，都为其打造了良好的社会声誉。从这样的公司购买产品，也表明了消费者自己对待公益和环保的态度。另一种是由企业组织，消费者自己也参与到公益事业当中。除了传统的捐款捐物之外，现在的消费者公益参与形式更加创新和多样化。比如，支付宝通过

蚂蚁森林的手机游戏，将用户“碳账户”中积累的低碳行为积分转变成真正的树木种植在沙漠里，从而让用户产生社会贡献感，获得了别人的尊重。

将自己的企业与国家发展和命运联系在一起，开展国货营销，是另一种常用的社会营销方法。这种策略突出品牌的国家文化元素，激发消费者的民族自豪感和爱国情怀，由此产生“国人支持国货”的贡献感。例如，百雀羚的复古广告和草本护肤理念，激发了消费者的国货情怀，取得了良好的效果；在中美贸易摩擦期间，华为作为中国民族企业的重要代表，获得了国人极大的支持。

总的来说，企业要根据目标顾客特点和品牌定位，从提高消费者的基于品牌的生活愉悦感、基于品牌的自我实现感和基于品牌的社会贡献感入手，来实行品牌幸福感培育措施，增强品牌竞争力。

本章参考文献

[1] Sheldon K M, Lyubomirsky S. The challenge of staying happier: Testing the hedonic adaptation prevention model[J]. Personality and Social Psychology Bulletin, 2012, 38(5): 670-680.

[2] Zhou L, Du K M, Cutright K M. Befriending the enemy: The effects of observing brand-to-brand praise on consumer evaluations and choices[J]. Journal of Marketing, 2022, 86(4): 57-72.

第十六章

品牌幸福感案例研究①

近些年，越来越多的企业开始探索品牌幸福感营销之路。本章对其中的若干案例进行分析，以期为品牌幸福感培育提供借鉴。首先，我们针对品牌幸福感的每一个维度，各介绍一个代表性的品牌案例；之后，我们对国外的特斯拉新能源汽车和国内的左右家私案例分别进行较为深入的分析，以综合了解其在品牌幸福感三个维度上的营销策略。

第一节　品牌幸福感分维度的三个小案例

品牌幸福感的三个维度是基于品牌的生活愉悦感、基于品牌的自我实现感以及基于品牌的社会贡献感。这意味着每一个方面都会带来品牌幸福感。以下对每个方面各举一例予以说明。

一、基于品牌的生活愉悦感——红帽子饼干的幸福体验

相较于传统的食品品牌，日本红帽子饼干不满足于消费者味蕾上的期待，而是将品牌定位为可以传递幸福的礼品。红帽子饼干的品牌名称最初为“千朋”（Tivolina），产品是以“帽子少女”为主题的曲奇饼干。饼干的包装像一本精美的童话故事书，封面是由油画名家深泽邦朗设计的 Tivoli 国红帽子公主（见图 16-1）。公主脸上洋溢着幸福，备受世人喜爱，是“幸福的象征”。因此，红帽子饼干有一个温暖的传说，品尝过红帽子饼干的人都会有幸福降临，送红帽子饼干寓意着愿你幸福常伴。打动顾客的不仅是美好寓意，针对甜食爱好者的发胖忧虑，饼干美味、低脂的功能性价值也为消费者带来了味蕾和心理上的双重幸福感。后来，红帽子饼干逐渐从甜品的简单形象成长为礼赠时的幸福寄托，企业便将品牌名称由“千朋”改为消费者们朗朗上口的“红帽子”，现在其已成为婚礼伴手礼品牌和重要的庆典礼品品牌。

---

① 本章初稿发表情况如下：丁一，周鸣．品牌如何带来幸福感：三个案例的启示［J］．国际品牌观察，2019（3）：27；张良波，周志民，龚倩文．特斯拉的品牌幸福学［J］．销售与市场（管理版），2019（2）：66-69；周志民，袁靖波．如何培育品牌幸福感？——左右家私的幸福营销［A］．品牌方法——50 个深圳品牌的启示［M］．北京：中国经济出版社，2022．本书有删改。

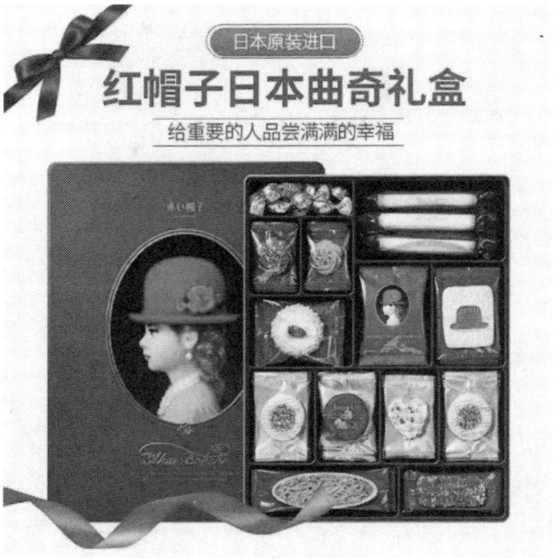

图 16-1　红帽子饼干

二、基于品牌的自我实现感——简单纯粹的江小白精神

酒精有着释放情绪的神奇功效，微醺状态下的人更能够直面真实的幸福、快乐或是孤独、沮丧。对于许多年轻人而言，生活总是充满波澜和不确定，他们厌弃内心的懦弱与恐惧但又无济于事，用借酒消愁来逃避现实。对此，江小白却说“借酒消愁，不如让愁更愁”，因为真实的自我是无罪的，年轻人应直面情绪，不回避，不惧怕，做自己。江小白的瓶身上印着代表情绪与思考的图文，消费者可以选择一瓶适合当下情绪的酒，从字里行间抒发内心所想，印证了那句“话都在酒里”（见图 16-2）。无论是带着积极或是消极的情绪，喝酒都不再代表着逃避现实，而是真实自我的展现。“我是江小白，生活很简单”的品牌主张让年轻消费者摘掉面具，肯定最真实的自我，激发自我认同感，还有什么比“做自己”更让人幸福的呢？

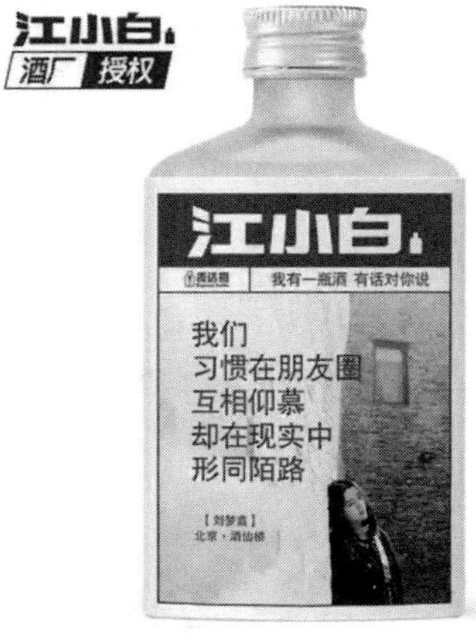

图 16-2　江小白高粱酒

三、基于品牌的社会贡献感——Toms 的“买一捐一”善因营销

除个人层面的幸福感外，个体对社会的价值贡献也是幸福感的一个重要维度。如果一次简单的消费可以让你无偿行善，对于消费者而言，何乐而不为呢？“One for One”（买一捐一）这一名利双收的模式无疑让 Toms 成了行善的代名词。Toms 是美国一个专门做舒适易搭、环保轻便的阿根廷风格懒人鞋的明星品牌。创始人 Blake Mycoskie 在阿根廷的一次度假中，发现那里很多孩子没有鞋穿，感染足疫无法上学，于是承诺每卖出一双鞋就捐一双鞋给世界上需要鞋的孩子（见图 16-3）。并且，Toms 始终致力于改善贫困地区儿童的生活质量，多年来为贫困地区捐出百万双鞋，为当地提供 700 余个工作岗位。运用同样的理念，Toms 在眼镜销售的过程中也成功复制了该模式，为眼疾病人带来了福音。当你穿着 Toms 的鞋走在路上，意味着用一双鞋的价钱不仅换来了足履间的舒适，更与品牌共享了行善者的美名，这背后更深层次的助推力是每个人对社会贡献的需求与满足。

图 16-3　Toms 鞋“买一捐一”

第二节　特斯拉的品牌幸福学

如何开展幸福营销，让消费者在消费活动过程中获得更高的满意度和积极的情感体验？本节以特斯拉为例，探讨品牌幸福营销之道。

一、特斯拉品牌概述

特斯拉被比作开启纯电动汽车时代的“苹果”，2003 年成立至今，发展速度迅猛。在 Interbrand 公司发布的“2016 年全球最佳品牌 100 强排行榜”中，特斯拉超越雪佛兰，成为第一个进入汽车类前十强的电动汽车品牌。不仅如此，特斯拉总市值甚至一度超越通用，成为美国第一大汽车制造商。实际上，特斯拉多年年产不到十万辆且连续亏损，但其品牌价值却被全球最大的品牌咨询公司认定高达 40 多亿美元，其品牌营销策略确实值得探究。

现任 CEO 埃隆·马斯克把特斯拉成功的标准定为：让客户真正喜爱产品，并且要让客户感到幸福。特斯拉的大多数客户都是传统汽车车主，他们为什么转而选择特斯拉？其实他们选择的是功能超前、彰显个性甚至能够参与社会贡献的品牌。这也非常符合当下更注重享乐和意义消费的理念，本质就是通过消费来提升幸福感。特斯拉确实在很多方面履行了这个承诺，比如特斯拉新车发布会现场如同科技摇滚音乐会，激发粉丝的热情，使其沉浸其中；Model 3 在 24 小时内的预定单突破 11.5 万辆，3 天就超过 27 万辆。在中国，特斯拉车友会成了对核心用户重要的社交圈，他们通过共同认可的品牌共同体验消费带来的幸福感。在 2016 年底，由特斯拉车主华南群举办的“帕劳之行”车友年会不仅收到了马斯克的亲笔贺信，更重要的是大大增加了这个群体的凝聚力和幸福感，而这些都得益于特斯拉成功的品牌幸福感营销。

二、特斯拉的品牌幸福感营销

积极心理学将幸福感分为主观幸福感、心理幸福感和社会幸福感。当主观感受愉悦，生活满意度较高时，会产生主观幸福感；当心中理想的自我得到实现，会产生心理幸福感；通过帮助他人、参加公益活动等对社会做出贡献，能够产生社会幸福感。特斯拉的营销理念迎合了消费者对幸福感的需求，实现了消费上的功能需求、自我实现诉求和参与社会贡献的诉求，从而获得了大量消费者的认同。

（一）主观幸福感营销

1. 独特设计

好的视觉感官体验能够令用户产生愉悦感，增强主观幸福感。拥有一辆外形夺人眼球的车，足以让车主感觉到愉悦和满足。特斯拉首席设计师弗朗茨·冯·霍兹豪森（Franz von Holzhausen）说：“我们想创造一样足够吸引人的东西，而且它会让人们联想到其内在品牌精神。”特斯拉在外观设计上深入细节，比如 Model X 车型，为了尽量提升整体车型气质，仅仅是车身的前脸设计就经过了漫长周期进行更改；还采用了独特的鹰翼门设计，尽量凸显品牌个性、时尚的特点（见图 16-4）。

图 16-4　特斯拉 Model X 车型展示

2. 领先技术，极致体验

极致的技术和功能体验，也是用户主观幸福感的一大来源。在技术和驾驶体验上，特斯拉拥有“恐怖的性能、夸张的续航和高端的配备”。特斯拉选择了由日本松下公司提供的全球顶级电池，其续航能力是普通电动汽车的2倍以上；同时，电池的安装位置选择使侧翻概率降低了50%，这项设计还使特斯拉获得了美国高速公路安全管理局认定的5星最高安全评分。其自动驾驶技术、能够过滤掉99.97%以上尾气污染物微粒的HEPA空气过滤系统、软件和交互体验、与IT产品如出一辙的OTA空中创新升级服务等也体现了其技术方面的大力投入。集多项领先技术于一身，特斯拉尽量通过高安全性能提升用户的品牌信任度，采纳先进的技术增强用户体验，从而使其产生主观幸福感。

（二）心理幸福感营销

1. 科技标签，彰显个性

每个消费者心中都有一个理想的自我，个性鲜明的品牌能够彰显消费者个性，通过象征功能帮助消费者实现理想自我，从而获得心理幸福感。特斯拉致力于打造自身科技特性的标签，满足用户彰显个性的需求。

从诞生地来看，特斯拉选址硅谷，有着与传统汽车截然不同的科技气质，再加上其创始人埃隆·马斯克涉足的太空技术、卫星、外星球殖民等多个领域都和科技紧密相关，为特斯拉的高科技品牌形象增色不少。比如，马斯克的另外一家公司SpaceX于2018年2月7日将绑着一辆特斯拉的猎鹰重型火箭发射升空，通过事件营销，特斯拉一时被网友称为“上天的”跑车。此外，通过个人营销，马斯克把他本人的独特个性和勇于创新的“钢铁侠”形象展现给公众，这无疑是特斯拉独特品牌形象的又一大来源。

2. 奢华感受，高端象征

特斯拉瞄准了很多车主追求的奢华和高端的气质，通过三方面来打造品牌的高端形象：一是采用精细的材料，二是利用名人效应形成高端形象，三是体验店选址高端卖场。

特斯拉车身内饰采用的是高质材料，车内实体按键用巨幅触屏液晶替代，细节处理也十分精细；早期创新地邀请大量名人作为自己的第一批客户，包括谷歌的早期创始人、大牌好莱坞明星等，在这一批大人物的使用效应影响下，特斯拉的高端形象自然得以提升。另外，特斯拉体验专卖店都开在大型高端商场，装修炫目而时尚，除了内设展示汽车动力的平台外，顾客还可以在店中央巨大的屏幕上定制专属车型，加上销售顾问专业的服务，特斯拉致力于为车主提供全方位高端奢华的消费体验。

3. 价值共创，“特粉”做主

消费者参与品牌价值共创已经越来越常见，比如小米的成功得益于用户大力参与促进产品升级。参与到品牌活动中，使消费者感到自身价值的实现，能够帮助消费者获得心理幸福感。特斯拉一直强调让每一个到店的客户成为特斯拉品牌的推广者，从未推出过官方的视频广告，但在2017年7月29日特斯拉的Model 3电动汽车首批量产的交付仪式上，特斯拉通过直播向全世界的“特粉”展示了由粉丝制作的特斯拉视频广告，内容有趣而专业。这是消费者与企业进行品牌价值共创的一种形式，给予消费者展示自我才华的机会，不仅拉近了用户与品牌的距离，还帮助粉丝提升了自我成就感，实现心理幸福。

（三）社会幸福感营销

参与社会贡献是社会幸福感的主要来源。在品牌传播过程中，特斯拉抓住自身利用可持续能源的优势，注重宣扬自己的环保特色，使得购买特斯拉成了为社会和环境做出贡献的一种方式。人们对生活品质的追求越来越高，环保逐渐成为一种时尚，消费者通过购买特斯拉这样一个“绿色”品牌实现自己的环保责任感，为社会和环境贡献出个人的力量，无疑将会提升社会幸福感。

特斯拉在成立之初就确定了“零妥协，零排放”的理念，树立了“加速世界向可持续能源转变”的企业愿景。特斯拉汽车公司（Tesla Motors Inc.）于2017年2月1日正式更名为“Tesla Inc.”，这也意味着特斯拉将追随企业愿景，不单做一个电动汽车制造商，而是朝着可再生能源提供者的方向全面发展。虽然迟迟未实现盈利，但特斯拉造福人类的宏伟蓝图仍受到粉丝们的热捧，也被资本市场支持。在中国，网络巨头腾讯于2017年3月29日斥资近18亿美元成为特斯拉第五大股东，腾讯方面也表示期待特斯拉未来可能占据市场领导地位的电动汽车制造技术、无人驾驶、太阳能屋顶，还有官网上提及的共享汽车服务。中国的特斯拉车友甚至发出“自己开燃油汽车时感觉到一种羞耻”的感叹。特斯拉构建的为全人类造福的宏伟蓝图，力图让消费者感觉到购买特斯拉参与伟大事业建设的力量，提升加入特斯拉行列的社会幸福感。

三、品牌幸福营销启示

品牌选择与消费的过程实际上也是消费者寻找和获得幸福感的过程。那么进行品牌幸福营销的关键要素是什么？企业应从哪几方面入手？

第一步：打造“用户画像”，深挖潜在需求。

有着浓浓IT基因的特斯拉，在产品上专注、极致，能满足用户核心需求，其目标用户特征明显而清晰。初期的特斯拉，瞄准了接受新鲜事物的能力超强的IT精英和金融投行精英们，为有互联网精神态度、追求创新、特立独行的群体提供产品，赢得了很好的用户口碑及不小的市场份额。用户画像作为一种勾画目标用户、联系用户诉求与设计方向的有效工具，可以使产品的服务对象更加聚焦，更加专注，所以在初期锁定目标用户时结合大数据等技术手段进行精准的用户画像十分必要。

第二步：打造“功能”亮点，提升主观幸福感。

基本功能属性和服务是品牌立足的根本，企业应该以最核心的功能优势作为满足消费者主观幸福感的亮点打造品牌特色。产品功能做到极致，加上创新的技术、结合互联网等新模式的品牌营销，能够大大满足消费者对产品的需求，针对视觉设计、功能体验、服务体验等按优先级打造极致产品。

第三步：打造“象征”标签，提升心理幸福感。

抓住消费者通过购买品牌实现理想自我的心理特性，针对目标顾客的群体心理特征，打造一个代表这一群体理想的品牌形象，将品牌与理想自我融为一体。比如打造让消费者产生共鸣的品牌故事，通过营销手段把故事“讲出去”，深入人心，就可做到品牌与消费者心中的理想自我相结合，那么品牌也就成为消费者“象征自我”的完美工具，从而提升消费者心理幸福感。

第四步：打造“贡献”理念，提升社会幸福感。

消费者的最高层次的幸福感在于为他人创造价值，为社会贡献力量，当产品品牌被赋予了“利他、利社会”的意义时，购买该品牌也意味着认同这种意义，购买自然也成为一种贡献社会力量的行为，从而帮助自己实现社会幸福感。所以品牌营销不仅应该关注消费者本身的利益，还应兼顾社会、环境的利益，最好是让消费者的购买行为与参与社会贡献结合起来。

第三节　左右家私的幸福品牌营销

专注做沙发的左右家私有限公司一直把“幸福”作为品牌的核心理念，对于左右家私来说，幸福是一种文化、一个理念、一个战略、一项工程。基于这种理念，左右家私在市场上取得了辉煌业绩：2016 年，成为唯一入选 CCTV 发现之旅频道《工匠精神》栏目的软体家具企业；2017 年，成为“中国品牌影响力 100 强”中唯一上榜的家具品牌；2020 年，荣获人民网“年度人民匠心品牌”。在品牌建设进程中，左右家私走出了一条独特的品牌幸福感培育之路。

一、左右家私的发展历程

深圳市左右家私有限公司始创于 1986 年。经过 30 多年的发展，左右家私拥有各类管理、技术人才 4000 多名，在惠州、宿州、成都、南康等地建设了生产基地，在全国拥有近 4000 家门店。左右家私的产品销往全球 300 多个城市和地区，品牌价值 60 亿元，产值规模近 30 亿元，已成为中国家私行业的“领头羊”和中国客厅文化的领先品牌。

（一）品牌探索期（1986—2000 年）

1986 年，黄华坤在深圳创业，生产各类家具。1995 年，“左右”品牌商标正式注册，开创中国情景式家居专卖店——“左右客厅生活馆”。公司坚持“大众、经典、品质”的理念，凭借过硬的产品品质于 1996 年初露锋芒，在国际家具（深圳、东莞）展览会上获评“软体家具冠军”。

（二）品牌成长期（2001—2012 年）

2001 年，左右家私有限公司正式成立。凭借优质产品，左右家私品牌获得了多项荣誉，逐渐提升了品牌知名度。譬如，2003 年，荣获国际家私装饰业协会最高荣誉——中国软体家具行业十强企业；2005 年，获评“中国十大家具品牌”和“年度消费者最喜爱的家具品牌”；2008 年，被认定为“广东省著名商标”，并于同年获得“深圳知名品牌”荣誉称号；2010 年，登顶“中国十大最具影响力家具品牌”榜首。

（三）品牌变革期（2013 年至今）

2013 年之后，左右家私全面启动幸福工程，提出“幸福不远，就在左右”的品牌口号，着力打造以“幸福文化”为核心的左右品牌。为此，左右家私聘请杨澜作为品牌幸福大使，发起品牌公关活动，通过情感营销、公益营销等方式传递幸福生活理念。2018 年，左右家私制定了全新的国际化品牌战略，不仅升级了品牌标志和产品展厅，而且与意大利知名家具品牌巴迪及挪威三大顶级设计品牌合作成立睡眠中心，推出智能化的家居产品。2019 年，左右家私联合优居、腾讯家居及吴晓波频道启动了“新国货智造计划”，推动新国货行动，为家居行业新国货发声。2020 年，左右家私与华为签署合作协议，以数字化技术为依托，加速左右家私研发、营销、管理的全面数字化转型。2021 年，“左右沙发，沙发专家”的全新品牌战略定位正式发布。

二、左右家私的幸福品牌营销策略

幸福源于体验，源于人们对生活的感知，幸福就在身边。在过去 30 多年的发展历程中，左右家私深耕幸福文化，通过一系列的幸福营销之道，向消费者传递“幸福不远，就在左右”的品牌幸福感，为品牌注入幸福的精神文化动力。

（一）幸福的产品体验

左右家私坚持使用优质的木材、优质的海绵以及真皮等优质原材料，追求舒适、健康的产品品质，重视通过产品体验向用户传递幸福感。例如，健康沙发系列在使用环保材料的同时，充分利用“无重力捶打”的创新科技，使沙发可对人体的肩部、背部、腰部等部位进行个性化按摩，沙发座椅可以加热至舒适的温度，这些设计可以让用户从产品中感受到按摩放松的优质体验。不仅如此，沙发还可以连接苹果设备，播放高品质的音乐，带给消费者全方位的舒适享受。通过升级沙发的功能，左右家私不仅传递了健康的生活态度，而且能让消费者从简单、舒适的放松中体验到由产品带来的主观幸福感。

左右家私立足于家具产品与家庭高度关联的特性，将品牌与幸福高度融合，使幸福贯穿品牌核心，进行深层次的情感营销。中国人讲究“百善孝为先”，左右家私基于这一灵感，及时推出孝文化产品“妈妈的沙发”——一款专门为妈妈们打造的沙发。这款沙发可以辅助用户坐下或躺下，能够把人从沙发的任何位置向上或向前调整，辅助用户轻松站立。这款产品充分洞察了老年人的实际需求，可以为久坐不适或起身不便的长者提供诸多便利。更重要的是，每当妈妈们看到或使用沙发时，很容易联想到晚辈的孝心，能让妈妈们体验到子女孝顺的幸福感。“妈妈的沙发”因孝文化而生，它代表的幸福感与消费者的孝心和亲情相联系，易引发妈妈和孩子们对幸福的共鸣，在无形中为品牌发声，诉说着忠孝的幸福文化。

左右家私在构建幸福品牌的过程中，提出了“幸福客厅”的概念。“幸福客厅”是向大众传递一种生活方式，提倡大众利用家居生活场景，让家庭成员重新回归到客厅中来，聚到一起，围坐在沙发旁看电视、聊天，享受家庭生活带来的幸福感。人们能通过家庭的快乐获得幸福感，这与中国人崇尚的团圆相契合，也与左右沙发一直倡导的整体家庭幸福观一脉相承。总体来看，左右家私的营销逻辑是将幸福的概念具体化到产品上，以产品为载体使品牌传递的价值与消费者的幸福体验形成强烈关联，从而让消费者联想起使用左右沙发时的幸福感觉，体验到品牌带来的幸福感。

（二）幸福的品牌传播

1. 幸福品牌大使

左右品牌中的“左右”源于“中庸之道”中的“虚则欹，中则正，满则覆”“一左一右，不偏不倚”。2013 年，左右家私聘请致力于“幸福力”研究的杨澜女士担任品牌幸福大使，拍摄了全新的广告片——《幸福不远，就在左右》。该广告文案为“幸福，是身坐得正；幸福，是心放得平；幸福，不是你能左右多少，而是有多少在你左右；幸福不远，就在左右”，朗朗上口，富含哲理，巧妙地诠释了左右品牌中庸之道的灵魂和幸福的内涵。不仅如此，在左右沙发的品牌活动“幸福论坛”中，杨澜女士与大众一起反复探讨“幸福”这个抽象的概念，交流大众幸福感的具体化感知、幸福企业建设等话题，共同解析幸福。

2. 幸福品牌公关

2014 年，左右家私成为深圳卫视《男左女右》栏目的战略合作伙伴。该栏目的定位是关于情侣、家庭生活的大型全明星两性观点互动话题秀，在节目开播之后，左右家私借助节目热度，通过旗下 1680 多家终端专卖店广泛推广《男左女右》栏目所传递的与左右沙发一脉相承的幸福生活主张与哲学，引领幸福话题的讨论。不仅如此，2015 年，左右家私还通过定制的舞台剧《左右逢缘》讲述贴近现实都市的幸福故事，可以让观众在其中找到自己的影子，引起了广泛的情感共鸣。此外，为深化对幸福内涵的研究，左右家私与湛庐文化重磅推出世界 500 强幸福导师、全球积极心理学实践者肖恩·埃科尔的《幸福原动力》一书，将左右沙发的幸福学提升到理论探讨的新高度。左右家私通过一系列关于幸福、幸福企业的讨论，引领积极健康的社会正能量，推广幸福文化。

2015 年，左右家私联合《中国经济周刊》、中国经济研究院、英才网共同举办了国际幸福日“早下班一小时”公益行动暨中国十大幸福企业榜单发布仪式。借助这次活动，左右家私通过病毒式视频、H5 等新媒体进行幸福公益传播。话题通过用户自传播、推荐式分享、邀请式裂变等方式实现了迅速扩散，据不完全统计，720 多万网民参与了新浪微博平台“3·20 早下班一小时”的话题讨论。左右家私在与大众共同探讨幸福内涵的同时，也重视追寻获得幸福的方向。为此，左右家私在 2017 年举办首届“423 左右幸福日”，红星美凯龙家居集团也应邀参与了本次活动。关于何为幸福，活动现场提出“物质的丰富之上还需要精神的丰盈”等观点，品牌幸福大使杨澜女士则给出“不错过，才幸福”的幸福方向指引。当天活动也持续在一直播、天猫、京东和苏宁等直播平台与现场同步播出，网友错失幸福的故事征集吸引了大量网友围观，尤其在一直播平台，“左右幸福日”一度登上平台热门榜首，观看人数达到 50.1 万。“执子之手，与子偕老”，是人人向往的爱情，陪伴是最长情的告白。2017 年，左右沙发发起谐音“伴一生”的“813 左右陪伴日”，提出“让沙发多一点时间”，鼓励人们在快节奏的工作环境中，在为幸福打拼的过程中能稍微慢下来，留出一些时间陪伴家人，用心感受和体会家庭陪伴带来的幸福感。2021 年，多平台发起“为幸福撑腰”活动，曝光量达到 14 亿，进一步传递了左右家私的幸福文化。

3. 幸福品牌体验

2015 年，第十六届成都国际家具展盛大开幕。家居品牌最常见的宣传方式是邀请明星代言人或者是热闹的开场舞，左右家私在本次活动中却另辟蹊径，改用比常规开场舞互动性更强的快闪舞，一共推出三组不同的舞蹈，都与左右家私的品牌理念相结合，给观众带来了一场创意十足的“幸福快闪”。在场的人群受到舞蹈与音乐的感染，纷纷加入舞蹈队伍，活动声势越来越大，舞蹈氛围迅速传遍整个展馆。在这次活动中，左右家私与终端消费者直接产生互动和情感交流，提升了消费者对品牌的好感度。

随着马拉松、“夜跑”等文化的流行，左右沙发于 2015 年在全国的一、二线城市发起“幸福城市跑”的五公里迷你马拉松活动。迷你马拉松的门槛较低，更加强调家庭参与，能够突出“幸福”的主题，与左右沙发的品牌 Slogan“幸福不远，就在左右”形成强关联。品牌通过体验活动传递健康的生活方式，发展潜在的新粉丝，并增加与现有粉丝的互动和情感交流，形成良性互动循环。此后，左右家私将健康幸福跑的活动进行传承和升级，陆续发起 2016 年“沙漠幸福跑”、2017 年“绿色幸福跑”等活动，在传递健康环保、绿色生活理念的同时，引领大众关注可持续发展的幸福。

4. 幸福品牌社会责任

可持续发展是时代的主旋律，随着大众认知的升级，企业社会责任已经成为人们消费时考虑的重要因素之一。为此，左右家私以企业社会责任为主题，积极开展事业关联营销。2016 年，左右家私通过参与阻挡腾格里沙漠东移的“百万森林计划”向大众传递一种造福于未来的“绿色幸福”号召，承诺在全国终端门店发起“每售出一套沙发，即向百万森林计划捐种一棵树”的公益活动（见图 16-5）。2020 年初新冠疫情肆虐，左右家私在行业内率先捐赠 100 万元给湖北黄冈红十字会，助力湖北抗疫，向社会传递幸福。左右家私通过事业关联营销，在获得经济效益的同时，与消费者一起创造了社会效益，让消费者从品牌消费中获得社会幸福感。

图 16-5　左右沙发助力“百万森林计划”

（三）幸福的企业文化

“打造幸福企业，成就幸福员工，让更多人过上更加幸福的生活”一直是左右家私引以为傲的企业文化，体现了企业对员工幸福感的重视。左右家私注重通过一系列制度和措施，帮助提升员工的幸福感。例如，左右家私为员工主持和见证婚礼，为员工打造星级酒店品质的食堂，为夫妻员工提供家庭住房，为员工提供免费的再教育培训，等等。充满人文关怀的企业氛围向员工传递了基于工作的幸福感，也间接促进了企业的高效运作。左右家私总裁黄华坤在其与他人合著的《左右幸福的力量》一书中（见图 16-6），曾对中国式的幸福企业管理进行探讨，提出了“幸福企业是高效企业，幸福企业才能健康长寿”“授权让员工发挥自己都想象不到的潜能”等管理方法。对于经销商，左右家私提供全方位保姆式的运营和培训服务，基于利润分成的优待也让他们感到幸福。幸福感因爱而生，温情、开放的企业可以让员工自由充分地发展，员工不仅可以在工作中获得快乐，也可以在精神层面获得自我实现和自我满足，从而产生心理幸福感，这为左右家私的高效运作提供了保障。

图 16-6　黄华坤与他人合著《左右幸福的力量》

三、总结

品牌幸福感为企业指引了品牌营销的新目标，能够为顾客带来幸福感的企业，必然是可以获得持续成功的企业。左右家私之所以能取得并保持行业领先地位，不仅在于其优质的产品，还在于其深耕幸福文化，开展了一系列的“幸福营销”活动。左右家私将幸福的理念全方位贯穿于企业文化建设、产品开发设计、消费者体验以及企业社会责任等各个环节，从而让消费者从产品和品牌当中获得幸福感知。总结而言：

第一，确保产品质量，营造产品幸福体验。左右家私坚持“绿色、环保、舒适”的产品理念，严格按照国际质量标准进行品质控制，努力为消费者带来愉悦的产品体验，通过产品向消费者传递幸福理念。

第二，立足家庭幸福，全方位开展幸福品牌传播。在品牌传播方面，左右家私重视品牌与消费者的直接互动和情感交流，通过幸福日、陪伴日等系列活动，将品牌传递的幸福理念映射到家庭幸福认知与孝文化的传承，形成多元化的幸福感载体，通过亲情、友情、爱情等多层次的心理幸福感加强消费者的品牌幸福感。

第三，倡导绿色幸福，履行企业社会责任。左右家私通过履行企业社会责任进一步提升了品牌形象，面向社会公众倡导“绿色幸福”，同时帮助消费者从消费中实现社会效益。具有社会责任感的消费者能从左右家私品牌中获得社会幸福感。